近现代国际关系史研究

第十四辑

徐 蓝 主编

世界知识出版社

图书在版编目（CIP）数据

近现代国际关系史研究. 第14辑/徐蓝主编. —北京：世界知识出版社，2018.6
ISBN 978-7-5012-5755-3

Ⅰ.①近… Ⅱ.①徐… Ⅲ.①国际关系史—研究—近现代 Ⅳ.①D819

中国版本图书馆 CIP 数据核字（2018）第 129827 号

责任编辑	李　峰
特邀编辑	狄安略
责任出版	赵　玥
责任校对	陈可望

书　　名	近现代国际关系史研究（第十四辑） Jinxiandai Guoji Guanxishi Yanjiu
主　　编	徐　蓝
出版发行	世界知识出版社
地址邮编	北京市东城区干面胡同 51 号（100010）
网　　址	www.ishizhi.cn
电　　话	010-65265923（发行） 010-85119023（邮购）
经　　销	新华书店
印　　刷	北京虎彩文化传播有限公司
开本印张	787 毫米×1092 毫米　1/16　25 印张
字　　数	370 千字
版次印次	2018 年 7 月第一版　2018 年 7 月第一次印刷
标准书号	ISBN 978-7-5012-5755-3
定　　价	38.00 元

版权所有　侵权必究

《近现代国际关系史》学术委员会

学术顾问：张椿年　徐天新　张宏毅　李铁城

主　　编：徐　蓝

学术委员会（以姓氏拼音为序）：
　　　　崔　丕　韩东育　胡德坤　梁占军　刘北成
　　　　刘德斌　钱乘旦　沈志华　史桂芳　时殷弘
　　　　王晓德　武　寅　徐　蓝　于　群　赵军秀
　　　　张顺洪　赵学功　朱瀛泉

目 录

二战史研究

苏联和俄罗斯二战史观点体系的形成与演变
——兼论俄罗斯同西方的历史大战 / 1　　　　　张盛发

美国核研究的发展和"曼哈顿工程"的建立 / 37　　　耿　志

倡导国际管制的先行者
——尼尔斯·玻尔的原子能国际管制思想及其实践
　　（1943—1944）/ 86　　　　　　　　　　　　刘　京

美国对 1945 年中苏条约谈判的介入
——基于核军事背景下的分析 / 97　　　　　　　吉田丰子

二战后太平洋"战略托管"体系的确立
——基于联合国角度的考察 / 111　　　　　　　　刘晓莉

人民行动党与战后新加坡的"血债"记忆 / 131　朱大伟、唐梦琪

专题研究

苏俄国内战争时期西北白卫军研究 / 146　　　　　周国长

英国、第二次柏林危机与欧洲冷战格局的演变 / 183　滕　帅

美国外交研究

掌控和平：艾森豪威尔政府对苏政策的调整 / 192　　樊百玉

从"美中关系全国委员会"
　看民间力量在中美关系中的作用 / 206　　　　　　　　　何　慧

尼克松政府与中日钓鱼岛争端 / 227　　　　　　　　　　　彭福香

宣传与公共外交史

战争信息署档案选译（三）/ 244　　　　　　王睿恒、翟韬选编校

战后美国国际传播机制研究（1945—2010）/ 268　陈静静、冯国雄

法国与冷战

法国外交文件：研究的工具？/ 292
　　　　　　　　　　　　　　［法］莫里斯·瓦伊斯著，高嘉懿译

法国外交文件选译（一）/ 305
　　　　　　　　　　　　李洪峰、吕军燕、沈练斌、李东旭编

学术动态

德国当代史研究的重镇：慕尼黑—柏林当代史研究所 / 349　陈　弢

访德国当代史研究所柏林分所所长赫尔曼·温特克教授 / 356
　　　　　　　　　　　　　　　　　　　　　　　　　　　陈　弢

访历史学家梅德维杰夫 / 364　　　　　　　　肖　瑜、魏磊、江艺鹏

美国和平队志愿者研究综述 / 370　　　　　　　　　　　　李培培

书评

评林孝庭
　《意外的国度：蒋介石、美国、与近代台湾的形塑》/ 384
　　　　　　　　　　　　　　　　　　　　　　　　　　　刘彦伊

稿约　/ 391

Contents

The Second War History Studies

The Formation and Evolution of Perspective System of the History of World War II of the Soviet Union and Russia—The War of Historical Conceptions between Russia and the West / 1   Zhang Shengfa

The Development of American Nuclear Research and the Establishment of the Manhattan Project / 37   Geng Zhi

The Initiator of International Control—Niels Bohr's Thought and Practice for International Control of Atomic Energy, 1943-1944 / 86 Liu Jing

The U. S. Intervention on the Treaty Negotiations between China and Soviet in 1945—An Analyses on the Background of Atomic Bomb Tests / 97   Toyoko Yoshida

The Establishment of Strategic Trusteeship System in Pacific after the World War II—From the Perspective of the United Nations / 111
     Liu Xiaoli

Historical Memory Politics: Singapore People's Action Party and the Construction of Memory of "Blood-Debt" / 131
     Zhu Dawei, Tang Mengqi

Topic Research

The Research on the Northwest White Guards in the Russian Civil War / 146   Zhou Guochang

Great Britain, the Second Berlin Crisis and the Evolution of Cold War Pattern in Europe / 183   Teng Shuai

U. S. Foreign Policy Studies

Control the Peace: The Adjustment of U. S. Soviet Policy in President Eisenhower's Administration / 192   Fan Baiyu

The Role of Civil Forces in China-US Relations: From the Perspective of National Committee on U. S. -China Relations / 206　　He Hui
Nixon's Administration and Sino-Japanese Disputes on Diaoyu Islands / 227　　Peng Fuxiang

Publicity and Public Diplomatic History

Selected Translation of the Archival Resources of the Office of War Information: Part Ⅲ / 244　　Compiled by Wang Ruiheng, Zhai Tao
The Study on the U. S. Postwar International Communication Mechanism (1945-2010) / 268　　Chen Jingjing, Feng Guoxiong

France and the Cold War

Documents Diplomatiques Français: Research Tools? / 292
　　Maurice Vaïsse, Translated by Gao Jiayi
Selected Translation of the Documents Diplomatiques Français: Part Ⅰ / 305
　　Compiled by Li Hongfeng, Lv Junyan, Shen Lianbin, Li Dongxu

Academic Trends

The Powerhouse of Contemporary German History Studies: The Institute of Contemporary History (IfZ) / 349　　Chen Tao
An Interview with Professor Hermann Wentker, the Director of IfZ / 356　　Chen Tao
An Interview with Historian Medvedev / 364
　　Xiao Yu, Wei Lei, Jiang Yipeng
Summary of Research about the U. S. Peace Corps Volunteers / 370　　Li Peipei

Book Reviews

A Review on Hsiao-ting Lin's *Accidental State: Chiang Kai-Shek, the United States, and the Making of Taiwan* / 384　　Liu Yanyi

Notice to Contributors / 391

二战史研究

苏联和俄罗斯二战史观点体系的形成与演变
——兼论俄罗斯同西方的历史大战

张盛发*

摘 要 苏联官方有关二战和卫国战争的观点体系是以斯大林的有关论述为基础而形成的,冷战后首先受到西方的挑战,以后又相继在赫鲁晓夫时期和戈尔巴乔夫时期受到质疑和批判而支离破碎。在当代俄罗斯,包括卫国战争史在内的二战史具有对公民进行爱国主义教育和同西方进行意识形态斗争的功能。俄罗斯当局通过编写历史教科书和卫国战争史巨著重新构建了俄罗斯官方二战史观点体系,同时就二战历史问题同西方展开激烈的历史大战。

关键词 第二次世界大战 卫国战争 观点体系 历史大战

第二次世界大战,如同第一次世界大战一样,与俄国的命运息息相关。一战引发了俄国十月革命并使专制主义的沙俄变成了社会主义的苏俄,二战让苏联付出了惨重的代价,同时也使苏联成为战后世界强国并进而发展

---

* 张盛发,中国社会科学院俄罗斯东欧中亚研究所研究员。

为超级大国。也就是说，一战改变了俄国的国体，二战改变了苏联的国运，它们都在俄国现代历史上占有极其重要的地位。

在苏联时期，有关一战是可耻的帝国主义战争的观点是不容置疑的金科玉律。① 二战包括苏联卫国战争则是抵抗侵略的正义的解放战争。从苏联和当代俄罗斯角度讲，二战虽然使苏联遭到了巨大的损失，但是，同时也给苏联带来了巨大的地缘政治利益。战争结束后的雅尔塔体系作为苏联与美国等西方国家对战后安排的妥协和折中的产物，满足了苏联在领土、安全和国际事务中地位等方面的广泛要求和愿望，使苏联在俄国历史上第一次建立了环俄国安全带和东欧势力范围并广泛地参与国际事务。所以，有关包括苏联卫国战争在内的二战史评价，无论是在苏联时期还是在当今的俄罗斯，除了指责苏联参战前后英、美等西方国家的个别政策和行为，总体而言基本上是积极的和正面的。

但是，20世纪80年代末和90年代初，在戈尔巴乔夫改革以及在民主化和公开性口号下所掀起的填补历史"空白点"的热潮中，传统的二战史观点体系开始受到质疑和挑战。在当代俄罗斯，由于意识形态和社会制度的变更，以及史学研究方法的多元化和新的档案文献资料的公布，有关二战史和卫国战争史不同观点的争论更趋激烈。同时，出于对公民的爱国主义教育考虑和同西方的意识形态斗争的需要，俄罗斯官方正在努力构建新的二战史观点体系，同西方国家展开一场没有硝烟的历史大战。

本文将叙述和阐释苏联时期有关二战史和卫国战争史官方观点体系的形成及其所受到的挑战、普京时期俄罗斯构建新的官方观点体系的努力，介绍和分析俄罗斯同西方历史大战的背景和内容。

---

① 在苏联解体后的新俄罗斯，特别是在普京执政时期，有关一战是帝国主义战争的观点体系已经被动摇和破除。在俄罗斯官方新的历史叙事中，一战已经变成了保卫俄国利益的卫国战争。详细可参见张盛发：《从遗忘的战争到重要的战争——俄罗斯重新评价第一次世界大战》，《俄罗斯学刊》2017年第4期。

一、斯大林时期战争史观点体系的形成及其所受到的挑战

苏联有关二战和卫国战争史的基本概念和观点是由斯大林本人在战时和战后初期在一系列讲话和文章中亲自制定和阐述的。在德军进攻苏联后不久,斯大林就确定了关于战争的性质和目的的概念。

在1941年7月3日的广播讲话中,斯大林明确表示:"同法西斯德国的战争绝不能看成普通的战争。这场战争不仅是两国军队之间的战争。它同时是全体苏联人民反对德国法西斯军队的伟大战争。这场反法西斯压迫者的全民卫国战争的目的,不仅是要消除我国面临的危险,而且还要帮助那些呻吟在德国法西斯主义枷锁下的欧洲各国人民。在这场解放战争中,我们不是孤立的。"[①]

稍后,1941年11月6日,在十月革命24周年庆祝大会上讲话时,斯大林又进一步阐述了上述概念:"德国人现在进行的是侵略的、非正义的战争,目的是掠夺别国领土和征服别的民族。因此,一切正直的人都应当起来反对德国侵略者这个敌人。与希特勒德国不同,苏联及其盟国进行的是解放的、正义的战争,目的是把欧洲和苏联被奴役的人民从希特勒的残暴统治下解放出来。因此,一切正直的人都应当像支援解放者的军队那样支持苏联、英国和其他盟国的军队。我们没有,也不可能有侵占别国领土和征服别的民族这样的战争目的,无论是对欧洲各国的人民和领土,或者是对亚洲各国包括伊朗在内的人民和领土,都是一样。我们首要的目的是,从德国法西斯压迫下解放我国的领土和我国的人民。我们没有,也不可能有把自己的意志和自己的制度强加于期待我们帮助的斯拉夫民族和欧洲其他被奴役的民族这样的战争目的。我们的目的是,帮助这些民族进行反对希特勒暴政的解放斗争,然后让他们完全自由地在自己的土地上按照自己

---

① 《斯大林文集》(1934—1952年),北京:人民出版社,1985年,第293页。

的愿望进行安排。绝对不干涉别国人民的内政!"①

从斯大林上述两次讲话中可以看出,第一,从德国方面来说战争是侵略的、非正义战争;从苏联及其盟国方面来说,战争是解放的、正义的战争。第二,德国的战争目的是掠夺和征服性的,苏联的战争目的是解放和帮助被奴役的其他民族。第三,苏军及其盟军是解放者。

也是在上述讲话中,斯大林解释了关于苏军战争初期失利的原因。斯大林在7月3日的广播讲话中指出:"至于说我们的一部分领土毕竟被德国法西斯军队占领了,这主要是由于法西斯德国的反苏战争是在有利于德国军队而不利于苏联军队的情况下发动的。问题就在于,德国军队是进行着战争的国家的军队,它已经全部进行了充分的动员,德国用来进攻苏联并且集结到苏联边境的170个师已经完全处于战备状态,只等进攻的信号了;而当时苏联的军队还需要进行充分的动员,还需要向边境集结。这里还有一个情况起了不小的作用,就是法西斯德国不顾它会被全世界认为是进攻的一方,而突然背信弃义地撕毁了它同苏联在1939年缔结的互不侵犯条约。"② 在11月6日的讲话中,斯大林进一步阐述了他的观点:"红军失利的原因之一,就在于欧洲没有反对德国法西斯军队的第二战场……因此德国人不必分散自己的力量,不必在东西两个战场上作战。……我军暂时失利的另一个原因,是由于我们的坦克不足,航空兵力量也有些不足。"③

关于《苏德互不侵犯条约》,苏联为何同德国签订这样的条约?是不是犯了错误?斯大林回答说:"当然没有错误!互不侵犯条约是两国之间的和平条约。1939年德国向我们提出的正是这样的条约。苏联政府能不能拒绝这样的建议呢?我想,任何一个爱好和平的国家都不能拒绝同邻国缔结和平协定……"至于苏联从条约中得到了什么,斯大林认为:"我们保证我国获得了一年半的和平,使我国有可能准备好自己的力量,在法西斯德国胆敢冒险违反条约进攻我国的情况下予以反击。这肯定是我们有所得,而法

---

① 《斯大林文集》,第308—309页。
② 《斯大林文集》,第289页。
③ 《斯大林文集》,第301—302页。

西斯德国有所失。"①

　　战争结束后,斯大林又阐述了二战爆发的原因和战争胜利的伟大意义。关于二战爆发的原因,1946年2月9日,斯大林在莫斯科选民大会上的演讲中说,"如果以为第二次世界大战是偶然发生的,或者是由于某些国务活动家犯了错误而发生的,那就不正确了,虽然错误确实是有过的。其实,这次战争是世界各种经济和政治势力在现代垄断资本主义基础上发展的必然产物。……所以,资本主义世界经济体系第一次危机的结果引起了第一次世界大战,而第二次危机的结果就引起了第二次世界大战"。②关于战争胜利的意义,斯大林在演讲中自豪地宣布:"我们的胜利说明,获得胜利的是我们的苏维埃社会制度,苏维埃社会制度在战火中经住了考验,并证明它具有充分的生命力。……苏维埃社会制度比非苏维埃社会制度更有生命力,更稳固,苏维埃社会制度是比任何一种非苏维埃社会制度更优越的社会组织形式。"③

　　这样,在斯大林时期苏联基本上已经形成了包括卫国战争在内的二战史的官方概念和观点体系,其主要内容是:第一,二战的根源是现代垄断资本主义及其经济危机。第二,从德国方面来说战争是侵略的、非正义的战争;从苏联及其盟国方面来说,战争是解放的、正义的战争。第三,德国的战争目的是掠夺和征服性的,苏联的战争目的是解放和帮助被奴役的其他民族。苏军及其盟军是解放者。第四,红军初期失利的原因是:德国突然撕毁《苏德互不侵犯条约》;德军已经具有战斗经验并且动员起来进入了战备状态,苏军则没有充分动员也没有向边境集结;苏军某些装备和兵种力量不足;欧洲没有开辟第二战场。第五,苏联签订《苏德互不侵犯条约》是正确的和获利的。第六,战争的胜利证明苏维埃制度的优越性。

　　这套观点体系在斯大林生前就是苏联二战和卫国战争史研究必须遵循的理论基础和指导原则。正如俄罗斯学者 M·普列图什科夫和 A·雅库舍夫

---

① 《斯大林文集》,第289—290页。
② 《斯大林文集》,第472—473页。
③ 《斯大林文集》,第475页。

斯基所指出的：二战史研究从战时一直到1956年，是与斯大林个人崇拜紧密相连的。那时几乎所有描写苏联与德国战争的书籍都是解释斯大林的理论和思想。通常作者是不能表达自己的基本思想的。成就都归功于"各族人民领袖"的英明领导，而失利则被解释为仅仅是敌人进攻的突然性和背信弃义，领导人的失误是排除的。①

战后苏联的国际威望空前提高，俨然成为世界政治和军事大国。即便英、美等盟国领导人如丘吉尔也一度慑服于红军的胜利和威力，对红军和斯大林本人都赞誉有加。但是，战后不久美苏冷战爆发后，苏联官方的观点体系开始受到质疑和挑战。1948年，也就是柏林危机爆发的那一年，美国将它在战时缴获的德国外交部文件结集成册，出版了《1939—1945年苏联—纳粹关系文件集》。书中首次披露了1939年《苏德互不侵犯条约》的秘密议定书及其相关的电文，从而形成了至今仍被部分史学家所接受的观点：发动二战的责任既在德国也在苏联领导人身上。②

苏联方面旋即坚决反击。苏联情报局发表了《历史的伪造者》小册子，揭露美国公布1939—1941年苏德关系文件集的目的，"不是客观地阐述历史事件，而是歪曲历史的真实情况，诬蔑苏联，诽谤苏联，削弱苏联作为反对侵略和反对反民主势力的真正民主和坚强战士的国际影响"。接着，小册子对西方国家提出了严厉的指责："历史的真相在于，希特勒侵略之所以可能，首先是美国帮助德国人在短期内建立了德国侵略的军事经济基础，以此武装了这种侵略。第二，由于英法统治集团拒绝集体安全，扰乱了爱好和平国家的队伍，瓦解了这些国家反侵略的统一阵线，为德国侵略开辟了道路，帮助德国发动了第二次世界大战。"③ 这样，苏联官方观点体系中又

---

① М. С. Плетушков, А. С. Якушевский, Особенности отечественной историографии Великой Отечественной войны, в Н. Н. Месяцев, В. М. Шевырин（ред. сб.）, *Великая отечественная война：историография：сборник обзоров*, М., 1995, с. 11-12.

② *Nazi-Soviet Relations 1939 – 1941*, Wash., 1948；*Советско-нацистские отношения, 1939 – 1941*, Документы, Париж—Нью-Йорк, 1983.

③ Фальсификация истории：Историческая справка, М., 1948, http：//militera. lib. ru/research/false/01. html.

增加了西方国家是纳粹德国侵略帮凶的新观点。

由于苏联方面与德国对应的文件材料紧锁在密室之中，它的矢口否认加上对西方的反诘和追问，致使苏德战前关系真相仍然扑朔迷离。在斯大林在世的时候，国外敌对者仅以一本文件集去撞击强大的苏联官方观点体系，似乎太力不从心了。

只是在斯大林逝世后，苏联的二战观点体系才开始受到动摇，而给它严重一击的人正是斯大林的继任者赫鲁晓夫。1956年2月，赫鲁晓夫在苏共二十大上所做的《关于个人崇拜及其后果的报告》中严厉揭露和批判斯大林，使后者由此走下了神坛。

根据苏共中央1957年9月12日的决定，苏共马列主义研究所成立专门机构编写卫国战争史。1960—1965年，6卷本的《1941—1945年苏联伟大卫国战争》相继出版。① 在批判斯大林个人崇拜的气氛中，该书重创了斯大林建立的官方二战史观点体系。该书第2卷指出，斯大林在战前评估军事政治形势时出现重大失误，他认为，德国不会在近期内违反所签订的互不侵犯条约。该卷指出，斯大林这一严重的错误结论对国家击退侵略的准备工作产生了消极影响。同时，该卷还认为，总参谋部和国防人民委员部领导在战争初期的失利中责任是很大的。他们也没有弄清局势，没有采取提高战备和击退敌人进攻的措施。②

该书第6卷揭露了斯大林战前对红军的镇压。该卷写道："从1937年5月起至1938年9月被镇压的有：约一半的团级指挥员、几乎所有的旅级和师级指挥员、所有的军级指挥员和军区司令员、军事委员会成员和军区政治部主任、大部分军师旅级政工人员、约三分之一的团政委、许多高中级军事学校的教员。"该卷认为，镇压正是"战争初期红军失利的重要原因"之一。③ 该卷指出了斯大林在国家和军队防御准备中、在战时领导军队中所犯的错误。譬如，因他错误而受到的影响有：1941年基辅战役的严重失败、1941—1942年在所有重要方向上的战略进攻没有足够的协调、1942年哈尔

---

① История Великой Отечественной войны Советского Союза, В 6 т. М., 1960-1965.
② Там же, Т. 2, с. 10.
③ Там же, Т. 6, с. 124-125.

科夫战役的灾难、一些主要军事工业部门的生产在战前增长缓慢。①

勃列日涅夫上台后，对斯大林个人崇拜的批判逐渐弱化和停止，包括二战史在内的苏联史学研究的新气象消失殆尽，苏共中央对军事历史书籍出版的控制变得更为严厉了。

彻底修正官方二战史观点体系的是新一代的改革者戈尔巴乔夫。在民主化和公开性的旗号下，戈尔巴乔夫打开了档案馆几十年来长期紧锁着的大门，公布了大量的揭露战前和战时苏联国内外政策和行为的秘密档案文件，使诸如1939年苏德秘密勾结的《苏德互不侵犯条约》秘密议定书、1940年屠杀波兰军官的卡廷事件和1944年瓜分东欧势力范围的苏英"百分比协定"等苏联官方长期讳莫如深的历史真相大白于天下。包括史学家们在内的社会各界开始公开讨论和辩论二战史在内的所有历史问题。尤其是，1989年苏联第二次人民代表大会公开谴责了《苏德互不侵犯条约》。这样，随着档案文件的开放和公布，不同于官方以往描述的有关二战的历史真实画面展现在世人面前，官方维持了几十年的二战史观点体系摇摇欲坠。正如前面两位俄罗斯学者所指出的那样："卫国战争研究发生了根本性转折，论题和研究都急剧更新。苏共对历史科学的意识形态的监督取消了，书报检查制废除了。出现了可以自由表达对历史问题包括对卫国战争史问题的观点。"②

几乎就在戈尔巴乔夫改革动摇苏联官方二战史观点体系的同时，В·苏沃洛夫③驾驶着满载着揭露和抨击斯大林的重磅炸弹的"破冰

---

① История Великой Отечественной войны Советского Союза, в 6 т. М., 1960-1965, т. 6, с. 35, 43.

② М. С. Плетушков, А. С. Якушевский, Особенности отечественной историографии Великой Отечественной войны, с. 24.

③ 维克多·苏沃洛夫系弗拉基米尔·列尊的笔名，原为苏军情报人员。1978年，在以外交官身份在苏联驻日内瓦代表处工作时，他携同妻子和两个孩子逃往英国。此后，因被苏联军事法庭缺席判处死刑，他在英国隐蔽生活，从事情报分析员和讲师工作。据他自己说，他发现苏联二战史版本是一个谎言，苏联隐瞒了其发动战争的计划，"我决定逃亡西方的最初理由就是要让俄罗斯人民和世界公众知道我的发现"。(Viktor Suvorov, The chief culprit: Stalin's grand design to start World War II. Annapolis, Md.: Naval Institute Press, 2008, p. xiii.)

船"① 驶向苏联，顷刻之间就在苏联史学界掀起波涛巨浪。苏沃洛夫在书中这样解释它的"破冰船"的含义："还在希特勒执政前，苏联领导人就给他起了一个秘密的封号——革命的破冰船。名称是准确的和内容丰富的。斯大林知道，只有发生革命的时候欧洲才是最容易被攻破的，革命的破冰船可以使欧洲如此。阿道夫·希特勒为世界共产主义开辟了道路，他自己没有意识到这一点。希特勒的闪电战摧毁了欧洲民主，同时分散了自己的兵力，使其分布在从挪威到利比亚的广阔区域。革命的破冰船犯下了危害和平与人类罪，以自己的行为使斯大林获得了道义权利，可以在任何时候宣布自己为解放者，以红色的集中营取代褐色的（法西斯的）集中营。"②

苏沃洛夫提出的观点相当令人震骇："让我们回忆一下，一战后德国无权保留强大的军队和进攻性武器，包括坦克、重炮、战机。德国指挥官被剥夺了在自己的领土上准备发动侵略战争的机会。在某个时期之前德军指挥官没有违反禁令，没有在自己的试验场上准备侵略战争，他们是在苏联领土上这么做的……斯大林向德军指挥官提供了他们无权获得的所有东西：坦克、重炮和战机。斯大林给德军指挥官提供了学校教室、试验场和射击场。……斯大林怀着某种目的，在恢复德国进攻力量方面不惜财力、人力和时间。为什么？针对谁？当然不是针对自己！那是针对谁？答案只有一个：针对其余的欧洲。……但是，最具侵略性的军队也不会自己开始战争。首先需要一个狂热的没有理智的准备发动战争的领导人。斯大林做了许多事情以使德国有了这样一位领导人。斯大林如何制造了希特勒和如何帮助他夺取和巩固政权，这是一个单独的重大论题。我准备写这一题材的著作。但是在这之前，我们现在只要回忆一下斯大林坚定地把执政的纳粹分子推向战争。这些努力的顶峰就是《莫洛托夫—里宾特洛甫条约》（即《苏德互不侵犯条约》——引注）。通过这个条约斯大林保障了希特勒在欧洲的行动自由，实际上打开了二战的闸门。当我们怨恨地提到这些咬伤半个欧洲的

---

① Виктор Суворов, *Ледокол: Кто начал Вторую мировую войну?* Москва, Издательство АСТ, 2003. 苏沃洛夫的《破冰船》写作于 1968—1981 年，其片断发表于 1985—1986 年。1989 年，以德文出版了该书的完整版本。1990 年，在英国出版了英文版。1991 年，俄文版在俄罗斯问世。

② Виктор Суворов, *Ледокол: Кто начал Вторую мировую войну?* с. 11.

走狗时，不要忘记斯大林，他豢养了他们，然后打开锁链放出他们。"①

继《破冰船》之后，苏沃洛夫又相继撰写和发表了一系列有关二战论题的著作，它们主要是：《M日》《最后的共和国》《清洗》《自杀》《胜利的阴影》《我收回我的话》《最后的共和国II》《罪魁祸首：斯大林发动第二次世界大战的宏大计划》《战败》。苏沃洛夫在这些著作中提出的有关二战的事实、结论和理论被人们称为苏沃洛夫概念体系。它的主要观点是：

二战爆发的主要原因就是斯大林的独裁政策，其目的就是要夺取欧洲并在欧洲传播无产阶级革命和建立社会主义阵营。

斯大林的主要目标是世界社会主义革命，夺取欧洲是走向世界革命的一个步骤。为了削弱欧洲，斯大林挑起了欧洲战争。有复仇情绪的希特勒德国充当了战争发起者的角色，激进分子希特勒充当了革命"破冰船"的角色。在希特勒占领欧洲之后，斯大林就打算开始进行一场表面上看起来公正的"伟大的解放战争"，让苏联解放（实际上是占领）欧洲，以便在那里建立由他控制的傀儡政府（就象波罗的海国家、波兰和捷克斯洛伐克等国那样）。

1941年夏天（7月）红军准备进攻德国，而德军以自己的进攻使红军的计划破产。红军在战争初期遭到毁灭性失败，就是因为它在最后时刻遭到了进攻，并且是因为它准备的是进攻性而不是防御性战争。②

围绕着苏沃洛夫概念体系，俄罗斯史学界以及政论界所展开的争论和辩论至今都无法平息。反对者痛批苏沃洛夫的观点是没有根据的胡言乱语，支持者赞扬他开辟了二战史研究的一个无人知道的新领域。

苏联解体后，由于书报检查制度的废除和传统意识形态的瓦解，俄罗斯史学界没有任何一种理论和学派可以享有一家独尊的垄断地位，史学研究呈现多元状态和多元方向。在这种情况下，苏沃洛夫的观点在俄罗斯史

---

① Виктор Суворов, *Ледокол*: *Кто начал Вторую мировую войну*? с. 10–11.
② Концепция Виктора Суворова, https://ru.wikipedia.org/wiki/%D0%9A%D0%BE%D0%BD%D1%86%D0%B5%D0%BF%D1%86%D0%B8%D1%8F_%D0%92%D0%B8%D0%BA%D1%82%D0%BE%D1%80%D0%B0_%D0%A1%D1%83%D0%B2%D0%BE%D1%80%D0%BE%D0%B2%D0%B0.

学界也获得了不少学者的支持,他的著作在俄罗斯史学界引起了不同程度的共鸣。在二战和卫国战争史研究中与他观点相同或接近的俄罗斯学者有:В·涅韦任、Б·索科洛夫、В·丹尼洛夫、М·索洛宁、К·普列沙科夫、М·梅尔邱科夫等人。其中值得指出的是,索科洛夫的《第二次世界大战:事实与解释》、普列沙科夫的《斯大林的错误:战争的头十天》、梅尔邱科夫的《斯大林失去的机会》①,在这些著作中可以看到类似苏沃洛夫那样的描述和观点。2006 年俄罗斯出版的题为《维克多·苏沃洛夫的真相:重写二战史》,也是一本收录了与苏沃洛夫观点相同学者文章的论文集。②

在西方学术界,总体上,赞同苏沃洛夫观点的学者并不很多,主要是因为他们认为苏沃洛夫的著作中缺少过硬的史料支持,基本内容都是依据间接证据,或者甚至没有证据基础。支持苏沃洛夫观点的学者主要是 А·威克斯③和 R·拉克④。有意思的是,由于担心受到为纳粹辩护和平反的指责,德国史学家开始时不敢参加有关苏沃洛夫观点的讨论。不过近年来,也有德国学者开始支持苏沃洛夫观点。

一般说来,西方史学家大多不使用"卫国战争"这样的概念,在俄罗斯人眼中伟大神圣的卫国战争,在西方的著述中就被简单地称为"苏德战争"或"东方的战争",这也令许多俄罗斯人感到不平。尤有甚者,有些西方学者居然公开玷污作为解放者的苏军形象。这方面最让俄罗斯人愤慨的就是英国史学家安东尼·比弗 2002 年出版的著作《1945 年柏林的陷落》⑤,根据他的描述,苏军强奸了 200 万名德国妇女,而且在被强奸的妇女中几乎

---

① Б. Соколов, *Вторая мировая*: Факты и версии, М., АСТ-Пресс книга, 2005; К. Плешаков, *Ошибка Сталина*: Первые 10 дней войны, М., Эксмо, 2006; М. И. Мельтюхов, *Упущенный шанс Сталина, Советский Союз и борьба за Европу*: 1939–1941 (Документы, факты, суждения). М., Вече, 2000.

② Правда Виктора Суворова, *Переписывая историю Второй мировой*, М.: Яуза, 2006.

③ Albert L. Weeks, *Stalin's Other War*: *Soviet Grand Strategy, 1939–1941*. Lanham, MD: Rowman & Littlefield, 2002.

④ R. C. Raack, "Stalin's Role in the Coming of World War II," *World Affairs*, (Vol. 158, No. 4) Spring 1996.

⑤ A. Beevor, *Berlin. The Downfall 1945*, London, 2002.

有一半是被轮奸，其中有一名妇女遭到 23 名士兵轮奸。①

继比弗之后，德国女历史学家米丽亚姆·格布哈特对柏林陷落时和战后初期德国妇女遭到盟国军队奸污的情况进行了综合考察。她在 2015 年出版了题为《当士兵进来的时候：二战结束时对德国妇女的强奸》的著作。② 根据格布哈特统计，总计约有 86 万德国妇女遭到强奸，具体数字是：约 27 万妇女是被西方军队强奸的（美军强奸 19 万人，法军——5 万人，英军——约 3 万人）；苏军至少强奸了 59 万人。③

但是，比学者们在书斋里讨论对苏联官方二战史体系更有杀伤力的，则是欧洲政治家们的举动。2009 年 4 月 2 日，欧洲议会通过了《欧洲意识与极权主义决议》，该决议要求欧盟所有国家宣布 8 月 23 日为极权主义和专制主义政权受害者纪念日。④ 同年 7 月 3 日，欧洲安全与合作组织议会大会在一项决议中谴责纳粹主义和斯大林主义施行种族灭绝、侵犯人权和自由、犯有战争罪和危害人类罪。决议还要求注意欧洲议会有关宣布 8 月 23 日为斯大林主义和纳粹主义统治下受害者纪念日的倡议。⑤

总起来说，主要是由于戈尔巴乔夫改革和苏联解体，再加上苏沃洛夫

---

① 当时的俄罗斯驻英国大使怒称，如此诽谤从纳粹下解放世界的人是一种耻辱。俄罗斯科学院通史研究所战争史与地缘政治研究中心主任勒热舍夫斯基认为，比弗的指责没有文件支持，他所使用的诸如"柏林人记得"和"被强奸的德国妇女的经历"这样的措辞更适合于低俗小说而不是学术研究。(Red Army rapists exposed, 29 April, 2002, http://news.bbc.co.uk/2/hi/europe/1939174.stm)

② Als die Soldaten kamen, Die Vergewaltigung deutscher Frauen am Ende des Zweiten Weltkriegs [When the Soldiers Came: The Rape of German Women at the End of the Second World War] (in German). München: DVA. 2015.

③ Allies raped hundreds of thousands of German women after WW2, Apr 14, 2015, http://inserbia.info/today/2015/04/allies-raped-hundreds-of-thousands-of-german-women-after-ww2/（有关德国妇女遭到强奸的问题，以前大多指责苏军，较少针对西方盟军，因此该书出版后在西方引起轰动。俄罗斯国有媒体卫星通讯社（英文版）迅速跟进报道，标题为"估计有 19 万德国妇女二战后被美军士兵奸污"。同时却不提该书所列举的苏军士兵的强奸数字。(Estimated 190,000 German Women Raped by US Soldiers After WWII, 27.03.2015, http://sputniknews.com/europe/20150327/1020100085.html)

④ 23 августа 1939 года: общеевропейский день памяти жертв всех тоталитарных и авторитарных режимов, 21.08.2009, http://kiev.mfa.ee/rus/estonija/istorija/aid-609.

⑤ Резолюция ОБСЕ о сталинизме и нацизме, http://www.echo.msk.ru/doc/603287-echo.html.

观点体系的冲击和影响，苏联官方二战史观点体系已经显得支离破碎。

二、从历史教科书概念到卫国战争史巨著：俄罗斯重建官方战争史概念体系

俄罗斯国内外在重新审议和考察二战史问题的过程中所出现的与苏联官方不同的观点和解释，特别是追究苏联挑起战争责任、质疑苏联在战争中的作用和地位，以及由此对俄罗斯史学界和俄罗斯民众产生的负面影响，当然会引起俄罗斯的忧虑和不满。但是，由于苏联解体后新俄罗斯首任总统叶利钦忙于国内治理、与西方国家修好并且无意重建国家意识形态，因而当时的俄罗斯并不去与上述现象进行坚决的斗争。

普京2000年就任总统时，面临的是前任总统留下的俄罗斯国内经济和政治等方面的乱象。为了整顿国内秩序、加强联邦中央权威和重建俄罗斯大国地位，普京在国内外采取了一系列强硬措施，包括加强对媒体的控制，取消州长直选，打击经济金融寡头，加强与西方的对抗等。这样的治国理念和方法必然使普京产生重建国家意识形态的意愿，而历史领域恰恰是关键因素之一。普京在前两次任期内（2000—2008年）曾多次干预历史教科书问题，强调教科书要培养青年的爱国主义情感。[①]

2012年第三次就任总统后，普京建议编制统一的俄罗斯历史教科书。2014年，在俄罗斯文化部和教育部协调下，工作小组制定了《历史文化标准》和新的历史教科书概念。[②]

在新教科书概念的"第七章 1941—1945年伟大卫国战争"中概述了二战和卫国战争的重要内容：

反对希特勒及其卫星国的伟大卫国战争（1941—1945）是人类历史上最大的武装冲突的第二次世界大战（1939—1945）的最重要部分。1941年

---

① 具体可参见：张盛发：《俄罗斯历史教科书问题的缘起与发展：2003年至今》，《俄罗斯学刊》2012年第3期。

② 详细可参见：张盛发：《普京重任总统后再次治理俄罗斯历史教科书问题》，《俄罗斯东欧中亚研究》2013年第6期。

6月22日，在德国入侵苏联领土后，苏联参加了第二次世界大战。

参加二战的共有72个国家，它们拥有占全球80%的人口。但是，苏德战场的事件最具残酷和流血的性质。德国在二战中70%—80%的损失是在卫国战争中。苏联对反希特勒同盟的胜利做出了决定性贡献。在二战总的牺牲人数（超过5500万人）中，苏联的损失最大——2700万士兵和平民。可以比较的是：美国和英国损失的数字是不到100万人。

对于苏联来说，这场战争是为了国家生存和维护全民的、卫国的和神圣的战争。国家在纳粹危险面前显示了团结。许多在革命、农业集体化和大规模镇压中遭受苦难的人奋起保卫祖国，唤起他们的原因之一就是"布尔什维主义的解放者"在他们占领的地区实施的暴行以及对战俘的惨无人道。爱国主义热情、前线与后方的团结以及纳粹分子试图挑拨苏联各族人民的失败，是胜利的最重要的因素。

在一系列重大战役（其中关键的是斯大林格勒战役和库尔斯克战役）中，红军打败了德军，夺回了战略主动权。……苏军的胜利缓解了反希特勒同盟国家在地中海和北非战场的局势。

苏军解放被希特勒分子占领的中东欧国家使那里的人民摆脱了纳粹主义，有助于它们在战后接受苏联的影响。这样就为随后扩大"社会主义阵营"奠定了基础。

1945年8月，苏联履行其对盟国的义务，参加对日战争。在满洲的战略性战役中苏联打败了关东军，决定了日本随后在1945年9月2日的投降。①

上述概念反映了统一的历史教科书的重要观点，它强调了卫国战争的正义性，突出了苏联在二战中的地位、作用和贡献，与类似苏沃洛夫指责苏联的观点没有丝毫共同之处。

在编写历史教科书抵制国内外篡改历史企图的同时，普京还着手部署构建新时期有关卫国战争史的国家观点体系。2008年5月5日，普京发布

---

① Концепция нового учебно-методического комплекса по отечественной истории, http://histrf.ru/ru/biblioteka/book/kontsieptsiia-novogho-uchiebno-mietodichieskogho-komplieksa-po-otiechiestviennoi-istorii.

"关于出版多卷本基础性著作《1941—1945年伟大卫国战争》的命令",根据这一命令,由国防部组织军事学院、普通高校、俄罗斯科学院研究所以及国家和地方档案馆专家共同编写12卷本的巨著。时任国防部长谢尔久科夫担任总编辑委员会主席。从那时起到2015年,在大约七年的时间里,12卷已经陆续出版完毕。

时任总统梅德韦杰夫和普京分别为2011年出版的第一卷《战争的主要事件》和2012年出版的第二卷《战争的起源与爆发》撰写了卷首语。梅德韦杰夫写道:"新的基础性著作《1941—1945年卫国战争》的第一卷《战争的主要事件》,旨在帮助人们更好地理解、更为深刻和全面地阐述这些事件。……已经问世的这本有关战争主要事件的书是切合现实的,因为它传达了有关卫国战争的真相,有助于阐述战争中决定性的战役和事件,呼吁同篡改反对法西斯主义斗争史和胜利史,为纳粹主义、它的罪行和残暴予以辩护的企图进行积极的斗争。第一卷《战争的主要事件》的出版是论述英勇历史的新阶段的一个良好的开端,是对教育俄罗斯各族人民热爱祖国、为祖国感到自豪和尊重先辈们的事业和传统的一种显著的贡献。"[①]

2012年第三次上任履新的普京总统正好赶上该书第二卷的出版。他也挥笔写道:"对法西斯主义和军国主义所取得的伟大胜利付出了数百万苏联人的生命。历史记忆责成我们要建设一个我们宝贵的前线战士所梦想的俄罗斯。在这方面有力的帮助就是真实的知识,新的伟大卫国战争的巨著包含着这种知识。"[②]

2012年在《近现代史》杂志编辑部举行的有关该书工作进程的圆桌会议上,主编В·谢沃斯季亚诺夫院士和总编辑委员会副主席、著作学术领导人В·佐洛塔廖夫教授分别介绍和论述了编写多卷本著作的背景和意义。谢沃斯季亚诺夫说:"苏联解体后,日益严重的篡改我国社会过去的倾向扭曲了许多民族的精神生活。在最近二三十年里在我国和外国出现了许多出版

---

① Великая Отечественная война 1941–1945 годов, В 12 томах, Том 1. Основные события войны, М.: Воениздат, 2011.

② Отечественная война 1941–1945 годов, В 12 томах. Том 2, Происхождение и начало войны, М.: Кучково поле, 2012.

物……许多作者批判性地但有时未必总是客观地重新审议以前有关卫国战争和二战的论述。遗憾的是，不无极端现象的出现。为了追求臆想的'新颖'和轰动效应，偏离了历史真相，错误地、片面地解释过去的事实和事件以迎合主观的评价和一时之需。许多供中学生和大学生使用的历史教科书经不住批评。书中的历史事实常常使人迷惑，对事件的解释有时是肤浅的，有时则是不准确的。今天令人悲哀的现实是，许多俄罗斯年轻的公民对自己祖国的历史了解得不多。所以，对于当代俄罗斯社会是否需要新的有关卫国战争史的基础性著作的问题，答案是显而易见的，民间对它作为20世纪最重要的事件的记忆本来就保存着。在新的历史阶段，非常有必要创作可信的卫国战争史，它最大程度地既消除'空白点'，也摆脱批评的极端性，尤其是以前的有关这场战争的6卷本著作（指赫鲁晓夫时期出版的《1941—1945苏联伟大卫国战争》——引注）问世已经约有半个世纪了。"①

佐洛塔廖夫透露，有人曾经建议把该书定名为《第二次世界大战中的苏联》，就如德国已经出版的多卷本二战史一样。但是，总编委会拒绝了这一建议，因为"联邦德国的学者们采用这种已经被抛弃的措施，就是为了从纳粹德国的角度去除战争的侵略和掠夺的性质。我国的作者们，他们要是走上这条道路，就会阉割同法西斯主义殊死搏斗的正义的和解放的性质。"他认为，"在整个战后时期，二战和卫国战争事件都是尖锐的意识形态对抗的对象。在世界历史上还没有过不被篡改的战争，但是，歪曲卫国战争历史的企图达到了前所未有的规模。……俄罗斯社会今天需要一部可信的科学的卫国战争历史，它能够有助于从过去的经验中做出有根据的结论，有助于解决今天的复杂问题，避免重复悲剧性的错误。真正的卫国战争的科学历史是要促进以爱国主义精神教育正在成长的一代，扩大各国和各国人民之间的合作与相互理解。不了解完全的历史真相——哪怕它有时是痛苦的，不认识和掌握以往的经验与教训，我国国家的改革取得成功是

---

① Новый фундаментальный труд о Великой Отечественной Войне, *Новая и новейшая история*, 2012, No. 6, с. 3–4.

不可能的。"①

12卷本的《卫国战争史》在综合运用各种档案文献资料的基础上，回答了卫国战争史研究中的许多紧迫问题，阐述了对一系列重要问题的具有官方性质的立场和看法，驳斥了它所认定的篡改历史的描述和观点。

关于二战起源。书中一方面确定发动战争的是意大利法西斯主义和德国纳粹主义，另一方面也考察了促成战争的远因和近因，包括帝国主义因素、一战后建立的不公正和平和对立的国家集团形成。书中认为，"帝国主义作为一种体系（第一次世界大战就产生于这种体系内部）在经济方面制造了所有新的矛盾。经济发展不平衡、一些年轻国家从19世纪最后25年里继承的那种帝国主义野心在20世纪30年代中期导致资本主义世界分裂。英国、法国和美国加入了一个集团，德国、意大利和日本加入了相互敌对的另一个集团。"②

书中指出："西方列强利用（一战）战胜国的权利极力贬辱战败国。俄国完全被摒弃于战胜国俱乐部之外，虽然在1917年退出战争之前它对协约国战胜四国同盟做出了决定性贡献。战胜国建立了不公正的和平，播下了复仇的毒种，引起了对自己政策的不信任，这种政策表面上是要建立国际军事安全保障体系。所以，虽然建立了防止战争的国际联盟，但它却不能够成为巩固和捍卫和平的有效工具。新一轮的军国主义急剧发展，第二次世界大战也就为期不远了。"③书中的结论是："地缘政治利益和大国野心是20世纪战争的主要原因。"④

关于二战能否阻止。书中认为，如果建立了反法西斯统一阵线战争是可以阻止的。"在由苏联成立、它的力量和影响增强而产生的新的历史条件下，存在着阻止法西斯侵略的实际可能性。但是，建立反法西斯斗争统一

---

① Новый фундаментальный труд о Великой Отечественной Войне, *Новая и новейшая история*, 2012, No. 6, с. 6.

② *Отечественная война 1941–1945 годов*, В 12 томах, Том 2, с. 13.

③ Там же, с. 12.

④ Там же, с. 15.

阵线的问题只是在二战的过程中苏联参战的时候才得到解决。"①

关于卫国战争的发生。书中强调苏联是遭到侵略的受害者。"德国进攻我国是背信弃义的和突然的。……德国人没有废除1939年8月的互不侵犯条约，没有提出任何要求，也没有宣战，就进攻了我们。"②

关于卫国战争初期失利的原因。书中坦率地承认了红军初期失利的原因："这些严重失利的重要责任要由国家和红军领导人承担，他们有时做出了错误的决定，在组织和实施战斗的技艺方面不如德国人。指挥员和战士也有责任，他们表现得胆怯和软弱。但是，1945年胜利的成果是建立在1941年的牢固基础上的。那些在学会打仗并且在军事艺术和勇敢方面超过敌人的人是最值得尊敬的。那些永远坚信胜利并且为此献出生命的人是最高尚的人。"③

关于卫国战争战争性质和意义。从苏联方面讲，战争的性质当然是正义的解放战争，因为"红军解放了许多被奴役的欧洲国家和部分亚洲国家"。④从纳粹德国角度讲，它发动的就是"无端的侵略"，"就是实施执行希特勒有关在欧洲东部夺取"生存空间"和消灭作为民族国家和社会制度的苏联的纲领性方针"。⑤书中对卫国战争胜利的意义做出了很高的评价："卫国战争作为二战的最重要部分有权在世界历史上占有显著的地位。尽管有很多牺牲，对法西斯主义的胜利就是我国人民和全人类的光辉时刻。对于苏联及其人民来说，它防止了奴隶般的生存甚至灭亡，而从全球意义讲，它是决定未来的几十年的突出事件之一。"⑥

关于卫国战争战争的教训。书中充满着胜利者高傲的口吻。"苏联人民同法西斯德国的已经过去的战争的教训，反映了战胜法西斯主义的历史必然性，它是已经完成的活动和事实。它是过去、现在和未来的一环。没有

---

① *Отечественная война 1941–1945 годов*, В 12 томах, Том 2, с. 12.
② Там же, с. 898.
③ Там же.
④ Там же.
⑤ *Великая Отечественная война 1941–1945 годов*, В 12 томах, Том 1, с. 766–767.
⑥ Там же, с. 825.

这一胜利，人类历史就会是另一种样子。因此，历史乐观主义的教训和历史惩罚的教训是具有特别意义的教训。"

"历史乐观主义首先是与苏联在同法西斯斗争中的主导作用相联系的，第二，是同全人类价值观和社会发展的民主方向的首要任务相联系的。……胜利反映了民族任务和人类任务的统一。由于复杂的情况，苏联是唯一一个这样的国家：它能够阻止侵略者，从而为在反侵略斗争中实际地联合所有反法西斯力量和在二战中战胜侵略者创造条件。苏联人在保卫自己祖国的时候，拯救了一大批民族，使其免遭奴役和肉体消灭。苏联的目标是要解决具有世界历史意义的综合性任务：从消灭具有反动意识形态和军国主义的法西斯政治制度到为战后牢固的、民主的和平创造条件。

对法西斯军国主义侵略者的历史惩罚因此就是历史性的，它是针对这样一种反动势力的：它不仅阻碍各个国家和各个民族的自由与民主的生活，而且使它们受到肉体上消灭的威胁。……通常，在过去威胁俄国各民族的侵略者都遭到了失败。这就是为何战争期间亚历山大·涅夫斯基的话很实际地被传诵："谁对我们拿着剑，谁就将死于此剑！"

书中随后又泄气似的哀叹胜利者不仅没有享受到胜利的果实而且居然还灭亡了：

"但是，后来却发生了苏联人从来没有料到的事情：赢得战争的国家、它的胜利的人民生活逐渐地比战败者还要糟糕。苏联解体为一些独立的国家。统一的经济和国防空间瓦解了，原来的矛盾尖锐了，新的矛盾又产生了：政治的、种族的和领土的等。在前苏联领土上爆发了武装冲突。精神气氛改变了。原来的苏联加盟共和国在自己的发展中后退了好几年。"

原因是什么，书中的解释似乎不尽合理："这样的原因有好多，但是，在对法西斯的胜利中寻找原因是不正确的。同时，这样认为才是合理的：在一定程度上它（胜利）产生了过分安逸的作用。历史不乏这样的事例：战争中的胜利者在和平时期不善于利用战争成果，在自己的发展中落后于战败者。"①

---

① *Великая Отечественная война 1941—1945 годов*, В 12 томах, Том 1, с. 800–802.

还有好多教训！除了下列教训外，恕不一一列举："还有一个重要教训是，非常需要培养对祖国的热爱和自豪感、尊重自己的历史、先辈们的业绩和传统。卫国战争史和战胜法西斯主义史是塑造俄罗斯人爱国主义品质的重要和必需的工具，它们吸收了所有民族千百万人的劳动、勇敢和创造性的天才所创造出来的所有最好的东西。"①

关于苏沃洛夫们观点。 前面的介绍已经证明，苏沃洛夫是苏联官方观点体系的最大挑战者。书中以蔑视的口吻谈到了苏沃洛夫及其支持者的观点。"20世纪90年代引入学术界的新的档案材料使国内外史学家和政论家们可以围绕德国进攻的'突然性'和苏联准备'进攻性战争'或者进行先发制人打击的问题展开讨论。讨论的激烈和规模是与叛逃西方的情报人员В·Б·列尊（笔名В·苏沃洛夫）所发表的著作《破冰船》和《M日》等书指责苏联领导人挑起第二次世界大战和准备在1941年进攻德国——以及《祖国史》杂志发表的一系列支持他'概念'的文章有关。"②

书中接着对苏沃洛夫们大张挞伐："至于列尊本人的作品，那么最近出版了不少著作，它们昭示了他的论断和建立在伪造基础上的论据完全破产。可是，揭露他是伪造者并不意味着把卫国战争前史的相关观点强加给社会意识的企图并没有停止。譬如，在由А·祖博夫教授主编、苏联科学院院士Ю·皮沃瓦罗夫参与编写的著作中，没有标明材料，有关'先发制人打击'的说法就变成了苏联有'侵略计划'的论断，这意味着'战争事实上的开始——它是突然的和毁灭性的，因为这在1939年11月30日发生在芬兰身上'。"③

然后该书又将批判的笔触扩大到前苏联加盟共和国和前苏联东欧集团国家："必须承认：曾经期望，苏联解体和冷战结束后围绕着对二战和卫国战争主要事件的解释而展开的争论的尖锐性和它们政治化的程度都将趋向缓和，这种期望没有实现。在后苏联时期新独立国家形成的过程，试图更快地摆脱苏联的过去，产生了具有反俄性质的新的历史神话创作。类似的对

---

① Великая Отечественная война 1941-1945 годов, В 12 томах, Том 1, с. 804-805.
② Великая Отечественная война 1941-1945 годов, В 12 томах, Том 2, с. 62.
③ Там же, с. 62-63.

自己过去的反思也发生在东欧国家，那里确定新的民族象征指的就是抛弃'有缺陷的'苏联遗产，把它作为'重返欧洲文化怀抱'的主要手段。"①

书中揭露了修正派的意图："在20世纪90年代初开展的远远超出学术辩论本身的讨论过程中，形成了祖国的卫国战争史研究的修正学派，该学派代表从改革时期起就坚持的观点是，必须'重新认识'作为获取'历史真相'唯一手段的'官方'概念的基本原理。它的代表表达了向社会意识提供对卫国战争史完全不同的另一种观点的坚决意图。我们要强调的是：所说的不是修正和补充已经既成的概念性观点，填补某种'空白点'等，而是重新解释战争的关键事件，赋予它们以不同于以往的另一种含义。尤其是，建议放弃有关取得胜利是由于苏联的政治和经济制度以及共产党的特别作用的论题。"②

关于苏军受到的强奸指责。 书中认为把红军强奸的个别事例普遍化是一种恶意的谎言。书中写道："还有一个不仅在西方而且在我国也被神话的论题是，红军在欧洲的解放使命。现在，篡改的主要方向就是制造红军的负面形象，把他们说成是在欧洲对被解放国家平民首先是德国平民大规模使用暴力的暴徒和凶手。已经公开的红军军人对德国平民犯罪的个别事实被不合法地描绘成红军的一般行为特征。苏联和其他盟国都犯有杀人、抢劫和强奸的罪行，这个事实任何史学家都不能否认。我国一些内容没有疑义的文件已经公布：对平民犯罪是任何战争的伴生现象。问题同对这些事实的解释、评价及其在此基础所做的结论有关。史学家们经常发现，一些作者故意要揭露红军军人，因此，就有一种印象：对平民的暴行几乎就是红军军人的行为特征，只要援引被'斯大林极权主义'毁坏的精神或者特别的'亚细亚野蛮'就能对此进行解释。英国史学家比弗在书中就是这样提出问题的。根据他的逻辑，手持火把的士兵糟蹋躲藏在黑暗地堡中的德国妇女，这就是作为解放者的苏联军队的形象。作为例证，他援引了一些史料（此处省略了注释——引注）。但是，把它们作为主要是描绘苏联军人

---

① Великая Отечественная война 1941-1945 годов, В 12 томах, Том 2, с. 63.
② Там же.

行为的某种特别的独有的现象是否合理？相反，史学家可以得到的材料证明，这些事例不是大规模的。同时，苏军指挥部作了不少努力以维持纪律，制止这种趁火打劫和暴力，所以，试图以另一种方式解释事情是一种恶意的谎言。所有残忍对待平民包括强奸的4148名苏联军人都被送交军事法庭审判。这个数字与因强奸在1944—1945年被送交军事法庭的盟国军队士兵的数字是相当的（此处省略了注释——引注）。"①

被该书斥为神话的还有："（红军）尸体成堆"；"朱可夫不爱惜士兵"；"朱可夫是个屠夫"；"斯大林没有签署日内瓦公约，他抛弃了自己的俘虏"；"战争初期斯大林意志消沉"；"三个士兵配备一支步枪"；"带着马刀上坦克"；"（由囚犯组成的苏军）惩戒连打赢了战争"；"（苏军）阻截队在背后朝自己人开枪"；"从集中营到集中营——我们的俘虏从希特勒的集中营到古拉格（劳改营）"；"（女英雄）科斯莫杰米扬斯卡娅（·卓娅）、（堵枪眼的）马特罗索夫、28个潘菲洛夫战士和（英勇飞行员）加斯捷洛的功勋是不存在的，而如果有的话，总体上是其他人的功勋"；"有100万俄罗斯人为希特勒而战"（还有一个说法是1000万）；"弗拉索夫和卡明斯基是俄罗斯真正的英雄"；"租借法在胜利中发挥了决定性作用"；"苏联士兵强奸了200万德国妇女"。②

这样，从2014年历史教科书概念的制定形成到2015年卫国战争史著作的竣笔出版，试图驳斥和抵制国内外苏沃洛夫们描述和观点的俄罗斯二战史官方观点体系已然完成。

三、普京领衔历史大战："试图改写历史是不道德的和危险的"

不妨先了解一下近年来俄罗斯民众对二战和卫国战争的看法。根据全俄社会舆论调查中心在二战爆发70周年纪念日前夕（2009年8月31日）

---

① *Великая Отечественная война 1941-1945 годов*, В 12 томах, Том 1, с. 771.
② Там же, с. 786-787.

公布的调查《第二次世界大战：我们知道些什么?》，只有22%的受访者能够准确地说出二战是在1939年爆发的，而居然有高达58%的人将它错误地说成是1941年。说成其他日期的有5%，不知者为8%，难以回答的有7%。对于"二战爆发的基本原因是什么"，回答分别是："德国想要为一战中的失败复仇"（47%），"国际帝国主义试图重新瓜分殖民地和市场"（30%），"西方国家不愿同苏联一起建立集体安全体系"（18%），"1929—1933年世界经济危机（大萧条）"（17%），"签订《莫洛托夫—里宾特洛甫条约》，它使希特勒获得了苏联中立的保证"（13%），"英国和法国对德国侵略者的绥靖政策"（10%），"苏联想要把共产主义扩张到整个欧洲领土上"（7%），"波兰不妥协，它不同意满足德国的领土要求"（6%），"难以回答"（15%）。知道美国、英国和法国是二战中苏联主要盟友的人分别为62%、53%和30%。知道德国、日本和意大利是二战中苏联主要敌人的人分别为82%、30%和22%，难以回答的为10%。[①]

在2010年4月的民意调查中，63%的人认为，没有盟国的援助，苏联也能获得胜利，持相反观点者23%。58%的人认为卫国战争是俄国历史上最大的胜利。88%的人认为，德国发动了第二次世界大战，4%的人认为是苏联，1%的人认为是法国、英国和美国。70%认为，苏联粉碎了法西斯侵略者，不仅捍卫了自己的自由和独立，而且还在使欧洲和亚洲人民摆脱法西斯奴役方面发挥了决定作用。只有9%认为，对于东欧国家人民来说，苏联的胜利意味着一种占领取代了另一种占领。[②]

2014年5月8日（胜利日前夕），民意调查结果表明，70%的人认为，在卫国战争历史上存在着"疑点"，24%的人认为：不存在疑点，今天对于战争的情况已经相当了解了。66%的人认为必须研究战争中的鲜为人知的事件和开放档案，29%的人反对。53%的人认为，如果发现了与战争有关的令人厌恶的事情，就必须予以公布，因为这是历史真相，不能隐瞒；

---

① 《ВТОРАЯ МИРОВАЯ ВОЙНА: ЧТО МЫ О НЕЙ ЗНАЕМ?》, Пресс-выпуск № 1302, 31.08.2009, http：//wciom.ru/index.php? id=459&uid=12358.

② 《...ВОЙНА НАРОДНАЯ, ВЕЛИКАЯ ВОЙНА》, Пресс-выпуск № 1483, 27.04.2010, http：//wciom.ru/index.php? id=459&uid=13446.

39%的人认为，不能公布这样的信息，因为这可能打击人们的情感，损害爱国主义。①

从上述调查结果中可以看出：其一，俄罗斯民众对二战和卫国战争的认知水平无论是与苏联时期还是当代俄罗斯的官方观点体系都是相当吻合的。其二，58%的人把二战爆发时间说成是1941年，恰恰说明卫国战争概念在俄罗斯民众脑海中根深蒂固。其三，53%的人认为如有隐瞒的坏事就必须公布，这表明多数俄罗斯人历史良知未泯。其四，让当局忧虑的是居然有高达70%的人认为卫国战争史存有疑点，这也表明大多数俄罗斯人在历史问题上具有自己的判断力。这样的调查结果证明，一方面，俄罗斯二战史官方观点体系的宣传和推行是有较好的社会基础的，同时也表明，俄罗斯同西方进行历史大战的社会支持是强大的。另一方面，无论哪一方歪曲和篡改二战史的企图都是难以得逞的，因为多数俄罗斯人反对隐瞒并且支持开放档案。

俄罗斯同西方在意识形态领域的斗争同在外交领域的斗争一样源远流长，最早可以追溯到普京早年的总统任期。自1991年苏联解体和叶利钦总统执政以来，随着俄罗斯转型时期国家实力的衰弱，俄罗斯失去了苏联时期一言九鼎的大国地位。2000年，普京总统上任后，除了在国内问题上采取加强中央集权和强化国家控制等强硬措施外，在国际问题上也加强了与西方国家的对抗。普京不仅在重要的国际和地区问题上强调维护俄罗斯的国家利益，而且在涉及历史上的对外关系问题上注重维护苏联时期的大国形象。

2007年6月，普京在谈到苏联历史问题评价时认为，每个国家都有值得探讨的历史问题，都有可怕的篇章，而就可怕的程度而言，俄罗斯还不算严重。他说，"至于我国历史上某些值得探讨的篇章，是的，它们是有的。任何国家历史上都有这样的篇章！我们比其他国家还少一点这样的篇章。而且，我们的这些篇章并不像某些国家那样可怕。是的，我们有过可

---

① 《Неприглядная правда о войне: нужна ли она современному обществу?》, Пресс-выпуск №2577, 08.05.2014, http://wciom.ru/index.php?id=459&uid=114818.

怕的篇章：让我们回忆一下从1937年起所发生的事件，我们不应忘记这一切。但是，在其他国家同样发生了可怕的事情。无论如何，我们没有对平民使用过核武器。我们没有对几千公里的地区洒过化学用品，没有对譬如越南这样的一个小国扔过比整个卫国战争时期还多的炸弹。我们没有其他黑色篇章，譬如像纳粹那样的"。普京还指出，"每个国家和每个民族的历史上都会有自己的兴衰成败！不能允许别人把负罪感强加给我们，让他们想想自己吧"。①

2009年4月和7月，在欧洲议会和欧洲安全与合作组织议会大会先后通过将纳粹政权和斯大林政权相提并论的两个决议后，俄罗斯同西方国家围绕着二战爆发原因展开了一场激烈的论战。

先是俄罗斯政府和议会以声明的形式予以谴责。7月9日，俄罗斯外交部代表指出，欧安组织议会大会决议实际上把斯大林政权同纳粹主义相提并论，这是对历史的歪曲。"欧洲安全与合作组织议会大会的决议试图为了政治目的歪曲历史，我们认为这是不能容许的，这不会促进在该组织成员国之间创造信任与合作的气氛。"② 7月18日，俄罗斯联邦委员会在声明中认为，试图修改二战的实际原因并让苏联同纳粹德国一样承担责任，是对俄罗斯人民的侮辱。声明指出，"历史已经做出了审判——这场悲剧的主要罪犯是纳粹德国领导人。纽伦堡军事法庭已经认定他们发动侵略战争的行为是反人类的滔天罪行。国际社会已经承认这一最终判决，没有必要重新审议它"。声明表示，"把纳粹德国和苏联相提并论是对俄罗斯各民族的侮辱，它们为所获得的和平付出了自己很高的代价"。③

然后，俄罗斯领导人以采访和撰文的方式进行痛斥。8月30日，梅德

---

① Стенографический отчет о встрече с делегатами Всероссийской конференции преподавателей гуманитарных и общественных наук, 21/06/2007, http：//www.kremlin.ru/appears/2007/06/21/1702_type63376type63381type82634_135323.shtml.

② Резолюция ПА ОБСЕ о сталинизме искажает историю—МИД РФ, 09/07/2009, http：//www.rian.ru/politics/20090709/176760997.html.

③ Совет Федерации выступил против пересмотра роли СССР во Второй мировой войне, http：//www.russkiymir.ru/russkiymir/ru/news/common/news2992.html.

韦杰夫总统在采访时严厉谴责了欧安组织议会大会的决议。他认为，"欧安组织议会大会不久前把法西斯德国和苏联相提并论，并且让它们对第二次世界大战承担相同的责任。但这实在是厚颜无耻的谎言。对苏联可以有不同的态度，对那时的苏联政治体制和这个国家的领导人可以持严厉的批判态度。但是，我现在在这里所讲的恰恰是这样一个问题：谁发动战争的问题，谁杀死千百万人和谁拯救千百万人的问题，谁最后拯救欧洲的问题。"他指出，"大家都应当真正珍惜地对待我们的历史，特别是对那些全世界都给予一致评价的问题。不能去破坏那些作为悲剧性事件结果而形成的制度。我们不能勾销所有这一切，它们是有利于某些现在处于发展阶段并且形成了自己民族认同的国家的，我们应当思考未来。这可能是从20世纪最大灾难（二战）爆发70周年中得到的最重要教训之一。"①

最有力和最专业的论战来自时任总理普京。8月31日，普京在前往波兰参加二战爆发70周年纪念活动前夕，在波兰《选举报》上发表了题为"历史篇章是相互抱怨的理由还是和解与伙伴关系的基础？"的长文。普京在文章中以专业历史学家的笔调详细分析了二战爆发的历史，严厉批判当时西方国家同希特勒德国勾结，不愿与苏联共同对付纳粹德国的威胁。

普京指出，"遗憾的是，我们现在常常会遇到那些对过去进行改头换面的东西。我们看到出于一时的政治需要而修改历史的企图。在一些国家甚至走得更远——美化纳粹帮凶，把受害者和刽子手、解放者和占领者相提并论"。

普京对比分析了1938年英国、法国、德国和意大利签署的"慕尼黑协定"与1939年的《苏德互不侵犯条约》。他写道："毫无疑义，有充分的理由可以谴责1939年8月的《莫洛托夫—里宾特洛甫条约》。但是，须知一年前法国和英国在慕尼黑同希特勒签订了众所周知的条约，破碎了建立反法西斯主义斗争统一战线的所有希望。"

普京批判《苏德互不侵犯条约》，但同时却更为强调由于西方国家的原

---

① Разговор с Дмитрием Медведевым, Ответы на вопросы ведущего программы 《Вести недели》 Евгения Ревенко, 30 августа 2009, http://news.kremlin.ru/transcripts/5314.

因使苏联陷入无奈的困境,"今天我们懂得了,从道德角度看,同纳粹政权的任何形式的勾结都是不能被接受的,从实际结果看,它没有任何前景。可是,从当时的历史背景看,由于西方国家拒绝了向它们提出的集体安全体系,苏联不仅单独面对德国,而且还面临两线作战的威胁——须知正是在1939年8月,同日本人在哈桑湖的武装冲突正在激烈地进行"。"当时苏联可能的西方盟国已经同德意志帝国签订了类似的互不侵犯条约并且不愿同苏联进行合作,后者将单独面对纳粹主义的最强大的军事机器,在这样的情况下,苏联外交部认为拒绝德国签订互不侵犯条约的建议至少是不理智。"这样,普京实际上也就更为强调慕尼黑协定所造成的严重后果:"我认为,正是慕尼黑阴谋使得反对纳粹主义斗争中的客观上的盟国分裂了,引起了它们之间的相互不信任和猜疑。"

普京以专业学者的娴熟手法分析了二战爆发的远因和近因,强调不能把苏德互不侵犯条约说成是打响第二次世界大战的唯一"扳机"。他以反问的方式提出了导致二战的诸多因素:"难道清算一战的《凡尔赛条约》没有留下许多'延时爆炸的地雷'('定时炸弹')?其中主要的是,它不是确定德国的失败,而是对德国的贬辱。难道欧洲的边界远在1939年9月1日之前没有得到破坏?""怎么能够无视西方民主国家'收买'希特勒并让他去侵略'东方'的秘密试图?""最后,1938年9月29日的慕尼黑阴谋引起了什么样的军事政治回声?希特勒是否在那时才最终断定'一切都是允许的'?法国和英国没有做任何保卫自己盟国的事情。西线的'奇怪的战争'和没有得到援助而被抛弃的波兰的悲剧性命运遗憾地表明,希特勒的希望并非没有根据。"①

2011年,在苏德战争爆发70周年之际,俄罗斯外交部专门为苏德互不侵犯条约进行辩护。该年11月17日,俄罗斯外交部历史文献局在网上发表了解释官方对当时外交史上有争议问题立场的文件,题目是"伟大卫国战争前夕苏联对外活动说明"。《说明》对《莫洛托夫—里宾特洛甫条约》的

---

① Путин, Страницы истории-повод для взаимных претензий или основа для примирения и партнерства? 31 Августа, 2009, http://premier.gov.ru/events/news/4814/.

解释是:"条约使苏联赢得了用以加强国防和对同德国不可避免的武装冲突进行准备的约两年的时间(在多大程度上利用了这段时间则是有争议的另一个问题),苏联的西部边界平均推进了 300 公里,乌克兰西部和白俄罗斯西部同这两个共和国的其余地区统一了。"《说明》还认为,条约的另一个重要结果是"避免了两线作战",因为它导致了"德国和日本的摩擦",创造了 1941 年同日本签署中立条约的机会。《说明》辩解说:"实用主义在这种情况下战胜了意识形态,动摇了道德政治。再说,英国和法国同德国也签订了类似的条约。"①

在否认苏联二战责任的同时,俄罗斯对西方国家的涉及苏联的二战言论始终保持高度的戒心和警惕的眼光,尤其不能容忍对苏军形象的任何玷污。2013 年 3 月,一部德国电视剧《我们的父辈》(俄罗斯译名为《我们的母亲,我们的父亲》)(三部曲)在德国电视二台热播。德方制片人认为该剧是一部反思历史的忏悔片,但是,俄罗斯却认定它是一部美化德军、丑化苏军和篡改历史的翻案片,对它进行了强烈的批评和抗议。4 月,俄罗斯外交部在致德国驻俄罗斯大使馆的信函中表示,"这部影片是看过它的绝大部分俄罗斯观众不愿接受的",试图把希特勒军队在苏联领土上犯下的大量暴行与已经受到军事领导人严厉惩罚的苏联个别军人的过火行为相提并论是不能允许的。②

在俄罗斯眼里,除了事出有因的《苏德互不侵犯条约》道义上略有缺陷外,苏联在二战中并没有什么不当和大错。波罗的海国家曾多次要求俄罗斯就 1940 年苏联对波罗的海国家占领做出道歉和赔偿。但是,俄罗斯的回答是"不"。2005 年 5 月,在纪念卫国战争胜利 60 周年时,俄罗斯外长拉夫罗夫明确表示,俄罗斯不会就苏联当年占领波罗的海三国进行道歉和赔偿。1939 年苏军进攻芬兰从而挑起苏芬战争,在俄罗斯方面也有说辞。2013 年 3 月,普京公开为当年苏军入侵芬兰进行辩护。他认为,苏联同芬兰进行战争是想纠正布尔什维克在 1917 年所犯的历史错误,因为当时同芬

---

① МИД разъяснил историю начала Второй мировой войны, 18/11/2011, http://urokiistorii.ru/3274.

② 详细可参见:张盛发:《父辈的"光荣"能否质疑》,《上海书评》2014 年 1 月 5 日。

兰的边界"距离彼得堡只有17—20公里，这总体上对拥有500万居民的城市构成了相当大的威胁。①

2013年6月，普京还通过自我假设的方式赞扬斯大林会比美国人更为理智地决定是否使用核武器。在接受《今日俄罗斯》采访时普京表示："我非常怀疑，1945年春天，如果斯大林手上有原子弹的话，他会对德国使用。在国家面临生死攸关问题的1941—1942年他可能会使用原子弹，而在1945年敌人实际上已经投降，没有任何机会了，所以，我是持怀疑态度的。而美国人却对已经失败的日本而且是一个无核国家的日本使用了核武器。"②

2015年，正当俄罗斯和西方关系因乌克兰危机陷入低谷之时，迎来了二战结束70周年。虽然作为二战时期的盟国，胜利对于它们来说是共同的，但是，对这段历史的不同理解和认识以及现今的日益紧张关系，已经使俄罗斯和西方国家各自搭台唱戏。俄罗斯除了准备大张旗鼓地庆祝卫国战争胜利，还正在对它所认定的国外歪曲和篡改二战历史的行为进行猛烈的声讨和强烈的谴责。

几个月来，总统普京密集地发表有关二战的讲话，谴责改写历史的企图。1月26日，在奥斯威辛集中营解放70周年和"国际大屠杀纪念日"前夕发表讲话时，普京认为："正是红军结束了这些暴行和残忍的野蛮，它拯救了不仅是犹太民族而且还有欧洲和世界其他民族，使之免于灭亡。"普京警告说："我们应当清楚，任何改写历史、修改我们国家在伟大胜利中贡献的企图实际上都意味着为纳粹主义罪行辩护，为它的极其有害的意识形态的复活开辟道路。"③

3月17日，普京在俄罗斯胜利日70周年纪念活动组委会会议上严厉呵斥："今天我们可以遗憾地看到，不仅有试图更改和歪曲战争事件的行

---

① Путин: СССР в войне с Финляндией хотел исправить ошибки 1917 года, 14.03.2013, http://ria.ru.

② Посещение телеканала Russia Today, 11 июня 2013 г., http:// www.kremlin.ru.

③ Приветствие участникам Мемориального вечера-реквиема, посвящённого 70-летию освобождения Красной армией узников концлагеря Освенцим и Международному дню памяти жертв Холокоста, 26 января 2015 года, http://www.kremlin.ru/events/president/news/47520.

为，而且还有无法掩盖的厚颜无耻的谎言、肆无忌惮的诬蔑为了这场胜利实际上贡献了一切并且捍卫人类和平的整整一代人。……这些厚颜无耻的结论和所谓的观察与真相没有任何共同之处。"普京不指名地揭露："他们的目的是清楚的：削弱当代俄罗斯的力量和道德威望，剥夺它战胜国的地位以及由此产生的所有的国际法结果，分裂和挑唆各个民族，利用历史投机来玩弄地缘政治游戏。……事实上，这不是无害的，因为有人试图把有关历史的非常危险的意图和歪曲的观念强加给千百万人，首先是年轻人。"①

4月6日，普京在会见老战士时向他们保证："在当前的政治议程背景下，无论是谁试图改变什么，包括使用如赞美纳粹主义这样的方法，都不会有任何结果。不会有任何结果。"普京认为，如果根据政治局势剪裁历史，最危险的"就在于人们对如极端主义及其可怕的形式——纳粹主义这样的极端现象的危险感有所减弱"。②

4月27日，普京在立法者会议上表示，"特别使人不安的是试图歪曲胜利的意义，颠倒黑白，把解放者变成占领者，而纳粹帮凶成为争取自由的战士"。他呼吁，"我们的任务就是积极抵制对历史的任何篡改"。他还意味深长地表示："民族特殊地位的想法和追求民族统治的意图可能导致重大的民族灾难。"③

5月5日，在致苏联和中国在战胜法西斯主义和日本军国主义中作用的讨论会的贺电中，普京再次严厉警告："对于我们来说，为了一时的政治利益改写历史、为纳粹分子及其帮凶平反的罪恶企图是完全不能接受的。类似的行为不仅是不道德的，而且是极端危险的——它们使世界陷入新的冲

---

① Заседание Российского оргкомитета 《Победа》, 17 марта 2015 года, http://kremlin.ru/events/president/news/47867.

② Встреча с ветеранами Великой Отечественной войны и участниками Поискового движения России, 6 апреля 2015 года, http://kremlin.ru/events/president/news/49207.

③ Путин: самые святые вещи в истории становятся объектом спекуляций, 27.04.2015, http://ria.ru/society/20150427/1061147973.html.

突、残忍和暴力"①

俄罗斯各级政府官员也全力以赴地投入这场历史大战。2015年1月下旬，针对波兰外长Γ·谢蒂纳有关奥斯威辛集中营是乌克兰"第一方面军"解放的言论，俄罗斯驻联合国代表В·丘尔金驳斥说，奥斯威辛集中营就是苏军解放的，波兰外长的说法是错误的。他解释说，乌克兰"第一方面军"的名称是在它抵达波兰前把乌克兰从纳粹手中解放时苏军起的。就如红军其他所有部队一样，方面军是多民族的，是由俄罗斯人、乌克兰人、白俄罗斯人、格鲁吉亚人、亚美尼亚人、阿塞拜疆人，以及苏联100多个民族中其他许多人组成的。②

4月24日，俄罗斯外交部官员А·卢卡舍维奇认为，波兰试图把胜利日由5月9日改为5月8日，"是试图修改我们各民族在卫国战争中所取得的胜利"。③

同一天，俄军总参谋长Γ·格拉西莫夫认为，"正在来临的伟大胜利70周年是以新的方式认识俄罗斯的现在与未来、评估俄罗斯武装力量迎接当代挑战和威胁、确定军事发展的好时机"。他指出，"现在，在欧洲和前苏联领土上出现了纳粹主义复活的现象，它很及时地提醒人们，苏联人民为了胜利所做出的牺牲。这是2600多万人的生命，这是幸存者的疼痛和苦难，这是成千上万个被完全烧毁的城市和村镇"。④

4月29日，俄罗斯总统办公厅主任、"胜利日"纪念活动组委会负责人С·伊万诺夫表示，他感到非常不安的是，"在一些西欧国家和美国有些政治家故意想要改写历史和歪曲历史，譬如，把共产主义和纳粹主义相提并

---

① В. Путин: попытки переписать историю и реабилитировать нацизм безнравственны и крайне опасны, 05.05.2015, http://www.ritmeurasia.org/news—2015-05-05—v.putin-popytki-perepisat-istoriju-i-reabilitirovat-nacizm-beznravstvenny-i-krajne-opasny-17807.

② Russia Upset at Polish Attempts to Rewrite Auschwitz History, 22.01.2015, http://sputniknews.com/news/20150122/1017212906.html.

③ Пересмотр истории: МИД РФ прокомментировал намерение Польши перенести празднование Победы на 8 мая, 24.04.2015, http://russian.rt.com/article/87566.

④ Глава Генштаба: юбилей Победы—хороший повод осмыслить будущее России, 24.04.2015, http://ria.ru/victory70/20150424/1060608978.html.

论。这是完全不符合实际情况的，这就是不对的。西方国家愈益顽固地求助于道义上完全不能接受的方法，以便孤立俄罗斯。同时，他们忘记了数百万阵亡的苏联人、英国人和美国人……，他们在同希特勒的斗争中做出了牺牲"。①

面对俄罗斯的指责和警告，西方国家似乎充耳不闻。2015 年 3 月 20 日至 4 月 9 日，由一家英国的民意调查机构为俄罗斯卫星通讯社在英国、法国和德国进行了有关二战问题的民意调查。所设的问题是：您认为，二战期间谁在解放欧洲中发挥了关键作用？结果是：选择苏军的为 13%；美军43%；英军 20%；其他军队 2%；不知道 22%。也就是说，大多数人称美军和英军为主要的解放者。这样调查结果确实让俄罗斯人极为震惊和沮丧。俄罗斯记者 A·格里申直呼："结果是令人惊奇的。"②《今日俄罗斯》评论员亚历山大·赫罗列科认为："几十年来欧洲人不断地修正有关苏联和俄罗斯在 20 世纪历史中作用的意识。这样，就达到了贬低我国重要性（甚至是通过篡改二战和苏联人民胜利成果的方式）和把俄罗斯打入历史边缘的目的。"③

结论与思考

12 卷本的《1941—1945 年伟大卫国战争》堪称俄罗斯二战史研究领域的鸿篇巨著。它不仅是根据普京总统令撰写的衔命之作，而且结稿出版时也得到普京的认可。在俄罗斯具有官方色彩或与官方立场相近的有关二战和卫国战争史著述中，这套著作可以说是俄罗斯官方观点体系的最完备的体现，而这种官方观点体系的基础就是俄罗斯的民族主义价值观和意识形

---

① Иванов: Кремль обеспокоен попытками США поставить коммунизм и фашизм на одну доску, 29 апреля 2015, http://www.vz.ru/news/2015/4/29/742913.html.

② Западные социологи: Европа забыла, кто победил Гитлера, Александр ГРИШИН, http://www.kp.ru/daily/26372/3253867/?geoid=1.

③ Европа забыла о том, кто освободил ее от фашизма, 28.04.2015, http://ria.ru/analytics/20150428/1061370070.html.

态。它与原来苏联官方的二战观点体系相比，最大的区别就是放弃了马列主义的阶级分析方法，不是从阶级而是从民族和国家利益的角度看待国际政治和国际关系的发展变化。该书对二战爆发原因的分析是最能体现这一特征的。虽然它也提到了帝国主义和一战后战胜国缔造的不公正的和平，但却认为地缘政治利益和大国野心才是 20 世纪战争的主要原因，这与斯大林在二战后的总结中所强调的现代垄断资本主义基础上产生战争的论断是相悖的，而与普京有关一战和二战论述的精神是吻合的，后者在 2012 年 6 月在俄罗斯联邦委员会讲话时就曾认为一战和二战没有什么区别，首先都是地缘政治利益的冲突。①

但是，民族主义的立场并不能确保以科学的态度和道义的原则去考察纷繁复杂的二战和卫国战争史。譬如，该书认为，苏联通过《苏德互不侵犯条约》所获得的领土"都曾经是俄国领土"。② 这就清楚地证明，该书作者仍然没有摆脱俄国历史上的帝国思想和帝国传统。这样，即使该书抛弃了苏联时期的意识形态，在对外政策和对外关系历史问题上的描述和论述方面，苏联时期的风格和痕迹依然清晰可见。

该书另外一个重要特征就是它的民族爱国主义的立场和方法。该书强调，苏军士兵在前线英勇奋战，苏联人民在后方奋不顾身，都是因为具有高度的爱国主义精神。所以，该书认为，卫国战争史和战胜法西斯主义史是塑造俄罗斯人爱国主义品质的重要和必需的工具。可能正是出于这种考虑和需要，该书基本隐瞒了卫国战争前苏联挑起的苏芬战争（1939—1940年）和苏联对波罗的海的三国的占领（1940 年），因为这些史实恐怕都是无法以爱国主义进行解释的。

狭隘的民族爱国主义立场在一定程度上遮蔽了该书作者客观公正的学术视野。因此，这部由俄罗斯政府全力支持和学者们辛勤笔耕打造出的历史巨著，未必能够成为规范和统一俄罗斯二战和卫国战争史研究的标准读本。事实上，该书出版后已经受到俄罗斯史学家不同程度的质疑。譬如，

---

① Ответы на вопросы членов Совета Федерации, 27 июня 2012 года, http://news.kremlin.ru/transcripts/15781.

② Отечественная война 1941–1945 годов, В 12 томах, Том 2, с. 248.

索科洛夫就对该书提出了直言不讳的批评:"大部分作者坚持苏联时期有关战争的基本神话"。①

至于俄罗斯纪念卫国战争胜利70周年活动,实际上就是一场尖锐的历史保卫战和意识形态对攻战,目的就是要加强俄罗斯的民族认同感和凝聚力,抵御西方国家历史观的渗透和影响。它在因乌克兰危机而导致俄罗斯和西方国家关系紧张的局面下,具有特别重要的意义。

包括卫国战争史在内的整个二战史明显具有对公民进行爱国主义教育和同西方进行意识形态斗争的两大功能。从2000年首任总统时干预历史教科书问题到隆重纪念卫国战争胜利70周年,普京始终强调历史应当培养俄罗斯公民特别是青年人对自己祖国历史自豪感和自己国家的热爱。在俄罗斯看来,国内外形形色色的苏沃洛夫分子正在通过贬损和篡改卫国战争史以诋毁俄罗斯民族的伟大和破坏俄罗斯国家的威望。所以,俄罗斯必须坚决捍卫卫国战争的正统历史,抵制对卫国战争史的恶意篡改的任何企图。2014年,在纪念一战爆发100周年的时候,俄罗斯把布尔什维克先辈们定义的一战是帝国主义战争的观点彻底颠覆,沙俄军队士兵成为捍卫祖国自由和独立的勇士,沙俄成为战争爆发前为制止战争爆发而努力奔走的爱好和平的国家。8月1日,普京在莫斯科一战阵亡军人纪念碑揭幕仪式讲话时断言,一个世纪前俄国被迫参加了第一次世界大战:"在许多世纪里,俄国主张建立国与国之间牢固和信任的关系。一战前夕就是这样,当时俄国竭尽全力说服欧洲和平地、不流血地解决塞尔维亚同奥匈帝国的冲突。但是俄国的声音未被听取,它不得不回应挑战,去保卫兄弟的斯拉夫人民,保护自己及其公民免遭外部威胁。"②曾经可耻的帝国主义战争,摇身一变成为与1812年抵抗拿破仑侵略和1945年抵抗希特勒侵略并驾齐驱的卫国战争,俄罗斯先辈们所进行过的三场战争一气呵成地构成了抵御外来侵略的

---

① Борис Соколов, Новые ракурсы и проблемы Второй мировой войны, в Г. Бордюгов (под ред.), Между канунами. Исторические исследования в России за последние 25 лет, М., АИРО-XXI, 2011, c. 1205.

② Открытие памятника героям Первой мировой войны, 1 августа 2014 года, http://news.kremlin.ru/transcripts/46385.

英勇斗争史，历史就这样被俄罗斯梳理成了爱国主义教育的好素材。

但是问题在于，在当今的俄罗斯，民主体制不完备，价值观念不清晰，是非曲直难判断。在社会制度和国家机制的转型尚未完成、人们思想中的新旧观念仍在激烈碰撞和交锋以及当局和反对派围绕着历史和现实问题纷争不断的复杂情况下，对纷繁复杂的苏联历史问题，社会各界无法达成共识，只能是众说纷纭和各执一词。当然，在卫国战争的历史记忆和历史解释方面，就如前面的民意调查所表明的那样，相对来说，俄罗斯人的共识程度最大。但是，仍有高达70%的俄罗斯人认为卫国战争史存有疑点，并且有53%的人认为如有隐瞒的坏事就必须公布。这表明，即便在认同度较高的卫国战争史问题上，达成全民族的共识仍是一条必须跋涉的艰难之路。所以，卫国战争史的爱国主义教育功能至少在现阶段是难以实现的。

卫国战争史还是俄罗斯同西方进行意识形态斗争的有力手段。2012年9月，第三次就任总统后不久，在同社会各界代表交谈有关爱国主义教育问题时，普京就直言同外国存在着价值观的竞争："包括我们自己的历史经验、文化自决性、精神和道德价值都证实，这是一个竞争残酷的领域，有时是公开的信息对抗的目标，不想说进攻性，但准确地说是对抗，这是精确策划的宣传进攻。"他不指名地批评外国："试图影响整个民族的世界观，竭力使它们服从于自己的意志，把自己的价值和观念体系强加给别人，这是绝对的现实，就如同许多国家包括我国所遇到的争夺矿产资源的斗争。"他警告说："歪曲民族意识、历史意识和道德意识如何导致整个国家灾难、削弱和最终崩溃、丧失主权和自相残杀，这是我们知道的。"① 今天，俄罗斯同西方国家在二战历史问题上的话语权斗争，只是双方意识形态斗争的一个插曲，并且由于乌克兰危机的特殊背景而更加紧张和激烈而已。俄罗斯要以自己的标尺规范二战史特别是卫国战争史，让世界倾听它的解读和阐释，认识俄罗斯的伟大和光荣，了解苏军的强大和功绩，知道篡改历史的可耻与后果。但是，西方国家有自己的价值观和历史观，他们根本不接

---

① Встреча с представителями общественности по вопросам патриотического воспитания молодёжи, 12 сентября 2012 года, http：//news.kremlin.ru/news/16470.

受俄罗斯对二战史的解读和阐述。这样的意识形态斗争将会持续进行下去。未来，只有当俄罗斯彻底完成民主转型，同时西方国家更多地克服对俄罗斯偏见的时候，双方才有可能在有关二战和卫国战争的历史记忆和历史解释方面达成更多的共识。

就普京个人来说，他的价值观和世界观也决定了他很难打赢这场艰巨的历史保卫战。普京既不是自由主义者，也不是斯大林主义者，而是保守的民族主义者。他抛弃苏联时期的意识形态，批判斯大林主义，同时又信奉权威主义哲学。他谴责斯大林为独裁者，同时又借用斯大林的某些治理方法。他主张国际关系民主化和世界多极化，同时又继承了包括斯大林在内的俄国前辈统治者的帝国思维。他宣布接受民主价值观，同时却让它变成为具有俄国特色的"主权民主论"。正是普京保守的民族主义价值观，使他在面对本国历史上"黑色"篇章时缺乏深刻反省的勇气和严厉批判的态度，在一些涉及对外关系的历史问题上，特别是给他国造成伤害和痛苦的历史问题上，缺乏真诚的反思与忏悔。① 这样，在同西方的历史大战中，普京显然很难获得国际舆论的同情和支持。

（原文题为《胜利历史不容篡改和玷污——俄罗斯为维护俄版二战史而斗争》，发表于《俄罗斯东欧中亚研究》2015 年第 3 期，本文有部分修改和删节。）

---

① 参见张盛发：《俄罗斯去斯大林化项目的出台与困境》，《俄罗斯学刊》2014 年第 6 期；张盛发：《俄罗斯和德国在历史反思问题上的分歧与争论》，《俄罗斯东欧中亚研究》2014 年第 1 期。有关普京价值观和世界观更多论述的，还可参见张盛发：《试析普京与梅德韦杰夫分歧》，《俄罗斯东欧中亚研究》2011 年第 4 期。

美国核研究的发展和"曼哈顿工程"的建立[*]

耿 志[**]

摘 要 美国的"曼哈顿工程"成功研制出世界第一颗原子弹,加快了第二次世界大战结束的进程,它标志着世界进入了一个核的时代,对世界政治经济等方面带来了深远的影响。尽管美国强大的经济、工业和科技实力是"曼哈顿工程"成功的基础,但来自欧洲的难民物理学家和英国的技术情报起到了不应忽视的关键性的推动作用。

关键词 曼哈顿工程 难民物理学家 美国核研究 第二次世界大战

一、美国成为世界物理学的中心

相比欧洲而言,在19世纪和20世纪之交,包括物理学在内的美国自然科学学科发展都较为滞后。"尽管美国有自己首屈一指的常春藤联盟校,但它的19世纪科学教育仍然承认欧洲的最高权威地位"。[①] 1893年,美国物理学权威学术期刊《物理评论》(*Physical Review*)创刊,但直到40年之后才

---

[*] 本文是天津市社科规划项目52WJ1213和天津师范大学博士基金项目52WW1212的成果之一。
[**] 耿志,天津师范大学历史文化学院副教授。
① Gordon Fraser, *The Quantum Exodus: Jewish Fugitives, the Atomic Bomb, and the Holocaust*, New York: Oxford University Press Inc., 2012, p.28.

具备国际影响力。美国物理学会（American Physical Society）则成立于1899年。另外，"1914年 Who's Who in Science 一书列出的536位物理学家中，西欧各国共350多人，而美国只占131人，在数量上的差距是明显的。质量上的差距也较显著，当时美国只有 A·A·迈克尔逊一人获诺贝尔物理学奖"①。尤其受传统实用主义的影响，美国物理学科偏重于实验物理学，"截至1910年，美国大学仅有一个数学物理学教授的职位，而同一时期西欧就有50多名数学物理教授，其中德国有16名。翻开物理学史，可以看到，除了世纪之交的吉布斯外，美国直到20年代前期，还没有一位重要的理论物理学家"②。

尽管20世纪20年代美国物理学在"自我改进运动"（self-improvement movement）③ 的影响下取得了较快的发展，但这一时期美国高校物理学专业的教材大多来自欧洲，教学水平同欧洲相比还存在较大的差距，尤其缺乏像欧内斯特·卢瑟福、尼尔斯·玻尔、马克斯·博恩等这样的学术巨星。为获得国际顶尖的教育，在洛克菲勒基金会和卡内基协会的赞助下，美国的物理学专业的学生，特别是核物理领域，仍然需要前往欧洲，尤其是前往德国，进行朝圣。仅在1926年至1929年间，就有32位美国年轻的物理学者曾在作为世界量子物理学中心的德国学习过。比如罗伯特·奥本海默（J. Robert Oppenheimer）于1925年从哈佛大学毕业后，先后在剑桥的卡文迪什实验室和德国的哥廷根大学深造，1927年在哥廷根大学获得博士学位后，则前往瑞士苏黎世大学和荷兰莱顿大学做进一步研究，直至1929年回国。

20世纪30年代，美国的物理学发展开始呈现繁荣的景象。这不但是由

---

① 赵佳苓：《美国物理学界的自我改进运动》，《自然辩证法通讯》1984年第4期，第29页。阿尔伯特·亚伯拉罕·迈克尔逊（Albert Abraham Michelson, 1852-1931），波兰裔美国犹太物理学家，芝加哥大学教授，1907年因"发明光学干涉仪并使用其进行光谱学和基本度量学研究"获得诺贝尔物理学奖，成为第一个获得诺贝尔奖的美国人。

② 赵佳苓：《美国物理学界的自我改进运动》，第30页。约西亚·威拉德·吉布斯（Josiah Willard Gibbs, 1839-1903），耶鲁大学教授，美国数学物理学家和物理化学家，奠定化学热力学基础。

③ 1921年发端于加州理工学院，历时十年，是美国物理学界引进和学习欧洲先进理论，提高本国的理论和研究水平的运动，为30年代美国物理学的繁荣奠定了基础。

于"自我改进运动"带来的积极影响,还由于越来越多在欧洲学有所成的年轻物理学家开始回国并脱颖而出,比如加州大学伯克利分校的欧内斯特·劳伦斯(Ernest O. Lawrence)于1930年建造了世界上第一台粒子回旋加速器;普林斯顿大学的罗伯特·范德格拉夫(Robert J. Van de Graaff)为给粒子加速器提供能量于1931年建成能产生2000万伏高电压的起电机。

此外,最重要的推动力是大批的欧洲物理学家,主要是德国的犹太血统或配偶为非雅利安血统的物理学家,因政治迫害移民美国,从而极大地推动了美国物理学的发展。"早在1933年以前,已经出现一种数量相对较少、但质量十分可观的有犹太血统的德国物理学家向美国移民的趋势","在所有那些逃离纳粹德国的1400多名流亡科学家中,约100名物理学家在1933—1941年间在美国找到了避难所并获得了新生……正是他们,为美国迅速成为世界科学中心提供了不可或缺的关键性的智力支持"。①

剑桥大学的约翰·康韦尔(John Cornwell)指出:

> 1933年的上半年,德国物理学界失去了大约25%的人员,包括爱因斯坦(Albert Einstein)、弗兰克(James Franck)、古斯塔夫·赫兹(Gustav Hertz)、薛定谔(Erwin Schrödinger)、赫斯(Rudolf Hess)和德拜(Peter Debye)——全都是诺贝尔奖获得者。其他时期失去的诺贝尔获奖者包括,斯特恩(Otto Stern)、布洛赫(Felix Bloch)、博恩(Max Born)、维格纳(Eugene Wigner)、博特(Walther Bothe)、加博尔(Dennis Gabor)、赫维西(George de Hevesy)和赫茨贝格(Gerhard Herzberg),以及数学家里夏德·库朗(Richard Courant)、赫尔曼·威尔(Hermann Weyl)和埃米·诺特(Emmy Noether)。失去的物理学家大多都是具有高原创性和独到经验的科学家,他们是无可替代的。几乎一半的德国理论物理学家都离开了,其中一些是在量子力学和核物理领域的顶

---

① 李工真:《文化的流亡:纳粹时代欧洲知识难民研究》,北京:人民出版社,2010年,第288、294页。

级专家。①

另外，在流亡美国的物理学家当中，还有像恩里克·费米、列奥·齐拉特这样来自德国以外国家的著名学者，有一些则是到美国之后陆续获得了诺贝尔奖。麦乔治·邦迪指出，"这样高水平的人对美国科学来说是永久性的财富，许多人很快就觉得自己像到了家一样，生活愉快，这也不是无足轻重的小事。"②

因此，在20世纪30年代，世界物理学的中心便由欧洲转移到了美国。法国物理学家保罗·郎之万（Paul Langevin）曾就爱因斯坦移居美国半认真地说过，"这是一个重要事件。其重要程度就如同把梵蒂冈从罗马搬到新大陆去一样。当代物理学之父迁到了美国，现在美国就成了物理学的中心了。"③

二、难民物理学家对美国政府介入核研究的推动

在1932年英国物理学家詹姆斯·查德威克（James Chadwick）发现中子之后，美国的物理学家也同欧洲物理学家一样热衷于用中子进行人工放射性研究。其中差一点发现裂变的是加州大学伯克利分校一名跟随欧内斯特·劳伦斯从事粒子回旋加速器研究的博士生菲利普·H·埃布尔森（Philip H. Abelson）。他后来回忆道："那时，我正在找寻确定铀的裂变。如果我快一点点，我可能就是裂变的发现者了，因为我有必要的工具和必要的知识。事实上，在一两天之内，我确认了铀裂变的一种产物，而在接下来的两个月里，我确认了大约十五种产物。"④

---

① John Cornwell, *Hitler's Scientists: science, war, and the devil's pact*, New York: Penguin Group, 2003, pp.139-140.
② 麦乔治·邦迪：《美国核战略》，褚广友等译，北京：世界知识出版社，1991年，第43页。
③ 罗伯特·容克：《比一千个太阳还亮：原子科学家的故事》，钟毅、何纬译，北京：原子能出版社，1991年，第29页。
④ Interview with Dr. Philip Hauge Abelson by Amy Crumpton at Washington, D.C, June 19, 2002. http://www.aip.org/history/ohilist/28104_1.html.

  1939年1月16日，尼尔斯·玻尔和他的合作者比利时物理学家莱昂·罗森菲尔德（Lèon Rosenfeld）抵达纽约，参加1月26日在华盛顿召开的第五届美国理论物理学年会，接着在普林斯顿大学从事几个月的讲学和研究。在此之前的1月3日，奥地利物理学家奥托·弗里施（Otto Frisch）将裂变的解释告诉了玻尔。因此，玻尔和罗森菲尔德带来了关于裂变的最新消息，引发了美国物理学界的震动。在17日晚普林斯顿大学物理学学者们的一个俱乐部聚会上，罗森菲尔德不经意透露了迈特纳和弗里施关于裂变的解释，"自然这引发了相当的轰动，我想，甚至当晚人们就给加利福尼亚和其他地方打长途电话。无论如何，在接下来的几天之内，所有具备示波器的美国实验室都正试着制造出裂变"。[1]

  在玻尔和罗森菲尔德之前两周抵达美国的恩里克·费米（Enrica Fermi），因妻子是犹太人被迫移居美国，任教于哥伦比亚大学。在获悉裂变的消息后，费米与哥伦比亚大学的另一名物理学家约翰·邓宁（John R. Dunning）为首的研究小组开始利用粒子回旋加速器深化有关铀裂变与链式反应的实验研究。而1938年1月从英国移居到美国的匈牙利犹太物理学家列奥·齐拉特（Leó Szilárd）[2]，此时也正在哥伦比亚大学从事客座研究。当

---

[1] Interview with Dr. Leon Rosenfeld by Thomas S. Kuhn and John Helibron at Carlsberg, July 22, 1963. http：//www.aip.org/history/ohilist/4847_3.html. 弗里施在玻尔动身前往美国之前告诉了他和他婶婶莉泽·迈特纳（Lise Meitner）关于对德国化学家奥托·哈恩（Otto Hahn）所做实验的裂变解释，玻尔向弗里施承诺，要等哈恩的文章发表以及弗里施的文章投送出去之后，再公布关于裂变之事，但是他在途中向罗森菲尔德谈到了裂变之事，但未告诉罗森菲尔德他所做的承诺。抵达美国当天，玻尔因有事留在纽约，罗森菲尔德先抵达普林斯顿大学，而罗森菲尔德以为弗里施的文章已经投送出去了，所以公开了发现裂变之事。

[2] 又译为齐拉或西拉德，1898年出生在布加勒斯特。1922年在爱因斯坦、普朗克、劳厄等大师所在的柏林大学获得物理学博士学位，后在威廉皇帝化学研究所从事博士后研究，1924年在其导师劳厄的理论物理研究所担任助手和无薪讲师，与爱因斯坦成为同事和好友，两人曾一起注册了十七项技术专利。1933年3月底逃离德国，9月抵达英国，倡导建立学者救助委员会（Academic Assistance Council），1936年该组织更名为"科学与学术保护协会"（the Society for the Protection of Science and Learning）。至二战爆发，这一由卢瑟福任主席的组织安置了超过2600名难民学者。由于一直未获得理想且固定的职位，齐拉特于1938年1月移居美国，1943年成为美国公民。战后他转向生物学研究，执教于芝加哥大学，1964年5月去世。齐拉特被认为是"不安分的"且最具独特预见性的科学家，尤其是政治预见性，是他最早向英国和美国政府呼吁应重视核能的潜在利用价值，尤其在美国政府决定研制原子弹方面发挥了重要的推动作用，被一些人誉为"原子弹之父"。

他得知哈恩-施特拉斯曼的研究成果后，他表示，"我立刻明白了，这些略重于它们所对应电荷的碎片一定会释放出中子，如果在这一裂变过程中能够释放足够的中子，那么维持链式反应自然应当是可能的。H·G·威尔斯预言的所有事情对我而言突然似乎都是真实的了。"①

事实上，尽管此时裂变已经被发现、维持链式反应是可能的，但是无论从理论的角度还是从现实的角度说，前面还有许多难题需要克服，因为"产生一种受控链式反应与用它作为一种大规模动力来源或一种爆炸物之间的技术距离，好比发现火与制造蒸汽机车之间的差距"。② 齐拉特只是比其他人更敏锐地意识到了裂变所带来的深远意义和令人忧虑的前景而已。

在1月25日给他的研究赞助者、纽约犹太银行富商刘易斯·斯特劳斯（Lewis L. Strauss）的信中，齐拉特写道：

> 首先，显而易见的是，这种新型的反应所释放的能量一定比所有之前已知的要大得多得多，可能是两亿电子伏，而不是通常的三百万至一千万电子伏……这些可以导致产生大规模的能量和辐射，也可能会不幸地导致制造出原子弹。这一新发现复活了我在1934年和1935年但在过去的两年里我差不多放弃了的对于这方面的所有希望和担忧。③

---

① Spencer R. Weart and Gertrud W. Szilard, eds., *Leo Szilard: His Version of the Facts, Selected Recollections and Correspondence*, New York: William Morrow and company, INC., 1970. p. 53. 赫伯特·威尔斯（Herbert G. Wells, 1866-1946）是英国著名小说家、历史学家、社会学家，他创作了多部科幻小说，其中1914年出版的《获得自由的世界》（*The World Set Free*），描写了原子弹的问世和人类的核战争场面，原子弹（atomic bomb）这一说法即最早出自该书。尽管只是虚构的科幻场景，但促发了匈牙利犹太物理学家列奥·齐拉特（Leó Szilárd）思考制造原子弹的现实可能性，使得齐拉特成为第一个为引起英美政府重视这种可能性而四处奔走的科学家。

② Henry D. Smyth, *Atomic Energy for Military Purposes*, Pennsylvania: Maple Press, 1945, p. 37.

③ Spencer R. Weart and Gertrud W. Szilard, eds., *Leo Szilard: His Version of the Facts, Selected Recollections and Correspondence*, p. 62; Lewis L. Strauss, *Men and Decisions*, New York: Doubleday & Company, Inc., 1962, p. 172. 由于父母身患癌症先后于1935年和1937年病逝，使得施特劳斯意识到美国医院用于治疗癌症的放射性元素镭的稀缺，当时镭的价格是1克5万美元，于是他决定赞助这方面的研究工作。1937年底，齐拉特和另一名德国难民物理学家阿尔诺·布拉施（Arno Brasch）通过朋友介绍找到斯特劳斯，得到了他的赞助，研制浪涌发生器，用以研究高能状态下的放射性元素。战后，斯特劳斯是原子能委员会首批五名委员之一，1953年7月任该委员会主席。

二战结束后,齐拉特曾开玩笑地说,他、费米和其他物理学家应当为在20世纪30年代中期没有开展铀实验而获得诺贝尔奖,否则希特勒可能会制造出原子弹,从而征服世界。① 另外,齐拉特还频繁与其他两名移居美国的匈牙利物理学家爱德华·特勒(Edward Teller)和尤金·维格纳(Eugene Wigner)联系,向他们断言能够产生链式反应。②

于是,他们共同向国际物理界的同行们呼吁对研究成果的发表实行自我审查制度,即在论文发表前对可能出现的军事后果进行仔细的评估,避免客观上助推德国在核军事领域的研发。

由于同费米之间存在研究思路和性格上的差异,以及费米此时认为链式反应的可能性最多百分之十,齐拉特从他的朋友、哥伦比亚大学物理学教授本杰明·利博维茨(Benjamin Liebowitz)处借得2000美元用于自己开展探询链式反应可能性的研究。③ 3月3日,齐拉特与任教于纽约城市学院的沃尔特·津恩(Walter Zinn)在哥伦比亚大学的普平实验室(Pupin)验证了铀裂变的过程能够释放出的次级中子数大约为2.3。他后来回忆道:"那天晚上,在我的脑海中已经几乎不怀疑,这个世界正走向悲剧。"④

---

① William Lanouette and Bela Silard, *Genius in the Shadow: A Biography of Leo Szilard, the Man behind the Bomb*, New York: Skyhorse Publishing, 2013, p. 293.

② Interview with Dr. Eugene Wigner by Charles Weiner and Jagdish Mehra at Princeton University, November 30, 1966, http://www.aip.org/history/ohilist/4964.html. 维格纳1930年10月从柏林前往普林斯顿大学谋求一个临时的讲席,1935年获得终身职位,后在威斯康星大学工作两年,1938年6月回到普林斯顿。特勒从哥廷根大学离开后首先前往哥本哈根大学,后辗转伦敦大学学院,1935年落脚在美国乔治·华盛顿大学。

③ Spencer R. Weart and Gertrud W. Szilard, eds., *Leo Szilard: His Version of the Facts, Selected Recollections and Correspondence*, pp. 54-55. William Lanouette and Bela Silard, *Genius in the Shadow: A Biography of Leo Szilard, the Man behind the Bomb*, pp. 333-334. 费米工作勤奋严谨、有条不紊,但有些保守。齐拉特则一直被认为是一个古怪的人,人们经常看见他的地方是在公园的长凳上而不是实验室,他总是在冥想而很少受到现实规律的限制,是一个人们眼中的"异端分子"和"不切实际的空想家"。然而,两人并未因隔阂而完全排斥研究合作。另外,由于刘易斯·施特劳斯此前在浪涌发生器方面的投资遭受损失,使他不敢对齐拉特的实验研究慷慨解囊,特别是齐拉特也一时提供不出链式反应一定会取得成果的证据和保证,所以齐拉特转而向利博维茨寻求赞助。

④ Spencer R. Weart and Gertrud W. Szilard, eds., *Leo Szilard: His Version of the Facts, Selected Recollections and Correspondence*, p. 55.

于是，一方面齐拉特倡议建立"科学合作协会"（the Association for Scientific Collaboration），以募集核研究所需资金及协调研究工作，另一方面他认为应当尽快将相关情况告知美国政府，"他比当时的任何其他人更确信，链式反应对于一场即将到来的世界战争的输赢是重要的"，"他一直要求同联邦政府进行接触，以使政治领导人能充分了解到在发展核弹方面必须超过纳粹的紧迫性"。①

1939年3月16日，德国吞并了整个捷克斯洛伐克，欧洲铀矿的主要产地约阿希姆斯塔尔落入希特勒之手。同一天，在齐拉特、维格纳、费米的要求下，哥伦比亚大学物理系主任、研究生院院长乔治·佩格拉姆（George B. Pegram）打电话给美国海军作战部长的技术助理斯坦福·胡珀海军少将（Stanford C. Hooper），希望他能接见费米，听取相关情况介绍。另外，佩格拉姆让费米随身携带他写的一封介绍信，信中提到：

> ……哥伦比亚大学物理试验室的实验已经表明，使化学元素铀释放出它巨大能量的条件是可能找到的，这意味着有可能利用铀作为一种爆炸物，它每磅释放出比以往所知的任何炸药多100万倍的能量。我个人的感觉是，可能性并不太大，但是我的同事们和我都认为，仅仅这种可能性就不容忽视。因此我今天早上打了电话……主要是安排一条通道，使我们的实验结果得以（如果情况必要的话）转达给美国海军的有关当局。
>
> 恩里科·费米教授——他与西拉德博士、津恩博士、安德森先生以及其他人一起，一直在我们的实验室里从事这一问题的研究工作——今天下午赴华盛顿，准备今晚向华盛顿的哲学学会作讲演，并且明天将留在华盛顿。他将打电话给您的办公室；如果您希望见他，那么，他将乐于更为确切地告诉您有关这一问题的

---

① William Lanouette and Bela Silard, *Genius in the Shadow: A Biography of Leo Szilard, the Man behind the Bomb*, p.339；斯坦利·布卢姆伯格和格温·欧文斯：《美国氢弹之父特勒》，北京：原子能出版社，1991年，第90—91页。

目前认识状况。①

第二天,费米在海军部向胡珀、一些海军技术官员、陆军军械局官员以及海军研究实验室(成立于1923年)的两名文职科学家讲述了一个小时的中子物理学和哥伦比亚研究小组的研究概况,但面对提问,过于谨慎的费米"也疑心他自己的预言是否确实可行"。② 尽管海军部出于礼貌而表示他们有兴趣保持联系,但"费米嗅到了屈尊的味道而感到心灰意冷"。③ 只有当时在场的一位名叫罗斯·冈恩(Ross Gunn)的海军研究实验室技术顾问,对费米的讲述产生了兴趣。冈恩从事潜艇动力方面的研究,在华盛顿第五届理论物理学年会期间聆听过费米的发言,他正渴望找到一种不需要燃烧氧气的能源。

6月1日,冈恩给海军研究实验室的主管哈罗德·鲍恩(Harold G. Bowen)海军少将写了一份报告,指出了此项研究对于潜艇发展的重大军事潜在价值。④ 三天后,在鲍恩的建议下,海军工程局向卡内基研究院(Carnegie Institution)拨款1500美元,对铀作为一种动力源进行研究,尽管卡内基研究院出于相关规定未接受这笔拨款,但同意开展相关研究工作。⑤ 美国物理学家就核研发问题同政府部门的首次接触事实上没有取得任何结果。

然而,齐拉特仍然打算引起美国政府对研发原子弹问题的重视。特别是4月6日和19日法国的约里奥-居里答复称,他不愿意接受科学成果发表

---

① 劳拉·费米:《原子在我家中——我与恩里科·费米的生活》,上海:上海人民出版社,2005年,第187—188页。埃米利奥·塞格雷:《原子舞者:费米传》,上海:上海科学技术出版社,2006年,第124页。

② 劳拉·费米:《原子在我家中——我与恩里科·费米的生活》,第190页。

③ Richard Rhodes, *The Making of the Atomic Bomb*, New York: Simon & Schuster, 1986, p. 295.

④ Lewis L. Strauss, *Men and Decisions*, pp. 436-437.

⑤ Richard G. Hewlett and Oscar E. Anderson, Jr., *A History of the United States Atomic Energy Commission*, vol. I: *The New World*, California: University of California Press, 1990, p. 15.

的自我审查制度,使得齐拉特更意识到警告美国政府的紧迫性。① 此外,齐拉特认为,由于当时在美国难以获取足够量的重水,却每年生产数以百吨计的石墨,因此石墨是链式反应最适宜的减速剂。② 他的这个判断后来被费米的实验所证实,1942 年 12 月 2 日费米在芝加哥大学(哥伦比亚大学的研究小组后并入芝加哥大学的研究团队)成功研制了世界上第一个可控的自持性链式反应的铀—石墨反应堆。美国物理学家汉斯·贝特后来评价道,"齐拉特以一种十分重要的方式对于也许是曼哈顿工程最重要的分项的及早成功做出了贡献"。③

6 月底在普林斯顿大学召开的美国物理学会年会上,齐拉特遇见了冈恩,并向他请求海军对铀—石墨项目研究的支持。7 月 10 日,冈恩告诉齐拉特,尽管海军研究实验室非常希望展开合作,但"由于有关政府服务合同方面的种种限制,达成任何一种确实对你有帮助的协议几乎是不可能的"④。而且,此时海军研究实验室感兴趣的实际是潜艇的动力源,并非原子弹的研发。在失望之余,齐拉特同尤金·维格纳进行了商谈,他们讨论的议题不自觉地转到了防止德国人获取比属刚果的铀矿石问题。他们决定通过齐拉特的师友爱因斯坦与比利时国王的母亲伊丽莎白的个人关系(在移居美国之前,爱因斯坦曾在比利时短期居住),来提醒比利时政府采取相关行动。

---

① Spencer R. Weart and Gertrud W. Szilard, eds., *Leo Szilard: His Version of the Facts, Selected Recollections and Correspondence*, pp. 74, 78–79.

② Letters of Leo Szilard to E. Femi, July 3 and July 8, 1939, in *Bush-Conant Files Relating to the Development of the Atomic Bomb, 1940–1945* (以下为 *Bush-Conant Files*), Records of Office of Scientific Research and Development, Record Group 227, National Archives Microfilm Publications, M1392, Washington D. C., 1990. Roll 13, Folder 217.

③ William Lanouette and Bela Silard, *Genius in the Shadow: A Biography of Leo Szilard, the Man behind the Bomb*. p. 396.

④ From Ross Gunn to Leo Szilard, July 10, 1939, in George McJimsey, ed. *Documentary History of the Franklin D. Roosevelt Presidency* (以下为 *DHFDRP*), Vol. 43: *The Atomic Bomb, Development and Diplomacy*, LexisNexis, 2009, Document 1, p. 1; Spencer R. Weart and Gertrud W. Szilard, eds., *Leo Szilard: His Version of the Facts, Selected Recollections and Correspondence*, p. 90.

7月12日①，齐拉特和维格纳前往纽约长岛（Long Island），拜见了正在度假的爱因斯坦。令他们吃惊的是，当提到裂变和链式反应时，爱因斯坦表示，"我根本没思考过这个问题"。事实上，爱因斯坦已多年没有关注原子物理研究领域的新进展。但是，"凭着因他在德国的经历而变得敏锐的政治觉悟，他答应将尽其所能提供帮助"。"为了在这一令人生畏的武器方面抢在纳粹德国之前，他同意敲响关于原子弹的警钟，即使它可能会被证明是错误的"。爱因斯坦对给比利时国王母亲写信有些犹豫，最终决定给他相识的一位比利时政府内阁大臣写信，由比利时驻美国大使转交。由于涉及到外交问题，维格纳提出应将此事告知美国国务院，如果通过国务院照会比利时政府，则更容易受到重视。最终，三人一致同意将递送一份爱因斯坦信件的复本给国务院，如果国务院在两周内未表示反对，他们就将信件寄出。②

然而，抵美不久的齐拉特并不熟悉应如何恰当地与美国政府打交道。鉴于施特劳斯是前总统赫伯特·胡佛（Herbert Hoover）的支持者，于是，他向一位他和施特劳斯的共同朋友，曾在柏林结识的奥地利裔难民经济学家、前德国国会议员古斯塔夫·施托尔珀（Gustav Stolper）请教。通过施托尔珀的推荐，齐拉特会见了雷曼公司（Lehman Corporation）的副总裁亚历山大·萨克斯（Alexander Sachs）。萨克斯曾为富兰克林·罗斯福1932年的竞选演说撰写过经济学方面的文本，后在美国国家复兴署工作了3年，1936年担任雷曼的副总裁，对核物理有着相当浓厚的兴趣。萨克斯认为，由于之前费米同军方的接触毫无结果，因此"应当非常明确地努力将问题提交到总统面前，此事应使用这样的措辞，即确保这个国家的安全免遭可怕的

---

① 关于时间的另一种说法是7月16日，见 Richard Rhodes, *The Making of the Atomic Bomb*, p. 304.

② Spencer R. Weart and Gertrud W. Szilard, eds., *Leo Szilard: His Version of the Facts, Selected Recollections and Correspondence*, p. 83; William Lanouette and Bela Silard, *Genius in the Shadow: A Biography of Leo Szilard, the Man behind the Bomb*, pp. 360 - 361; Gordon Fraser, *The Quantum Exodus: Jewish Fugitives, the Atomic Bomb, and the Holocaust*, New York: Oxford University Press Inc., 2012, p. 166.

打击以及避免有关纳粹科学家将核研究转化成核武器的进一步进展的连续报告中所蕴含的那种危险"。萨克斯要求齐拉特起草一份致总统的信件,为增强罗斯福总统对此事的重视,信件最好能以爱因斯坦这样世界知名的物理学家的名义,然后再由齐拉特同时提交一份关于核研究概况及其政治意义的备忘录。① 于是,齐拉特决定不再将爱因斯坦的信件寄送给比利时政府官员以及同美国国务院联系,而是通过萨克斯直接将问题提交到总统面前。

由于维格纳去了加利福尼亚,7月30日齐拉特和特勒再次来到长岛爱因斯坦的度假地。爱因斯坦口授了一份简短的提纲,同意齐拉特随后根据需要草拟长短两个文本的信件。齐拉特拟就信件后立即邮寄给了爱因斯坦,爱因斯坦则在两封信件上都署上名,并决定将文本较长的那一封信件送呈罗斯福总统。

内容如下:

先生:

近来费米和齐拉特开展的一些工作,已书面告知了我,使我认识到,铀元素在不远的将来变成一种新的且重要的能量来源是可能的。看上去,所引起的形势的某些方面需要政府予以警惕,如果必要,则应采取快速行动。因此,我认为我有责任提请您注意以下事实和建议:

在过去的四个月中,法国约里奥的工作同美国费米、齐拉特的工作一样,都使这种情况成为可能,即在大块的铀中实现核链式反应。通过这种方式,将产生巨大的动力和大量类似镭的新元素。现在看上去几乎可以肯定,这在不久的将来能够得以实现。

这一新的现象也将用于制造炸弹,并可以想象,尽管还不太确定,威力极其强大的新型炸弹因而能够制造出来。一枚这种类型的炸弹,用船运载并在港口爆炸,极有可能毁掉整个港口及其

---

① Conference with Dr. Leo Szilard, July 25, 1939, *DHFDRP*, vol. 43, Document 2, pp. 2-4.

周边的一些区域。然而，这种炸弹很可能的结果会是过于笨重，无法使用飞机运载。

美国只拥有数量不大的非常贫的铀矿，在加拿大和前捷克斯洛伐克有着一些较好的铀矿，而最重要的铀矿资源在比属刚果。

由于这种情况，您可能会认为，政府同在美国从事链式反应研究工作的物理学家们保持一些永久性接触是可取的。实现这点的一种可能的途径是，您将这一任务交予某个您所信任且大致能够以半官方身份开展工作的人。他的任务应涵盖以下几点：

（a）同政府相关部门接洽，使他们了解进一步的事态发展；为政府行动提出建议，对于美国获取铀矿石的供应问题予以特别的关注。

（b）通过联系愿意为这项事业做出贡献的个人私募基金，为目前正受到大学实验室经费限制的实验工作提供资金，如果获得这样的资金，或者能与拥有所需设备的工业实验室的合作，那么将加快实验工作。

我获悉，德国事实上已经停止出售已接管的捷克斯洛伐克矿山的铀矿石。德国采取如此早的行动也许可以从以下因素得到解释，德国外交部副外长的儿子冯·魏茨泽克（von Weizsäcker）是柏林威廉皇帝研究所的成员，目前那里正在重复进行一些美国人关于铀的工作。

谨致问候

阿尔伯特·爱因斯坦[1]

8月15日，齐拉特将爱因斯坦签名的信件和自己起草的关于近五年来

---

[1] From Albert Einstein to President, August 2, 1939, *DHFDRP*, vol. 43, Document 3, pp. 5-6; Spencer R. Weart and Gertrud W. Szilard, eds., *Leo Szilard: His Version of the Facts, Selected Recollections and Correspondence*, pp. 94-96.

核研究概况的技术备忘录一起交给了萨克斯。① 萨克斯对备忘录的内容提出了一些修改意见，25日齐拉特又将修改后的备忘录交还给萨克斯。

如同弗里施-派尔斯备忘录建议利用快中子一样，在备忘录中，齐拉特指出，尽管未得到大规模实验的证明，但慢中子产生链式反应几乎是可以肯定的，至于快中子是否能够引发链式反应目前并不确定，但如果在铀-石墨系统中利用快中子引发了裂变和链式反应，那么理论上制造出原子弹是现实可行的。大规模的实验还需要政府、企业和个人投入巨大的财力物力，虽然"如此大规模实验是成功还是失败，在目前还难以在任何确切的程度上做出预测"，但是"大规模实验应当进行，除非成功的可能性能够被实验基础上的有依据的保证所排除"。另外，除对铀—石墨反应系统的技术层面进行简要阐述外，齐拉特还提供了大概所需的经费数字和铀矿石数量，并提请美国政府应同美国、加拿大和比利时的生产铀矿石的公司取得联系，从而将铀矿资源控制在自己手中。为掩人耳目，可以声称铀矿石是为了医学目的而提炼获取镭。齐拉特提到，"如果这些举措涉及政府的财政义务，那么目前难以建议政府去建立铀矿石储备，但是，最好开始研究在以后如果需要的时候政府以何种方式建立这样一种储备的问题"。②

战争的爆发使得萨克斯会见罗斯福总统之事直到10月11日才得以实现。考虑到罗斯福政务繁忙，萨克斯将爱因斯坦信件和齐拉特备忘录的内容加以综合概述，撰写了一份约800字的他自己的备忘录，并向罗斯福当面朗读，同时将那两份原始文件留给了总统。理查德·罗兹评价萨克斯的备忘录道，"这就是呈献给一国首脑的第一份关于利用核能制造一种战争武器

---

① Spencer R. Weart and Gertrud W. Szilard, eds., *Leo Szilard*: *His Version of the Facts*, *Selected Recollections and Correspondence*, pp. 97-98; Memorandum of Leo Szilard, August 15, 1939, *Bush-Conant Files*, Roll 13, Folder 217. 萨克斯在希望自己充当信使的同时，还建议了其他三个人选：金融家伯纳德·巴鲁克（Bernard Baruch）、麻省理工学院校长卡尔·康普顿（Karl T. Compton）和著名飞行员、社会活动家查尔斯·林德伯格（Charles Lindbergh）。最初，齐拉特打算请林德伯格，但强烈主张孤立主义的林德伯格批评罗斯福修改中立法的提议，使得齐拉特改变了想法。

② From Leo Szilard to Alexander Sachs, August 25, 1939, *DHFDRP*, vol. 43, Document 5, pp. 13-19.

的可能性的权威报告"①。

其内容如下:

亲爱的总统先生:

随着您修订《中立法》的计划接近完成,我相信您现在能够给我一个机会呈上一封阿尔伯特·爱因斯坦博士给您的信件,以及其他对于国防有着深远意义的与物理学家的实验工作相关的材料。

简而言之,六年来一直进行的有关原子裂变的实验在今年达到了顶峰。(a) 列奥·齐拉特博士和费米教授发现,元素铀能够通过中子裂变;(b) 打开了链式反应可能性的大门,即在这种核反应过程中,铀本身可以释放出中子。这一物理学领域的新进展展示出以下前景:

1. 创造一种新能源,用于动力生产。

2. 从这样的链式反应中释放出新的放射性元素,从而在医疗领域可以获得成吨而不是以克计的镭。

3. 作为一种最终的可能性,制造出具有迄今难以想象的爆炸威力和波及范围的炸弹。就如爱因斯坦博士,在一封我将留给您的信中所说的,"一枚这种类型的炸弹,用船运载并在港口爆炸,极有可能毁掉整个港口及其周边的一些区域!"

另外,由于这项工作——用于动力、医疗和国防的目的——的现实重要性,有必要记住,相比比属刚果丰富的优良铀资源和居其次的加拿大、前捷克斯洛伐克的铀资源,我们铀的供应是有限且质差的。爱因斯坦博士和关注这一问题的小组的其余人员注意到,德国事实上已经停止出售其所占领的捷克斯洛伐克的铀。该行动一定与这一事实相关,即德国外交部副部长的儿子,卡

---

① Richard Rhodes, *The Making of the Atomic Bomb*, p. 314.

尔·冯·魏茨泽克，是柏林威廉皇帝研究所一些目前居住在这个国家的大牌物理学家的助理，他们正致力于那些关于铀的实验工作。

意识到了所有这一切在同利用自由人文精神创造力的极权主义的历史性斗争中对于民主和文明的意义，齐拉特博士，征询了普林斯顿大学物理系主任E·P·维格纳教授、乔治·华盛顿大学的E·特勒教授的意见，试图通过建立科学合作协会，加强民主国家的物理学家之间的合作——例如巴黎的约里奥教授、牛津的林德曼教授和剑桥的狄拉克博士（Paul Dirac）——以及限制有关链式反应研究工作进展的公开发表，来促进美国的这项工作。随着今年夏季国际危机的发展，这些难民学者和我们当中同他们磋商过的其余人一致认为，尽早将他们的工作告知您并赢得您的协作，是他们的责任，也是他们的愿望。

鉴于德国入侵比利时的危险，与总部在布鲁塞尔的上加丹加矿业联盟做好准备工作变得迫切起来——最好通过外交渠道——将可获得的大量供应的铀运往美国。除此之外，有必要扩大和加速试验工作，在我们大学理论物理院系有限的经费下，这已不再能够进行下去。据信，我们主要化学和电力公司的热心公益的管理人员能够被劝说提供一定数量的铀化合物和石墨，并承担试验下一阶段可观的费用。一个替代方案是，谋求能够提供所需原料和资金的机构之一的赞助。对于上述每一种方案和所有的目的而言，采纳爱因斯坦博士的建议似乎是可取的，即您指派一名个人和一个委员会充当科学家们和政府部门之间的联络人。

基于以上所述，我希望能够代表这些难民学者亲自转达他们渴望为殷切接待他们的国家效力的想法，并呈上爱因斯坦博士的信件以及齐拉特博士同我讨论后所起草的一份备忘录、几篇刊登在科学期刊上的文章的复印件。另外，我代表他们求见您，是为了阐明有关比利时资源的供应、安排与政府和陆海军部的长期联络以及解决眼下所需原料和资金问题的政策思路。

此致

敬礼

亚历山大·萨克斯①

罗斯福对萨克斯说,"亚历克斯,你的目的是要看到纳粹没有将我们炸飞掉"。他当即传唤他的军事助理兼负责安排接见事务的秘书(Appointments secretary,相当于后来的白宫办公厅主任)陆军少将埃德温·沃森(Edwin M. Watson)并吩咐道:"这需要行动。"② 10月12日,在罗斯福的授意下,成立了一个由美国国家标准局局长莱曼·布里格斯(Lyman J. Briggs)③为主席、包括两名军方的军火专家陆军中校基思·亚当森(Keith F. Adamson)和海军中校吉尔伯特·胡佛(Gilbert C. Hoover)的小型非正式委员会——铀咨询委员会(Advisory Committee on Uranium),以充当政府与从事核研究的科学家之间的联络机构。

---

① From Alexander Sachs to President, October 11, 1939, *DHFDRP*, vol. 43, Document 6, pp. 20-21; Spencer R. Weart and Gertrud W. Szilard, eds., *Leo Szilard: His Version of the Facts, Selected Recollections and Correspondence*, pp. 104-105.

② Richard G. Hewlett and Oscar E. Anderson, Jr., *A History of the United States Atomic Energy Commission*, vol. I: *The New World*, p. 17; Richard Rhodes, *The Making of the Atomic Bomb*. pp. 313-315. 对于萨克斯会见罗斯福还存在不同的说法,见 William Lanouette and Bela Silard, *Genius in the Shadow: A Biography of Leo Szilard, the Man behind the Bomb*, pp. 376-377, 以及罗伯特·容克:《比一千个太阳还亮:原子科学家的故事》,第73—74页。

③ 美国国家标准局(the National Bureau of Standards),1901年根据国会法案成立,隶属商务部,前身为美国财政部标准度量衡局(the Office of Standard Weights and Measures of the Treasury Department),其职责是监管、维护和发展国家度量衡标准,并为符合这些标准的测量提供手段和方法。标准局下设的实验室实际充当美国国家物理实验室的角色。1988年更名为国家标准和技术研究所(National Institute of Standards and Technology)。莱曼·布里格斯,1896年入职美国农业部物理实验室,1903年获得约翰·霍普金斯大学生物土壤学方面的哲学博士学位,成为土壤物理学的奠基者。1920年正式调入国家标准局,1932年由胡佛总统提名、1933年由罗斯福总统正式任命为标准局局长。

三、从铀咨询委员会到国防研究委员会

10月21日，布里格斯召开铀咨询委员会的首次会议。除了委员会的三名成员外，会议还包括了布里格斯的助手弗雷德·莫勒（Fred L. Mohler）、卡内基研究院地磁部的理查德·罗伯茨（Richard B. Roberts，代表其上司默尔·图夫［Merle A. Tuve］）、萨克斯、齐拉特、维格纳和特勒（同时代表费米出席）。

齐拉特指出目前铀—石墨反应系统主要的不确定因素是缺乏石墨俘获中子的数据，如果这个数据较大，就不会产生链式反应；如果数据很小，则链式反应非常有希望；如果数据是一个处于中间的值，就需要通过大规模的实验去判定。然而，亚当森、胡佛和罗伯茨质疑链式反应的可能性。当讨论到政府经费的投入问题时，由于齐拉特私下认为"我们总的意图不是向政府要钱，只是要求政府的批准"，① 所以他事先没有准备申请之事。特勒则接过话头回答道："这一研究的头一年我们需要6000美元，主要用于购买石墨"。后来特勒被责怪当时要的太少了，因为之前默尔·图夫告诉他需要15000美元。②

齐拉特回忆道：

> 亚当森认为，相信我们可能通过创造一种新式武器来为国防做出重大贡献可谓天真之极。他说，如果一种新式武器创造出来了，那么，要让人们知道这种武器到底有没有优点，一般需要经过两次战争的检验。然后，他相当卖力地解释说，最终赢得战争的因素不是武器，而是军队的士气……维格纳用他的尖嗓音说，对他来说，听到这些真是非常有趣……如果这是对的，那么，也许人们应该对军队的预算采取不同的看法，也许可以消减这种预算。

---

① Spencer R. Weart and Gertrud W. Szilard, eds., *Leo Szilard: His Version of the Facts, Selected Recollections and Correspondence*, p. 85

② 斯坦利·布卢姆伯格和格温·欧文斯：《美国氢弹之父特勒》，第98—100页。

亚当森觉察到维格纳等人的不满，于是同意特勒建议的拨款数字以结束争论。①

这是美国政府为核研究拨付的第一笔费用，而最终用于制造原子弹方面的费用远远超过了美国政府的预期，"根据原子能委员会的资料，直到1945年底，曼哈顿计划（国防研究委员会、科学研究与发展局和曼哈顿工程区）的实际费用为19亿美元（以2014年美元购买力计算约为260亿美元）。"②

随后，齐拉特交给了布里格斯一份10页的备忘录，阐述了如何证明铀能产生链式反应的研究思路。③ 基于这份备忘录，布里格斯撰写了一份报告于11月1日提交给了罗斯福总统。该报告指出，铀裂变及链式反应能够释放大量的能量，可以将其用于潜艇动力及制造威力巨大的炸弹，虽然目前关于铀的链式反应还未通过实验得到证明，但是，"我们认为应当给予彻底调查这一问题足够的支持"。为此，报告建议，政府应提供相应的财政支持，为眼下测定石墨吸收截面的实验所需提供4吨纯石墨，如果初步的研究证明应继续研究下去，则提供50吨的氧化铀；为获得广泛的合作和更大的支持，邀请麻省理工学院校长卡尔·康普顿（Karl T. Compton）、亚历山大·萨克斯、爱因斯坦和佩格拉姆加入委员会。④

11月17日，埃德温·沃森告知布里格斯，总统饶有兴趣地读了这份报

---

① Spencer R. Weart and Gertrud W. Szilard, eds., *Leo Szilard: His Version of the Facts, Selected Recollections and Correspondence*, p. 85; William Lanouette and Bela Silard, *Genius in the Shadow: A Biography of Leo Szilard, the Man behind the Bomb*, pp. 378–379.

② 总装备部科技信息研究中心编译：《美国核武器计划费效分析 1940—1998》，北京：国防科技大学出版社，2006年，第31页。Consumer Price Index and Inflation Rates（Estimate），1800-2014, Federal Reserve Bank of Minneapolis, retrieved 27 Feburary, 2014, https://www.minneapolisfed.org/community/teaching-aids/cpi-calculator-information.

③ Spencer R. Weart and Gertrud W. Szilard, eds., *Leo Szilard: His Version of the Facts, Selected Recollections and Correspondence*, pp. 110–111.

④ From Lyman J. Briggs et al. to President, November 1, 1939, *DHFDRP*, vol. 43, Document 11, pp. 27–28.

告,并希望将它存档备查。① 此后便没了下文,直到1940年2月8日。

实际上,除了建议政府提供石墨和氧化铀外,报告中其他的一些建议不是泛泛而谈,就是从未付诸实施。齐拉特感慨铀咨询委员会首次会议后的几个月是"我一生中最奇怪的时期","我从华盛顿方面根本什么也没听到……我曾设想,一旦我们论证了在铀的裂变过程中会释放出中子,那么要引起人们的兴趣不会是难事,但是我错了……回想起来,这是令人难以置信的,从1939年6月到1940年春,美国竟然没有一个进行中的实验是冲着研究天然铀链式反应的可能性的"。②

麦乔治·邦迪对此做出了下列解释。他认为,在萨克斯向罗斯福念他的备忘录之前,大谈了一段地缘政治以及美国发明家罗伯特·富尔顿(Robert Fulton)劝说拿破仑使用他所发明的汽船未果的故事,"萨克斯说起话来喋喋不休,甚至类似说教一般","他的一份备忘录竟错误地把裂变的发现归功于费米和齐拉特。罗斯福可以耐心地听别人讲话,但只是对那些很快就讲到要旨的人。看来至少可能是,总统根本就没有真正听明白萨克斯在讲些什么"。此外,邦迪觉得,罗斯福选择的铀咨询委员会主席——65岁的布里格斯,并不是一位精悍的实干家,"他对热心的非专业人员和外国人怀有戒心,满足于等待由聪慧而又谨慎的费米设计的实验按部就班地取得进展","但罗斯福几乎肯定了解他所用的这个人……如果在1939年10月罗斯福想要在其后的几个月里得到比布里格斯能提供的更多的成果,他本可以这样说的,或转而任用另外什么人"。而且邦迪指出,齐拉特"似乎没弄明白问题的症结所在:他指望政府在一个当时习俗很不同的国家里在一个科学问题上起带头作用"。③

美国物理学会会长、芝加哥大学教授阿瑟·康普顿(Arthur H. Compton,卡尔·康普顿的弟弟)提到,虽然一些美国本土的物理学家也意

---

① Richard G. Hewlett and Oscar E. Anderson, Jr., *A History of the United States Atomic Energy Commission*, vol. I: *The New World*, p. 20.

② Spencer R. Weart and Gertrud W. Szilard, eds., *Leo Szilard: His Version of the Facts, Selected Recollections and Correspondence*, p. 115.

③ 麦乔治·邦迪:《美国核战略》,第52—53页。

识到了"核武器计划对于私人资源而言过于的庞大,但是,他们知道,在实验已经证明国家的安全需要对核计划大力支持之前,政府不会采取决定性的行动。在私人的支持下,这种前期的工作会取得更快的进展",因此"政府铀咨询委员会的任命阻碍了而不是促进了美国铀研究的发展"。① 当时美国的科学研究大多是靠私人或企业基金的赞助,比如前面提到的洛克菲勒基金会和卡内基协会,而往往不是寻求政府的支持。劳伦斯·巴达什指出,"政府支持研究的传统是薄弱的。例如从1935—1939年这段时期,陆军和海军每年花在研究方面的支出都不会超过微薄的700万美元。此外,也有可能是有意识地规避寻求政府的支持"。②

邦迪和康普顿的分析应该说是合情合理的。当时自持性的链式反应还未得到实验证明,只是理论上推测了其可能性,这在物理学家当中都存有争议,更别提制造原子弹。对于罗斯福等不具备物理学专业知识的官方人士来说,这些更是难以理解的。在罗斯福总统日常处理政务所做出的大大小小的决策当中,成立铀咨询委员会实际并不是一个多么重大且紧急的决定。他也许只是认为在爱因斯坦这样的大科学家的呼吁下,政府应当鼓励物理学家们去进一步探寻链式反应和研发原子弹的可能性,并未真正理解爱因斯坦信件所传达的重要含义。尤金·维格纳曾说,"让美国政府明白裂变的意义像是在糖浆里游泳。我们得知政府对异想天开的新项目并不感冒,而且没有一位科学家能够理直气壮地说,原子弹一定能成功"。③ 因此,政务繁忙的罗斯福并未对这个问题给予特别的重视。

另外,就如埃米利奥·塞格雷指出的,"在1939—1940年,改进雷达成了美国主要科学家管理人员的头等大事"。④ 在战争爆发的国际形势下,相

---

① Arthur H. Compton, *Atomic Quest: A Personal Narrative*, London: Oxford University Press, 1956, pp. 29-30.

② Lawrence Badash, et al., "Nuclear Fission: Reaction to the Discovery in 1939," *Proceedingss of the American Philosophical Society*, vol. 130, No. 2, June 1986, pp. 224-225.

③ Gordon Fraser, *The Quantum Exodus: Jewish Fugitives, the Atomic Bomb, and the Holocaust*, p. 167.

④ 埃米利奥·塞格雷:《原子舞者:费米传》,第123页。

比雷达，当时核研究的前景连海市蜃楼都谈不上，政府有限的财政经费和科学资源自然不会投入到这个领域。当然，这也使得齐拉特、费米等难民科学家有机会从事还未被美国政府列入机密并原则上禁止非本国科学家从事的核研究。

1940年2月8日，埃德温·沃森打算让总统再次注意铀咨询委员会的那份报告。他询问布里格斯是否需要补充些什么，20日布里格斯答复，实验所需的6000美元经费已经拨付，"这一实验将证明这项事业是否具有一种现实的实用性，希望几周内能够提供一份关于这一实验的报告"。① 萨克斯则认为铀咨询委员会的报告"太过学术性了"。②

3月7日，萨克斯收到一封署名爱因斯坦实为齐拉特起草的信件。信中称：最近他同齐拉特和维格纳进行了会谈，得知德国政府已经接管了威廉皇帝物理研究所，该所正同威廉皇帝化学研究所一同致力于关于铀的秘密研究工作；另外，在链式反应问题上，齐拉特的研究思路比法国约里奥的研究思路更有希望。③ 齐拉特再次鼓动爱因斯坦写信，是因为他不久前听说德国威廉皇帝物理研究所的所长、荷兰籍的诺贝尔奖得主彼得·德拜（Peter Debye），由于拒绝加入德国国籍而被迫辞职，德拜在哥伦比亚大学访问时将德国的研究状况告诉了费米。费米认为德国的科学家分散在全国各地，难以齐心协力，齐拉特却警觉起来。另外，约里奥-居里又公开发表了一篇进一步证明链式反应可能性的文章，使得齐拉特感到非常不安。④

3月15日，在齐拉特的催促下，萨克斯将爱因斯坦的这封信转交给罗斯福总统，并询问"是否及何时在您方便的时候就实验工作的真实进展和

---

① From Lyman J. Briggs to Watson, February 20, 1940, *DHFDRP*, vol. 43, Document 15, p. 37.
② From Alexander Sachs to Watson, February 15, 1940, *DHFDRP*, vol. 43, Document 14, p. 36.
③ From Albert Einstein to Sachs, March 7, *DHFDRP*, vol. 43, Document 16, pp. 36, 38-39; Spencer R. Weart and Gertrud W. Szilard, eds., *Leo Szilard: His Version of the Facts, Selected Recollections and Correspondence*, pp. 120-121.
④ Spencer R. Weart and Gertrud W. Szilard, eds., *Leo Szilard: His Version of the Facts, Selected Recollections and Correspondence*, p. 119.

明朗化的某些现实问题进行商谈"。① 4月5日，罗斯福答复萨克斯，他已指示沃森安排一次由萨克斯、爱因斯坦和铀咨询委员会成员参加的会议。② 但是，罗斯福"在1944年以前没有再次就此事接见他"，而是认为通过铀咨询委员会"是继续这项研究最实际的方法"。③

在一份给萨克斯的备忘录中，齐拉特专门阐述了他的研究思路对于军事利用核能的意义。备忘录设想了铀—石墨反应系统在慢中子和快中子作用下的两种不同情况。在前者中，1吨天然未浓缩的铀可以释放相当于大约3000吨燃料油的能量，用于海军舰只能够减轻自身的负荷，从而提高航行速度和增加作战半径。用这种方式制造的炸弹，不是特别有威力的理想武器，但在1公里半径内对人会产生致命的辐射危害，"强调这一点的原因在于认为，这种方式能够被一些其他国家当作武器在当前的这场战争中使用，可能在不久的将来"。在后者中，齐拉特首先指出，"目前并不知道这种方式的链式反应是否能够成为现实"，但如果可行，1吨未浓缩的铀可以释放超过300,000吨燃料油的能量，从而使大型的海军舰只无须使用燃料油，而且可以制造出威力不同凡响的炸弹，"基于这种链式反应基础上的一颗炸弹在靠近海岸的海上爆炸，其引发的滔天巨浪将造成沿海城市的毁灭"。④

此时，费米、图夫和芝加哥大学的哈罗德·尤里等人也已发现，相比快中子，慢中子更容易引发铀235裂变，但依靠慢中子裂变方式制造原子弹，在发生足够的反应之前，炸弹可能就会爆炸。使用快中子裂变的情况，

---

① From Alexander Sachs to President, March 15, *DHFDRP*, vol. 43, Document 17, p. 40; Spencer R. Weart and Gertrud W. Szilard, eds., *Leo Szilard: His Version of the Facts, Selected Recollections and Correspondence*, pp. 121–122.

② From President to Alexander Sachs, April 5, *DHFDRP*, vol. 43, Document 18, p. 41; Spencer R. Weart and Gertrud W. Szilard, eds., *Leo Szilard: His Version of the Facts, Selected Recollections and Correspondence*, p. 122.

③ 麦乔治·邦迪：《美国核战略》，第52页。

④ From Leo Szilard to Sachs, April 22, 1940, *DHFDRP*, vol. 43, Document 26, pp. 66–69; Spencer R. Weart and Gertrud W. Szilard, eds., *Leo Szilard: His Version of the Facts, Selected Recollections and Correspondence*, pp. 123–125.

则需要足够量的纯的或浓缩的铀235进行实验。在4月底华盛顿召开的美国物理学会的年会上，费米等人认为分离数公斤的铀235是下一步的主要目标，通过离心分离机是比较有希望的方法。

4月27日，铀咨询委员会召开了第二次会议。除委员会的三名成员外，海军少将鲍恩、萨克斯、佩格拉姆、费米、齐拉特和维格纳参加了会议，爱因斯坦如上次会议那样婉拒出席。萨克斯希望尽早开始大规模的实验，他对费米的保守态度有些不耐烦，较为认同齐拉特的观点。他表示，如果政府不愿意负责，他赞成尝试从私人渠道为实验提供资金；如果美国政府勇往直前，那么实验室里碰到的困难会趋于消失。然而，委员会最终还是打算视费米、齐拉特等人的进一步实验结果再做出是否开展大规模实验的决定。①

5月14日，费米和齐拉特的实验取得令人欢欣鼓舞的阶段性成果，他们发现石墨的吸收截面为3×10^{-27}平方厘米，只有原先预想上限的三分之一，而且如果使用更纯的石墨还能使之更小，这至少证明慢中子情况下链式反应的现实可行性。尽管制造原子弹需要快中子引发的铀235或钚239的裂变链式反应，但是，"实现慢中子链式反应似乎是我们知识发展过程中一个必要的初始步骤，成了对这一问题感兴趣的那些人的首要目标。说服军事当局和更持怀疑态度的科学家信服整个想法并不是白日梦，这似乎也是重要的一步"②。

有鉴于此及比利时正遭受德国军队的入侵，萨克斯几次写信给埃德温·沃森和罗斯福，希望再次面见总统，认为关于核研究进入了一个新阶段，建议政府增加资金支持力度，警惕德国对美国从比属刚果获取铀供应的威胁，并提出建立一个新的组织框架，以指导政府部门以外的工作、确保科学家们在应有的保密状态下进行试验研究以及充当政府与各大学之间

---

① Richard G. Hewlett and Oscar E. Anderson, Jr., *A History of the United States Atomic Energy Commission*, vol. I: *The New World*, p. 23.

② Henry D. Smyth, *Atomic Energy for Military Purposes*, p. 42.

的联系纽带。①

此时，欧洲战火扩大，法国正处于败亡的边缘。为加强美国科技界与政府的联系，动员科学界为美国可能卷入的这场战争服务，卡内基研究院院长、国家航空咨询委员会（National Advisory Committee for Aeronautics）主席、前麻省理工学院副校长、电气工程学家万尼瓦尔·布什（Vannevar Bush），通过罗斯福总统私人顾问哈里·霍普金斯（Harry L. Hopkins）的牵线就此谏言总统。②在布什的回忆录中，他提到，由于希特勒在欧洲的挑战，早在1937年他和一些志同道合的科学家就意识到应动员科学界为美国的国防服务；到1939—1940年的"虚假战争"时期，他们一致认为美国迟早会卷入战争，且这场战争将是一场高科技领域的斗争，而当时的美国军事体系并未为这样的一场战争做好准备。③

于是，在他的建议之下，罗斯福总统决定成立国防研究委员会（National Defense Research Committee），名义上隶属于1916年成立的国防委员会（Council of National Defense）④，由布什出任主席，实际直接对总统负责，经费最初由军方提供，后逐渐由总统行政办公室定期拨款。

6月15日，即巴黎被德军占领的第二天，罗斯福在给布什的信中提到：

---

① From George B. Pegram to Sachs, May 14, 1940, *DHFDRP*, vol. 43, Document 33, p. 80; From Alexander Sachs to Watson, May 11/15/23, 1940, *DHFDRP*, vol. 43, Document 30, Document 34, Document 35, pp. 75, 81, 82-83; From Alexander Sachs to President, May 11, 1940, *DHFDRP*, vol. 43, Document 31, pp. 76-77.

② 舍伍德：《罗斯福与霍普金斯：二次大战时期白宫实录》（上），北京：商务印书馆，1980年，第221—222页。

③ Vannevar Bush, *Pieces of the Action*, New York: William Morrow & Company, INC., 1970, pp. 32-33.

④ 为整合各种资源服务于未来的战争，1916年8月24日威尔逊总统成立国防委员会，成员包括陆海军部长、内政部长、农业部长、商业部长等。10月又在其下设立了一个咨询委员会，最初成员为七名工业领域的专业人士。1921年，国防委员会暂停活动。但是，成立该委员会的法案并未失效，导致后来的几届政府部长淡忘了事实上还存在一个这样的委员会。国家航空咨询委员会则成立于1915年，是美国国家航空航天局的前身。1939年布什辞去麻省理工学院副校长职务前往华盛顿担任卡内基研究院院长，因主张为建立一支能够匹敌德国的强大空军而加强美国的航空技术研究，同年当选为国家航空咨询委员会主席。

"希望在推进该委员会目标方面,你会通过与教育界、科学研究院所和工业部门的研究实验室达成的协议,安排进行类似能够证明为了促进战争手段的创新或改进是可取的这样的调查、实验研究和报告";"你的委员会的工作并不是要取代陆海军部门目前正在他们自己的实验室或与工业界订立合同进行的任何出色的工作,而是希望你对这种工作进行增补";美国国家科学院(National Academy of Science,成立于1863年3月)及其属下的国家研究委员会(Nation Research Council,成立于1918年5月)能够为国防研究委员会提供咨询和建议,国家标准局和其他政府实验室能够为委员会承担所需的研究任务。此外,罗斯福还特别指出,布里格斯的铀咨询委员会将成为国防研究委员会下属的机构之一。①

虽然国防研究委员会被要求协助军方的研究,但实际上布什拥有做出独立判断和决定的权利。国防研究委员会秘书欧文·斯图尔特(Irvin Stewart)提到,"有时委员会会拒绝承担军方要求的某项研究,因为它认为所需要的人力能够更好地用在更重要的或那些更可能成功的项目上。反过来,有时国防研究委员会会不顾军方的漠视、甚至反对,着手进行和支持一些项目。委员会的一些项目是在没有陆军和海军的支持下开始的,虽然军方后来对这些项目的大部分给予了支持。然而,大多数情况下,国防研究委员会承担的工作是应陆军、海军或两者的直接要求下进行的"。② 万尼瓦尔·布什则指出,国防研究委员会的成立使得铀咨询委员会,"无需通过时常是间接的军方机构渠道去获取经费"。③ 理查德·休利特和小奥斯卡·安德森评价道,"对于铀项目而言,它的创立是一件意义重大的事件。它使铀研究在资金上摆脱了对军方的单独依赖,更重要的是,它从一个非正式

---

① From President to Vannevar Bush, June 15, 1940, *DHFDRP*, vol. 43, Document 41, pp. 96–98. 这封信实为布什起草,借用罗斯福名义签发的。

② Irvin Stewart, *Organizing Scientific Research for War: The Administrative History of the Office of Scientific Research and Development*, Boston: Little, Brown and Company, 1948, p. 18.

③ Vannevar Bush, *Pieces of the Action*, p. 58.

的特设委员会手中挽救了这一研究新领域"。①

6月27日,国防研究委员会正式成立。除布什外,其他最初的委员会成员是:哈佛大学校长、化学家詹姆斯·柯南特(James B. Conant),麻省理工学院校长、物理学家卡尔·康普顿,国家科学院主席、贝尔电话实验室主任和电气工程学家弗兰克·朱厄特(Frank B. Jewett),标准局局长莱曼·布里格斯,商务部专利局局长、律师康韦·科(Conway P. Coe),加州理工学院研究生院院长、物理化学和数学物理学教授理查德·托尔曼(Richard C. Tolman),海军研究实验室主管哈罗德·鲍恩少将和陆军参谋部战争计划司司长乔治·斯特朗准将(George V. Strong)。国防研究委员会下辖5个部门(Division),共34个小组(Section),铀咨询委员会则由布什直接领导。这里应该注意的是,国防研究委员会并非因单纯为了加强核研究而设立,实际上核研发只是当时该委员会负责的研究工作领域之一。

随后,布什对铀咨询委员会成员进行了调整。布里格斯仍为咨询委员会主席,基思·亚当森和吉尔伯特·胡佛被调整出去,增加了亚历山大·萨克斯、默尔·图夫、乔治·佩格拉姆、罗斯·冈恩、哈罗德·尤里、乔治·布赖特(Gregory Breit,威斯康星大学物理学教授)和杰西·比姆斯(Jesse W. Beams,弗吉尼亚大学物理学教授)。同英国的莫德委员会一样,出于安全保密方面的考虑,最初国外出生的物理学家都被排除在委员会之外。也就是说,弗里施、派尔斯、齐拉特、费米、维格纳等在英美流亡的物理学家,一度不被允许知道或参与讨论他们最先向各自所在国政府建议应予以重视的秘密。马丁·舍温指出,"无论如何,公平地说,难民科学家没有得到普遍的信任,至少许多联邦官员明显不愿意听信他们的意见"。②

---

① Richard G. Hewlett and Oscar E. Anderson, Jr., *A History of the United States Atomic Energy Commission*, vol. I: *The New World*, p. 25.

② Martin J. Sherwin, *A World Destroyed: Hiroshima and Its Legacies*, New York: Alfred A. Knopf, 1973, p. 29.

四、科学研究与发展局及"曼哈顿工程"的建立

就在罗斯福总统致信布什的前两天,铀咨询委员会召开了一次特别咨询小组会议,参加会议的是布里格斯、尤里、图夫、费米、齐拉特、佩格拉姆、维格纳和布赖特。会议建议委员会应筹措资金支持按照以下两条研究路线进行铀—石墨实验:

(1) 进一步测算建议类型的反应中所涉及的核常数(nuclear constants);

(2) 使用被估算为链式反应维持下去所需最低数量的大约五分之一到四分之一的铀和碳进行中间实验。

为此,分别需要投入大约40,000美元和100,000美元。7月1日,布里格斯向布什汇报了上述建议。① 9月6日,布什答复布里格斯,国防研究委员会只能拨付40,000美元。②

尽管这意味着只够进行核常数的测算,但哥伦比亚大学小组还是同国防研究委员会于11月8日签订了为期一年的合同,这也是国防研究委员会与美国高校、科研院所签署的第一个合同。此后,直到1941年11月,国防研究委员会同普林斯顿大学、康奈尔大学、约翰·霍普金斯大学、弗吉尼亚大学、芝加哥大学、加利福尼亚大学、明尼苏达大学、爱荷华州立大学、卡内基研究院、美孚石油发展公司和国家标准局签署了总数为十六项的与铀有关的科研合同,费用总计为300,000美元。③ 然而,与同一时期国防研究委员会投入到其他军事研究领域的费用相比,这个数字显得并不突出,例如为麻省理工学院放射实验室批准的预算达几百万美元,国防研究委员

---

① Memorandum Report on Proposed Experiments with Uranium, 14 August, 1940, *Bush-Conant Files*, Roll 1, Folder 1.

② Richard G. Hewlett and Oscar E. Anderson, Jr., *A History of the United States Atomic Energy Commission*, vol. I: *The New World*, p. 26.

③ Stephane Groueff, *Manhattan Project: The Untold Story of the Making of the Atomic Bomb*, Boston: Little, Brown and Company, 1967, p. 10.

会下属的 A 部门的 S 组为较小的项目也花费了 136,000 美元。①

之所以出现这种情况，原因如之前所提到的两点：雷达是这一时期的研究重点；核研究的军事利用前景不确定。在 1941 年 7 月 16 日布什提交给罗斯福总统的第一份年度工作报告中，他用了 12 页的篇幅去谈论雷达，而只用了 2 页内容去描述铀问题。② 在这一年左右的时间里，与核研究相关的工作进展主要是以下几个方面：

关于链式反应。费米、齐拉特的实验不但证明了石墨是适合的减速剂，而且测得天然铀在慢中子的轰击下所释放的中子数平均为 1.73 个。为增大这个中子系数，齐拉特提出使用块状铀与石墨块相隔摆放（即反应堆的称谓由来），而不是将粉末状铀均匀地与石墨混合在一起，从而减少次级中子的非裂变吸收。但是，要确定能够引发链式反应的反应堆尺寸等数据，至少需要进行中间实验，由于缺乏合适的材料，一度被搁置。同时，芝加哥大学的阿瑟·康普顿尝试用铍做减速剂，但最后因大量生产合乎要求的铍存在很大困难而没有得以应用。另外，哥伦比亚大学的哈罗德·尤里尝试用重水做减速剂，但美国重水稀少，他首先要做的是通过氢气与水之间的催化反应，对重水进行浓缩生产。

关于铀 235 的同位素分离。哈佛大学的乔治·基斯佳科夫斯基（George B. Kistiakowsky）和哥伦比亚大学的尤里、邓宁等人尝试气体扩散法③从气态的六氟化铀分离铀 235，但在多孔过滤膜的材质和制造方面一度遇到了阻力，而且整个过程达五千级，因此估计一个每天分离 1 公斤铀 235 的工厂需要过滤膜的总面积达几英亩，需要几千万美元。弗吉尼亚大学的杰西·比

---

① Henry D. Smyth, *Atomic Energy for Military Purposes*, p. 50.
② From Vannevar Bush to President, July 16, 1941, *DHFDRP*, vol. 43, Document 47, pp. 112-174.
③ 根据气体分子运动学说和气体扩散定律，当气体混合物是在容器内时，轻分子的运动速度快，撞击器壁的机会多；重分子的运动速度慢，撞击器壁的机会少。如果器壁具有无数微孔，每孔只容许分子单独通过，则轻分子通过器壁的机会一定比重分子多。扩散结果是器内的轻分子相对地减少，富集于器外；器内的重分子相对地增加，并富集于器内。因此可以得到一定程度的分离。这种方法主要用于分离同位素。对分子量相差很小的混合气体，如铀 235 和铀 238 的六氟化物，必须连续进行多次，才能达到所需的分离程度。

姆斯和哥伦比亚的卡尔·科恩（Karl Cohen），尝试使用气体离心法①分离铀235，但是每天分离 1 公斤铀也需要 22000 个离心机分别开动，费用跟前者差不多。至于热扩散法②，哥伦比亚大学和明尼苏达大学的相关实验证明，要大规模进行气态的六氟化铀分离是不现实的，于是，卡内基研究院的菲利普·埃布尔森（Philip Abelson）和海军研究实验室的冈恩决定尝试液体热扩散法，在 1942 年获得一个同离心法和扩散法差不多的分离因素（衡量离心分离机性能的系数）。

关于快中子诱发裂变和链式反应的研究，是最遭到忽视的一个环节。卡内基研究院研究了天然铀的可能性，但是认为，即使快中子裂变和链式反应是可能的，所需的铀也被认为会超过 30 吨。卡内基研究院地磁部的负责人默尔·图夫为此考虑退出铀咨询委员会，"我不相信它是可能的，我想做一些与这场战争相关的事情，而不是遥远未来之事。我不认为德国人能够在这种最多是侥幸的事情上花费大量的精力和心血，也不相信他们会这样去做。不管怎样，我感兴趣的是核能，而不是核炸药"③。哈佛大学校长詹姆斯·柯南特在回忆录中也提到，"在那时我还没有意识到，超出一定大小的一块铀 235 在自发释放的快中子的作用下本身能够支持巨大能量的自持性的链式反应。换句话说，超出临界质量的铀 235 会成为一颗原子弹"④。

较为重大的进展是在粒子加速器的帮助下发现 93 号元素镎和 94 号元素钚。1940 年 4 月，加州大学伯克利分校的埃德温·麦克米伦（Edwin M.

---

① 依靠离心力原理运作，可以加速分子以上大小的物质。当圆筒状物体开始旋转，六氟化铀气体就逐一通过各筒，逐渐累积纯化。气体分离法是取代早期气体扩散法的核武技术。最大优点是此法取得浓缩铀 235 可以比扩散法节省相当多能量。

② 在具有两种温度差别很大的区域（或设备）内，含有不同分子量的气体或液体混合物，由于热对流的作用，不同分子量的分子有不同程度的扩散效应，因此，一类分子倾向于顺着热流动方向聚集在较冷区域，另一类分子倾向于聚集在较热区域。将富集的气体取向，即达到部分分离的目的。

③ Interview with Dr. Merle Tuve by Albert Christman at the Terrestrial Magnetism Laboratory of Washington, D. C., May 6, 1967, http://www.aip.org/history/ohilist/3894.html.

④ James B. Conant, *My Several Lives: Memoirs of A Social Inventor*, New York: Harper & Row, Publishers, 1970, p. 276.

McMillan）和来访的菲利普·埃布尔森证实了中子轰击铀所产生的一种半衰期大约 2.3 天的放射性物质为 93 号元素镎。1941 年 2 月，同是伯克利的格伦·西博格（Glenn T. Seaborg）与约瑟夫·肯尼迪（Joseph W. Kennedy）、阿瑟·沃尔（Arthur C. Wahl）证实了 94 号元素钚。相比镎，钚 239 像铀 235 一样容易被慢中子诱发裂变，这样就可以将天然铀 238 直接转变成钚 239，从而省去了分离铀 235 的环节，为链式反应提供了一条新的途径。

然而，这一时期，无论是关于链式反应的研究，还是关于同位素铀 235 分离的研究，直接的目标并非军事上制造原子弹，而是作为核动力的工业化研究，至多是将核动力用于军事潜艇上。休利特和安德森指出，"1940 年夏天，美国科学家首先将链式反应当作一种动力源看待，当然，他们所有人都考虑了制造炸弹的可能性。一些科学家相信，在实现链式反应的过程中，他们可以获得对如何利用它去制造一颗炸弹的理解。但是，美国的科学家没有将他们的思考首先导向制造一种武器"。① 阿瑟·康普顿也提到，"没有一位布里格斯委员会成员真正相信，在这场正在进行之中的战争期间，铀裂变会变得极为重要……那些发起铀计划的人的关注中心不是国防，而是和平时期的一种能源"。②

当然，这多少跟美国此时尚未卷入战争从而缺乏英国那种全力以赴赢得战争的紧迫状态有关，"许多美国物理学家对美国会卷入战争表示怀疑，对他们而言，不存在考虑裂变炸药的燃眉之急"。③ 因此，为即将到来的战争服务的国防研究委员会自然也不会重视非军事应用的科学研究或无法在这场战争中得以及时应用的军事研究。

尽管如此，还是有一些物理学家希望加快核军事研究的步伐。加州大学伯克利分校的欧内斯特·劳伦斯、麻省理工学院校长卡尔·康普顿、芝加哥大学的哈罗德·尤里等向布什呼吁，并对布里格斯领导的铀咨询委员

---

① Richard G. Hewlett and Oscar E. Anderson, Jr., *A History of the United States Atomic Energy Commission*, vol. I: *The New World*, p. 27.

② Arthur H. Compton, *Atomic Quest: A Personal Narrative*, pp. 46-47.

③ Lawrence Badash et al., "Nuclear Fission: Reaction to the Discovery in 1939," p. 223.

会行动缓慢表达了不满。① 此外，布什从一位曾列席过英国莫德委员会4月9日会议的哈佛大学物理学家肯尼思·班布里奇（Kenneth T. Bainbridge）口中得知了英国核研究的进展状况。

于是，1941年4月18日，布什决定邀请国家科学院成立专家委员会对与铀相关的项目进行秘密评估，以判断是否应继续投入更多的资金和设备，以及是否应加快使铀项目服务于国防。② 专家委员会主席为阿瑟·康普顿，副主席为通用电气研究实验室前主任威廉·库利奇（William D. Coolidge），其他成员包括加州大学伯克利分校的欧内斯特·劳伦斯、麻省理工学院的约翰·斯莱特（John C. Slater）、哈佛大学的约翰·范扶累克（John H. Van Vleck）和美国电话电报公司前首席工程师班克罗夫特·盖拉尔迪（Bancroft Gherardi，因病未参与）。

5月17日，康普顿提交了第一份评估报告，建议在未来的半年里加大研究力度，不能在军事利用核能上冒被敌人夺得先机的风险。

报告认为：核研究的军事意义取决于使用例如重氢、铍和碳作为减速剂的慢中子链式反应。按照现实可行性排序，军事应用有三种方式：在敌方领土上投放放射性裂变制品，这在实现链式反应后还需至少一年时间，即不早于1943年；其次，以核反应堆的形式为潜艇和其他舰只提供动力，这在实现链式反应后还至少需三年时间；最后，制造爆炸力巨大的炸弹，这需要三至五年时间去分离足够量的铀235，钚239也可能作为一种替代品，制造钚239炸弹在实现链式反应后还需一年时间。总体上，制造一颗炸弹的时间不会早于1945年。报告看好天然铀的链式反应前景，认为在获得全力支持的情况下一年半时间内应该可以实现。因此，建议全力支持铀—石墨反应堆的中间试验和建造重水的实验性工厂，并开展使用铍作为减速剂的实验研究，为此未来半年的费用预算大约350,000美元。对于同位素铀235的分离研究，由于需要建造规模和花费都很庞大的工厂，而且其设计方

---

① Letter from K. T. Compton to Bush, 17 March, 1940, *Bush-Conant Files*, Roll 1, Folder 1.
② Letter from Bush to Jewett, April 15, 1941, *Bush-Conant Files*, Roll 2, Folder 7.

案目前还未确定，报告虽然赞成继续下去，但不认为是下一步的重点。①

就这份报告的内容来看，它实际上同1940年4月22日齐拉特致萨克斯的备忘录的观点相类似。它没有像英方的莫德报告那样明确地指出未来研发的重点是军事利用核能，即制造原子弹，将生产裂变材料铀235的重要性置于天然铀—重水链式反应的研究之上。

因此，布什认为，康普顿的报告的重点在于核动力研究，对于动员科学为目前这场战争服务的国防研究委员会来说，这是次要的目的，而报告对制造原子弹的方式方法论述很不明确，没有提到快中子裂变、临界质量和炸弹组合机制，并不能消除他对目前的战争中铀能够被制造成炸弹的担忧。布什致信朱厄特称，他想知道"将实验结果投入实际应用到底还有多远和多久"②。柯南特也表示，他对康普顿报告的反应是"几乎完全否定的"，"自由世界的防务处于如此危险的状态，以至于只有在几个月或者至多一两年内就可能产生结果的努力，才值得认真考虑……胜利之后，才有足够的时间去考虑与非军事工业目标相关的物理研究项目"。③

于是，朱厄特为专家委员会增添了两名一流的工程师，贝尔电话实验室的奥利弗·巴克利（Oliver E. Buckley）和西屋公司（Westinghouse，又译为威斯汀豪斯公司）的刘易斯·查布（Lewis W. Chubb）。

在专家委员会从工程学的角度进行第二次评估的期间，在布什的推动下，6月28日，罗斯福总统签署行政命令，成立了科学研究与发展局（Office of Scientific Research and Development），国防研究委员会隶属其下并从一个执行机构变为了一个咨询建议机构。布什担任科学研究与发展局局长，哈佛大学校长詹姆斯·柯南特任国防研究委员会主席和布什的副手，铀咨询委员会改组为科学研究与发展局下的铀小组（Section on Uranium，代号S-1）。国防与研究发展局的办公地点位于总统行政办公室所属的应急管

---

① Report of National Academy of Sciences Committee on Atomic Fission by A. T. Compton to F. B. Jewett, May 17, 1941, *Bush-Conant Files*, Roll 1, Folder 1.

② Richard G. Hewlett and Oscar E. Anderson, Jr., *A History of the United States Atomic Energy Commission*, vol. I: *The New World*, p. 39.

③ James B. Conant, *My Several Lives: Memoirs of A Social Inventor*, pp. 278-279.

理办公室之内，布什仍直接向罗斯福总统负责。

虽然机构方面做出如此调整主要是为了整合医学研究委员会（the Committee on Medical Research），但同时也弥补了国防研究委员会自身所存在的以下不足：

首先，作为一个研究组织，国防研究委员会在成立后的一年当中，愈发显现出难以解决研究与开发脱节的问题，而军方在此方面也反应迟缓，"越来越明显的是，为了使国防研究委员会发起的研究变得最为有效，研究团队通过以工程开发为主的中间阶段去完成他们的项目是必要的"。① 其次，国防研究委员会与军方的实验室、国家航空咨询委员会是同级别的，难以将这三方面机构的研究工作整合起来。另外，从长远发展来看，国防研究委员会要获得一个稳定的经费来源就不能一直挂靠在国防委员会之下，需要成为一个正式的独立行政机构直接从国会获得拨款。科学研究与发展局的成立能够消除这些缺陷，但同当初国防研究委员会一样它并不是仅仅着眼于核研究的发展。

由于阿瑟·康普顿前往南美进行他的专业宇宙射线的研究，国家科学院专家委员会副主席威廉·库利奇负责起草并于7月11日提交了第二份评估报告。

报告虽然支持继续开展裂变研究，但是依然像第一份评估报告那样将重点放在天然铀的链式反应面，认为"这种方式看上去现在提供了比前一份报告提交时更多的可能性"。关于军事利用的前景，报告指出，"由于缺乏所需的重要数据，我们认为此时从定量或工程的角度对这些应用进行评估是不切实际的"。虽然报告提到了钚239这一最新研究成果并附上了一份欧内斯特·劳伦斯的关于钚239的备忘录，但没有重视备忘录中关于钚239在适宜的条件下进行快中子链式反应可能能够制造出"超级炸弹"的观点。②

---

① Irvin Stewart, *Organizing Scientific Research for War*: *The Administrative History of the Office of Scientific Research and Development*, p. 35.

② Report of National Academy of Sciences Committee on Atomic Fission, July 11, 1941 and Appendix: Memorandum Regarding Fission of Element 94 by Ernest O. Lawrence, *Bush-Conant Files*, Roll 1, Folder 1.

第二份评估报告依然没有就军事利用原子能的前景做出确切的结论。柯南特指出，"这些含糊却又冠冕堂皇的句子无法使国防研究委员会任何一个成员感到满意"。① 因此，"政府负责任的代表们非常接近于将裂变研究从战时的计划中剔除出去"。②

此时，加州大学伯克利分校的西博格和埃米利奥·塞格雷测算了快中子诱发钚239裂变的截面是天然铀的3.4倍，使利用钚239制造原子弹成为一种可能。查尔斯·劳里森（Charles C. Lauritsen），又一位列席英国莫德委员会会议（7月2日莫德委员会的最后一次会议）的国防研究委员会成员，7月10日向布什汇报了莫德报告草稿审议的概况，也报告了一些英国科学家认为成功研制出原子弹的可能性超过了百分之九十，并强烈建议美国政府承担这一项目。③

实际上，7月7日布什已从伦敦办事处收到了一份莫德报告草稿的副本，"这一报告给了布什和柯南特他们正在寻求的东西：一种前景，即在这场正在进行的战争期间，存在有充分理由的军事利用的可能性"。④ 在7月16日给总统的关于国防研究委员会一年来工作情况的报告中，布什提到，"一段时间以来，取得成功结果的可能性似乎是十分渺茫的……然而，最近出现的新知识使得制造一种超级炸弹可能不像之前看上去的那样是一件遥不可及的事"。⑤ 另外，伯明翰大学的马克·奥利芬特此时对美国进行访问，带来了英国研究的最新消息。

以上这些，促使布什、柯南特和一些美国物理学家观点最终发生转变，相信制造原子弹是可能的。

---

① James B. Conant, A History of the Development of an Atomic Bomb, *Bush-Conant Files*, Roll 1, Folder 1. 这份文件是柯南特在1943年春对原子弹工程研发的历史做的阶段性回顾和总结，具体时间不详。

② Arthur H. Compton, *Atomic Quest: A Personal Narrative*, London: Oxford University Press, 1956, p. 49.

③ Letter from C. C. Lauritsen to V. Bush, July 11, 1941, *Bush-Conant Files*, Roll 2, Folder 9.

④ Richard G. Hewlett and Oscar E. Anderson, Jr., *A History of the United States Atomic Energy Commission*, vol. I: *The New World*, p. 43.

⑤ From Vannevar Bush to President, July 16, 1941, *DHFDRP*, vol. 43, Document 47, pp. 146-147.

理查德·罗兹指出，"奥利芬特说服了劳伦斯，劳伦斯说服了康普顿，基斯佳科夫斯基说服了柯南特"。① 而柯南特指出，"阿瑟·康普顿和欧内斯特·劳伦斯的观点对布什有着重要的影响"。② 麦乔治·邦迪也指出，"一向深怀疑虑的柯南特在获悉（大概在 9 月）他的一位哈佛大学朋友与同事，物理化学家乔治·基斯塔科夫斯基已经审查了这个问题，并完全接受了铀 235 爆炸的可行性之后，他彻底改变了自己的观点……到了夏末，布什被说服了。战时生产一枚原子弹的可能性已经增大到足以使人感到必须不惜一切努力尽快查明是否能制造"。③

10 月 3 日，布什得到了莫德报告的最终文本。于是，他要求康普顿领导的国家科学院专家委员会着手进行第三次评估，并在柯南特的建议下提出将麻省理工学院化学工程师、国防研究委员会 B 部门的副主管沃伦·刘易斯 (Warren K. Lewis)，哈佛大学化学家、国防研究委员会 B 部门成员乔治·基斯佳科夫斯基和芝加哥大学的物理化学家罗伯特·马利肯 (Robert S. Mulliken) 纳入到专家委员会之中。

另一方面，布什不打算将莫德报告的具体内容透露给专家委员会成员，希望他们能够独立做出自己的判断和结论。布什致信康普顿，建议专家委员会只需回答临界质量测算、同位素分离等技术方面的问题即可，无须关注政府政策层面的事情。④ 他在回忆录中指出，"我对德国的科学怀有深深的敬意。如果制造一颗原子弹是可能的，如果证明它拥有巨大的威力，那么在希特勒手中的结果确实能够使他奴役这个世界。如果美国全力以赴的努力能够完成这个困难任务的话，首先制造出原子弹是十分重要的。"⑤

布什决定不等专家委员会的第三次评估结果出来，而是立刻去寻求总统的支持。10 月 9 日，布什在白宫向总统罗斯福和副总统亨利·华莱士 (Henry A. Wallace) 述说了莫德报告的主要结论，建议扩大研究以检验这些

---

① Richard Rhodes, *The Making of the Atomic Bomb*, p. 377.
② James B. Conant, *My Several Lives: Memoirs of A Social Inventor*, p. 280.
③ 麦乔治·邦迪：《美国核战略》，第 64 页。
④ Letter from V. Bush to A. H. Compton, October 9, 1941, Bush-Conant Files, Roll 1, Folder 1.
⑤ Vannevar Bush, *Pieces of the Action*, p. 59.

结论，要求授予他更大的工作权威，在以前花掉数万美元的基础上再投入数百万美元，召集最优秀的物理学家，共同商定最后可能成功的研究方向。同时，布什也强调，他的发言主要基于"对一些实验室研究进行初步计算的结果，不是被证实了的情况"，因此不能保证成功。一定程度上，这次会谈还讨论了铀原料的来源、德国的核研究进展和战后的核控制问题。另外，布什提出一些必要的工程最好同加拿大共同研发，为此需要与英方进行商谈。罗斯福同意由布什起草一封信件然后以他的名义发给丘吉尔。布什还建议成立一个类似董事会的机构，对政策层面的事务做出决定，以分担他所肩负的责任。①

于是，罗斯福指定成立了最高政策小组（the Top Policy Group），作为他的顾问机构，成员包括副总统华莱士、科学与研究发展局局长布什、国防研究委员会主席柯南特、陆军部长亨利·史汀生（Henry L. Stimson）和陆军参谋长乔治·马歇尔（George C. Marshall）。但是，五位成员从未一起开过会，布什基本上都是同委员会的成员单独商谈工作。罗斯福决定将核问题的最终决策权掌握在自己手中，"政策是总统的特权。布什刚一提出来，罗斯福就一把夺了过去"，最高政策小组"是一个其缔造者从未让它开会的委员会"。②

如果将1941年9月3日丘吉尔与三军参谋长的会议看作是英国政府决定实施核项目的开端，那么10月9日的白宫会议则具有同等重要的意义。休利特和安德森指出，"在终结于广岛和长崎的历程当中，此次白宫会议是一个有着头等重要性的事件"。③ 而麦乔治·邦迪不但指出了会议的重要性，也精彩地分析了罗斯福做出这一决策的背后动机。他认为，罗斯福独揽决策权的这一决定，"是一人独断的，但它肯定也是正确的"。罗斯福政治上的敏锐使他觉察到了采取行动的紧迫性。行动背后的动机主要是，如果原

---

① Memorandum for Dr. Conant from V. Bush, October 9, 1941, *Bush-Conant Files*, Roll 1, Folder 2.

② 麦乔治·邦迪：《美国核战略》，第64—65页。

③ Richard G. Hewlett and Oscar E. Anderson, Jr., *A History of the United States Atomic Energy Commission*, vol. Ⅰ: *The New World*, p. 46.

子弹能够研制出来,最先成功的不应该是希特勒;其次是莫德报告起到了催化剂的影响。但是,它埋下了错误的种子,并因罗斯福一直坚持严格保密而加剧,造成了对原子弹以外的问题没有尽早进行有条不紊的及时考虑。① 理查德·罗兹则评价,"罗斯福对德国人的担心,远不如对获得如此具有决定意义的一种新的破坏手段的长期后果的担心……罗斯福正在思考的已经超越了为这场美国尚未卷入的战争研发原子弹,他在思考将会改变世界政治格局的军事发展"。②

相比而言,邦迪的分析评价显得更为客观,罗兹的看法则有些夸大其词,尽管此次白宫会议确实谈到了战后的控制问题。

11月6日,康普顿提交了第三份评估报告,主要内容如下:

自我们前一份报告提交以来,在铀同位素分离方面已取得如此大的进展,以至于需要做出以下方面的考虑:

(1)尝试研制一颗裂变炸弹成功的可能性;
(2)这样一颗炸弹预计的破坏力;
(3)完成它的研发和正在进行的生产所预期的时间;
(4)所涉支出的初步预算。

1. 裂变炸弹的条件

一颗具有超级破坏力的裂变炸弹可以由足够质量的铀235元素迅速组合在一起而产生。这一点看来与任何根据理论和实验得出的尚未尝试过的预测一样有把握……

2. 裂变炸弹的破坏力

(a)炸弹的质量。在合适的条件下,产生爆炸性裂变所需要的铀235的质量,不可能小于2公斤,也不会大于100公斤。这些上下限相差极大的数字主要反映了在实验中铀235快中子俘获截面的不确定性,在获得大量分离的或浓缩的同位素之前,这些数据

---

① 麦乔治·邦迪:《美国核战略》,第65—72页。
② Richard Rhodes, *The Making of the Atomic Bomb*, p.379.

很难得到改进。然而，由于更大的炸弹拥有更大的破坏力，上下限之间的数量大小问题不是一个非常重要的问题。

（b）爆炸性裂变释放的能量。精确定位于最初瞬间的质量计算表明，在一次裂变爆炸中，会释放1%—5%之间的铀的裂变能量。这意味着每公斤铀将产生 2×10^8—2×10^8 千卡的热量，每公斤铀所能得到的爆炸能量因此相当于大约 300 吨 TNT 炸药的爆炸能量。

（c）裂变爆炸的破坏力。一颗炸弹所造成的破坏程度将取决于在遭毁坏地区外围所产生的压力波的大小。对于裂变反应这样持续时间如此短暂的爆炸而言，相当大部分的能量将以热的形式消散掉。考虑到这种情况，我们粗略估计，在空气中一次裂变爆炸如上述估计所释放能量的破坏力应该相当于大约 30 吨 TNT/每公斤铀 235。……爆炸产物的强烈辐射性对生命所造成的破坏性影响可能像爆炸本身的影响一样重要。

3. 研发和生产必要的铀 235 所需的时间

（a）所需铀的数量。由于目前炸弹的破坏力已是战争中的一个重要因素，所以显而易见如果这种炸弹的破坏力增加了 10,000 倍，它们将具有决定性的重要意义，然而所需铀的数量将是很大的。如果摧毁德国的军事和工业目标需要 500,000 吨 TNT 炸弹的估计是正确的话，那么完成同样的任务则需要 1—10 吨铀 235。

（b）铀 235 的分离。铀同位素的分离可以按需要量来进行。正在研发中的几种方法，至少其中两种看上去是肯定能够满足需要量的，并正接近实际测试的阶段，它们是离心法和多孔膜扩散法。其他的方法正处于考察之中或者需要研究以最终证明其更加优越，但是目前都远达不到工程阶段。

（c）生产裂变炸弹所需的时间。目前只能对裂变炸弹的研发、工程和生产所需的时间做十分粗略的估计，但是如果全力以赴于该计划，可以期望在三四年内获得相当数量的裂变炸弹。

4. 费用的大略估算

……应预计建造同位素分离工厂的费用在 50,000,000—100,000,000 美元,为维持其运转,还需要大量的电力。其他与制造这种炸弹相关的费用大概会小些,在 30,000,000 美元左右。因为未获得统计费用所需的更精确的科学和工程数据,可以理解这些给出的数字只是最粗略的估算……

结论:必须认真考虑这种可能性,即几年内如本报告所描述的炸弹的使用或者类似利用铀裂变的东西可以决定军事上的优势。充分关注于我们的国防看上去需要紧急发展这一项目。[①]

尽管前两份报告提到过铀在当前战争中可能具有的重要决定性,但这种可能只在第三份评估报告中得到明确的强调。第三份评估报告,没有提到费米的铀—石墨反应堆实验或者利用钚239 的工作,但是这并不意味着康普顿没有认识到钚239 的潜在价值。[②] 一方面是因为布什只对利用铀235 制造原子弹感兴趣,这种方式似乎更为直接,成功的把握也更大;另一方面是因为当时对钚239 的认识还有限,甚至不知道钚239 在裂变中能够释放出中子,也一时难以生产大量所需的钚239;另外,即使利用铀235 制造原子弹不成功,分离铀235 的工作也可以自然地导向核能工业化利用和钚239 的生产,从而制造钚炸弹。

与《莫德报告》一样,这份报告论证了利用铀235 制造原子弹的现实可能性,并建议进行相应的工程开发,但是,相比较而言,"英方的报告比美方更加乐观,他们报告中所提出的制造原子弹所需的工作量要比我们的少许多倍"[③]。《史密斯报告》评价道,"科学院的那份报告比英国的报告更加保守,就如布什在1941 年11 月27 日致罗斯福总统的信中所指出的那样,

---

① Report of the President of the National Academy of Sciences by the Academy Committee on Uranium, November 6, 1941, *Bush-Conant Files*, Roll 1, Folder 1.

② James B. Conant, A History of the Development of an Atomic Bomb, *Bush-Conant Files*, Roll 1, Folder 1.

③ Arthur H. Compton, *Atomic Quest: A Personal Narrative*, p.59.

但是，对于为扩大工作的计划而提供额外的支持来说，它是足够乐观的了"①。柯南特则指出，"这份报告不但流露出比前两份报告更勇敢的精神，而且在原子弹问题上也更明确。就如我已经提到的那样，这反映了当时美国已发生变化的充满了战争味道的氛围"。②

康普顿提交报告的当天，布什就将相关情况告诉了陆军部长史汀生，显然他已有让陆军接手今后原子弹研发工程的想法。③ 11 月 27 日，布什将第三份评估报告呈交罗斯福总统，并称他正在组建一个工程团队，并准备建造所需的工厂。④ 12 月 6 日，柯南特代表布什宣布，"从即日起，所有的努力都是为了早日研制出原子弹，而不是生产动力"。⑤

于是，S-1 小组被进行了重组。⑥ 同时，布什又设立了一个科学与研究发展局下属的计划委员会（Planning Board），任命美孚石油发展公司的副总裁、化学家伊格·默弗里（Eger V. Murphree）为负责人，负责离心法生产铀 235 和工程开发方面的事务。哈罗德·尤里负责利用气体扩散法生产铀 235，欧内斯特·劳伦斯负责电磁分离法，阿瑟·康普顿则负责链式反应的理论研究、原子弹的构造设计以及通过石墨堆和重水堆生产钚，费米和齐拉特的石墨反应堆研究小组隶属阿瑟·康普顿管辖的部门。电磁分离法、气体扩散法、离心法同位素生产铀 235 和通过石墨堆、重水堆生产钚 239 的工作同时并进，以避免一种方法失败造成被动不利的后果。

---

① Henry D. Smyth, *Atomic Energy for Military Purposes*, p. 54.

② James B. Conant, A History of the Development of an Atomic Bomb, *Bush-Conant Files*, Roll 1, Folder 1.

③ *The Henry L. Stimson Diaries*, New Haven: Yale University Library, 1973, Reel 7, vol. 36, p. 5.

④ Letter from V. Bush to the President, November 27, 1941. Bush-Conant Files, Roll 1, Folder 1.

⑤ James G. Hershberg, *James B. Conant: Harvard to Hiroshima and the Making of the Nuclear Age*, New York: Alfred A. Knopf, 1993, p. 153.

⑥ S-1 小组的成员是：布里格斯（主席）、佩格拉姆（副主席）、劳伦斯（项目主管）、阿瑟·康普顿（项目主管）、尤里（项目主管）、伊格·默弗里（计划委员会主席）、亨利·温塞尔（Henry T. Wensel，技术助理）、比姆斯、布赖特、亨利·史密斯、塞缪尔·阿林森（Samuel K. Allison）和爱德华·康登（Edward U. Condon）。1942 年 5 月 23 日，S-1 改组为 S-1 执行委员会，柯南特任执行委员会主席，成员包括布里格斯、劳伦斯、阿瑟·康普顿、尤里和默弗里。原 S-1 小组的其他成员被任命为执行委员会顾问小组成员。

12月16日，此时美国已处于战争状态，在副总统华莱士召集的一次最高政策小组的会议上（马歇尔、柯南特及一些成员未出席），布什表示，当完整规模的生产裂变材料的工厂开始建造时，应该由陆军方面接管研发工程，建议派一名受过科技训练的陆军军官去熟悉关于铀的整个问题。布什还提到，有关国际关系的事务由总统负责，他本人则负责有关技术问题的联络事务，但是关于在加拿大建立联合工厂之事已进行了一些讨论。①

1942年1月2日，布什宣布S-1小组不再隶属国防研究委员会，而直属于科学研究与发展局；科学事务由国防研究委员会主席柯南特、S-1小组主席布里格斯和各项目负责人负责，工程事务由计划委员会负责。② 1月19日，罗斯福将第三份评估报告退还给布什，并附上简短的答复，"同意——已退回——我认为你最好将这份报告保存在你自己的保险柜里"。③

美国正式走上了原子弹的研发之路。

原子弹研制工作正式启动之后，布什、柯南特和美国科学家们信心满满地开始按拟订的计划展开研制原子弹的各项复杂但前景未定的工作。1942年1月24日，为集中研究力量，阿瑟·康普顿决定将哥伦比亚大学和普林斯顿大学的相关研究小组迁往芝加哥大学，组建一支统一的团队。1月14日，加州大学伯克利分校的劳伦斯利用37英寸回旋加速器，通过电磁分离法生产出18微克纯度在25%的铀235，为以后解决所需实验样品带来了希望。2月，劳伦斯基于37寸加速器制造出"卡留管"（Calutron），提高了铀235的浓度和产量，并且打算进一步改进技术和设备。

与此同时，负责协调各大学和研究机构快中子反应实验的威斯康星大

---

① Memorandum for Dr. Conant from V. Bush, December 16, 1941, *Bush-Conant Files*, Roll 1, Folder 2; *The Henry L. Stimson Diaries*, Reel 7, vol. 36, pp. 111–112. 布什深知罗斯福对美国海军在太平洋缺乏进取心和冒险精神以及海军部长弗兰克·诺克斯（Frank Knox）无法控制一些海军官员的不妥协立场感到不满，于是建议由陆军部接管原子弹项目。

② James B. Conant, A History of the Development of an Atomic Bomb, *Bush-Conant Files*, Roll 1, Folder 1.

③ Handwritten note from F. D. R. to V. Bush, January 19, 1942, *Bush-Conant Files*, Roll 1, Folder 4.

学物理学教授格雷戈里·布赖特和协助康普顿测算武器效力和测算快中子的加州大学伯克利分校教授罗伯特·奥本海默提出，原子弹的铀235球体的临界质量在2.5—5公斤之间，相比国家科学院专家委员会第三份评估报告所预计的2—100公斤更加精确。此外，奥本海默的测算还表明，原子弹爆炸能量的理论值为6%，大于第三份评估报告的2%，也就是说，估计可以产生大约2000吨TNT的破坏力。不久，奥本海默在康普顿的指派下接替了因与费米发生矛盾而提出辞职的布赖特。

3月9日，布什向罗斯福总统报告了最新取得的进展。报告体现出普遍乐观的情绪，"简而言之，最近的发展表明，研制原子弹的问题比我上一次向您述说该问题时我认为的还要重要。其材料明显比我们那时想的威力更强大，所需的数量似乎更少，实际生产的可能性也似乎更确定"。另外，布什在报告中建议，陆军应在1942年夏季加入到原子弹研制项目之中，以建造完整规模的工厂。① 在布什看来，科学与研究发展局只需保留科研工作，没必要自己去建立急需的庞大工程建设机构，将工程交与军方更有利于借陆军部的渠道获取原子弹研制所需的大量资金。②

罗斯福答复称，"我认为，不仅要在研发方面推进整个事情，还要相应考虑到时间问题。我不反对将未来的发展移交给陆军部，只要你自己确定陆军部为保证绝对机密采取了所有足够的措施"。③

在取得总统的同意后，布什与陆军方面进行了接触。陆军参谋长乔治·马歇尔任命了陆军后勤部队司令布里恩·萨默维尔中将（Brehon B. Somervell）的参谋长威廉·斯泰尔准将（Wilhelm D. Styer）负责陆军同S-1部门的联络事务。④ 陆军要求布什编制四种生产裂变原料工厂所需的详细材料清单，陆军则将四个实验工厂的建造工作发包出去，在对其他战时工作

---

① Report to the President from V. Bush by Letter, March 9, 1942, *Bush-Conant Files*, Roll 1, Folder 2, Folder 4.

② Vannevar Bush, *Pieces of the Action*, p. 61.

③ From President to Vannevar Bush, March 11, 1942, *DHFDRP*, vol. 43, Document 50, p. 180; *Bush-Conant Files*, Roll 1, Folder 2.

④ Letter from Harvey H. Bundy to Bush, March 14, 1942, *Bush-Conant Files*, Roll 1, Folder 2.

造成最小影响的情况下,赋予S-1项目最高的优先权。6月10日,斯泰尔将一些未来工作的粗略的想法告诉布什。①

随后,布什和柯南特则依据斯泰尔的想法以及柯南特坚持四种同位素分离法同时进行的观点,给副总统华莱士、陆军部长史汀生和参谋长马歇尔写了一份报告,提出了研发原子弹的进一步详细计划。② 经上述三人同意后,6月17日布什将这份报告送交总统,得到罗斯福的批准。

这份报告主要指出:

> 负责这一研发任务各阶段的科学家们目前一致认为,通过释放原子能,制造出爆炸威力巨大的炸弹是可能的。特别是在参与的资深科学家和工程技术人员看来:一块大约5—10公斤的铀235或94号元素能够产生爆炸,其所释放的能量相当于几千吨TNT所释放的能量,爆炸能够被控制在所希望的瞬间发生。有四种方法可生产原料,而所有这些方法看起来都切实可行,但是目前还不能明确说其中哪一种方法优于其他方法。相当规模的生产工厂可以设计并建造出。根据时间安排来看,在制订有力的计划和赋予足够优先权的情况下,到1944年1月一座工厂能够开始生产,到1944年7月1日能够生产出少量的炸弹,但这几个月的每一方面都具有不确定性。
>
> ……劳伦斯、尤里、康普顿和默弗里提出过一些建议,这些建议得到了科学研究与发展局局长布什、国防研究委员会主席柯南特和斯泰尔准将的审查,斯泰尔受马歇尔将军之命关注项目进展。他们的审查意见如下:
>
> (1)如果一个高水平的科学小组认为四种分离同位素的方法

---

① Memorandum from Conant to Bush, May 14 & 25, 1942, *Bush-Conant Files*, Roll 1, Folder 2.

② Memorandum from Bush and Conant to H. Wallace, H. Stimson and G. Marshall, June 13, 1942, *Harrison-Bundy Files Relating to the Development of the Atomic Bomb, 1942–1946* (以下为 *Harrison-Bundy Files*), Record Group 77, National Archives Microfilm Publications, M1108, Washington D. C., 1980, Roll 1, File 6.

都能够成功应用,那么似乎可以肯定,只要有充分的时间和足够积极的努力,任何能干的敌人也能获得最终的结果。

(2) 从科学工作人员和重要物资需求的角度看,快速实施所计划的项目显然要影响到其他重要事项。因此,在看上去能够达到的军事成果与妨碍其他事项之间必须做出选择。

(3) 考虑到全部努力的开拓性质,只集中于一种实现结果的手段此时是不保险的。

(4) 因此,看上去最好的办法是立即着手进行项目中对其他重要事项妨碍最小的方面,项目其他方面的工作可以在对可能导致的妨碍做更深入的研究之后确定可以去做再开始进行……①

同一天,陆军工程兵团的詹姆斯·马歇尔上校(James C. Marshall)被斯泰尔推荐负责 S-1 项目的建造工作。6 月 19 日,在布什转达总统的批准意见后,詹姆斯·马歇尔立即上任开展他的工作,代号暂时为"DSM 工程"(Development of Substitute Materials Project)。詹姆斯·马歇尔选择了波士顿的斯通—韦伯斯特工程公司(Stone & Webster Engineering Corporation)承担工厂、实验室等项目设施的建造工作。

然而,科学研究与发展局同陆军方面在"DSM 工程"方面的分歧和矛盾很快就显现出来。其中,有两个问题最为突出。

一是关于气体扩散法和离心法分离同位素工厂的选址。由于需要充足且可靠的水源和电力供应,根据"战时生产委员会"(War Production Board)② 的建议,S-1 执行委员会的专门小组考察并看中了田纳西州克林奇河流域(Clinch River)诺克斯维尔(Knoxville)以西的埃尔萨地区(Elza),同时阿瑟·康普顿认为密执安湖以南的沙丘地区也是理想的选择。最终,

---

① Report to the President from Bush by Letter, From Bush and Conant to H. Wallace, H. Stimson and G. Marshall, June 13, 1942, *Bush-Conant Files*, Roll 1, Folder 4.

② 成立于 1942 年 1 月 16 日,取代了原有的"优先供应与分配委员会"和"生产管理局",旨在使和平时期的工业生产转向战时状态,确定原料和服务分配的优先权,禁止不必要的生产。1945 年 8 月日本战败后该委员会解散,同年底被"民用生产管理局"取代。

布什和柯南特赞成选择诺克斯维尔的埃尔萨地区，并出于时间上的考虑要求陆军方面立即着手工程开发建设，但7月初詹姆斯·马歇尔提出一整套工程建设的标准，要求S-1执行委员会做出进一步的评估，并要求等待康普顿小组的实验性反应堆取得结果再做下一步的决定，致使工厂选址问题遭遇耽搁。①

另一个是有关核项目在战时生产中的优先权问题。当核项目进入工程开发阶段，对于人、财、物的需求大幅增长，此时美国的战时生产不但要满足自身的需求，而且还要满足援助盟国的需要，核项目自然同其他战时工作存在竞争关系。布什和柯南特很快发现，符合工程开发资质的公司不但数量少，而且大部分正承担其他战时工作，而萨默维尔的副参谋长卢修斯·克莱准将（Lucius D. Clay）只同意，在对主要物资供应影响最小的情况下给予核项目最高优先权，实际给予核项目AA-3级别的优先权，必要时可适用AAA级。这种附加前提条件的做法使得布什和柯南特感到要赢得时间研制出原子弹就必须争取至少AA-1或甚至是AAA优先权级别。布什8月29日就此写信给史汀生的特别助理哈维·邦迪（Harvey H. Bundy，负责与科学研究与发展局的联络），要他向史汀生和马歇尔陈述相关情况。②

在此期间，詹姆斯·马歇尔将"DSM工程"总部设在了纽约百老汇的270大厦，这里毗邻斯通-韦伯斯特在曼哈顿的办事处和哥伦比亚大学。出于安保需要，在陆军工程兵团建筑部副部长莱斯利·格罗夫斯上校的建议下，8月13日"DSM工程"正式改名为"曼哈顿工程区"（Manhattan Engineer District，一般称为曼哈顿工程）。

---

① Richard G. Hewlett and Oscar E. Anderson, Jr., *A History of the United States Atomic Energy Commission*, vol. I : *The New World*, pp. 76-78. 二战期间，在美国、加拿大和英国共有30多个基地，多数在美国，承担"曼哈顿工程"的研究和生产任务，其中比较著名的是位田纳西州克林顿镇以南8英里的橡树岭负责生产铀235，华盛顿州里奇兰的汉福德负责生产钚239，新墨西哥州的洛斯阿拉莫斯从事原子弹的设计和组装。

② Memorandum for Mr. Bundy from Bush, August 29, 1942, *Bush-Conant Files*, Roll 2, Folder 9; Memorandum for Mr. Bundy from Bush, August 29, 1942, *Harrison-Bundy Files*, Roll 4, File 58; *The Henry L. Stimson Diaries*, Reel 7, vol. 40, p. 42.

9月17日，陆军后勤部队司令萨默维尔命令格罗夫斯接替詹姆斯·马歇尔负责"曼哈顿工程区"，格罗夫斯则将工程总部从纽约迁至华盛顿的陆军部大楼①。六天后，格罗夫斯的任命被正式公布，其本人被提升为陆军准将。格罗夫斯很快意识到，要完成他的新使命，目前的优先权是不够的。在他威胁要面呈总统的情况下，"战时生产委员会"主席纳尔逊（Donald M. Nelson）同意给予"曼哈顿工程区"的一些项目"以 AAA 级，或足够用的较低级的优先权"。②

与此同时，鉴于发生在詹姆斯·马歇尔身上的教训以及出于对核项目可能被整个陆军战时项目湮没的担心，在布什的建议下，9月23日成立了一个监管"曼哈顿工程"的高级委员会——"军事政策委员会"（Military Policy Committee），对最高政策小组负责，这样一定程度上仍能使核项目处于非军方的控制之下，但又直接委托强有力的军方去完成研发原子弹的任务。③ 由于格罗夫斯坚持认为"一个三人委员会是理想的，委员再多就会有弊而无利"，④ 最终委员会由布什担任主席（柯南特为候补主席），其他两名成员分别是斯泰尔和海军少将威廉·珀内尔（William R. Purnell），格罗夫斯则作为执行主管向"军事政策委员会"负责。⑤ 另一方面，S-1 执行委员会逐渐成为一个咨询机构和科学家、军方及工业部门之间的一个沟通机构，尽管战时一直未被取消，但是到1943年5、6月间基本不大发挥作用了。伊格·默弗里负责的计划委员会的工程采购和设计职能也逐渐被"曼哈顿工程区"所取代。

---

① 后迁往田纳西州克林顿镇以南的橡树岭。
② 莱斯利·格罗夫斯：《现在可以说了：美国制造首批原子弹的故事》，第17页。Stephane Groueff, *Manhattan Project: The Untold Story of the Making of the Atomic Bomb*, p. 14. 优先权级别是从 AA-4 到 AA-1，AAA 级适用于紧急情况。后来，格罗夫斯发现，对于"曼哈顿工程区"的一些项目，AAA 级别有些过高，1944年7月1日最终接受了 AA-1 级。
③ Record of Meeting Held September 23, 1942 in Office of Secretary of War, *Harrison-Bundy Files*, Roll 1, File 1.
④ 莱斯利·格罗夫斯：《现在可以说了：美国制造首批原子弹的故事》，第18页。
⑤ 从史汀生日记看，最初的三位成员是布什、柯南特和格罗夫斯，当天会议后人事安排发生了变动，见 *The Henry L. Stimson Diaries*, Reel 7, vol. 40, p. 93.

到1943年5月1日,"曼哈顿工程区"完全从科学研究与发展局手中将核项目研究和发展方面的合同转接过来,从此核项目不再属于科学研究与发展局的职责范围。

五、结论

第二次世界大战期间美国和英国联合开展的"曼哈顿工程",成功研制出了人类历史上第一颗原子弹,从而使人类文明进入了一个新的时代。核时代的到来,不但对世界军事科技,而且对国家军事战略、外交战略、能源战略,以及国际关系格局,甚至是人类的未来,都产生了划时代的深远影响。

作为为赢得战争而实施的"曼哈顿工程",实际上是在未有绝对成功把握的前提下不得不着手开展的,一定程度上属于"摸着石头过河",但这并不意味着美国缺乏相应的知识基础、经济实力和技术条件。相反,自20世纪20年代以来美国的物理学,特别是核物理学,开始迅速向前发展,30年代欧洲难民物理学家的到来,则更进一步推动了这种发展趋势,使得美国成为了世界物理学的中心。另外,美国强大的经济实力和工业技术能力成为了成功研制原子弹的重要保障。直到1945年年底,曼哈顿工程的实际费用为19亿美元(以2014年美元计算约为260亿美元)[①]。而美国自19世纪末以后是世界第一大工业国,具备研制原子弹所需的工程开发技术。可以说,当时世界上除美国之外没有任何其他国家能够在战争期间完成这样的巨大工程。"曼哈顿工程"的成功很大程度上预示了美国将在战后成为一个超级大国。

当然,"曼哈顿工程"的成功离不开欧洲难民物理学家的推动,正是像齐拉特这样的难民物理学家出于对纳粹德国首先研制出原子弹的恐惧和担

---

① 总装备部科技信息研究中心编译:《美国核武器计划费效分析1940—1998》,北京:国防科技大学出版社,2006年,第31页。Consumer Price Index and Inflation Rates (Estimate), 1800-2014. Federal Reserve Bank of Minneapolis, retrieved 27 Feburary, 2014, https://www.minneapolisfed.org/community/teaching-aids/cpi-calculator-information.

忧，积极奔走游说，加上来自英国的相关技术情报，最终使美国政府认识到了制造原子弹的重要性和现实可行性，做出了开展"曼哈顿工程"的重要决定，而来自英国、法国和加拿大的科学家对"曼哈顿工程"也做出了一定的贡献。

倡导国际管制的先行者
——尼尔斯·玻尔的原子能国际管制思想及其实践（1943—1944）

刘 京[*]

摘 要 蜚声世界的尼尔斯·玻尔不仅在物理学领域饶有建树，同时也十分注重营造一个开放的国际社会。二战期间，在原子弹问世前夕，他秉着对人类社会的深切关怀，率先提出了对原子能进行国际管制的思想，并通过多方联络和奔走来宣传和推广这一思想，以期实现建立在开放基础上的分享与合作。但1944年9月英美《海德公园备忘录》的签署，使得玻尔推行其国际管制思想的实践遭遇挫折。社会制度的分野、大国地位的考虑、玻尔思想的局限性及超前性，等等，既是玻尔实践失败的原因，也是他之后的科学家群体受挫的因素。既便如此，玻尔首倡的原子能国际管制设想及实践，不仅体现了一位富有智识的科学家对人类社会及其发展的深切关怀，也为二战后原子能国际管制起源提供了先行的思考。

关键词 玻尔 原子能 国际管制 罗斯福 丘吉尔

尼尔斯·玻尔是丹麦籍物理学家，对于20世纪量子力学的发展做出了杰出的贡献。关于玻尔在物理科学上的建树，以及其在物理学史及哲学方

---

[*] 刘京，女，河北师范大学历史文化学院讲师，主要研究方向为国际关系史。

面的贡献,此前已有多位学者进行了研究。① 然而,还很少有学者关注玻尔所提出的原子能国际管制思想,从现有成果来看,只是在讨论玻尔"开放的世界"的思想与活动时才会偶尔涉及。② 本文利用已有的文献史料,探讨二战期间玻尔的原子能国际管制思想及其实践历程。之所以将时间范围限定在二战时期,主要由于玻尔在这一时期最终确立了其原子能国际管制思想,并加以实践;而在二战以后,玻尔只是延续着这种思想与实践路线。

一

1885年10月7日,尼尔斯·玻尔生于哥本哈根。1903年,他进入哥本哈根大学数学与自然科学系,主修物理学,也由此开启了在物理学诸多课题领域开疆拓土式的征程,一次又一次取得理论方面的重大突破。玻尔也因此而获得了很多殊荣,1916年,年仅31岁的他就成了哥本哈根大学物理学的教授,次年当选为丹麦皇家科学院院士,并于1921年创建了哥本哈根理论物理研究所并在此后长期担任所长。玻尔将青年时代的精力都投注在物理学领域难题的攻关,在中晚年则主要致力于"开放的世界"这一理念

---

① 从搜集到的现有文献来看,对玻尔的研究主要集中于他在物理学以及物理学衍生领域方面的贡献,其中尤以玻尔文献馆长芬·奥瑟若德以及戈革的成果最为众多。另可参见戈革:《有关尼尔斯·玻尔的文献概况》,《物理》1985年第11期,第644—649页。

② 涉及到这一内容的著作有:芬·奥瑟若德:《引言》,载[丹]尼尔斯·玻尔:《尼尔斯·玻尔集 第11卷,政治论坛:1934—1961》,戈革译,上海:华东师范大学出版社,2005年;[美]派斯:《尼尔斯·玻尔传》,戈革译,北京:商务印书馆,2001年;[丹麦]尼尔斯·布莱依耳:《和谐与统一》,戈革译,北京:东方出版社,1998年;张来举:《寻求和谐的世界——哲人科学家尼尔斯·玻尔》,台北:业强出版社,1995年。论文有:Barton J. Bernstein, "The Quest for Security: American Foreign Policy and International Control of Atomic Energy, 1942-1946," *The Journal of American History*, Vol. 60, No. 4 (Mar., 1974), pp. 1003-1044; Finn Aaserud, "The Scientist and the Statesmen: Niels Bohr's Political Crusade during World War II," *Historical Studies in the Physical and Biological Sciences*, Vol. 30, No. 1 (1999), pp. 1-47;李胜凯:《二战后美国原子能国际控制政策的形成及失败》,《齐鲁学刊》2004年第3期,第70—75页。其中,《尼尔斯·玻尔集 第11卷,政治论坛:1934—1961》(以下简称《玻尔集》第11卷),汇编了众多玻尔政治活动的档案文献,是本文主要的史料基础。

的宣传和推广。概括说来,"开放的世界"是玻尔在面对核时代的到来,为避免军备竞赛以及由此会对人类社会造成的危害而提出的一套理念的总称,涉及到军事、科技、国际关系的方方面面,核心则是通过分享与合作,创建一个和谐的国际社会。① 而玻尔于二战期间所提出的原子能国际管制思想则是其"开放世界"理念中最核心的一部分。

玻尔在原子弹研制成功前就率先提出了原子能管制思想,其实质性内容是主张在核技术领域实现信息开放与情报分享,从而达成国家间的合作。实际上,玻尔此时提出的这种理念,既是对时局所做出的一种反应,也是对此前已有思想的一次全方位的整合与概括。开放、分享与合作这些构成他思想的内核,并非短时间内同时迸发出来的,而是以其科学事业为基础,在广泛的国际交往互动中不断累积形成的。玻尔在哥本哈根大学建立起来的理论物理学研究所自成立以来,就因其创办国际研究所的理念而吸引了世界各国的物理学家们前往,并由此形成了一种特殊的合作风格。国际研究所成功的创办经验增强了玻尔的信心,因此 20 世纪 30 年代,当一部分苏联籍物理学家的国际交流受到来自苏联政府的阻挡时,他便试图通过疏通与苏联的关系,来继续科学领域的自由交流。1934 年在苏联召开的国际理论物理学会议促成了玻尔的访苏之行。苏联国内的科学发展环境令玻尔印象深刻,他在当时接受《消息报》的采访时一方面呼吁在国际交往层面,科学家们之间的关系应当更加开放,另一方面,他就已经表达出了对于推进国际间合作的想法,认为政府应该加强推动。

作为多年投身于科学事业的资深工作者,玻尔始终认为,不管在任何时候,科学都应是一种国际性的事业。但二战前夕国际局势的变化,使得玻尔在推动"开放的世界"理念的实践中面临着严重的危机,为了摆脱国际科学界所面临的困境,玻尔进行多方尝试,以期打破由于纳粹横行而阻断的科学交流,也正是在这一过程中,玻尔萌生并形成了自己的原子能国际管制思想。1939 年 9 月发端于欧洲中心的第二次世界大战火速推进着。

---

① 关于玻尔的"开放世界"的内涵,可参看 Erik Rüdinger、赵从龙:《尼尔斯·玻尔的开放世界》,《科学对社会的影响》1985 年第 1 期,第 22—24 页。

1940年4月9日，德国占领了丹麦，战火由此蔓延到了玻尔的祖国。1941年9月，德国原子弹研制工程项目的负责人沃尔纳·海森堡以开会为由，前往哥本哈根。玻尔于海森堡而言亦师亦友，在这次交谈中，玻尔第一次得知德国正在进行中的原子弹研发工作，但他当时并不看好原子弹的研制前景。1943年玻尔接到英国政府的邀请于10月6日乘轰炸机到达苏格兰，次日到达伦敦，在伦敦短暂停留后于1944年元旦到达了美国的洛斯·阿拉莫斯，并在那里展开了为期三周的活动。而正是这段时间不长的英美之行，直接促成了玻尔原子能管制思想的成型。

玻尔在1943年秋刚到伦敦时，就从英国实验物理学家查德威克那里了解到了原子弹当时的发展状况，并很快得到英国原子能工程负责人安德森的接待。而他到美国之后，更是亲眼见识了美国浩大的曼哈顿工程，他一方面亲身参与解决了曼哈顿工程中的技术问题，更意识到"一种特别的危险也提供了一个难得的机遇"。[1] 1944年2月16日，玻尔通过致信安德森，首次完整地提出了自己的原子能国际管制思想。这些思想包括：其一，如果不实现对原子能的管制，就不可能有真正的安全。考虑到科技领域的可能发展，任何常规的手段都无法达到真正安全的目标。其二，要实现管制，就要在相互信任的基础上，达成一项普遍的协议。这种协议，不仅涉及技术和行政问题，而且要求信息交换，要求开放军备方面的努力，同时要保障各参与国的共同安全。若非如此，就不可能达到共同管制的目标。其三，具体的管制途径，可以通过联合国家内部的合作来完成。但对这一点，玻尔说得比较模糊。其四，在这种管制机制建立的过程中，科学家可以发挥重要的作用。信的结尾，玻尔还借助英国驻华盛顿大使哈里法克斯，表达出解决此问题需要及早注意，从而不错失时机。[2]

二

玻尔2月16日的信中所提及的原子能国际管制的问题，很快就在英国

---

[1] Margaret Gowing, *Britain and Atomic Energy, 1939—1945*, London: Macmillan, 1964, p.348.
[2] 玻尔致安德森的信，1944年2月16日，［丹］玻尔：《玻尔集》第11卷，第78—79页。

高层政治人物的通信中得到了回应。1944年3月21日，安德森在写给丘吉尔的信中，针对英国的核研制计划即"合金管"（Tube Alloys）的政治意义提出了他认为英国可以做出的两种选择：一种是"形势特别凶险的军事竞赛，那时美国或是美国和英国结成的同盟将在一段时间之内在竞赛中享受一种脆弱的、不可靠的优势"；另一种是设计出一种国际控制的形式，"这种国际控制将保证，亚原子能量如果最终能够应用的话，必须只应用于全人类的共同利益，而不是不负责任地作为一种军事的或经济战的武器来应用"。对于摆在面前的这两种选择，尽管"设计任何一种有效的国际控制方案都将是一件困难性极大的事，"但他确信，英国必须要致力于有效的国际控制，而且任何国际组织的计划都必须将"合金管"的潜力考虑在内。从这一段内容来看，玻尔通过国际组织来实现原子能国际管制的思想得到了安德森的认同。对于玻尔16日信的结尾所提及的倡导国际管制的时机问题，安德森在如何处理同美国关系的问题上感到犯难，因为他根据同美国打交道的经验，认为美国可能不愿意通过共享而实现管制。"没有他们，我们就不能在这个方向上有任何动作。事实上，甚至只和他们在一起，我们也将很难带头行动"。安德森希望前往美国的玻尔能够发挥他在信中所说的科学家可以起到的一种作用，从而促成原子能的国际管制。

安德森的认同更让玻尔信心倍增。玻尔从美国返回后，4月29日在与苏联科学家卡皮察的通信中，对达成国际合作的前景非常乐观。玻尔在信中说："当我在英国和美国旅行时，我曾见到比以往任何时候都更大的对国际科学合作的热情，这是对我最大的鼓舞；你知道，我一直在这种合作中看到一种真实的普遍理解的最光明的希望。"而且玻尔认为，由于苏联在二战中抗击德国方面的重大贡献，这种合作会更为顺利地达成。①

5月9日，玻尔致信安德森，希望能在返回美国前见到丘吉尔，并转达美国总统的信息。② 玻尔的请求很快得到了满足。16日，玻尔在唐宁街10号得到丘吉尔的接待。由于丘吉尔当时正忙于诺曼底登陆的准备工作，而

---

① 玻尔致卡皮察的信，1944年4月29日，《玻尔集》第11卷，第194页。
② 玻尔致安德森的信，1944年5月9日，《玻尔集》第11卷，第195—196页。

且会谈的大部分时间丘吉尔都在和他的私人科学顾问彻韦尔爵士谈论"合金管"方面的英美关系，玻尔陈述观点的时间并不多。在玻尔半小时的发言中，丘吉尔一直沉默不语，而后突然站起来并打断玻尔的讲话。他转过身对彻韦尔摇了摇头，问道："他究竟说了些什么？是关于政治还是关于物理？"丘吉尔强烈反对告诉斯大林原子弹的事。他告诉玻尔，原子弹不会改变战争的原则，战后问题可以由他自己和罗斯福来处理。当玻尔问是否以后可以给丘吉尔写信时，丘吉尔答复说，收到玻尔教授的信他"永远会感到荣幸，但他希望那不是谈政治的信"。①

尽管如此，玻尔还是在5月22日给丘吉尔写了一封"谈政治"的信。在信中，他再次强调了原子知识的发展所带来的影响，可能造成的军备竞赛，以及政治家在实现原子能国际管制中的作用。②但是，丘吉尔批示说：信没有什么新意。玻尔劝说英国高层接受其国际管制思想的路径就这样中断了。

但是玻尔继续为其管制计划而努力着，他把目光转向了当时核研制最先进的美国。7月3日，他撰写了一份内容涉及众多方面的备忘录，其重点在于强调要通过原子弹的管制计划来实现国家间的互信。他称，在战争的这种特殊时刻，要进行管制计划似乎不合时宜，但如仔细考虑，这种计划作为鼓励互相信任的手段却很重要，如果等待战争的发展、新武器的完善，对这种信任只能造成破坏；要预防原子武器的可怕竞赛，就要倡议强国之间的合作；如果联合国家认真考虑这个问题，大国要在合适的管制安排方面做出一定的妥协。③玻尔把这封备忘录给了他的密友、罗斯福的私人顾问同时也是美国最高法院法官的费利克斯·法兰克福特。7月5—6日，玻尔在给法兰克福特的信中说，希望听取后者的建议。④

---

① ［德］罗伯特·容克：《比一千个太阳还亮：原子科学家的故事》，钟毅等译，北京：原子能出版社，1991年，第121页；David Holloway, *Stalin and the Bomb: the Soviet Union and Atomic Energy, 1939-1956*, New Haven: Yale University Press, 1994, pp.118-119；芬·奥瑟若德：《引言》，《玻尔集》第11卷，第26—27页。
② 玻尔致丘吉尔的信，1944年5月22日，《玻尔集》第11卷，第86—87页。
③ 备忘录，1944年7月3日，《玻尔集》第11卷，第94—95页。
④ 玻尔致法兰克福特的信，1944年7月5日，《玻尔集》第11卷，第201页；玻尔致法兰克福特的信，1944年7月6日，《玻尔集》第11卷，第201—202页。

7月10日，法兰克福特回信说，玻尔的备忘录非常妥当，"准确地适应于它所应适应的目的。"不但如此，法兰克福特还不无夸赞地说："我不禁要说，你正在用一种不负事业之所望的精细和智慧引导着对人类至关重要的一些事情。我确实希望事态会渐入佳境。"① 在与玻尔多次长谈后，法兰克福特也开始相信，美国的核事业无法向苏联保密。理由有三个：1. 苏联有非常杰出的科学家，尤其是像卡皮察，通过此前的经验，他们对这些问题完全熟悉；2. 即便不是结果或者方法方面的泄露，知识一定也不可避免地会慢慢渗透进俄国；3. 德国人也开展了的积极研究，很快他们的知识就会向俄国人开放。法兰克福特认为，恰当的坦白不会有任何风险，相反，保守秘密或许会造成严重的后果。他的建议是，在确保有效的保护措施和制裁建立前，不泄露根本性的知识，在此话题上对俄国公开，将不会让他们得到任何他们尚没有准备好或短时间也不可能准备好得到的实质性东西。② 而玻尔的备忘录，经法兰克福特也转到的罗斯福手中。

8月26日，在法兰克福特引荐下，玻尔与罗斯福有过一次短暂的交谈。出于安全的原因，也为了避开新闻界，玻尔从后门进入了白宫。他督促罗斯福，美英应告诉世界关于原子弹的情况，以便努力达成一项国际管制计划，停止致命的武器竞赛。③ 罗斯福当时的反应如何，档案未详细记载，据《比一千个太阳还亮》一书推测，他显然是不同意玻尔的，因为罗斯福觉得现在谈这个问题还为时过早，而且因谈话时间太短，玻尔也未把问题展开。④ 不过，也有一些资料表明，罗斯福对玻尔的陈述很感兴趣。罗斯福说他已经阅读了玻尔之前的备忘，他给玻尔解释观点的机会，对玻尔的观点充分赏识。他甚至同意，早日同苏联接触不会有什么损失，反而会有很多

---

① 法兰克福特致玻尔的信，1944年7月10日，《玻尔集》第11卷，第202页。

② Letter from Felix Frankfurter to President, September 8, 1944, *Documentary History of the Franklin D. Roosevelt Presidency*, Vol. 43, pp. 295–297.

③ Richard G. Hewlett and Oscar E. Anderson, *A History of the United States Atomic Energy Commission Volume Ⅰ 1939–1946: The New World*, Berkeley and Los Angeles, California, University of California Press, Ltd., 1990, p. 326.

④ [德]罗伯特·容克：《比一千个太阳还亮：原子科学家的故事》，第121页。

收获，同俄国人的谅解可以达成。在罗斯福看来，斯大林是"现实主义的思想者和有理性的人"。玻尔自己总结，会晤"在每一方面都十分令人满意"，罗斯福愿意再接见玻尔。① 实践证明，玻尔的这些想法未免过于乐观。

不论此前在会谈是通信中的沟通进行的有多么热火朝天，中肯地说，玻尔的活动并未有很多收效，不仅如此，对于玻尔来说，一份备忘录的签署让情势急转直下。在1944年9月11日至16日召开的第二次魁北克会议上，美英名义上是讨论军事问题，实际上是协调战后的欧洲政策，主要是如何抑制苏联扩张的问题。这次会议进一步定下了严防苏联的调子。紧随其后，9月18日，罗斯福和丘吉尔签署了《海德公园备忘录》，该备忘录内容短小精悍，总计达成了三项内容。② 针对玻尔此前主张的"公开"，备忘录的第一项内容就针锋相对指出不接受向世界公布"合金管"情况的建议；而第三项更是明确将矛头直指玻尔，规定对玻尔的行动进行调查，采取措施保证他不泄露任何情报，尤其是不能将消息泄露给俄国人。这份两国最高首脑签署的备忘录，正式明确了英美反对在核问题上信息"公开"、反对与苏联进行合作的立场。因而，《海德公园备忘录》的签署能够被视为官方意义上宣布了玻尔将近一年的多方奔走活动的失败。

可以想象玻尔对此结果的错愕，因为就在几个月前，他还对盟国能够达成合作感到信心满满。10月6日，玻尔也以一份备忘录的形式，对《海德公园备忘录》针对自己的第三项内容进行了辩驳，"关于我有欠忠诚的整个问题，依据的一定是美国政府这边的一种误解。这种误解起源于我的一种责任，即把我在仅和英国政府及美国政府有关的一些微妙问题上的那些活动，和我在计划的技术工作中的参与完全分开。事实上，我曾用最大的谨慎在我的机密关系方面保持忠诚，从而当美国组织的官员们用我不知道的方法来了解我的活动时，他们就可能得到了错误的印象，认为我可能违反了'安全规则'，因为我和一些人士谈到了计划，而他们认为那些人是无

---

① 玻尔致安德孙的信，1944年9月12日，《玻尔集》第11卷，第209—210页。

② Hyde Park Memorandum, September 18, 1944, *Documentary History of the Franklin D. Roosevelt Presidency*, Vol. 43, p. 298.

权知道这一计划的。"① 无论玻尔感到如何不公,如何愤懑,他推动英美两国政府实践原子能国际管制的实践,到此不得不画上一个句号。

三

玻尔的原子能国际管制实践在1944年之所以会遭遇失败,可以归结为以下几个方面的原因。

首要因素来源于社会制度的差异。自十月革命以来,以英美为首的资本主义国家就将社会主义制度的苏联看成是洪水猛兽,两种意识形态的对立已经确立。二战中,也只有到了十分危急、别无选择的时刻,西方才会考虑与苏联进行合作,即便如此,西方国家与苏联之间的猜疑与防范仍随处可见。丘吉尔曾向美国进言,"威胁来自东方",②"曼哈顿工程"的军事负责人格罗夫斯的说法则为"东方"做了注脚:"俄国是我们的敌人……曼哈顿工程就是在这个基础上开展的"。③ 临近二战结束时的国际局势,大到外交战略的部署,小到具体事件的处理,基于社会制度的分野而形成的分歧逐步显露出来。在这种情况下,想让英美资本主义国家在核问题上向当时唯一的社会主义国家共享资料,那无疑是天方夜谭。

其次,源自于原子弹之于保障大国地位的意义。当时美国举全国之力,从事耗资巨大的"曼哈顿工程",英国也参与了美国的原子弹研发工程,贡献了大量的脑力资源,即便如此,英美两国之间在情报分享一事上都龃龉不断,更不用说是与苏联谈合作。更重要的是,临近战争尾声,美国越来越意识到原子弹在保障大国地位和增加对苏心理优势方面所具有的特殊意义。然而,玻尔的想法与英美政治家们的想法完全背道而驰。玻尔始终强调,无论英美奉行何种保密政策,苏联人迟早都会研制出来,既然不存在

---

① 玻尔的备忘录,1944年10月6日,《玻尔集》第11卷,第214页。

② [美]麦乔治·邦迪:《美国核战略》,褚广友等译;北京:世界知识出版社,1991年,第146页。

③ Barton J. Bernstein, "The Quest for Security: American Foreign Policy and International Control of Atomic Energy, 1942-1946," *The Journal of American History*, Vol. 60, No. 4 (Mar., 1974), p. 1004.

秘密可言，不如早些进行公开和分享，还可以借此来增进国家间的信任。在二战末期，原子弹是用于将来政治谈判重量级的砝码，因而玻尔原子能国际管制思想中的分享一说也无从实现。

再次，从玻尔的管制思想构成来看，他没有给出一个切实可行的执行方案。从始至终，玻尔的原子能管制思想只是提议要寻求彼此的信任以及在情报方面的交换，建立起管制的程序，但是并没有提出具体的实施步骤。从这个意义上说，他的思想中缺乏可用于实际执行的内容。另外，玻尔在宣传管制思想的策略上也存在一些问题。他过于倚重了私交所发挥的作用，过高地估计了这种非正式的私人关系在国际政治中所能发挥的作用。玻尔始终过于乐观地估计了他的建言献策对政治决策者的影响。

玻尔的实践在这时遭遇失败，还与其提出的时机不无关系。玻尔提出原子能国际管制思想时，主要国家还在全力研制原子弹。正如高英所说，当时参与战时工程的科学家们还在与时间赛跑，将精力全部投入在他们正在解决的技术问题上。① 而各国政治家们则把关注点放在了原子弹研制成功所能够带来的军事效果和国际影响力。在原子弹还尚未研制成功之前就提出要进行管制，这一思想尽管具有前瞻性，但想让政治家们去接受，不免有些为时过早。

即便如此，玻尔在1944年所提出的原子能国际管制思想及其实践依旧有其不可磨灭的历史意义。他使得政治家们第一次注意到了东西方之间信息开放的必要性，以及开放对政治世界的稳定性来说是不可或缺的元素。尽管当时的政治家们不愿听取，也没有真心接受，但在后续的历史进程中，我们会看到这种伟大的思想在实践中为不同的人所接受、延续和改进。

在之后的1945年，其他科学家也陆续提出类似问题，但他们面临着同样的困境。无论是政府外的科学家，如匈牙利籍科学家利奥·齐拉特等向政府请愿不对日使用原子弹，② 还是政府内的科学家如罗斯福的科技顾问万尼瓦尔·布什以及化学家、哈佛大学校长詹姆斯·B·柯南特向政府做的国

---

① Margaret Gowing, *Britain and Atomic Energy*, *1939-1945*, pp. 95-98.

② U. S. National Archives, Record Group 77, Records of the Chief of Engineers, Manhattan Engineer District, Harrison-Bundy File, folder #76. http：//www.dannen.com/decision/pet-gif.html.

际管制建议，最终都归于失败。科学家群体对科学本身的透彻了解，让他们深切地知道技术和工具理性具有的局限性甚至可能带来的危害，他们通过呼吁，希望带动整个社会去了解，也试图通过政府决策以及政策实施的渠道来更好地解决这种困境，但这通常只是科学家们的一厢情愿。玻尔所面对的制度对立、大国利益考量、方案的具体化以及时机、策略等因素，也是导致这些科学家失败的重要原因。

正如日后实践中所表现的那样，只有原子弹研制成功并用于对日作战，只有在公众的关注、科学的反思及整个国际社会的压力下，各国尤其是美国的政治家才不得不正视这一问题，玻尔及其他科学家有关原子能的国际管制思想才真正为人所重视，并带动着原子能国际管制机制的初期建立。

美国对 1945 年中苏条约谈判的介入
——基于核军事背景下的分析

吉田丰子*

摘 要 就在1945年的《中苏友好同盟条约》谈判即将开始之际,形势出现了发生巨大变化的可能性。因为美国已经准备好在7月上旬进行原子弹试验,其结果甚至将影响到苏联是否还有必要对日参战。着眼美国进行原子弹试验与中苏谈判的时期几乎重合这一历史背景,美国与中苏谈判之间的关系自然有必要重新分析。本文以重新解析美国外交文件为主对这一问题展开论述。

通过分析可知,随着原子弹试验的决定及其成功、用原子弹轰炸日本的决定这一系列形势变化的发生,美国也逐渐加深了对中苏谈判的介入。美国的介入主要围绕大连问题,其目的是让苏联承认美国的"门户开放"政策,以维护美国在中国东北的权益,防止苏联独占东北。在《中苏友好同盟条约》缔结的8月14日,苏联原本要与中国国民政府起草对美国"门户开放"政策的谅解文件,但就在当天,莫洛托夫称,这一点已经反映在条约之中没有必要另行起草声明。条约缔结后,虽然美国继续要求苏联与中国起草该文件,但是没有实现。后来,虽然以美国为首的各国向苏联提出抗议,苏联还是拒绝了第三国对大连港的使用。可以说,在《雅尔塔协定》基础上签订的《中苏友好同盟条约》中已经蕴涵着围绕中国的美苏冷战的起源。

关键词 雅尔塔协定 中苏友好同盟条约 原子弹 冷战起源

---

* 吉田丰子,日本京都产业大学副教授。

序　言

苏联在1945年2月的雅尔塔会议上，将确保其自身的国防与经济权益作为参加对日作战的条件向英美提出并获得了保障。其中与中国有关事项如下：

1. 维持外蒙古（蒙古人民共和国）的现状。
2. 恢复帝俄被日本夺取的权益。

关于中国东北的条款中尤其重要的包括：

大连商港应该国际化，并且苏联在该港的优先权益应该获得承认；旅顺港作为苏联的海军基地应该获得恢复；对担任通往大连之出路的中东铁路和南满铁路应该设立苏中合办的公司共同运营，并且苏联的优先权益应该获得保证，保证中国对满洲的完整主权。《雅尔塔协定》还规定，苏联的上述要求需通过与蒋介石领导下的国民政府谈判而得以实现。①

美国接受上述条件的主要原因是：第一，认为中国可以在蒋介石政权领导下实现统一；第二，认为苏联承认了美国的"门户开放"政策。

然而，就在中苏会谈即将开始之际，形势出现了发生巨大变化的可能性。因为美国已经准备好在7月上旬进行原子弹试验，其结果甚至将影响到苏联是否还有必要对日参战。着眼美国进行原子弹试验与中苏会谈时期几乎重合这一历史背景，美国与中苏谈判之间的关系自然有必要重新分析。基于这一问题意识，本文将以重新解析美国外交文件为主回答上述课题。②

---

① *The China White Paper*, Stanford University Press, 1949.

② 关于中苏直接交涉的拙稿有：《民族主义与现实主义之间的权衡与抉择——1945年中苏条约缔结过程中过民政府之因应》，栾景河、张俊仪主编：《近代中国的对外关系：思想与外交》，北京：社会科学文献出版社，2013年；《民族主义与现实主义之间的权衡与抉择——再议1945年中苏条约缔结过程中国民政府之因应》，张俊仪、陈红民主编：《近代中外关系史研究》（第5辑），北京：社会科学文献出版社，2015年。

一、原子弹试验背景下美国对中苏会谈的间接介入

学界关于波茨坦会议前中苏谈判的一般看法是：美国为了早日促成中苏条约的缔结倾向于向中国施加压力；波茨坦会议前中苏谈判一度中断的原因是中方负责人宋子文对有损中国主权利益的条约不愿意背负政治责任而采取了拖延策略。① 然而，姑且不论这一时期美国已经计划进行原子弹试验，面对强大的对手斯大林，将波茨坦会议前中苏谈判一度中断的原因全部归咎于宋子文个人，显然是不客观的。基于上述问题意识，下文将重新分析波茨坦会议前的中苏谈判与美国之间的关系。

经过6月30日短暂的礼节性会谈，中苏谈判于7月2日正式开始。苏联除了表示承认中国在东北（满洲）的主权，支持国民政府外，还在旅顺问题上同意了中国不适用"租借"的主张。然而，在外蒙古与东北问题上，双方差异较大。第一，关于维持"外蒙古（蒙古人民共和国）的现状"，宋子文主张予以搁置，而斯大林为了防止日本东山再起对苏联远东地区形成威胁，要求维持蒙古人民共和国的独立；第二，关于中东铁路与南满铁路。苏联没有主张其在东北驻军的权利，但要求两条铁路的所有权，提出与中国共同经营，并且由苏联人任经理。对此，中国坚决不出让所有权，基本上同意了共同经营；第三，关于大连港问题。斯大林主张其"国际化"并由苏联与中国共同管理，不允许第三国介入，同时"优越权益"是指苏联较中国拥有优越权益。对此，宋子文主张大连属于中国行政范围内的自由港，但可给予苏联派遣助手以及自由使用的权利。

这次会谈结束后，宋子文向美国驻苏大使哈里曼报告了会谈情况，并要求哈里曼向美国政府紧急确认美国对于《雅尔塔协定》各项条款的解释。关于外蒙古的条款这一最大问题，宋子文提出如果不明确美国政府的解释，会谈将无法进行，此外，关于铁路与港口问题，中方特别希望早日知道美

---

① 梁敬錞：《中美关系论文集》，台北：联经出版事业公司，1982年；陈立文：《宋子文与战时外交》，台北："国史馆"，1991年；吴景平：《宋子文评传》，福州：福建人民出版社，1992年；John W. Garver, *Chinese-Soviet Relations: 1937—1945*, Oxford University Press, 1988.

国对"大连商港的国际化"的看法。① 哈里曼在致杜鲁门总统与贝尔纳斯国务卿的电报之中称,美国政府没有讨论过罗斯福总统的看法,而据宋子文7月2日所言,已故罗斯福总统所言大致如下:

1. 外蒙古问题。罗斯福总统对此没有过考虑,可能不知道中国由于内政问题不能承认外蒙古独立。

2. 铁路。罗斯福总统只提到共同经营,绝对没有承认苏联的所有权。

3. 大连港。罗斯福主张使大连成为自由港,但绝对没有考虑给予苏联特殊的权益。

4. 关于朝鲜。斯大林不愿意驻扎国际性的军队或者警察,主张由苏联苏联组织的朝鲜军队统治。因此,名义上为托管,实际上由苏联操纵。哈里曼对此表示非常担忧。②

对宋子文而言,从哈里曼处得知的信息,尤其是关于大连的信息,与杜鲁门政府在6月15日向中国提供的《雅尔塔协定》的记录之中的斯大林承认美国的"门户开放"政策一致,因此在大连港问题上便有了与美国追求共同利益,使美国卷入中苏谈判,以此牵制苏联的策略的可能性。这一点在以下的分析中将更加清晰。与对外蒙古问题的敷衍③相对照,其实,美国对与其利益相关的大连港问题较早地予以了特别的关注并考虑对策。这在贝尔纳斯国务卿于7月6日致哈里曼的美国政府关于中苏会谈的具体方针指示中可以明显看出,其要点如下:

1. 美国的原则是对《雅尔塔协定》不做解释,不介入中苏谈判。

2. 以杜鲁门总统与贝尔纳斯国务卿的名义向中苏两国表示,《雅尔塔协定》达成任何一致之前都必须与缔约国之一的美国进行协商。

---

① The Ambassador in the Soviet Union (Harriman) to President Truman and the Acting Secretary of State (Paraphrase), (Moscow), July 1, 1945, *Foreign Relations of the United States* (*FRSU*), *1945*, Volume Ⅶ, The Far East: China, Washington: United States Government Printing Office, 1969, pp. 910-911. The Ambassador in the Soviet Union (Harriman) to President Truman and Secretary of State (Paraphrase), (Moscow), July 3, 1945, *FRUS*, pp. 911-912.

② T. V. Soong Papers, Box 58, Folder 17, Hoover Institution Archives, Stanford University.

③ The Secretary of State to the Ambassador in the Soviet Union (Harriman), (Paraphrase), (Washington), July 4, 1945, *FRUS*, pp. 914-915.

3. 关于大连港。在"适当时期",美国不参与大连港的管理和统治,但是苏中两国之间在大连或者其他地区问题上达成某种一致时,应该表示尊重国际贸易中的公正原则,并且这一原则首先要体现于所有爱好和平的国家对大连港设备的使用以及在铁路运输上享有平等的权利,应该断绝类似日本统治时期名目繁多的差别性的、实际上不平等的经济待遇。①

上述美国方针之意图,可以说有以下两点:

第一,即使在不介入中苏谈判的情况下,美方亦主张两国政府在达成任何协定之前都必须通知美国政府,是对苏联牵制之表示。此点主张基于美方认为事实上苏联对中国的要求已超出《雅尔塔协定》。贝尔纳斯在同一封电报中指出,斯大林主张东北主要铁路的所有权属于苏联,而《雅尔塔协定》中并未允许苏联独占。

第二,于"适当时机"介入大连问题。这一点比较更清楚地表示了波茨坦会议前美国对中苏谈判的干预。"适当时机"具体为何呢?其实,美国已经在6月决定7月上旬进行原子弹试验,因此可以肯定,其具体结果将影响美国是否介入大连问题。事实上,如后所叙,原子弹试验成功后,美国立即朝这一方向行动。波茨坦会议前夕中苏会谈的中断也与此不无密切的关系。

根据目前资料,蒋介石将中苏会谈的重任委托给宋子文后,7月1—4日期间离开重庆去西安似乎并无要务。果真如此的话,蒋介石对中苏谈判的重要性,尤其是苏联关于外蒙古独立谈判要求绝对不会改变这一点,显然是十分清楚而苦于思考对策。7月5日,阅读了宋子文的相关来电后,蒋介石立即起草了以承认外蒙古独立为交换条件,要求苏联保证东北的领土主权之完整,不支持新疆的叛乱者与共产党的方针。不过,在6日致宋子文的电报中,不仅有如果中国的要求得以实现,或许可以承认外蒙古的独立,还有见机行事的指示。7日,蒋介石向宋子文发出了明确指示的电报。②

接到蒋介石指示的宋子文在与斯大林进行会谈的7月9日当天,向哈里

---

① The Secretary of State to the Ambassador in the Soviet Union (Harriman), (Washington), July 6, 1945, *FRUS*, pp. 916-917.

② 《蒋介石日记》,1945年7月6日、7日。Hoover Institution Archives, Stanford University.

曼表示即使外蒙古问题在波茨坦会议前能够取得一致，也没有讨论铁路与港口问题的时间，因此波茨坦会议前缔结条约非常困难，并提出波茨坦会议期间可能归国之意。

哈里曼试图迫使宋子文让步而强调如果条约不能缔结对中国之不利，但最后对宋子文提出如下建议："即使在这次谈判期间不能达成协定，也要发表公报，以好的发声肯定这次谈判已经有所进展，以促使谈判早日再开"。① 哈里曼此时提出这一建议之背景，首先是假如不久后原子弹试验成功，对于7月6日贝尔纳斯国务卿的来电中所提的美国介入大连问题的可能性应该会起到积极的作用，其次是担心波茨坦会议之前中苏继续谈判的话，宋子文可能在大连问题上向苏联做出让步。

早在7月8日听取了宋子文关于中国的妥协方案后，哈里曼就在致杜鲁门总统和贝尔纳斯国务卿的电报中表示，波茨坦会议前中苏缔结条约十分困难，并且提出为了在波茨坦会议上进行讨论，美国应该采取的措施是预先对《雅尔塔协定》的内容进行研究，尤其是中国向苏联让步的港口和铁路的条款，以及对中国当前对外蒙古问题维持现状将采取的行动。此外，哈里曼认为对他于7月2日向宋子文表示的关于朝鲜的托管也应该进行讨论。②

哈里曼在7月9日致杜鲁门总统和贝尔纳斯国务卿的电报中又称：宋子文"准备拒绝苏联的以下任何企图。即，针对各国对大连自由港和铁路运输设施的使用以及在满洲发展贸易的自由进行限制"，并称"在这一点上，宋子文的态度与你们7月6日的310号来电中对我个人之指示态度是一致的"。③ 也就是说，哈里曼在向美国政府要求，对至少在大连问题上主张美中共同利益的宋子文予以支持。

---

① The Ambassador in the Soviet Union (Harriman) to President Truman and Secretary of State, (Moscow), July 9, 1945, *FRUS*, pp. 924-926.

② The Ambassador in the Soviet Union (Harriman) to President Truman and the Secretary of State, (Moscow), July 9 (8), 1945, *FRUS*, p. 924.

③ The Ambassador in the Soviet Union (Harriman) to President Truman and the Secretary of State, (Moscow), July, 1945, *FRUS*, pp. 924-926.

7月9日的中苏谈判中，双方关于蒙古问题达成了一致，但是在接下来的两次谈判中，如哈里曼的预想，苏联在大连港与铁路权益方面的态度加强了。波茨坦会议之前苏联的主要主张是将铁路与大连港划为苏联的海军基地。对此，宋子文坚持需要在波茨坦会议期间返回重庆同蒋介石进行商谈。

试图在波茨坦会议之前缔结中苏条约的斯大林即便强调在会议上要讨论苏联对日参战的日程，因此最好在此之前达成协定，① 宋子文也丝毫没有改变态度。会谈中断后，宋子文对哈里曼称，由于"明确的理由"，他没有同意苏方的主张。所谓"明确的理由"，应该是指哈里曼于7月2日向宋子文所表示的罗斯福总统的解释。总之，可以说宋子文是在利用大连问题，要求美国在波茨坦会议上采取负责任的参与。

值得注意的是，在这次谈话中，宋子文向哈里曼提出，希望美国政府在波茨坦会议上能说服苏联接受中国的立场，或者由美国提出一个蒋介石能够接受的方案。② 从中可以看出宋子文对于美国的期待，以及竭力减轻条约对中国的不利影响。

二、美国原子弹试验的成功与对中苏谈判直接介入的决策

既往的研究鲜有从美国开展原子弹试验与中苏谈判的关系这一视角出发，因此一般认为美国对中苏谈判的介入始于其用原子弹轰炸日本。另一方面，部分已有研究对波茨坦会议期间美国对中苏谈判的介入有所提及，但对其背景的认识却相当薄弱。首先应该指出的是，原子弹试验的成功恰恰是美国介入的历史背景，美国据此决定了介入中苏会谈的方针政策。

就在波茨坦会议开始前一天的7月16日，美国原子弹初次试验成功，

---

① The Ambassador in the Soviet Union (Harriman) to President Truman and the Secretary of State, (Moscow), July 12, 1945, *FRUS*, pp.932-933.

② The Ambassador in the Soviet Union (Harriman) to President Truman and the Secretary of State, (Moscow), July 13, 1945, *FRUS*, pp.933-934.

翌日第二枚原子弹试验也取得了成功。① 在如此重大的军事背景之下，姑且不论苏联对日参战是否还有必要性，美国已经明确了直接介入中苏会谈的立场。

首先应该分析的是第一个接到原子弹试验成功消息的陆军部长史汀生于7月16日致电杜鲁门总统的记录。② 其中称，如果根据美国"传统的对华政策"，即"门户开放"政策和承认中国在东北的主权来解释《雅尔塔协定》，并且美国始终统治太平洋岛屿的话，③ 就国防而言，美国没有必要担心苏联对日参战与《雅尔塔协定》的关系。在此基础上对东北问题提出如下意见：

1. 关于旅顺，已故的罗斯福总统已经许可在一定时间范围内将其作为海军基地租借给苏联。也就是说，苏联的要求是符合《雅尔塔协定》的。2. 关于大连，《雅尔塔协定》仅允许苏联以商业目的进入以及使用必要的设备，并没有与苏联妥协而允许苏联垄断或阻止在大连以及其他港口的贸易。在东北属于中国的前提下，苏联可以通过中苏共管的铁路进入大连港，但仅限于输出和进口。3. 关于铁路，其必须公开经营，并且不允许损害其他大国在东北的贸易。4. 关于大连与铁路问题可毫无保留地支持宋子文的意见，理由是其也可以维护美国的在华以及在远东地区日渐增加的利益。史汀生更进一步反省称，将旅顺租借给苏联已经是一个错误，不能对辽东半岛或者东北的其他任何军事利益和统治再做出让步，并强调美国应该支持宋子文的提案。

美国的具体介入方案参见驻苏大使哈里曼致国务卿贝尔纳斯的文件。在贝尔纳斯通过驻华大使赫尔利指示宋子文赴莫斯科继续与斯大林谈判的7月28日，④ 哈里曼对贝尔纳斯称，美国已经没有必要关注苏联对日参战了，

---

① Tsuyoshi Hasegawa, *Racing the Enemy: Stalin, Truman and the Surrender of Japan*, Harvard University Press, 2005.

② Memorandum by the Secretary of War (Stimuson) to President Truman, (Postsdam), July 16, 1945, FRUS, pp. 943-944.

③ 这里使用假设的表达方式表明美国决定向日本投炸原子弹是在7月21日以后。

④ The Secretary of State to the Ambassador in China (Hurly), (Babelsberg), July 28, 1945, FRUS, p. 950.

但是中苏条约的签订依然具有重大的意义,他还指出中苏会谈重新开始时有关美国利益的问题并提出了对策。

哈里曼认为,中国不能单独与苏联对抗,因此,在东北铁路与港口的交涉上,如果给予苏联优先于美国以及其他国家的外国商人以特殊权利,甚至让步至其他外国商人不得在东北经商的话,将违背美国的对华政策和国家利益。在此基础上提出,为了使其"门户开放"政策在东北不遭受失败,美国有介入中苏谈判的必要性。具体做法是,向斯大林建议在中苏协定中支持美国的"门户开放"政策并提出具体文件,有了这一文件的话,如果美国在东北的利益受到损害,可以据此同苏联直接交涉。①

7月31日,哈里曼再次致电贝尔纳斯,提出了关于中苏会谈的展望与美国介入方式的文件。哈里曼认为,斯大林一定会要求缔结苏联7月初提出的方案,所以最终结果是中国将做出让步,并且认为如果美国不以坚定的立场解释《雅尔塔协定》的话,中苏谈判可能破裂,甚至双方关系有更加紧张的可能性。如果宋子文让步,就有损美国的利益。因此,关于美国的介入哈里曼提出了与7月28日不同的方案,即斯大林与宋子文坚持各自主张时,由哈里曼做出如下通知:

第一,罗斯福总统在雅尔塔会谈上关于大连港的态度,即罗斯福拒绝了斯大林的租借要求,而坚持应该将大连港作为国际化的自由港口。

第二,美国不允许将大连港划为苏联的军事区域或者作为苏联的海军基地。

第三,如果斯大林不赞成将大连作为中国管理下的自由港,以商业方式租借给苏联一部分用于运输这一宋子文的提案的话,就成立由中国、苏联、美国(或者加上英国)组成的委员会,将大连作为自由港,监督其经营。

关于铁路问题,该文件认为中苏分歧并不大,双方可以商讨。②

---

① Memorandum by the Ambassador in China (Hurley), (Babelsberg), July 28, 1945, *FRUS*, p. 950.

② Memorandum by the Ambassador in the Soviet Union (Harriman) to the Secretary of State, (Babelsberg), July 31, 1945, *FRUS*, pp. 953-954.

在中苏谈判即将重新启动之际，哈里曼于8月4日向贝尔纳斯国务卿提出要求，希望美国政府将与苏联交涉的权利交给他。① 对此，贝尔纳斯在5日回复称，对哈里曼目前的意见与提案全部同意。也就是，1. 根据罗斯福总统的意见，坚决反对斯大林关于大连港的主张，支持宋子文的提案；2. 条约缔结时，让斯大林立即公开发布承认美国在东北"门户开放"政策的书面文件；3. 如果宋子文的提案不能通过的话，根据需要向斯大林和宋子文提出，美国建议成立由中国、苏联、美国（英国也有加入的可能性）组成国际委员会，将大连港作为自由港，监督其经营。②

三、波茨坦会议后美国对中苏谈判的介入

在美国原子弹试验成功的背景下，波茨坦会议于7月17日至8月2日举行，美国对苏联在中苏谈判中提出的在中国东北的权益的要求强烈不满，并且在做出向日本投放原子弹的决定之后，有意将要积极加入要求日本无条件投降谈判的苏联排除在外了。

此外，杜鲁门总统还致电蒋介石，指示其在今后的中苏谈判中不许向苏联妥协。③ 然而，由于杜鲁门向斯大林暗示了原子弹试验的成功，对斯大林而言，在日本投降之前对日参战以及缔结中苏条约就成了刻不容缓的问题。斯大林做出的战略决策是提前对日宣战。④ 这一决定给中苏谈判带来了重大的影响。

就在宋子文等中国代表抵达莫斯科的8月7日，斯大林便与其开始了会谈。针对中方提出的必须将与大连有关的铁路排除在军事区域之外的主张，

---

① The Ambassador in the Soviet Union (Harriman) to she Sectary of State, (Berlin), August 4, 1945, *FRUS*, p. 954.

② The Secretary of State to the Ambassador in the Soviet Union (Harriman), (Washington), August 5, 1945, *FRUS*, pp. 955-956.

③ President Truman to the Ambassador in China (Hurly), (Babelsberg), July 23, 1945, *FRUS*, p. 950.

④ Tsuyoshi Hasegawa, *Racing the Enemy: Stalin, Truman, and the Surrender of Japan*, Harvard University Press, 2005.

斯大林表示，与大连港相关的铁路不划为军事区域，其民事行政属于中国管辖，但是涉及安全问题时需要与苏联的军事长官协商。① 显然，斯大林做出了妥协，其目的在于尽快缔结中苏条约。会谈决定8日中方向苏联外交部提出草案。

8月8日下午，莫洛托夫外长将中方人员中的外交部长王世杰与驻苏大使傅秉长约到其官邸，声明苏联将于8月9日与日本进入战争状态，并且宣读了对日宣战声明。他同时表示，这一行动是基于《雅尔塔协定》中关于苏联在对日参战的有关内容而决定的。因此，美国关于苏联最早在8月15日之前也不会对日参战的预测失败了。

8月8日夜晚，接到杜鲁门命令的哈里曼与斯大林举行了会谈。哈里曼首先转达了杜鲁门总统将继续支持《雅尔塔协定》的态度，并称已故的罗斯福总统在与斯大林的会谈中所持的美国对华政策，是以保证包括东北在内的中国的领土主权和美国的门户开放政策为基础的，杜鲁门总统也希望中、苏在谈判中考虑美国的长期利益。哈里曼还指出，在1924年的《中苏解决悬案大纲协定》中，苏联曾放弃了在中国的治外法权等特权。关于中苏谈判的现状他认为：

第一，关于旅顺港。为了安全与防卫之目的，将其作为苏联的海军基地符合中苏双方的利益，因此美国政府不反对。

第二，关于大连港。已故的罗斯福总统并没有同意斯大林的租借要求，而是主张将其作为国际化的自由港，苏联在这一港口的特殊权益可以通过承认其作为苏联进出口贸易的不冻港而得到保证，即以商业的形式保证其利益。此外，从美国对华长期利益的角度而言，美国政府认为大连港应该在中国政府的管理之下。

第三，目前中苏谈判中涉及美国利益以及影响美国对华政策的所有事情都应该与中苏谈判的促进者杜鲁门总统商谈。②

---

① The Ambassador in the Soviet Union (Harriman) to the Secretary of State, (Moscow), August 7, 1945, *FRUS*, pp. 957-958.

② Memorandum of Conversation by the Minister Counselor in the Soviet Union (Kennan), (Moscow), August 8, 1945, *FRUS*, pp. 960-965.

哈里曼认为这些意见对美苏双方都有利,并在8月9日以书信的方式向莫洛托夫重申了上述主张。① 同日,哈里曼与王世杰讨论了大连问题。哈里曼称,在关于大连的协定中只能向苏联提供进出口货物之便,这种做法不影响美国的门户开放政策,也不侵犯中国的主权,并且获得了斯大林的同意。但是其中没有加入《雅尔塔协定》中关于苏联"优先权益"的表述,因此斯大林表示了不满。并称,关于大连的行政,斯大林要求港口的业务管理与警察权的意愿较强。②

在8月10日宋子文与斯大林举行会谈前,哈里曼又向宋子文强调,中国关于大连的主张应与《雅尔塔协定》一致,如果要在涉及美国利益的问题上做出让步时,必须预先与美国商谈。③ 在当日的会谈上,中苏双方首先谈论了大连问题,斯大林提出,大连市及其港口由中方负责管理,战时由苏联对其实施军事管制。

关于边界问题,宋子文提出组织一个共同委员会勘定边界后再承认外蒙古的独立。但是斯大林坚持"现行边界",并威胁称,如果中国不同意,内、外蒙古的边界线将消失,也就是内蒙古将被外蒙古合并而形成更大的蒙古人民共和国。铁路问题也进行了讨论。斯大林同意了宋子文提出的由双方组成人数各半董事会的方案,但是坚持铁路的董事会主席由苏联人担当,宋子文未予同意。

苏方关于支持国民政府这一最核心问题的表述并没有如宋子文所期待般得以明确。虽然谈判记录中没有,但是根据哈里曼向美国的报告可知,为了尽速迫使宋子文缔结条约,会谈最后,斯大林恐吓宋子文说:"如果不那样的话,共产党将进入满洲。"

哈里曼关于这次会谈的看法是,未解决的争执点是,斯大林要求对大连港口的设备与中国共同享有所有权,并且要求由苏联人担任两条铁路的

---

① The Ambassador in the Soviet Union (Harriman) to the Secretary of State, (Moscow), August 13, 1945, *FRUS*, pp. 970-971.

② 《王世杰日记》(手稿本),第4册,1945年8月9日,"中央研究院"近代史研究所刊行。

③ The Ambassador in the Soviet Union (Harriman) to President Truman and the Secretary of State, (Moscow), August 10, 1945, *FRUS*, pp. 966-967.

经理。哈里曼认为，宋子文对于前者不会妥协，对于后者应该会同意。在此基础上，哈里曼向杜鲁门和贝尔纳斯提出，后者不具有使谈判决裂的重要性，但是如果宋子文允许将大连港口的设备的所有权与苏联共同拥有，则将有损于美国的利益，因此要求杜鲁门与贝尔纳斯立即给予具体意见。①

贝尔纳斯于 8 月 11 日向哈里曼回复了五条意见。第一条称，关于中国让步以换取苏联将不支持与国民政府持不同政见者这一条款，虽然美国不能公开表示意见，但认为苏联应该对支持国民政府做出明确的表述。② 余下几条的意见则是将具体应对全权委托哈里曼来处理。

在中苏继续谈判的 8 月 12 日，哈里曼致信莫洛托夫，称根据宋子文的信息，苏联提出与中国共同拥有大连港的设备，他本人根据美国政府的命令，认为那是有损美国利益的而不予支持。哈里曼也将此函抄送给了宋子文。③ 显然，最终苏联将其要求降至拥有大连港设备一半的所有权，哈里曼信函起到了一定作用。另一点值得注意的是，苏联同意了中国提出的设立中苏军事委员会这一提案。苏联在这一问题上的妥协，除了中国自身的努力以及美国的介入外，更加重要的是，在日本即将投降之际，中苏双方都希望在日本投降之前尽快缔结条约。

结　语

通过以上分析可知，随着原子弹试验的决定及其成功、用原子弹轰炸日本的决定这一系列形势变化的发生，美国也逐渐加深了对中苏谈判的介入。而美国的介入主要围绕大连问题，其目的是让苏联承认美国的"门户开放"政策，以维护美国在中国东北的权益，防止苏联独占东北。

---

① The Ambassador in the Soviet Union (Harriman) to President Truman and the Secretary of State, (Moscow), August 11, 1945, *FRUS*, pp. 967-969.

② The Secretary of State to the Ambassador in the Soviet Union (Harriman), (Washington), August 11, *FRUS*, 1945, pp. 969-970.

③ The Ambassador in the Soviet Union (Harriman) to the Secretary of State, (Moscow), August 13, *FRUS*, pp. 970-971.

在《中苏友好同盟条约》缔结的 8 月 14 日，苏联原本要与中国起草对美国"门户开放"政策的谅解文件，但就在当天，莫洛托夫称，这一点已经反映在条约之中没有必要另行起草声明。① 条约缔结后，虽然美国继续要求苏联与中国起草该文件，但是没有实现。②

后来，虽然以美国为首的各国向苏联提出抗议，苏联还是继续拒绝了第三国对大连港的使用。可以说，在《雅尔塔协定》基础上签订的《中苏友好同盟条约》中已经蕴涵着围绕中国的美苏冷战的起源。

---

① The Ambassador in the Soviet Union (Harriman) to President Truman and Secretary of State, (Moscow), August 14, 1945, *FRUS*, pp. 973–974.

② 详细过程参见：*The China White Paper*, 1949.

二战后太平洋"战略托管"体系的确立
——基于联合国角度的考察

刘晓莉[*]

二战对于战后世界产生的影响是多元化的：对全球政治架构的重建，对世界经济秩序的规范，对人类整体福祉的关注，无不因之发生重大变化。作为战后国际新秩序政治支柱的联合国在维护世界和平与安全、促进经济合作与发展、保障各国人权与法制、推动人类历史进程的发展方面，发挥了重要的作用。尤其是联合国从构建之初，即将致力于非殖民化作为其重要的历史使命，为此特别设立了托管制度和托管理事会。

联合国成立后，曾有11块领土被纳入托管制度之列，分别是澳大利亚代表澳大利亚、新西兰和英国管理下的瑙鲁（Nauru）；澳大利亚管理下的新几内亚（New Guinea）；新西兰管理下的西萨摩亚（Western Samoa）；比利时管理下的卢旺达—布隆迪（Burundi-Rwanda）；英国管理下的喀麦隆（Cameroon）、多哥（Togo）和坦噶尼喀（Tanganyika）；法国管理下的喀麦隆（Cameroon）和多哥（Togo）；意大利管理下的索马里兰（Somalia）；美国管理下的由马绍尔群岛（Marshall Islands）、马里亚纳群岛（Mariana Islands，关岛除外）和加罗林群岛（Caroline Islands）组成的前太平洋岛屿（原委任日本统治岛屿）。其中，美国管理下的托管领土呈现出两大特征：其一，太平洋岛屿的托管国身份，由美国取代前委任统治国日本获得，其余托管领土的托管国身份，由其原委任统治国继承；其二，美国托管的太

---

[*] 刘晓莉，武汉大学历史学院副教授。

平洋岛屿为战略托管区，其余的则为非战略托管区。

　　1947年4月2日，联合国安理会通过决议，正式批准了美国对太平洋前委任日本统治岛屿的托管，从而在太平洋地区建立起美国坚持的"战略托管"体系。那么在联合国构建过程中倾注巨大热情致力于非殖民化问题的美国，何以通过这种曲线方式构建起对于太平洋岛屿的管理和控制？同时联合国在整体推进非殖民化进程的过程中，何以出现某种程度的倒退，允许美国加强其对于太平洋地区岛屿的军事控制呢？

一、联合国托管制度的提出和认同

　　联合国托管制度的建立在非殖民化进程中具有里程碑意义，作为联合国主要发起国的美国是推动国际托管制度建立的重要力量。在联合国创建过程中的数次重要会议上，美国拟定的宪章草案都被作为会议蓝本加以讨论，并以此为基础加以补充和修订达成一致意见。因此，美国针对国际托管制度的立场和方案，在方式和程度上左右了联合国宪章在托管制度方面的规定，并决定了联合国在非殖民化方面的作为。

　　美国在非殖民化方面与传统殖民大国持有不同政策。早在1787年，美国即在《西北法令》中明确提出：殖民地的发展拥有自身利益，应免受宗主国的剥削，并将政府与北美印第安人的关系定性为监护人和被监护人的关系。一战后，威尔逊在参与设计国际联盟时，亦将非殖民化思想注入到国际联盟盟约中，例如第二十二条创立了委任统治制度，规定：从战败国分离出来的领土不属于任何国家所有，而是委任受托国治理，受托国有义务向国联报告执行受托权的情况。在二战进行期间，作为典型的"威尔逊主义者"，罗斯福和赫尔在对战后世界的规划中，围绕如何处置战后未获得独立的领土有其宏大的计划，即将旧的欧洲殖民帝国体制改造为国际托管制度，提高殖民地人民地位，使之有均等机会参与国际事务。他明确指出，欧洲殖民帝国被取代，成为由独立民族国家和国际托管区组成的体系，并将其置于美国与大国组成的联盟，或致力于安全事务的国际组织的监督之下,如此将有利于未来的和平前景。① 为此,赫尔任命其私人好友,俄籍经济学家帕斯沃斯基为首构建研究小组,将托管制度纳入其对于战后国际组织的规划中。1942年8月上旬,该小组形成关于非独立领土的国际托管体系方案。其中核心理念是所有殖民地都应纳入国际托管体系。② 然而,罗斯福彻底颠覆原有殖民体系,构建国际托管制度的努力,在国际社会和政府内部都遭遇到巨大压力。

英国不希望战后国际组织涉及殖民地托管制度问题,因为这将严重削弱大英帝国的特权,危及英国的殖民体系。二战期间,为了调动殖民地的作战热情,迎合美国对于非殖民主张的坚持,英国也被迫开始调整原有的殖民政策,例如1940年战时内阁通过了由殖民事务助理马尔科姆提出的"提供救助促进殖民地发展"的提议;③ 1942年殖民事务部副部长哈罗德访美期间,向美国众议院勾勒出英国与殖民地之间的相互依存关系,尤其强调经济和军事方面的合作。④ 但是,英国单方面改善殖民地待遇与美国彻底改造殖民地政策之间的分歧难以弥合。美英双方需要相互妥协,以便就战后殖民地问题达成一致意见。1943年3月,赫尔建议罗斯福将托管范围缩小,将原有大国拥有的殖民地从托管范围排除出去,并且提出托管的意义不仅在于促成托管领土的独立,更重要的是形成一种范式,引导大国针对殖民地采取类似政策。⑤ 1944年4月,副国务卿斯退丁纽斯带团访问英国,再次就托管制度与英国协商。美方表示,美国需要托管制度来控制日本在太平洋占领的岛屿,直接吞并这些领土将被视为违反大西洋宪章,所以美国人将"不得不"通过新的联合国家组织"掩饰他们的行动"。英国对此理

---

① David Ryan and Victor Pungong, eds., *The United States and Decolonization: Power and Freedom*, New York: St. Martin's Press, 2000, p. 63.

② "International Trusteeship," PIO-29a, Aug. 28, 1942, box 117, Notter Files RG 59.

③ Macdonald memorandum, "Statement of Policy on Colonial Development and Welfare and on Colonial Research," WP (G) (40) 44, Feb. 13, 1944, War Cabinet Papers, CAB 67/4, Public Record Office, London.

④ H. Freeman Matthews to Cordell Hull, July 31, 1942, file: 841.00/1601, Records of the U.S. Dept. of State, RG59.

⑤ Cordell Hull, *The Memoirs of Cordell Hull* (2 vols., New York, 1948), Vol. 2, pp. 1234-1236.

由表示理解，但是他们认为美国建立托管制度的理由不止于此，他们担心托管制度将会严重削弱大英帝国的特权，甚至导致帝国解体。① 在提交敦巴顿橡树园的宪章草案中，英国并未提及仍然处于国联管理下的殖民地托管理事会。②

美国军方自美西战争以来对于西南太平洋岛屿保持了持续关注。1899年2月，美国海军准将布雷福特发文《海军舰队的加煤站》，强调在加罗林群岛建立美国基地的必要性。③ 1918年1月，博德将军建议：北马里亚纳群岛"与关岛近在咫尺，为建立离日本不远的潜艇基地提供了可能"；加罗林群岛可以修建"三四个精良的驱逐舰和潜艇补充基地，以及保障舰队供给的后勤基地"；在马绍尔群岛的基地可以保障美国海上交通线的通畅"。④ 太平洋战争爆发后，美国海军坚信：华盛顿体系对于海军基地的忽视，是酿成太平洋战场初期美国被动局面的重要原因。为此，战后势必需要扩大其在太平洋的防御半径，西南太平洋上原日本委任统治的岛屿自然成为海军基地网络建设中的重要环节。⑤ 1944年，随着太平洋战局的突破，美国军方明确表示，希望对从日本手中夺取的某些太平洋岛屿拥有无可辩驳的主权。1944年7月，参谋长联席会议指出，"美国占领和控制日本委任统治岛屿为我们的安全所必需。它们共同构成单一的军事整体，没有任何一部分可以被留给另一国部分控制……日本委任统治岛屿应被置于美国唯一主权之

---

① Stettinius report to Hull, May 22, 1944, box 87, box 284, Notter Files RG 59. Sir Liewellyn Woodward, *British Foreign Policy in the Second World War*, London: Her Majesty's Stationery Office, 1962, p. 452.

② Tentative Proposals by the United Kingdom, 22 July 1944, *FRUS 1944*, vol. 1, p. 672; Liewellyn Woodward, *British Foreign Policy in the Second World War*, London: Her Majesty's Stationery Office, 1962, pp. 452-453.

③ [苏] 基·弗·马拉霍夫斯基：《最后的托管地（密克罗尼西亚史）》，史瑞祥译，北京：商务印书馆，1980年，第50页。

④ Earl S. Pomeroy, *Pacific Outpost: American Strategy in Guam and Micronesia*, New York: Russell & Russell, 1970, p. 9.

⑤ Roger Louis, *Imperialism at Bay: The United States and the Decolonization of the British Empire, 1941-1945*, Oxford University Press, 1978, p. 265.

下"。① 并且，美国军方兼并这些岛屿的主张得到了有影响的国会议员们的支持。

1944 年 8 月，联合国筹备会议——敦巴顿橡树园会议召开，联合国四大发起国分别提交了联合国宪章草案，并首次就联合国相关问题集中讨论。会前，美国参谋长联席会议预测，日本战败后，苏联将成为东北亚地区的支配力量，也将是美国的主要对手。此时的当务之急是说服苏联参加对日作战，如果会议提出领土托管问题，很可能与苏联发生矛盾，因此敦巴顿橡树园会议不宜商讨托管事宜。②由于顾及到苏联在会议上的反对，且考虑到英国对于托管制度的敏感与反对，加之受到美国军方的压力和掣肘，敦巴顿橡树园会议暂时将国际托管制度问题搁置起来。

1945 年 2 月，雅尔塔会议上，如何处理不能立刻实行自治的殖民地问题被提出讨论，美国放弃其最初彻底改造殖民体系的设想，和英国达成妥协，将托管制度的适用范围限定在三类领土：a. 现在仍处于国联委任统治下的领土。b. 由于本次战争将会从敌国脱离的领土。c. 其他自愿被纳入到托管体制下的领土。③法国临时外长与英国外长艾登交换过意见后得知："美国提出托管制度的原因只是能够使自己体面地控制从日本手中夺取的太平洋地区岛屿，这一制度不适用于任何欧洲国家，同时也不适用于属于盟国的任何领地。"④ 获得大国在确立托管制度的认可之后，美国国务卿斯退丁纽斯向艾登和莫洛托夫建议，安理会的五个常任理事国应在旧金山会议召开之前互相磋商，准备提出有关这类地区的国际托管的建议。他不打算提出哪些地区可以置于国际托管之下这个问题，他只想在新的国际组织的宪章中规定一个国际托管的机构，以弥补敦巴顿橡树园会议的漏洞。之所

---

① Franklin D. Roosevelt Library, Taussig Papers, Box 59.

② Memorandum by the Joint Chiefs of Staff to the Secretary of State, August 3, 1944, *FRUS*, 1944, vol. 1, pp. 700–703.

③ United States Delegation Memorandum, February 9, 1945, *FRUS*, 1945, Conference at Malta and Yalta, 1945, part 3, p. 858.

④ Stephen C. Schlesinger, *Act of creation: the founding of the United Nations: a story of superpowers, secret agents, wartime allies and enemies, and their quest for a peaceful world Boulder*, Colo: Westview Press, 2003, pp. 98–99.

以没有明确规定哪些地区要纳入托管范围,其中一个原因是美国军方仍然希望占领战时夺取的太平洋岛屿,罗斯福对此感到非常矛盾。另外一个原因是直到七个月之后才公开的罗斯福和斯大林之间的秘密协议:为了促使苏联对日宣战同时承认国民党政权,罗斯福同意了苏联占领部分日本岛屿和部分中国领土。①

联合国托管制度的提出是非殖民化浪潮不断推动的产物。作为联合国最重要的发起国,美国顺应了非殖民化趋势,并将其文化和外交中的非殖民化传统外化为联合国托管制度。美国希望通过联合国主导战后非独立领土的托管,以此荡涤原有以欧洲大国为中心构成的旧殖民体系,彻底扫除战前国际关系秩序,并以联合国为渠道,将美国的影响力散布到全球,构建新的国际关系体系。面对来自英、法等国的压力,美国需要确保大国对于托管制度的认可,因此需要做出必要的妥协,不触及盟国的殖民利益,缩小托管制度的适用范围。面对军方对于西南太平洋岛屿的吞并要求,美国无法逆非殖民化潮流而动,况且吞并领土也有违美国在《大西洋宪章》中确立的基本原则,而托管制度无疑为美国介入西南太平洋岛屿提供了绝佳的契机。

二、联合国战略托管制度的创意和确立

在取得英国和苏联对于托管制度的谅解,并与之就托管制度的建立达成妥协后,美国需要在国内弥合总统、国务院、军方、国会以及民众针对托管制度的分歧。雅尔塔会议后,美国国务院、内政部、陆军部、海军部等多部门就托管问题展开了激烈争论。陆军部长史汀生在致国务卿的备忘录中明确表示不同意将委任统治岛屿置于"托管制度"之下。他表示,"美

---

① Harley Notter, *Postwar Foreign Policy Preparation, 1939-1945*, Washington, D. C.: Department of State, 1949, p. 397; Sherwood, Roosevelt and Hopkins: *An Intimate History*, New York: Harper & Row, 1948, pp. 865-866; James Byrnes, *All in One Lifetime*, New York: Harper & Brothers, 1958, p. 264; Robert Dallek, *Franklin Roosevelt and American Foreign Policy*, 1932-1945, New York: Oxford University Press, 1979, pp. 513, 537.

国获得这些岛屿并不意味着试图殖民或者剥削。相反，这只是美国为了保卫太平洋的未来安全而获得的必要基地。为了服务于该目标它们必须由拥有绝对权力的美国来统治和设防。它们不是殖民地，只是前哨基地"，如果忽视美国获取该地区的必要性，执意将其置于托管制度之下，这将给国家招致不必要的麻烦。① 考虑到直接兼并有违《大西洋宪章》和《开罗宣言》"在战后不谋求任何新的领土"的原则，罗斯福对于军方要求极力压制。为化解总统与军方之间的严重分歧，立场与总统保持基本一致的国务院顾问们曾提出一个设想：在国际托管领土中划出一部分战略区域由安理会管理，美国可出于国际安全目的使用其中的军事基地。② 如此，可在托管制度允许的范围内实现军方对太平洋岛屿的实际军事控制。1945年4月12日，罗斯福总统逝世，其继任者杜鲁门总统对于托管制度的关注度有所削减，但是对于控制太平洋岛屿的现实需求更加重视。在国务院对垒军方的较量中，杜鲁门逐渐倾向军方。

1945年4月18日，由国务院、海军部、陆军部共同组成三部协调委员会（SWNCC）形成关于战略托管制度的草案，报送总统审批通过。③ 最终的妥协方案表明：假如太平洋岛屿被纳入国际托管，此托管机制应使美国保持在此地的军事和战略权益，让美国能以维护太平洋地区乃至全世界的和平为目的控制这些岛屿，同时也要支持当地居民的社会、经济、政治福祉。④ 对于即将召开的旧金山会议，方案提出了美国与会的两大主要立场：其一，旧金山会议只讨论托管制度的原则、框架，而不涉及任何具体领土处置，包括托管国的指定、托管国与联合国各自对托管领土的权利及义务等，都留待日后以托管协定的方式解决。而且，雅尔塔会议上确定的托管范围只提供了"可以"置于其下的三类领土，究竟它们是一部分、全部还

---

① *FRUS*, the Conferences at Malta and Yalta, 1945, p. 79.

② 19 Ruth B. Russell, *A history of the United Nations Charter: the role of the United Nations 1940-1945.* ton, .C.: Brookings Institution, 1958, p. 513.

③ Franklin D. Roosevelt Library, Taussig Papers, Box 59.

④ Memorandum by the Secretary of State, War, and Navy to President Truman, April 18, 1945, *FRUS*, 1945, vol. 1, pp. 350-351.

是都不置于托管制度之下，也要由未来协定来决定。① 其二，旧金山会议期间，美国需要提交其突出战略托管性质的托管方案。按照美国的主张，托管领土实质上被分为两类，一类为战略托管区，另一类为一般托管区。在一般托管区，将建立起一系列监管制度，确保国际社会对托管领土的监督权。如联合国大会或托管理事会有权审查管理当局递交的报告，接受托管领土人民的请愿，定期访问托管领土并开展调查，管理国还有根据托管理事会制定的调查问卷提交年度报告的义务。而在战略托管区，除非管理国同意，上述托管体系下的大多数监管制度都将以安全为由自动免除。②

1945年4月25日，联合国制宪会议——旧金山会议开幕，其时与会国在对殖民地实行国际托管的问题上并未取得一致意见。③ 雅尔塔会议只是达成确立国际托管制度的共识，对于托管制度的范围、方式、目的未做出充分讨论和商定。因此，旧金山会议开幕后五大国和澳大利亚等国都向会议提出了各自单独拟定的托管制度方案，这是对于托管制度具体方案的首次集中讨论，大国之间以及大国和中小国家之间的分歧和矛盾相互交织，联合国托管制度成为旧金山会议的主要议题之一。概而言之，各国托管制度的分歧主要集中在两个方面：

首先，托管制度是否应该以独立为最终目的？对于该问题，中国作为大国中唯一东方国家的代表，提议应对托管领土加上"独立"的目的，苏联附议，英、法及澳大利亚等国代表均反对中国的提案。美国亦支持英国和法国的立场。尽管如此，中国代表顾维钧四次起立发言，"态度异常坚决"，"会场空气异常紧张，形成中国与英美尖锐之对立"。④ 由于小组委员会无法达成妥协，只能进行会外协商。美国代表为此专门拜访顾维钧，表示只要中国与美、英等国意见一致，可以在托管理事会中给中国一个永久

---

① Franklin D. Roosevelt Library, Taussig Papers, Box 59.
② *FRUS*, 1945, Vol. 1, General, the United Nations, pp. 459-460.
③ Evan Luard, *A History of the United Nations: The Years of Western Domination, 1945-55*, vol. 1, New York: St. Martin's Press, 1982, p. 59.
④ "旧金山会议两日以来会议情况"，1945年5月21日毛邦初电蒋介石，叶惠芬编：《中华民国与联合国史料汇编——筹设篇》，台北：国史馆，2001年，第137、148页。

性席位。顾维钧答道，中国在此问题上并无特殊利益，也无意为自己谋求特殊好处，只希望将民族独立这一点包括在联合国的基本目标之中。① 在中国的坚持下，埃及、菲律宾、伊拉克等国也纷纷表示出反殖民主义的意见和诉求。最终托管领土的最终目标被确定为："逐渐发展为自治或独立"。

其次，关于战略托管问题。在召开旧金山会议之前，美国政府已在军方和国务院之间达成某种妥协：旧金山会议只需要为托管制度制定大概的原则性规定，同时必须将战略托管原则纳入联合国宪章。对于美国军方要求的所谓"战略地区"，将处于美国军方控制之下，如果美国同意其纳入托管制度，则由安理会实行监管。将领土纳入托管制度必须取得宗主国的"随后认可"，同时规定纳入托管的领土以"自治"为最终目的。这就意味着殖民地最终是否纳入、如何纳入托管制度必须经过宗主国的同意，即是否纳入托管制度是自愿的，而非强制性的。

因此旧金山会议上，美国提交的方案主张："于任何协定内，得指定一个或数个战略防区，包括该协定下托管领土之一部分或全部。""联合国关于战略防区的职能……应由安理会行使"。英国不同意美国把托管领土分为战略区和非战略区的主张。英国认为美国精心炮制了战略托管方案，最终目的就是既要单独占领日本在太平洋的岛屿，同时又免除国际舆论的谴责。英国提出三条反对意见：1. 英国殖民地政策旨在为"不能自立"地区的居民谋"福利"，为避免混乱，不论是战略区还是非战略区，都应该采取相同的管理标准；2. 在人口多、面积大的地区不易区分战略区和非战略区，从军事观点上讲，在这类地区或许有必要划出战略地，但是易引发政治危机；3. 为维持世界和平与安全，联合国会员国应采取相同的军事政策，管理国有权使用托管领土。② 但是由于美国在战略托管问题上的坚持，同时迫于会议上非殖民化呼声的高涨，英国最终迎合了美国的意见，接受了战略托管原则。

最后宪章规定托管制度不适用于旧的殖民帝国，托管领土的最终目标

---

① 顾维钧：《顾维钧回忆录》第五分册，北京：中华书局，1987年，第530—531页。

② Ruth B. Russell, *A history of the United Nations Charter: the role of the United Nations 1940-1945*, p. 833.

为："以适合领土……的特殊情形……逐渐发展为自治或独立"。宪章的第七十三条只是规定了适用于联合国会员国治理的各殖民地区的一般原则，它宣布"以领土居民的福利为至上"，并规定"发展自治"和"对人民的政治愿望予以适当之关注"为拥有殖民地的国家应尽的义务；宪章第八十二条规定"于任何托管协定内，得指定一个或数个战略防区，包括该项协定之托管领土之一部或全部"；第八十三条规定"联合国关于战略防区之各项职务，包括此项托管协定条款之核准及其更改或修正，应由安全理事会行使之"，且安全理事会对战略防区内的职务以"不妨碍安全之考虑为限"。[1] 至此，在提出极为松散的原则性规定基础上，美国设立战略托管区的设想得以实现，联合国战略托管制度得以确立。

从雅尔塔会议到旧金山会议期间，联合国托管制度逐渐向战略托管制度的演变，是托管制度在对英、法等殖民大国做出妥协后的又一次妥协，这次妥协的压力来自美国，确切的说来自美国军方。二战后期，美国战后决策中军方影响力逐渐增长，美国军事地位的改变已经开始影响到它对战后世界的规划。美国军事领导人认为，为了监控日本，避免重蹈覆辙，且抗衡苏联在太平洋地区的扩张，他们需要扩大防卫半径。因此他们可以考虑借鉴英国散布全球的军事基地的经验，利用实际占领的太平洋岛屿，构建便于美国使用的军事基地，实现其战后战略防御的部署。在军方的驱动下，美国重新审视托管制度，并做出了战略托管和非战略托管的区分，在托管制度内部赋予美国未来合法控制太平洋岛屿的权利。如此，既未违背利用托管制度致力于非殖民化，改造战后世界，实现美国霸权的宏伟目标；同时也满足了美国对于太平洋岛屿的合法控制，且免除国际舆论的谴责。

三、"太平洋战略托管协定"的出台和批准

联合国宪章在托管制度的规定中，采取的是含糊的表达方式，并未对托管制度的具体适用领土，托管协定的提交、审核以及签署流程做出明确

---

[1] www.un.org/zh/documents/charter/charter12.shtml.

规定,因此为托管国在处理托管协定的问题上留有可进行外交操作的空间。按照联合国宪章第七十九条的规定:"置于托管制度下之每一领土之托管条款,及其更改或修正,应由直接关系各国、包括联合国之会员国而为委任统治地之受托国者,予以议定,其核准应依第八十三条及第八十五条之规定。"① 何为"直接关系各国"? 宪章对这一关键性的概念未做任何解释和说明,因此在托管协定的问题上,必须明确哪些国家可以获得该身份。

  1946 年年初,对于"直接关系各国",美国国务院认为,英、法、美,这些拥有委任权利的国家是当然的"直接关系国",其他国家或许也可拥有这一头衔,但不应将地理因素与其挂钩;英国和苏联认为五大国应是"直接关系国";其他国家尚未表态。② 然而,随着美苏关系的进一步恶化,美国急需将太平洋原委任日本统治岛屿纳入其全球军事战略部署,在太平洋区域构建其针对苏联的战略防御体系。因此,"独占而非兼并"成为其在太平洋地区托管领土的目标设定。为此,在太平洋岛屿问题上,美国需要排除其他国家作为"直接关系国"的权利诉求。对于英国外交部邀请美国作为非洲三地的"直接关系国",美国国务院经充分讨论后,于 1946 年 4 月 11 日出台了一份政策文件:美国决定放弃成为非洲三地的"直接关系国",但同时保留美国成为"直接关系国的权利";美国应与英、法商议,尽可能使某一托管地的"直接关系国"为单一国家。③ 4 月 20 日的美国国务卿参谋委员会会议中,法律顾问科恩建议,可以将"直接关系国"定义为"直接管理或控制这些领土的国家",而其他有利益的国家则有权进行"磋商"。④ 随后两个月,在与英、法、比进行磋商的过程中,美国提出,由委任统治国起草协定草案,并与其他"有特别利益的国家"进行磋商,随后即可提交联合国审议。美国希望三国放弃对日本原委任统治岛屿的权利诉求,让

---

  ① www.un.org/zh/documents/charter/charter12.shtml.

  ② Minutes of Informal Meeting of the Trusteeship, January 17, 1946, *FRUS*, 1946, vol. 1, pp. 555-556.

  ③ Minutes of the One Hundred Ninety-Second Meeting of Secretary's Staff Committee, April 20, 1946, *FRUS*, 1946, vol. 1, pp. 570-577.

  ④ *FRUS*, 1946, Vol. 1, The United Nations, pp. 569-577.

美国成为唯一的"直接关系国";保证其托管协定中直接关系国数目降至最低,可能的话最好仅为一国;同意采取磋商的办法,而不坚持作为签字国。作为回报,美国可以放弃作为三国原委任统治地的直接关系国。三国对于美国的提议表示认可。① 至于苏联,也非常关注托管领土的处置与安排,而且也多次主张作为所有委任统治地的直接关系国的权利。在太平洋岛屿问题上,苏联希望凭借直接关系国的身份,在西南太平洋限制美国的行动,同时主张托管国应"受安理会制约,接受安理会巡视检查"。对此,美方断然拒绝,并以苏联根据《雅尔塔协定》在库页岛以及千岛群岛的权利相威胁。② 鉴于美苏矛盾难以调和,联合国大会决定不指定任何国家为直接关系国,但保留所有国家作为直接关系国的权利,留待其后解决。然而,大会随后批准了西萨摩亚等八块领土的托管协定,其实是对直接关系国简单化和单一化做法的实际认可。③

直接关系国问题解决后,11月初,美国对太平洋岛屿的托管草案终于准备完成,该草案规定美国为唯一托管当局,有军事全权。④ 1946年11月6日,美国总统杜鲁门正式宣布,准备将日本原委任统治诸岛及"因二战结果而使美国承担责任的"任何日本岛屿都置于托管制度之下,且以美国为唯一管理国,如果联合国不予认可,美国将以任何方式继续占领这些岛屿。⑤ 这一声明首先引发了美国国内舆论的反对,孤立主义者为美国为西太平洋承担安全责任而惊恐万状,自由主义者则认为美国违背《大西洋宪章》的精神,在战后谋求领土利益和军事部署,而罔顾被托管领土的福利。⑥ 声明发出后,国际社会立即做出反应。苏联对于美国的托管草案展开了强烈

---

① *FRUS*, 1946, Vol. 1, The United Nations, pp. 577-579.

② *FRUS*, 1946, Vol. 1, The United Nations, pp. 690-692.

③ *FRUS*, 1946, Vol. 1, The United Nations, pp. 708-709.

④ The Acting Secretary of State to Senator Austin (No. 271), November 6, 1946, *FRUS*, 1946, vol. 1, pp. 674-676.

⑤ United Nations, Security Council Official Records, Second Year, No. 20, 113th meeting, 26 February 1947, pp. 407-415.

⑥ F. W., "American Trusteeship in the Pacific Islands," *The World Today*, Vol. 3, No. 7 (Jul., 1947), p. 319.

抨击，11月21日，美国驻苏大使馆发回苏联官方媒体对于托管草案的指责；11月30日，苏联明确表示出其对太平洋岛屿的兴趣，主张其对于日本领土处理的权利。美国国务卿贝尔纳斯拿千岛群岛问题进行反击，最终促使苏联态度转变。① 12月初，苏联做出让步，美国同意在提交草案前与苏联协商即可。② 1947年2月20日，莫洛托夫正式致函贝尔纳斯，表示同意美国对原日本委任统治岛屿进行托管。2月25日，马歇尔公开表示，苏联认为：鉴于美国在太平洋战场的巨大牺牲，以及为战胜日本做出的重要贡献，美国完全有资格获得原日本委任统治岛屿的托管国资格。③ 2月26日，美国正式将托管协定提交给安理会审核。④

谈判过程中，美国的草案应相关国家的要求做出了部分修改。其中苏联提出：删除托管协定中"美国将这些岛屿视为美国领土不可分割的组成部分"的条款，并且将"独立"添加到托管领土的最终目标中去，美国对此表示接受。⑤ 英联邦国家出于对于太平洋局势掌控的考虑，也对美国的托管协定提出质疑。英国政府和澳大利亚政府分别以苏联对意大利北非领土的觊觎之心和希望巩固其在太平洋地区地位为由，希望美国能够在对日缔结和约后解决战略托管问题。对英、澳等国的反对，美国以太平洋诸岛非日本领土、美国已向所有利益相关的国家抄送协定草案，联合国对托管事务的最高权力为由表示拒绝。⑥ 同时，向英、澳软硬并施。它一方面安抚两国，表示对日委任统治地处置与对意大利殖民地处置没有关系，且保证支

---

① The Ambassador in the Soviet Union to the Secretary of State (No. 4195), November 21, 1946, *FRUS*, 1946, vol. 1, pp. 681-682. Memorandum by Mr. John Foster Dulles of the United States Delegation, November 30, 1946, *FRUS*, 1946, vol. 1, pp. 690-692.

② Memorandum by the Director of the Office of Special Political Affairs (Hiss) to the Under Secretary of State (Acheson), December 6, 1946, *FRUS*, 1946, vol. 1, pp. 701-702.

③ F. W., "American Trusteeship in the Pacific Islands," p. 319.

④ United Nations, Security Council Official Records, Second Year, No. 20, 113th meeting, 26 February 1947, pp. 407-415.

⑤ United Nations, Security Council Official Records, Second Year, No. 20, 113th meeting, 26 February 1947, p. 415.

⑥ *FRUS*, 1947, Vol. 1, The United Nations, pp. 258-261, 266, 269.

持澳"完全平等参与对日和约的缔结";另一方面,也向两国施压,明确要求澳撤回提案,指出澳方坚持使人怀疑"别有用心",并表示如果澳执意将修正案付诸表决,将无法通过。美国软硬兼施,最终促使英国和澳大利亚撤回了其修正案。①

1947年4月2日,联合国安理会表决并通过了美国对原日本委任统治诸岛的托管协定。7月18日美国国会批准了托管草案并由杜鲁门总统签署生效。原日本委任统治下的太平洋岛屿正式纳入联合国战略托管体系中。

联合国宪章对于战略托管制度只是做出了笼统规定,这是在旧金山会议上大国达成的妥协,同时也为灵活解释和操作托管协定留有活动余地。战后,美国正是利用战略托管制度的笼统规定,结合美国战略需求,形成了"太平洋战略托管协定",使原有日本委任统治下的太平洋岛屿成为其太平洋战略中的重要环节,形成美国为单一托管国的战略托管区。名义上,美国强调该区域战略价值的重要性,声称为了防止该区域局势动荡或者为其他势力控制,应辟为战略托管区,由美国作为单一托管国实行战略托管,且置于联合国安全理事会的监控之下。实际上,美国对于太平洋岛屿实行战略托管的根本原因,在于二战后美国国家实力的巨大提升,为获取全球霸权需要抗衡苏联向太平洋地区的推进,构建起美国主导下的太平洋秩序。战略托管地由联合国安理会负责,而非托管理事会负责,也为美国的政策实施提供了极大便利,因为美国"几乎可在密克罗尼西亚做任何事,并且只要美国愿意,就可长期留在这里"。②"太平洋战略托管协定"的出台,贯彻了美国"独占而非兼并"的原则,不仅实现了美国的战略意图,也免除了国际舆论的谴责。美国得以合法的身份保持其在太平洋岛屿的实际控制。

---

① United Nations, Security Council Official Records, Second Year, No. 23, 116th meeting, 7 March 1947, pp. 270-273.

② Josh Levy, X. Francis, S. J. Hazel, *Micronesian Government: Yesterday, Today, and Tomorrow*, National Department of Education Palikir, Pohnpei, Federated States of Micronesia, 2008, p. 173.

四、太平洋战略托管体系的构建与完善

1947年7月18日开始生效的"太平洋战略托管协定",赋予了美国对前日本委任统治岛屿行使行政、立法、司法权力。美国需帮助被托管地施行自治,促进其经济发展、社会进步和教育推广,保证当地人民的自由。经贸方面,托管地给予所有联合国会员国最惠国待遇,被托管地管辖下的领土组成关税同盟,美国对当地军民要进行外交保护。美国可以推行并修改"适用的"美国法律,可修建军事设施、驻扎军队和使用当地志愿兵,并可因安全原因封闭托管地。并且,条例规定,未经管理当局和安理会同意,该条例不得修改或终止。①

美国早在1944年占领马绍尔群岛、北马里亚纳群岛和加罗林群岛后,即开始在该地区实行军事化管理,由美国太平洋地区海军总司令兼任该地区军事总督。1947年托管协定通过之后,杜鲁门总统颁布第8975号行政命令,终结在被托管领土的军事管制政府转而建立民政政府,并且授权海军部长"暂时管理"。②该地区仍然由海军掌控,军事总督改称高级专员,但仍由海军总司令兼任,全权负责该地区立法、行政与司法事务。直到1951年,内政部方才获得了岛屿管理权。

在美国海军临时管理被托管岛屿之初,曾计划重建因战争而遭破坏的建筑物;改善岛民的健康状况;建立岛上"自我管理社区";拓展商业以惠及美国商人和岛民;促进教育。③按照该计划,美国海军基本确立了托管体系的基本架构。其中尤其值得肯定的当属被托管地的政治体系构建:美国海军高级专员设置"自治市"作为托管领土基本政治单位,市长及官员由选举或委任当地酋长产生。此外,根据文化和语言的分布将托管地分为六

---

① Summary of Trusteeship Agreement Negotiation in the Security Council, April 2, 1947, *FRUS*, 1947, vol. 1, p. 278.

② Harold F. Nufer, *Micronesia under American Rule*: *An Evaluation Of the Strategic Trusteeship (1947-1977)*, New York: Exposition Press, 1978, p. 44.

③ Josh Levy, *Micronesian Government*: *Yesterday, Today, and Tomorrow*, p. 175.

个区：马里亚纳群岛区、马绍尔群岛区、丘克区、帕劳区、波纳佩区、雅浦区，地区官员由美国海军官员担任。内政部于1951年接管托管岛屿后，继续提高当地官员在地区官员中的任职比例，扩大其参政范围，发展代议、立法和行政机构并扩充其权力。这些措施极大地促进了被托管地的自治能力。在托管初期，除了政治体系构建成效较为显著外，托管地的经济发展、教育进步、医疗改善等方面乏善可陈。当地岛民对政治自治化进程缓慢也颇有微词："当我们有了自治市市长之后，我认为这是我们通向独立的第一步，然后当我们建立地区议会时，我认为这是第二步，但是现在呢？好像什么进展都没有，我原以为我们会建立国家议会，但是它在哪里？难道美国人要永远待在这里？"① 1961年，联合国托管理事会观察团考察完毕后，形成了调查报告，对美国的管理提出了尖锐批评：交通不便、战争创伤赔偿问题迟迟未解决、未充分支付军用土地费用、经济发展不充分、教育不充分和医疗状况极其糟糕等。②

20世纪60年代，非殖民化观念相较于联合国成立时期已经取得了长足发展。1960年，联合国大会通过《给予殖民地国家和人民独立宣言》；1961年联大通过决议设立非殖民化特别委员会，宣言的通过与非殖民化委员会的设立推动了非殖民化运动的发展。截至1962年，联合国的11个托管地中已有8个实现了独立或自治，只剩下太平洋战略托管地、瑙鲁和新几内亚尚未结束托管。国际形势的重大变化、托管理事会的批评以及岛内民众的怨言，开始促使美国改变其既往政策，做出调整和完善。

1961年9月25日，肯尼迪在联合国大会上表达了美国关于殖民主义的立场：美国支持殖民地国家的非殖民化行动，支持人民的自由选择，希望在全球范围内自由举行公民投票。③ 1962年4月18日，肯尼迪发布了国家

---

① Josh Levy, *Micronesian Government: Yesterday, Today, and Tomorrow*, p. 202.

② *Yearbook of the United Nations 1961*, New York: Office of Public Information, United Nations, 1963, pp. 476-477.

③ "Address in New York City Before the General Assembly of the United Nations," *Public Papers of the President of the United States: John F. Kennedy, 1961*, Washington: United States Government Printing Office, 1962, pp. 623-624.

安全行动备忘录第 145 号文件。文件指出：尽管根据联合国托管协定规定，美国应致力于帮助当地人民走向自治或独立，但是太平洋岛屿托管地"不太可能发展成为一个有活力的、独立的国家"，因此"为了美国的利益，应该在合适的时间提供选择，使其和美国建立一种新的、持久的关系，使其处于美国的政治架构内"，这是"我们接下来的目标"。为此，由内政部长、国务卿、国防部长和健康、教育与福利部长派遣助理级别的代表组成任务小组，执行相关项目。① 根据美国立场和政策的调整，美国开始增加对于太平洋托管地的财政拨款。1962 年，美国国会将托管地 1963 年拨款数额从前期上限 750 万美元提高到 1500 万美元，并批准 1964—1966 年拨款上限为 1750 万美元，到 1969 年时拨款上限已增加到 3500 万美元。② 拨款主要用于提高教育水平以及改善医疗条件。政策调整后，美国托管地当局开始提升被托管地的政治自治水平，设立议会，行使立法权，太平洋托管体系得到进一步完善。但是托管地议会的立法权受到了诸多限制，例如：不得违背美国签订的国际条约、美国适用于托管地的法律、美国总统和内政部长发布的行政命令；不得对托管地范围内的美国财产征税、对非本土人士征收的财产税不得高于本土人士；仅有权支配从托管地征收的税款，美国国会的拨款由高级专员支配。③ 最重要的是，高级专员对托管地议会通过的决议有绝对否决权，这使美国在托管地的地位完全凌驾于议会之上。

根据托管协定，作为托管国，美国需要促使被托管地趋向自治或独立全面发展，然而太平洋战略托管体系的构建与冷战几乎同时发生，被托管领土的战略价值成为美国重点关注的核心内容，于是美国将托管地作为核试验基地，并开始修建军事基地。

---

① National Security Action Memorandum No. 145, April 18, 1962, John F. Kennedy Presidential Library and Museum.

② Howard P. Willens and Deanne C. Siemer, *National Security and Self-determination. United States Policy in Micronesia* (*1961-1971*), Westport: Praeger Publishers, 2000, pp. 61-62.

③ United States of America, Department of State, 19th Annual Report to the United Nations on the administration of the Trust Territory of the Pacific Islands, Washington, D.C.: United States Government Printing Office, 1967, p. 25.

1953年10月30日，艾森豪威尔批准了安全委员会第162/2号文件，文件指出美国必须发展并保持强大的军事力量，对苏联形成有效威慑，美国必须在核武器的数量和质量方面都"保持优势地位"。① 鉴于被托管的太平洋岛屿众多、人口稀少、隐蔽性较好，美国将其作为核试验的理想场地。在托管协定签署前的1946年1月，美军就首次在马绍尔群岛的比基尼环礁进行核试验，其后在该地共进行了23次试爆；1948年4月起在安尼威士克岛（Eniwetok）上共进行了66次原子弹、氢弹试爆。② 由于核试验造成的人员迁出和环境污染等问题日益严重，当地岛民和国际社会开始将此问题提交联合国。联合国托管理事会第901次会议上，围绕该问题，苏联、中国台湾当局、印度等均表示为造福岛民、维护世界的和平与安全应早日停止核试验或是采取积极的预防措施防止核辐射，然而美国以"战略托管区"由安理会监管为由极力辩解。③ 由于联合国的呼吁以及国际社会的舆论压力，美国最终于1958年停止了比基尼岛的核试验，到1963年《禁止核试验条约》通过后，岛屿上所有的核试验被迫终止。

　　在战略托管下，美国得以单独控制日本委任统治下的太平洋岛屿，建立起太平洋战略托管体系，并成功的将其纳入美国的战略部署，打造为美国在远东亚太地区的前沿阵地。根据托管协定，美国被授权可以对托管地合法占领和驻防。20世纪50年代，美国根据与日本、韩国、澳大利亚、新西兰等国签署的防御条约获得了上述国家在太平洋沿岸的军事基地，建立了日本—琉球群岛—台湾—菲律宾—澳大利亚近海岛屿链防务圈，在上述地区修建军事基地、派驻军队，构建了环太平洋防御体系，对苏联和中国形成包围与遏制态势，为了打造太平洋地区的战略纵深，美国战略托管地的价值与日俱增。之后的尼克松时代，由于美国的战略收缩，战略托管地开始取代50年代的近海岛屿链，成为美国向亚太地区施加影响力的重要基地，这足以解释未来在被托管领土的独立问题上，美国始终围绕"美国在

---

① National Security Affairs, Vol. 2, Part 1, *FRUS*, 1951-1954, pp. 592-593.
② ［日］小林泉：《太平洋岛屿各邦建国史》，刘万来译，台北：台湾学生书局公司，1997年，第14页。
③ 《联合国托管理事会报告》（1957—1958），S/4076，1958，中文版，第5页。

该地区的安全需求"和"将托管地发展成为和美国建立永久联系的领土"的诉求和部署。

"太平洋战略托管协定"签署后，美国以战略托管国的合法身份，施行其对于西太平洋岛屿的管理，太平洋战略托管体系得以构建。美国在构建托管体系的过程中基本遵循了联合国宪章的规定，"增进托管领土居民之政治、经济、社会及教育之进展"，尤其是在非殖民化浪潮高涨的60年代，美国加大财政拨款，提高政治自治水平，促进经济发展，改善教育医疗，逐步完善了战略托管体系。但是针对联合国宪章中的"以适合各领土及其人民之特殊情形及关系人民自由表示之愿望为原则，且按照各托管协定之条款，增进其趋向自治或独立之逐渐发展"的贯彻，却大打折扣。战略托管结束时，托管地并未形成一个完整的独立国家，而是出现分裂：北马里亚纳群岛自由联邦作为自治领加入美国；密克罗尼西亚联邦、马绍尔群岛共和国与帕劳共和国分别同美国签订《自由联系条约》。三国内政、外交由本国负责，安全、防务则交由美国负责。美国围绕其"在该地区的安全需求"，"将托管地发展成为和美国建立永久联系的领土"，实现了在太平洋地区战略的最佳方案。

结 论

二战后，太平洋"战略托管"体系的确立是美国政府内部不同利益集团相互角力的结果。太平洋战争后期，美国军方已经开始意识到这些位于太平洋上的岛屿对于美国的军事意义和战略价值，他们希望战后能够直接占领这些岛屿，以增强美国在太平洋的战略纵深，并增强其对远东事务的影响力。然而，国务院方面的意见则倾向于对于战后世界的非殖民化改造，希望能够彻底消除原有殖民帝国带来的各种弊端，扫除美国对全球事务进行干预的巨大障碍，同时获得道德美誉。国务院和军方的矛盾促使美国不得不寻求妥协方案，最终通过战略托管方式满足双方诉求，再次践行了其行走于理想主义和现实主义之间的外交风格。

太平洋"战略托管"体系的确立也是战后美苏关系日趋紧张，冷战即将发生时期的战略选择。美国通过排他性的单独战略托管区的构建,在远东地区形成了对苏联进行全面对抗的态势。在之后的冷战期间,美国充分利用了战略托管区提供的战略纵深,在远东亚太地区构建起对中、苏进行遏制的前沿阵地和缓冲地带。即使是后冷战时代,美国在保持其对亚太事务的介入中,依然后沿用其传统的战略托管区提供的军事便利和优势。

联合国在推动非殖民化进程中发挥了重要作用,其托管制度和托管理事会的建立并非对殖民地问题的最终解决,而是发挥了指引未来发展方向,以及鼓舞未独立国家人民信心的作用。太平洋战略托管体系得以确立看似是非殖民化进程中的一个障碍,但是联合国托管制度的建立规避了美国的直接军事占领,无论非战略托管区抑或是战略托管区,终将走向独立。从1957年到1973年,除帕劳(Palau,属马绍尔群岛)外,联合国其余10块被托管领土或宣布独立,或加入邻国组建新的国家。1994年10月,帕劳宣布独立。至此,联合国托管制度内的全部被托管领土均实现了独立。

但是由于历史上太平洋战略托管体系的构建,美国至今仍然保持了其与原托管地之间密切的政治经济合作,尤其是军事防务方面,更是保持了高度的积极介入且不断升级。美国在重返亚太问题,以及干涉远东事务方面,对于原战略托管地战略资源的利用将会是持续的,也是值得我们关注的。

人民行动党与战后新加坡的"血债"记忆

朱大伟　唐梦琪*

摘　要　1942年2月15日，新加坡沦陷后，日本对当地华人发动了肃清大屠杀，并且在经济上对其进行巨额勒索。战后在新加坡进行的军事法庭审判有着种种局限性，并没有彻底解决这一正义缺位问题，遂有了战后以新加坡华人团体为主导的"血债赔偿运动"。新加坡人民行动党出于对国内国外情势的考量，本不愿意推动并使得该项运动政治化，但随着政治形势的演变，使其不得不主动承担起该项运动的领导权，并巧妙地将华人利益诉求转变成新加坡人民的利益问题。在面对"挑战"与"应战"的过程中，人民行动党既有效地抑制和引导了国内人民的情绪，并把其导向推动多元民族国家建设的轨道，又很好地维持了与日本的经济联系，进而确保了经济的发展。

关键词　新加坡　血债　记忆　人民行动党

2017年2月9日，新加坡政府将曾经作为英军向日本投降之地的福特工厂整修改为第二次世界大战纪念馆，并将开幕展命名为"昭南展览馆：战争与史迹"，在新加坡国内引起热议与异议。迫于压力，新加坡当局于2月17日将其更名为"日据中生存：战争与史迹"。此次纪念展引发的命名

---

* 朱大伟，赣南师范大学新加坡研究中心副教授，历史学博士，主要研究方向：二战史；唐梦琪，赣南师范大学历史文化与旅游学院2016级世界史专业研究生。

风波，从一个侧面反映了新加坡人民对日据时期的历史记忆。究其原因，新加坡人民，尤其是作为主体的华人对二战日本占领时期这段历史持有的血债记忆在其中起到了重要作用。

1942年2月9日，日本占领新加坡后，针对当地华人很快展开了大清洗，实施所谓的"肃清行动"，制造了第二次世界大战史上著名的大屠杀之一，此罪行在战后被新加坡华人社会称之为"血债"。当下，国内学术界对新加坡"血债"问题的研究成果并不多见①，更缺少对人民行动党面对"血债"问题的态度转变及其考量的探究。本文主要借助新加坡国家档案馆的网络出版资料以及《海峡时报》《星洲日报》《联合早报》等报刊时文，探析"血债"问题在新加坡的缘起、内涵以及新加坡人民行动党对"血债"问题的态度转变等，以深化我们对新加坡二战记忆的理解，同时也为我们的二战记忆提供些许的参考。

一、"血债"记忆的缘起及内涵

1942年2月15日，新加坡沦陷。因华人为中国抗日做出了巨大贡献，并在马来西亚战场上也积极投入到抗日活动，日本占领新加坡后，遂展开大规模报复行为，在新加坡发动了"检证运动"，对华人进行了惨绝人寰的大屠杀。日本军部规定所有年龄在18—50岁之间的华人男性需自备一星期干粮，到检证"营地"报到。"通过了盘查检证的人会得到一张用中文写着'已验'的良民证；而那些不幸被挑出来的人则被盖上三角形的章，从营地被带离，在海边用机枪扫射致死。"② 日本宪兵队本已对检证的对象，即反日分子做了明确规定：1. 一直从事为中国赈款的活动。2. 慷慨资助中国救济基金的富人。3. 陈嘉庚的追随者。4. 海南人（日本人认为这些人是共产主义者）。5. 出生于中国，因中日战争而来到马来亚。6. 文身的男人（日

---

① 国内关于新加坡"血债"问题的主要研究，可参见：陈巍：《新加坡中华总商会与对日交涉"血债赔偿"》，《历史教学》2014年第8期。

② 康斯坦丝·玛丽·藤布尔：《新加坡史》，欧阳敏译，上海：中国出版集团，2016年，第257页。

本人认为这些人是地下党)。7. 自愿加入英军反对日军者。8. 亲英的公务员。9. 扰乱公共秩序并拥有武装者。① 并且共设置了五个检证中心,检证活动理应对华人逐个审问排查,但是下级官员为了在预定期限内完成上级下达的既定目标,检证过程中存在各种虚假情况,对华人身份随意定性,这造成了新加坡华人大规模不幸遇难,这些死难者当时还不为人所知,直到1962年大量尸体被挖掘出,真相才大白于天下。因没有资料记载,到底有多少华人死于日本的枪击及刺刀之下是不确定的,从日本官方给出的5000人到华人团体中给出的10万人,很明显带有偏向成分,导致数据的不真实,而可靠数据介于2.5万—5万人。②

除此之外,日本人还对华人进行经济上的勒索,要求马来半岛的华人在一个月内筹5000万元"奉纳金",作为反日活动的补偿。新加坡华人被分配了1000万,其余将由马来半岛其他各地华人分担。"新加坡华人决定,向个人财产在3000元以上的人征收8%的财产税,对公司资产则征收5%的税。"③ 即使如此还是很难凑齐,提出该计划的下级官员高濑也清楚,"这些头头们已使尽了浑身解数,华侨的钱财也榨得差不多光了,可以适可而止了,"④ 但是在上司面前夸下海口的他只能将压力加诸在华人身上。经过多方拼凑及向日本横滨的正金银行贷款,华人们才最终凑足了5000万元。

日军在新加坡领土上,尤其是针对华人所犯下的罪行,直到1946年,才对其进行审判、清查。1946年3月10日起,新加坡大屠杀审判在维多利亚纪念堂二楼公开进行,对肃清大屠杀中的日本战犯进行审判。鉴于山下奉文在菲律宾被处以绞刑,审判的对象分别是:西村琢磨中将、河村二郎少将、大石正行中佐、横田吉隆中佐、城朝龙少佐、大西觉少佐、久松春

---

① Yoji Akashi, "Japanese Policy towards the Malayan Chinese 1941–1945," *Journal of Southeast Asian Studies*, Vol. 1, No. 2 (Sept1970), p. 68.

② Kevin Blackburn, "The Collective Memory of the Sook Ching Massacre and the Creation of the Civilian War Memorial of Singapore," *Journal of the Malaysian Branch of the Royal Asiatic Society*, Vol. 73, No. 2 (279), 2000, pp. 71–90.

③ 康斯坦丝·玛丽·藤布尔:《新加坡史》,第204页。

④ 黄浪华、宇之:《新加坡大屠杀》,北京:线装书局,2015年,第226页。

冶大尉。经过 18 天的审判，最终宣布：河村三郎、大石正行处以绞刑；其余五人处以无期徒刑。该结果在华人内部引发一片哗然，各类报刊发文对该结果表示强烈不满。海外华人救济委员会主席评论道，"我们对法庭的结果十分不满，如果可能的话，我们希望有一个更为严厉的判决"。一时间，大量的信件被传送给《海峡时报》的主编，声称其他七位被告也该处以死刑。① 其实除了这七名战犯以外，还有很多日本凶犯没有列入战犯名单。新加坡军事法庭的审判尽管在程序上是公开公正的，但其审理过程中存在偏颇。"主导新加坡大屠杀的审判者是英国人。不仅仅是新加坡军事法庭的组成、法官的任命、战犯名单的确定，均由英国人定夺"，② 而由于英美特殊利益关系，加上英国对华人长期歧视政策，他们是不可能在该问题上做到完全公正的。华人妇女联合会成员李佩春称："我们想要活着……如果有5000 华人遭遇不幸，我们同样想用 5000 条日本人的生命来弥补。"③ 从审判的结果来看，对日本战犯过于宽容，并且没有着手解决日本占领期间对华人经济上的压榨。该场"华人屠杀审判，显示的只是个别官员的罪行，华人团体对此并不满意，直到 20 世纪 60 年代华人团体还要求对日本人进行报复"。④

"血债"问题的提出及含义的固化存在着一个动态演变的过程。1958年 8 月 3 日，成功在审判中躲过一劫的绪方，曾在"昭南时期"任新加坡警卫队司令，现摇身一变，成为了日本政府教育部门的要员。他代表日本政府出席在日内瓦召开的国际公众教育会议，回国途径新加坡并在此停留，引发人民的不满。在新加坡屠杀救济委员会成员的领导下，新加坡人民进行抗议，第一次提出"血债"问题，要求日本对华人进行补偿。⑤ 但

---

① Simon C. Smith, "Crimes and Punishment: Local Responces to the Trial of Japnese War Criminals in Malay and Singapore 1946-1948," *Southeast Asia Reaserch*, 1997, 5 (1), p. 49.

② 黄浪华、宇之:《新加坡大屠杀》，第 339 页。

③ Singapore Free Press, 5 April, 1947.

④ Wai Keng Kwok, *Justice done? Criminal and Moral Responsibility Issues in the Chinese MassacresTrail Singapore, 1947*, New Haven, CT: Yale Center for International and Area Studies, 2001.

⑤ Lim Tin Seng, *Forgotten Promises: Constructing the Civilian War Memorial and Setting the "Blood-Debt"*, National University Of Singapore, 2006.

是此时的提出的"补偿"并没有具体化,"我们仅仅希望这位任职东京高等教育部门官员的日本人能意识到日本军队在新加坡的残酷暴行以及新加坡人民的愤慨,希望日本人为此感到忏悔",① 与后来所提对屠杀中受难者的经济赔偿存在着差异。

1962年2月19日,新加坡《海峡时报》报道,"在离实岂纳不远的洗沙工程中发现了'被遗弃的尸骨'。中华总商会相信,这就是日本占领期间大屠杀中受害的平民,经过勘探,在这附近也发现了大量尸骨,实岂纳地区也被称为'死亡之谷'"。② 中华总商会还领导华人团体对其他肃清中受害者的坟墓进行调查挖掘。几天之后,新加坡其他地区,如樟宜、勿洛、五吉知马、杨厝港等地,也纷纷发现了尸骨。③ 大量尸骨浮出水面后,原先在审判中暗藏的愤慨又一次被激发。华人社团内各类报纸纷纷献言,要求日本对此做出经济赔偿,3月3日,《星洲日报》发表评论,"如果中华总商会没有承担处理这个问题,该问题永远也得不到解决。然而,总商会承担起了这份责任,理应受到所有新加坡人民的支持",并希望人民行动党也参与到"血债"运动中来,"在这种境况下,解决'血债'问题是任何人都不能逃避的责任。新加坡政府也应毫无条件地提供帮助,确定坟墓的位置、挖掘并重埋受害者,使得受害者亲属得到心灵上的抚慰。至于赔偿问题,日本外交部声称1951年的"旧金山协定"已解决了该问题。但事实上,英国所谈之条件并没有包括对大屠杀受害者的赔偿。如果能得到新加坡政府的支持,英国和日本政府就不会对赔偿提出质疑"。④

60年代,中华总商会以及华人舆论界经常使用"血债"一词,该含义也被固化。"血"这个字透射出两层含义:1. 寻求日本人向华人勒索的5000万元的补偿,这也正和1962年中华总商会一开始要求日本5000万元经济赔偿的回应相呼应。2. 涉及在肃清屠杀中大量新加坡华人被害的"血"的事实。华人认为:日本并没有充分意识到,日本占领期间给新加坡人民

---

① Nanfang Evening Post, 6 August 1958.
② The Straits Times, 24 February 1962.
③ 转引自:Sin Chew Jit Poh, 19, 20, 21, 23, 28 February 1962, 2 March 1962.
④ 转引自:Sin Chew Jit Poh, 3 March 1962.

带来的不幸,并为此而忏悔。"血债"本质上要求的只是日本经济赔偿,但也应使日本人承认1942—1945年给新加坡人民带来的痛苦与不幸。① "血债"二字,突出在这场战债中"血"的成分,即使做不到血债血偿,至少使日本做出应有的补偿。

二、人民行动党的态度:由漠然到主动参与

正当华人团体如火如荼地开展为受害者建立纪念碑以及向日本索求赔偿之时,新加坡政府并没有公开对此做出积极反应,反而设置几道障碍。在建立人民纪念碑问题上,政府一开始仅仅是给出一块偏远低洼郊区之地,这使得建立纪念碑出师不利。《联合早报》评论道:"对于日本在新加坡犯下的战争罪行,新加坡政府采取的立场是:不会忘却历史,也不会让历史阻碍新加坡跟日本关系的发展。所以,当年新加坡既要建个纪念碑,让后世子孙'勿忘历史',又不要这座纪念碑让日本难堪。而当初日本也曾希望这座纪念碑不要在市区出现,而是建立在偏远郊区的某个角落。"中华总商会领导下的人民对受难尸骨的挖掘工作,也迟迟没有得到卫生部的许可。反对党利用时机向人民行动党发难,社会主义阵线成员质疑李光耀:何以不批准中华总商会提出的对肃清屠杀中受难者尸骨的挖掘工作,李光耀无奈中只是以存在技术难题为推脱,② 这使得挖掘工作不得不推迟进行。李光耀访问日本期间,也只是个人对"血债"问题进行了有限的探讨。③ 起初人民行动党对重申赔偿问题甚冷淡,直到1963年态度才陡然发生转变。

1963年4月21日,纪念基金委员会会议在维多利亚剧场举行,委员会

---

① Jung Yun Kwok, *Voices of the Fallen*: *Singapore and Australian Memories of the fall of Singapore*, University of Wollongong Thesis Collections, 2010, p. 232.

② Singapore Legislative Assembly, Singapore Legislative Assembly Debates: Official Report 3rd Session of the first Legislative Assembly, Part Ⅳ, Vol. 18, 29 June, 1962 (Singapore: Lim Bian Han, 1964), pp. 288-289.

③ Lim Tim Seng, *Forgotten Promises*: *Constructing the Civilian War Memorial and Setting the "Blood-Debt"*, p. 72.

1000名代表中有609名提议解决建设纪念碑资金的问题,核算后统计还需要10万马来币。这很自然地又一次引发新加坡人民向日本索要经济补偿。李光耀也是在该会议中第一次公开发表关于建立纪念碑及对"血债"问题的看法,并谴责日本以"旧金山协定"已解决"血债"问题进行推脱。在阐述该问题时,李光耀一再强调的是"各种族人民都在战争期间遭遇了不幸",[①] 人民行动党已经开始承担解决该问题的责任,并将之转向为"整个新加坡人民的不幸",该问题由一开始只是华人团体下层舆论界的诉求转为一个政治问题。1963年8月,在中华总商会的领导下,新加坡人民在巴东进行了大规模的"血债"集会,使得该问题更加扩大化,共有12万人加入,如此箭在弦上之际,人民行动党也不得不参与进来。此时李光耀发表演讲:"在巴东,仅仅有过一次如此大规模人群的集合。上一次是在1959年6月3日,是我们向自由迈进关键性的一步。这是个庄严的场合,政府决定支持今天的集会。"[②] 这也就意味着政府公开支持"血债"运动。此后,政府从中华总商会的手中承接解决"血债"问题的领导权,但李光耀领导下的人民行动党首先坚持该问题是新加坡整个民族的问题,而不仅仅是华人问题,对肃清屠杀的历史记忆很明显偏向于为当时新加坡民族整合服务。

关于新加坡人民对二战的历史记忆,国家有意地将其作为加强新加坡民族国家认同建设的一部分。二战一结束,陈嘉庚最初提出的为肃清大屠杀中华人受害者建立纪念碑的想法,实践的最终结果是:在市政厅附近的公园建立了以四根柱子为标志的死难人民纪念碑,其纪念的对象是四类不同民族融合成的整个新加坡民族的不幸,这种象征物的塑造是人民行动党思想的外在呈现,1967年李光耀在纪念碑揭幕仪式上的演讲中说道:"该纪念碑主要是纪念二战的遭遇,尽管它是可怕的经历,但是它服务于年轻国

[①] Text of Speech by The Prime Minister, Mr. Lee Kuan Yew, at a Meeting of the Memorial Fund Committee at the Victoria theatre on Sunday, 21 April 1963, at 10 A. M., in PM's Speeches.

[②] Singapore Government Press Statement: Text of speech by the Prime Minister, Mr. Lee Kuan Yew, at Malyasia Solidarity Day Mass Rally and March-Past on the Padang on Sunday, 25 August 1963, 1ky/1963/1ky0825. doc.

家的建立及多元移民社团的融合。我们共同的遭遇，告诉我们拥有共同的命运，这种共享的经历让我们形成统一的民族国家。"① 此后历届新加坡政府的行为都是对该思想的延伸，2015 年，二战 70 周年纪念日的仪式中开篇就写道："这是新加坡历史中最黑暗的篇章。所有的新加坡人民，无论其什么种族、语言、宗教都在二战中遭遇了不幸。这使得我们凝成一个整体，我们在这艰难的岁月中幸存下来了，并实现了国家的独立。"② 另一方面，人民行动党有技巧地控制住了国内人民的情绪，依旧在涉及国家根本利益方面力求维持和日本之间的经济联系，李光耀谈道："我们承担着保护在新加坡的日本人民的生命财产的责任。我们希望日本的投资能推动我国工业的发展，如果人民相信我的话，就该对我们的工业计划而感到自豪。"③

三、态度转变的政治考量

从"血债"问题的提出到在整个社会下层团体掀起集会运动，中华总商会是承担并为此奔走呼号的领导组织，而人民行动党游走于边缘地带，对此态度不明朗，表现出一种漠然。原因如下：

(一) 意图加入马来西亚联邦

1958 年新加坡取得英联邦内的自治后，人民行动党在 1959 年开始执政。战后的新加坡面临的最大的困境主要是解决生存问题。新加坡地理位置优越，又是良好的转口贸易港口，历来是兵家必争之地，处于外围势力包围之下，时常有受到外来势力颠覆的危机；新加坡是个弹丸之地，国土面积狭小，国内资源缺乏，经济发展后劲不足。在此种情势之下，人民行

---

① Prime Minister's Speech at the Unveiling Ceremony of Memorial to Civilian Victims of Japanese Occupation 15th February, 1967, 1ky/1967/1ky0215. doc.

② About the 70th Anniversary of the Battle for Singapore 1941-1942, For details, please visit www.nhb. gov. sg.

③ Singapore Government Press Statement: Text of Speech by The Prime Minister, Mr. Lee Kuan Yew, at Malyasia Solidarity Day Mass Rally and March-Past a on the Padang on Sunday, 25 August 1963, 1ky/1963/1ky0825. doc.

动党寻求的出路是加入马来西亚联邦,实现和马来亚的政治合并,建立共同的市场,马来西亚联邦对新加坡而言是个理想的腹地和产品销售市场。同时,也期望获得马来亚军队的庇护,维护国家安全。李光耀在1959年演讲中说道:"殖民主义并没有完全消除,它已经转变了其统治形式。但是,人民最终会从国外的统治中解放出来。我们的目标是追求联邦的合并,建立独立民主的马来西亚。"① 1962年,新加坡向联合国呈递了一份有关殖民主义的官方备忘录,其中坚称:"新加坡……在淡水供应、贸易和生存方面都依赖于马来西亚联邦,它要独立生存下去不太可能。"② 李光耀也多次表示加入马来西亚联邦的愿望,在关于马来西亚协议的合法集会上,李光耀的演讲中谈道:"新加坡在很多方面都依赖于马来西亚联邦,只要保持在联邦中友好的政府身份,它就能无限期地维持半独立的军事基地。"③ 同时,他也将加入马来亚联邦作为反共的桥头堡,"从1959—1961年的两年中,英国也相信了以下观点:如果新加坡不属于马来西亚,新加坡和马来亚最终会败于共产主义者。"④

新加坡意图加入马来亚联邦,但是一直受到马来亚政府的质疑,"新加坡超过了百分之七十五是华人,人民行动党尽管在表面上是代表多元种族的利益诉求,但展现出来的确实是华人政党的面貌",⑤ 这与在马来人占据主导地位的马来亚存在着不可调和的矛盾。阿卜杜勒·拉赫曼本人也极不赞成新加坡加入联邦,他担忧"如果华人占据主导地位的新加坡加入联邦,

---

① Prime Minister's Speech for the Chinese Chamber of Commerce Reception to be held on 8th August 1959, 1ky/1959/1ky0808. doc, www. nas. gov. sg/archivesonline/date/pdfdoc/lky19590808. pdf.

② 康斯坦丝·玛丽·藤布尔:《新加坡史》,第403页。

③ Singapore Government Press Statement: Text of Speech by the Prime Minister, Mr. Lee Kuan Yew, on his Motion on Malaysia Agreement in the Legislative Assembly on Tuesday, July 30 1963, 1ky/1963/1ky0730. doc.

④ Singapore Government Press Statement: Text of Speech by the Prime Minister, Mr. Lee Kuan Yew, on his Motion on Malaysia Agreement in the Legislative Assembly on Tuesday, July 30 1963, 1ky/1963/1ky0730. doc.

⑤ Micheal Leifer, "Singapore in Malaysia: the Politics of Federation," *Journal of Southest Asian History*, Vol. 6, 1965, pp. 54-70.

这会使得华人（而不是马来人）成为最大的种族群体"，"1960年，联邦中的马来人是310万，华人是230万，如果新加坡加入，则华人达到360万，这将在数量上超过马来人。"① 它会使得华人的议席位置增加，这可能会危及马来人在政治上的统治地位，因而加入到马来西亚联邦已经是步履维艰。而此时，本该是仅仅涉及华人问题的"血债"再一次提出很明显会使得双方关系更加僵化，加重已不平衡天平的砝码，势必造成倾斜。李光耀也为此感到为难，"合并的日子越来越迫近，中华总商会的领导人这时不断催促我同日本解决"血债"问题……于是以当时外交事务还由英国人掌管为由，便要求英国人向日本提出"血债"问题"。② 为了维持与马来亚政府的关系，人民行动党于情于理都不愿意使得"血债"问题扩大为政治问题。

（二）奉行多元民族政策

有着"世界人种博览馆"之称的新加坡，是个多元民族国家。人民行动党一直谨小慎微地维持着不同民族之间的平衡，加强民族间的融合。"在1962年3月，中华总商会要求对肃清屠杀中的受害者进行经济赔偿来解决'血债'"③，而肃清屠杀中涉及的对象主要是华人，因而"血债"的赔偿本应该仅仅是华人的利益诉求，这也是中华总商会一开始提出来的口号，但这会在无形之中触动其他民族的情感。相比于华人，尽管其他民族在日本占领期间的境遇要好，但也直接或间接地经历了日本占领时带来的不幸。若政府出面仅仅是以华人利益为导向，则很可能会触碰其他民族敏感的神经线，不利于国内民族融合，更和人民行动党一直将建立多元民族国家奉为圭臬的精神不相吻合。更为重要的是，一旦获得经济赔偿，该笔资金该

---

① Albert Lau, *A Moment of Anguist: Singapore in Malaysia and the Politics on Disagreement*, Singapore: Times Academic Press, 1998, pp. 10–11.

② Lee Kuan Yew, *The Singapore Story (Chinese Student Edition): Memoirs of Lee Kuan Yew*, Singapore: Marshall Cavendish Editions: Straits Times Press Pte Ltd, 2015.

③ Kevin Blackurn, "The Collective Memory of Sook Ching Massacre and the Creation of the Civilian War Memorial of Singapore," *Journal of the Malaysian Branch Ofthe Royal Asiatic society*, Vol. 73, Part 2, No. 279（December 2000）, pp. 71–79.

如何分配？政府出面解决问题势必要衡量各民族间的利益。稍微处理不当便会出现各种族之间的利益失衡，进而导致族群冲突，新加坡内部民族认同建设便会步履维艰。"人民行动党想让新加坡建设成为以'道德和知识'为标榜的'精英社会'，而不是以种族身份和宗教作为社会象征和评判的标准"①。亚历克斯·乔西也认为，"'血债'问题存在着一定的危险性，可能会使得本和谐的华人'资本主义者和共产主义者'反对已经当选的政府"②。故而该问题一经提出，即使官方层面没有反应，李光耀却多次表示，整个新加坡人民在屠杀中遭遇了不幸，"血债"问题不只是华人问题，而且是整个新加坡人民的问题，意图将问题引向另一个发展轨道。

（三）牵制中华总商会，吸引日本投资

继承殖民时期发展的经济模式，新加坡经济发展主要依靠转口贸易，但这种发展模式无法为不断增加的人口提供充分就业，其结果便是"新加坡高失业率及普遍的贫困"③。针对这种困境，荷兰经济学家阿尔伯特·温斯米厄斯提出一些方案，解决之路在于实现新加坡的工业化，扩大工业部门；吸引外资，鼓励地方和国外的企业联合投资。温斯米厄斯进一步呼吁，"需要政府在某种程度上的干预，而不能仅仅依靠地方商人和投资方单独发展"④。根据他的报告，人民行动党在1961年建立经济发展局，并实行工业五年发展计划。⑤

在初步稳定政权后，人民行动党开始将日本作为主要的外资来源地。在李光耀看来，"日本相比于世界其他的国家，能提供最廉价的技术和管

---

① Zhang Wei-Bin, *Singapore's Modernization Westernization and Modernizing Confucian Manifestations*, Nova Science Publishers, 2002, pp. 63-65.

② Alex Josey, *Lee Kuan Yew: the Crucial Years*, Singapore: Times, 1980.

③ Ian Patrick Austin, *Goh keng swee and Southeast Asian Governmence*, Singapore: Marshall Cavendish Academic, 2004, pp. 71-72.

④ John Drysdale, *Singapore: Struggle for Success*, Singapore: Marshall Cavendish International Pte Ltd, 2010, pp. 250-252.

⑤ John Drysdale, *Singapore: Struggle for Success*, Singapore: Times Books International, 1984, pp. 252-253.

理经验"①，并且人民行动党还对日本工业组织极其感兴趣。此种情形之下，日本公司在新加坡发展各类项目，如房屋建设以及出售消费品都享有优先权，这在一定程度上打压了中华总商会的经济地位，一时之间，日本也就成为了中华总商会的众矢之的。中华总商会意图利用"血债"问题对其进行回击。有意识地组织对肃清屠杀中受难者的尸骨进行挖掘，并煽动华人团体要求日本对此赔偿，以扩大其影响力。并进一步激发华人反日情绪，打击日本对新加坡的投资，维护自身的经济利益。这种意图在1963年9月24日，中华总商会发动对日的抵抗运动中可侧面反映出，"该场运动直接指向日本向新加坡输入的商品，而并没有反对日本向新加坡提供服务"。人民行动党认清了中华总商会的意图，同时为了维持和日本经济上的联系，推动国家工业化的进展，当然不乐意将该问题扩大化。

直到1963年人民行动党态度开始明了，公开表明支持并参与"血债"集会。人民行动党态度转变之因主要是：基于维护政治的稳定，巩固政权的领导地位。就在国内华人团体、报刊一浪高过一浪呼吁人民行动党应该承接该责任之际，恰好赶在李光耀为1963年大选策划之时，人民行动党只有将该问题从中华总商会承接过来，并将之引向良性的方向发展，才能维护国内的政局稳定，除此之外别无他法。同时，凯文·布莱克伯恩也谈到，"李光耀加入到群众运动中来，并不是为了报复日本没有即刻解决'血债'问题，而是为了接管并控制该行动，避免其政治敌人利用并使其势力发展起来"，② 以巩固自身政权。此处的政治敌人暗指联合人民党和亲共的社会主义阵线，它们被学者称之为"新加坡历史上最有力量的反对势力"。③ 社会主义阵线将中华总商会提出的"血债"运动视为代表新加坡多数种族华

---

① Singapore Government Press Statement: Text of speech by the Prime Minister, Mr. Lee Kuan Yew, at Malyasia Solidarity Day Mass Rally and March-Past on the Padang on Sunday, 25 August 1963, 1ky/1963/1ky0825.doc. Micheal Leifer, *Singapore's Foreign Policy: Coping with Vulnerability*, Psychology Press, 2000, p. 124.

② Kevin Blackburn, *Forgotten Promises: Constructing the Civilian War Memorial and Setting the "Blood-Debt"*, p. 121.

③ Hussin Mutaib, *Parties and Politics: A Study of Opposition Parties and the PAP in Singapore*, Eastern Universities Press, 2004, p. 73.

人的利益，因而它们能更好地被用来反对人民行动党。① 早在1962年2月15日，社会主义阵线已经宣告支持中华总商会的要求：呼吁日本政府对肃清屠杀中受害者的家属做出经济赔偿。中华总商会公开地向政府施压，希望政府"不要逃避向日本索求经济赔偿的责任"。当中华总商会进一步提出发起"血债"的群众集会时，人民行动党的情报机构发文称："社会主义阵线亲共分子正试图利用此次群众集会来进一步抵抗马来西亚联邦并造成政治上的动荡……并利用中华总商会来激发人民的情感、引发社会事件……他们希望国家处于骚乱和平民混乱的情景之下"。② 李光耀也将其视为社会主义阵线反政府的一个契机，"社会主义阵线及共产主义分子将'血债'集会视为增强势力的机遇"，如此箭在弦上之际，人民行动党承接"血债"问题的领导权，并使得该问题政治化，很好地控制了该问题发展的态势。

1966年，李光耀在对中华总商会发表的政论中谈到对"血债问题"的看法："但是我认为这些尸骨和所有过去的悲伤应该让我们思考比"血债"更为重要的事情：你能确保，这种事情（肃清大屠杀）不会再发生吗？上一次有多少人死亡？1万？2万？可能达到了5万吧。世上如果存在着某种错误，我想那就是某些人只顾着去收拾尸骨，沉浸在悲痛中所导致的吧！南部越南发生的事就给了我们一些教训。希望中华总商会代表的华人能忘却伤痛，面向未来。"③ 人民行动党的领导人提倡务实主义，在选择性的记忆中，尽量过滤掉伤痛，期望在保持和日本经济联系的框架下，维护国家的稳定。

1966年10月25日，日本外相椎名悦三郎访问新加坡，作为阻碍新日关系的一大症结——"血债"再一次被提上了议程。26日，双方就宣告，

---

① Jung Yun Kwok, *Voices of the Fallen: Singapore and Australian Memories of the Fall of Singapore*, University of Wollongong Thesis Collections, 2010, p. 236.

② Singapore Government Press Statement: Chinese Chamber of Commerce of Mass Rally of Japanese Reparations, 22 August 1963. Singapore Government Press Statement, Pro-communist Trade Union and other Anti-Malaysia Elements Preparing to Creat Disturbances, 24 August 1963.

③ Singapore Government Press Statement: Transcript of a Speech by the Prime Minister, Mr. Lee Kuan Yew, at the Chinese Chamber of Commerce on 4th July, 1966, 1ky/1966/1ky0704.pdf.

该问题已经得到了解决，协商的结果是：日本向新加坡提供2500万马来币的补助金及在"特殊项目上"提供2500万元马来币的贷款。人民行动党对于如此迅速达成协定给出的解释是：希望新加坡能进一步加深和日本的友好合作关系。而中华总商会为人民行动党在达成协定之时并没有征求其建议，且与原先提出的日方赔款5000万元马来币的要求不相吻合而感到不满，并提出批评。① 针对于此，李光耀向中华总商会新任主席黄祖耀做出解释，呼吁其应考虑现实的需要，"我们理应把国家的工业化放在第一位，不应认为钱就能弥补人民的损失，必须让过去的就此过去，因为无论如何我们都改变不了历史事实。我们必须接受日本为弥补而做出的姿态，新加坡的生存并不是仅仅依靠日本给予的5000万"。② 木已成舟，中华总商会也不得不接受了这个事实。值得称赞的是，"血债"问题的解决并没有在华人团体引发任何形式的抗议，《星洲日报》的主编甚至认为，即使5000万并不是一大笔金钱，但是日本在解决该问题的真诚值得我们赞赏。人民行动党在处理该问题上是成功的，出于对现实的考量，选择"淡忘"历史，强调和日本间的合作关系。李光耀在东京的一次采访中被问及对"血债"赔偿的看法时，他坦言道："首先，我认为金钱不可能完全弥补日本占领时对新加坡人民带来的伤痛。尽管很多东西不可能用金钱来衡量，但是日本已对此有所表示，而且我们也已经接受了。更为重要的是，我们倡导面向未来，双方建立和平合作的关系，这也有益于世界和平。"③ 这就是当时人民行动党对"血债"问题的基本立场，强调不忘历史，却也不会因历史而阻碍国家的经济发展。

结　语

人民行动党在面对来自民众感情与呼声的挑战中，采取了两方面的措

---

① 转引自：Sin Chew Jit Poh 27 and 30 October 1966.
② 转引自：Sin Chew Jit Poh 1 December 1966.
③ The Prime Minister of Singapore, Mr. Lee Kuan Yew, Interviewed by Professor Shinkichi eto of Tokyo University at nhk Television Studio, Tokyo, on 16th October, 1968, lky/1968/1ky1016c. doc.

施：1. 向民众说明"血债"问题是代表新加坡人民的呼声，而不仅仅是华人的诉求，以此表示政府是与整个新加坡人民站在一起的。这凸显了政府的意图：加强新加坡的民族认同建设，这为新加坡的国家发展打下了基础。在其发展的历程中，政府的每一项政策都极力体现民族融合的理念，也使得新加坡国家成为民族认同建设极为成功的典范。在此层面上，人民行动党对肃清大屠杀记忆的构筑具有选择性，突出各民族生死与共的共识。2. 日本方面，人民行动党声明政府依旧会尽责任保护日本在新加坡人民的人身财产安全，希望"血债"问题的解决和日本的投资不会受到影响，这是十分理智的行为。在此层面，人民行动党对肃清大屠杀的历史记忆是立足于当下，具有历史现实性，适应了新加坡当时经济发展的需要。

  新加坡政府做出的回应是有效的。虽然没有完全达到中华总商会当初提出的目标，但政府把"血债"引入到民主与法制的轨道上来，使得该问题良性发展并最终得以解决。一方面，政府倾听民众的呼声并卓有成效地解决了他们所关心的问题。另一方面，根据国际通用的战争法规与道义原则，把日本成功地拉上谈判桌并促使问题得以化解。国家的根本在于人，政府有责任引导人们共同实现公平正义，这就要求避免与民众对立，避免事态升级，把事态的发展引入到民主与法制的理性轨道上来解决。新加坡政府面对"血债"的"挑战"与"应战"的方式，值得我们反思与借鉴。

专题研究

苏俄国内战争时期西北白卫军研究

周国长*

摘 要 苏俄国内战争时期尤登尼奇领导的西北白卫军借助一战后期波罗的海的国际局势和地缘格局，以波罗的海三国为基地招募志愿者，组织了两次彼得格勒进军，给布尔什维克"革命的摇篮"彼得格勒带来巨大的威胁，但终究因为其内部构成的复杂性和多样性以及失去协约国盟国、波罗的海三国的支持而失败。

关键词 苏俄国内战争 波罗的海国际局势 西北白卫军 英国

苏俄国内战争时期，尤登尼奇领导的西北白卫军是诸支白卫军中军事力量较弱的一支。它的主要目标是配合南俄白卫军和西伯利亚白卫军的战略攻势，以临近彼得格勒的地缘优势消灭"革命之都"的苏维埃政权，进而为白卫军取得全国胜利奠定基础。但事与愿违，波罗的海地区复杂的国际格局以及追求民族独立的爱沙尼亚、芬兰等国家制约了西北白卫军的运动空间和战略后方。因此，它最终以失败而告终。

对于西北白卫军的研究，首推白卫军失败之后流亡西欧、北美和远东

---

* 周国长，历史学博士，中国社会科学院俄罗斯东欧中亚研究所助理研究员，主要研究苏联史、冷战国际史。

地区的参加者。他们纷纷著书立说,撰写回忆录,组织出版档案文献,对西北白卫军的起源、发展和失败的原因提出看法。① 由于他们是事件的亲历者,其立场和观点需要审慎对待,对某些事件的记载也要甄别,用后世公布的档案及苏维埃政权的有关材料进行互证。苏联时期,历史学因受意识形态的影响,白卫军被视作是阶级敌人,其研究大受制约。苏联解体之后,随着大量档案资料的公布以及侨民文献在俄罗斯的出版,俄罗斯历史学界对白卫军的研究呈现繁盛的局面。因此,西北白卫军的研究也备受学界关注,成果迭出,主要分为以下两大类:其一,利用新的档案资料从军事史的角度对西北白卫军的起源、斗争阶段以及与外国干涉军之间的关系进行研究;② 其二,从政治史的角度出发研究西北白卫军的人物和具体政策,出版主要领导人的个人传记和简明词典。③ 虽然俄国学者的研究取得了丰硕的

---

① Пилкин В. К., В Белой борьбе на Северо-Западе: Дневник 1918–1920, М.: Русский путь, 2005; Караев Г. Н., Разгром Юденича в 1919 году, М.: Воениздат, 1940; Кирдецов Г. Л., У воротъ Петрограда (1919–1920), Берлинъ: Русскiй книжный магазинъ "Москва" въ Берлинѣ и Нью-Йоркѣ, 1921; Гоштовт Г., Дневник кавалерийского офицера, Париж: Pascal, 1931 г; Авалов П. М., В борьбе с большевизмом. Глюкштадт, Гамбург, 1925; Горн В., Гражданская война на северо-западе России, Берлин, 1923; Образование Северо-Западного правительства, Обяснение Политическое совещание при Главнокомандующем Северо-Западного фронта, Гельсингрфорсъ, 1920.

② Смолин А. В., Белое движение на Северо-Западе России, 1918–1920, Формирование, борьба, крушение, Дисс. ...докт. Ист. Наук., СПб., 1995; Шишкин В. А., Интервеция на северо-запате России: 1917–1920 гг., Санкт-Петербург: наука., 1995; Чапенко А. А., История русского антибольшевистского движения на территории Латаии в 1918–1919 гг., Мурманск: МГПУ, 2006; БАКЛАНОВА И. С., Северо-Западная армия была разбита и уничтожена...благодаря политическому поражению, Военно-исторический журнал, 2013, No. 6; КОЧЕГАРОВ С. А., ТАРТУСКИЙ МИРНЫЙ ДОГОВОР 1920 Г. И БЕЛОЕ ДВИЖЕНИЕ НА СЕВЕРО-ЗАПАДЕ РОССИИ, КЛИО, 2014, No. 1.

③ Рутыч Н. Н., Белый фронт генерала Юденича. Биографии чинов Северо-Западной армии, М.: Русский путь, 2002; Шишов А. В., Юденич, Генерал суворовской школы, М.: Вече, 2004; Шмаглит Р. Г., Белое движение, 900 биографий крупнейших представителей русского военного зарубежья, Москва, 《Зебра》, 2006; Цветков В. Ж., Исторические портреты, Николай Николаевич Юденич, Вопрос истории, 2002, No. 9; К. Брюггеманн Эстония и Петроградский фронт гражданской войны в 1918–1920, Вопросы истории, 2007, No. 5.

成果，但其较少关注波罗的海的国际格局，从地缘政治的角度来研究西北白卫军。国内学者对西北白卫军的研究则是寥寥无几，仅有几本有关苏联的通史著作和一本俄国革命史的著作涉及。① 本文主要利用俄罗斯的档案文献资料，从西北俄罗斯地区的地缘格局和国际局势出发，对西北白卫军的形成、发展以及失败的原因进行综合性的分析。

一、西北白卫军之形成

（一）1918年波罗的海国际格局与西北地区的白卫军组织

1918年3月3日，苏维埃政府与德国签订《布列斯特—立托夫斯克和约》之后，波罗的海三国从俄罗斯中央政府的统治之下脱离出来，处于德国的占领之下。德国人无意于促进波罗的海三国民族主义的发展，它的主要目标，仍然是操纵该地区的局势，希望波罗的海诸国处于德国的掌控之下，最好是与德国捆绑在一起。② 1918年3月8日，库尔兰公爵召开会议，认为有必要采取措施将库尔兰、利夫兰、艾斯特兰组建为统一的国家与德国联合起来。4月12日，德国占领军在里加召开了由艾斯特兰、利夫兰、里加城等代表组成的"国家议会"。一共选举了58名代表，其中德国人34席，爱沙尼亚和拉脱维亚人共24席。③ 4月13日，国家议会号召把三个地区（包括库尔兰）合并，建立一个由普鲁士国王领导的君主立宪的波罗的海公国。

---

① 孙成木、李显荣、康春林：《十月革命史》，北京：生活·读书·新知三联书店，1980年；周尚文、叶书宗、王斯德：《新编苏联史：1917—1985》，上海：上海人民出版社，1990年；陈之骅主编：《苏联史纲（1917—1937）》（上册），北京：人民出版社，1991年；陆南泉、蒋长斌、徐葵、李静杰：《苏联兴亡史论》，北京：人民出版社，2004年；陈之骅、吴恩远、马龙闪主编：《苏联兴亡史纲》，北京：中国社会科学出版社，2004年；

② 凯文·奥康纳：《波罗的海三国史》，王加丰等译，北京：中国大百科全书出版社，2009年，第83—84页。

③ Чапенко А. А., История русского антибольшевистского движения натерритории Латаии в 1918-1919 гг., Мурманск: МГПУ, 2006, С. 20；安德烈·瑟利耶、让·瑟利耶：《中欧人文图志》，王又新译，北京：中国人民大学出版社，2008年，第94页。

毫无疑问，第一次世界大战导致了在爱沙尼亚的德国移民的影响力大增，波罗的海地区的德意志贵族对整个地区的德国化的前景感到十分喜悦。德国政府亦决定将波罗的海诸省从俄罗斯帝国中脱离出来。在德国政府的压力之下，苏维埃俄罗斯于8月27日与它签订补充条约，承认波罗的海三国独立。① 因此，波罗的海三国直到第一次世界大战结束之前都处于德国势力的影响之下，而苏俄政府对这一地区的影响力则日渐衰弱。

1918年春季，德国军队在占领波罗的海三国之后，亦突入到俄国西北部靠近爱沙尼亚和拉脱维亚边境的普斯科夫州。如同波罗的海地区，德国占领军在普斯科夫省亦设立了州行政事务管理委员会，由骑兵大尉冯·涅库茨担任主席。

夏季，德国占领军当局为了维持普斯科夫州的社会秩序以及削弱苏维埃政府的影响力，决定将普斯科夫州内的军官组织起来，组建普斯科夫志愿军团。此外还与在彼得格勒的秘密军官组织、右翼中心成员以及保守的君主主义者建立联系，为俄国西北部的反布尔什维克组织创建军队铺垫基础。② 德国占领当局还许诺为军队提供财政支持、武器弹药和粮食，提议由Н·Н·尤登尼奇和В·И·古尔科将军担任军队的首领，但是两位将军拒绝了这一提议。

自《布列斯特和约》签订之后，俄国国内的反布尔什维克主义阵营在寻求外部势力合作的方面产生深刻的裂痕。部分君主主义者、立宪民主党人、十月党人主张与德国合作，其中临时政府军事部长А·И·古契科夫、立宪民主党党魁П·Н·米留可夫、顿河阿塔曼（哥萨克语，意为"首领"）П·Н·克拉斯诺夫、П·Р·阿瓦诺夫公爵以及Ф·А·科勒尔男爵是其中的代表。在得知尤登尼奇和古尔科将军拒绝担任北方军团的首领之后，Ф·А·科勒尔男爵主动向德国人表示他愿意担任这一职位，但他在12月从基辅返回普斯科夫的途中被乌克兰民族主义者枪杀。

---

① Чапенко А. А., История русского антибольшевистского движения на территории Латаии в 1918–1919 гг., С. 21.

② Авалов П. М., В борьбе с большевизмом, Глюкштадт, Гамбург., 1925, С. 61.

秋季，随着德国在西线的战争已胜利无望。德国当局为保障自己在俄罗斯和波罗的海地区的利益，加快了北方军团的创建过程。10月初，来自彼得格勒的君主主义者П·冯·罗津别尔格和地方社会活动家Г·М·杰柳金等人抵达普斯科夫，与德国占领当局商讨建立军队的事情。10月10日，双方召开会议，以普斯科夫志愿军为骨干，组建北方军团。德国政府许诺为北方军团提供5万人的装备，500挺机枪，60门火炮。① 实际上，德国人的承诺是口惠而实不至，只为北方军团提供了8000支损坏的步枪和30门需要修理的火炮。

北方军团组建之后，随即在普斯科夫、德文斯克、尤里耶夫、立陶宛等地散发传单，招募志愿者。10月12日，А·Е·旺达姆（Вандам）上校从雷瓦尔抵达普斯科夫，他被任命为普斯科夫志愿军团指挥官，军团参谋长则由П·冯·罗津别尔格担任。到10月底，普斯科夫志愿军团的人数将近2000余人，主要包括П·Н·西蒙斯基将军领导的第一步兵师1500人，М·阿法纳西耶夫（Афанасьев）上校在烈日茶的一个150人的支队，比比科夫（Бибиков）上校在普斯科夫的一个300人的支队。②

从10月下旬开始，北方军团就对苏维埃俄国展开军事行动。他们采用小分队的形式突入苏俄境内，击溃小股红军。10月28日到11月2日的楚德湖战役中，北方军团获胜，海军中校Д·Д·涅利多夫（Нелидов）率领红军楚德湖区舰队的三支舰艇叛逃白军。楚德湖战役的胜利为西北白卫军以后的军事行动积累了经验。Г·В·契切林（Чичерин）在给越飞的电报中特别强调："普斯科夫白卫军拟定的作战计划是攻占托洛细诺（Торошино），进而再寻找进攻彼得格勒和诺夫哥罗德的道路。"③ 11月2日，С·Н·布拉霍维奇（Булахович）大尉率领红军的两个骑兵营500余人主动向普斯科夫的

---

① Шишов А. В., Юденич, Генерал суворовской школы (Досье без ретуши), М.: Вече., 2004, С. 298.

② Малышев М. О., Оборона Петрограда и изгнание немецких оккупантов с северо-запада в 1918 году. Л., 1974. С. 55; Волков С. В., Белое движение в России: организационная структура, М., 2000, С. 278.

③ Документы внешней политики СССР, Т. 1, М., 1959, С. 541.

北方军团投降。到11月底，北方军团的人数增长到4500余人，其中有1500名军官。①

然而北方军团在战争中的好运未能持续太长时间。随着德国在11月11日向协约国宣布投降并签订《贡比涅停战协定》，第一次世界大战到此结束。《贡比涅停战协定》中的第十二条规定："所有德国军队应从战前属于俄罗斯的领土撤回至德国边界，由协约国安排适合的撤离时间。"第十五条规定废除《布列斯特和约》。② 两天之后，苏维埃中央执行委员会也宣布和约失效。由于失去德国政府和德国军队的庇护，北方军团的处境艰难。更重要的是，由于苏维埃政府宣布《布列斯特和约》规定的停战失效，红军现在可以直接向北方军团发起进攻。1918年11月16日，苏维埃共和国革命军事委员会发布指令，命令红军第7集团军的诺夫哥罗德第2步兵师向普斯科夫的北方军团发起进攻。

当红军集结准备向北方军团发起进攻的时候，北方军团内部爆发了领导权之争。亨利希·冯·涅夫（Генрих фон Неф）上校取代旺达姆成为北方军团的指挥官。随着形势的愈发严峻，涅夫上校向军团宣布，普斯科夫已经被苏维埃红军包围，德国政府不会再为白军提供武器援助，他们需要寻找新的庇护者，并为军团撤退进入波罗的海三国做好准备。涅夫上校派出自己的军团参谋长冯·罗津别尔格奔赴里加与德国第8集团军谈判，看军团能否撤退到立陶宛。除此之外，涅夫上校还派出其他代表与协约国在波罗的海地区的军事委员会建立联系，希望能够得到协约国的保护。③

1918年11月25日，苏维埃红军诺夫哥罗德第2步兵师攻入普斯科夫城，北方军团被击溃，600余人被俘，100名军官被地方上倾向苏维埃政府的居民击毙。④ 余部摆脱红军的包围之后，集结到瓦尔克。涅夫上校又重新

---

① Волков С. В., Белое движение в России: организационная структура, М., 2000, С. 278.
② 阿兰·帕尔默：《波罗的海史》，胡志勇译，北京：东方出版社，2013年，第325页。
③ Чапенко А. А., История русского антибольшевистского движения на территории Латаии в 1918–1919 гг., Мурманск: МГПУ, 2006, С. 28.
④ Волков С. В., Белое движение в России: организационная структура, М., 2000, С. 278.

将散乱的队伍进行整编,让它保留一定的战斗力。

在瓦尔克等待的涅夫上校从自己在里加的代表罗津别尔格那里得知德国军方拒绝与北方军团建立正式的官方关系,决心向协约国盟军寻求援助。12 月 16 日,根据涅夫上校的倡议,北方军团与爱沙尼亚政府签订协议,① 涅夫上校的北方军团余部协助爱沙尼亚政府的义勇军共同抵抗苏维埃红军的进攻,而爱沙尼亚政府则为北方军团提供物资保障。

事实上,随着北方军团撤入爱沙尼亚境内,它作为一支独立统一的军队已经不复存在。首先,军团缺乏一个在军界享有声誉和领导能力的指挥官,无论是涅夫还是旺达姆,都只是俄国军官团中籍籍无名之辈。第二,随着军团被红军击溃,在撤退的途中其一分为三:М·阿法纳西耶夫上校领导的支队撤退到拉脱维亚境内;А·П·罗将柯上校领导的支队撤到里加;涅夫上校领导的北方军团余部则并入爱沙尼亚的义勇军,并且受到爱沙尼亚政府的严格管制,军团的人数被规定不能超过 3500 人。② 此后涅夫领导的北方军团就聚集在雷瓦尔,受制于爱沙尼亚政府军总司令拉多涅尔,与爱沙尼亚临时政府军队一起保护年轻的共和国。

随着德国的失败,苏维埃政府决定填补其撤出波罗的海地区之后的权力真空。苏维埃红军首先向纳瓦尔进军,11 月 22 日攻陷纳瓦尔,并宣布成立由雅安·安韦特领导的人民公社,作为苏俄的一个自治区。与此同时,红军派出自己的精锐部队拉脱维亚步兵师向里加发起进攻,决心攻占波罗的海地区最重要的工业中心里加,打通通往中欧的通道,将世界革命的思想传播到西欧。

红军向里加的进军引起了里加城市中德裔地主以及俄国侨民的不安,他们自发组织起来,组建了具有地方性质的自卫队,并将其命名为"波罗

---

① Архив гражданской войны, Берин, 1923, Т. 1, С. 145; Авалов П. М., В борьбе с большевизмом, Глюкштадт, Гамбург. , 1925, С. 98.

② Волков С. В., Белое движение в России: организационная структура, С. 278.

的海民兵"。① A·П·利文公爵②和 K·И·德多罗夫大尉在其中发挥了重要作用。此外，部分俄国军官团结在里加的 A·П·罗将柯上校身边，而罗将柯上校也希望能够将"波罗的海民兵"和从普斯科夫撤出的北方军团余部统一起来，归于自己的领导之下。但他的计划遭到德国第8集团军的反对，俄国军官团内部也产生分歧，利文公爵主张向协约国求援，计划最终不了了之。

为了能取得协约国盟军的支持，利文公爵和罗将柯上校会晤了里加港口停泊的英国舰队的指挥官辛克莱上将，向他汇报了当前的局势情况，并且请求支援。代表们受到了辛克莱的热情接待，但是他们的期待却落空了。他们并没有像预想中的那样得到被支援的承诺，英国人闪烁其词。③ 显然，英国政府希望削弱俄罗斯在这一地区的影响力。

1919年1月2日，红军攻克里加，"波罗的海民兵"损失惨重。辛克莱上将率领的英国舰队撤离里加港口。到1月中旬，苏维埃红军已经控制了整个拉脱维亚。波罗的海民兵、K·И·德多罗夫大尉的一个连以及德国的钢铁师都撤退到立陶宛的利巴瓦。利文公爵决心将此地分散的俄罗斯军官和士兵联合起来，组建俄罗斯志愿军。他在自己的回忆录中分析了在利巴瓦组建志愿军的优势：一是此地有大量的俄罗斯军官，可以作为组建志愿军的骨干力量；二是利巴瓦靠近德国，人力资源丰富，可以招募大量在德国被俘的俄国士兵、军官来服役；三是利巴瓦有大量的军事准备，志愿军可以在协约国和德国之间进退自如；四是利巴瓦的战略位置重要，可以沿此地经里加—普斯科夫—德文斯克一线向苏维埃红军发起进攻。④

尽管利文公爵的战略设想美好，但实施起来困难重重。对于当时在利

---

① Гончаренко О. Г., Тайны белого движения: побед и поражения (1918-1922года), М.: вече, 2004, С. 237.

② А·П·利文（Ливен），1873年出生于圣彼得堡的世袭贵族家庭，1895年圣彼得堡大学毕业，此后赴近卫骑兵团任职，担任骑兵大尉。1918年在波罗的海地区组建志愿军，1919年年初领导了利巴瓦志愿军步兵师，年中并入尤登尼奇领导的西北白卫军，成为第二次彼得格勒进军的主力之一。西北白卫军失败之后，移民立陶宛。

③ Волков С. В., Белая борьба на Северо-Западе России, М.: Центрполиграф, 2003, С. 14.

④ Волков С. В., Белая борьба на Северо-Западе России, М.: Центрполиграф, С. 16-17.

巴瓦的处境，他写道："当前形势对组建志愿军非常困难：拉脱维亚人自然是不会对这支军队抱以信任，因为它是为了复兴俄罗斯而战，崇拜德国的波罗的海人也持一种不友好的态度；协约国将俄罗斯人看作是亲德的，而德国人则认为俄罗斯人是亲英的。由于处于窘境之下，罗将柯将军以及帕连（Пален）公爵被赶到了纳瓦尔，而我独自一人留在了利巴瓦，但是，因为有这些热血的俄罗斯爱国主义军官的支持，我仍要继续自己的组建工作。"① 于是，解决的方法是利文公爵的志愿军暂时屈从于"波罗的海民兵"，直到他们有机会出发同西北白卫军汇合。在利文公爵看来，他组建的志愿军部队是"纯俄罗斯的"，它的"宗旨就是同布尔什维克战斗直到重新建立一个强大的俄罗斯，直到恢复立宪会议"。② 志愿军队伍不应插手波罗的海沿岸地区的政治，在其出现内部斗争的时候应该保持中立。

不仅如此，利文公爵还尽可能保持志愿军的俄罗斯民族特色。他规定只有前沙俄的军官以及那些愿意参加志愿军的俄罗斯公民才能进入该队伍服役，但是不接受在德国军队服役的军官。部队的军事章程总体而言继承了沙俄的法律规范，但也稍微做了一些修改。比如说，用"士兵"或者"志愿者"来代替"下级军衔"这样的称呼，志愿者在相互称呼的时候，用"您"（Вы）的尊称。对包括上校在内的军官要使用"中尉先生"或者"上校先生"的称呼，对将军的称呼一律改为"阁下"。③ 志愿军的旗帜使用俄罗斯传统的三色旗。到1919年7月，利文公爵被前沙俄海军上将高尔察克任命为库尔兰俄罗斯步兵军团指挥官，受西北白卫军总司令尤登尼奇领导。

除此之外，西北地区反布尔什维克运动中还有芬兰的白卫军政治组织。十月革命之后，大量的俄国军官、达官贵人逃亡芬兰。1918年秋季，前临时政府内阁总理 A·特列波夫（Трепов）组建了俄国事务特别委员会。委员会的目的不仅在于寻求芬兰政府对白卫军的支持，同时也旨在影响欧洲的社会舆论，让西欧政府认为有必要支持白卫军和芬兰政府共同进行的反

---

① Волков С. В., Белая борьба на Северо-Западе России, С. 18.

② Гончаренко О. Г., Тайны белого движения: побед и поражения (1918–1922года), М.: вече., 2004, С. 240.

③ Волков С. В, Белая борьба на Северо-Западе России, С. 19.

布尔什维克事业。① 随着德国战败，芬兰政府与德国的特殊友谊亦戛然而止。特列波夫的计划没有实现，他转而向斯德哥尔摩的协约国代表寻求援助，但是因为他的亲德倾向被拒绝。

总而言之，1918年年末到1919年春季，西北地区的白卫军组织与波罗的海地区的国际格局和地缘政治息息相关，它们的发展受到诸多外部因素的制约。诚如中央军事工业委员会主席、临时政府军事部长古契科夫对1918年年末到1919年年初对有关在西北地区组建白卫军的影响因素的分析，西北白卫军的发展主要取决于以下6个因素。②

1. 德国占领军当局对波罗的海三国政策的影响。1918年2月之后，波罗的海三国即被德国控制。一战德国失败之后，苏维埃政府试图向柏林的新政府施压，希望它将在波罗的海地区的德国军队撤走。但是苏维埃政府的这一希望落空，因为柏林依据《贡比涅停战协定》第十二条，仍然把军队驻扎在此地。显而易见，德国军队是阻挡布尔什维克主义向欧洲推进的利器。

2. 立陶宛、拉脱维亚、爱沙尼亚的民族主义政府的立场。它们是在德国占领军当局的控制下所建立的，现在随着德国的战败，他们将要依靠新的盟友——协约国，同时还要考虑到自己领土上的德国驻军。

3. 协约国盟国的军事、政治和外交影响力。协约国试图控制整个波罗的海地区的局势，扶持三国民族主义政府组建自己的军队，同时也希望控制德国军队的行动和白卫军的活动。

4. 在波罗的海国家中形成的俄罗斯白卫军组织和政治集团，它们将波罗的海三国看作是俄罗斯不可分割的一部分。

5. 苏维埃政府的压力以及苏维埃红军推进波罗的海地区，试图将此地纳入到社会主义的范畴。

6. 白卫军领导人的立场，特别是邓尼金、高尔察克是否认可西北地区

---

① Шишкин В. А., Интервеция на северо-запате России：1917-1920 гг., Санкт-Петербург：наука., 1995, С. 199.

② Политический архив xx века, Полковник П. Р. Бермонт-Авалов, Документы и воспоминания, Вопрос истории, 2003, No. 1, С. 7-8.

白卫军组织的亲德立场，并愿意为它们提供支持。

因此，西北白卫军与南俄、西伯利亚地区的白卫军不同，更大程度上受制于外部因素的影响。尽管如此，仍出现了数支重要的白卫军武装力量。根据俄罗斯历史学者的统计数据，到1919年2月，波罗的海沿岸国家的俄罗斯白卫军人数达到将近4万人，① 成为彼得格勒最重要的威胁之一。

（二）尤登尼奇与第一次彼得格勒进军

Н·Н·尤登尼奇（Юденич）1862年出生于莫斯科的一个六品文官家庭。1881年和1887年先后毕业于亚历山大军事学校和总参学院。1902年起任团长、旅长，参加过1905年的日俄战争。第一次世界大战爆发后任高加索集团军参谋长，1915年1月任高加索集团军司令，同年晋升为步兵上将。1917年3月升任高加索方面军总司令，5月退役。十月革命之后，他隐藏在彼得格勒，继续与彼得格勒总参谋部的地下军官组织进行反苏维埃活动。考虑到在彼得格勒推翻苏维埃政府已经毫无希望，1918年11月底，尤登尼奇举家迁往芬兰的赫尔辛基，希望能够以芬兰为基地，继续从事反苏维埃政权活动。②

1918年12月初，他赴瑞典的斯德哥尔摩，会晤了在此地的英、法外交代表并向他们讲述了自己反苏维埃的系列行动。几天后，他在给美国驻斯德哥尔摩的外交代表莫里斯的公函中，提出了一个更为详细的反布尔什维克主义的方案：以芬兰和波罗的海为基地，对苏维埃政府的首都莫斯科和重要的工业中心彼得格勒发起进攻。协约国应当为俄罗斯军队提供武器装备和粮食。尤登尼奇甚至还请求协约国派出5万士兵夺取芬兰沿岸的战略据点和波罗的海诸省。同时他许诺自己会组建一支5万人的军队，希望盟国为他每月提供5000万卢布的军费，用来购买武器装备和粮食。③ 但是协约国在1919年年初并没有派遣军队进入西北俄罗斯的计划，协约国对波罗的海地区的了解甚少。更为重要的是，协约国的工农大众历经四年的战争，感

---

① Гончаренко О. Г., Тайны белого движения: побед и поражения (1918–1922года), С. 235.

② Цветков В. Ж., Исторические портреты, Николай Николаевич Юденич, Вопрос истории, 2002, No. 9, С. 37–42.

③ FRUS, Russia, 1918, Vol. 2, pp. 857–859.

到非常的疲惫，政治家们不敢冒天下之大不韪的风险，将大规模的军队派往俄罗斯与苏维埃红军作战。

尤登尼奇在了解盟国的处境之后，他开始转向法国寻求帮助。1919年1月17日，他通过法国在赫尔辛基的大使给福煦元帅发了一份电报，简单描述了此前给美国驻斯德哥尔摩的外交代表莫里斯的反布尔什维克计划。他指出"爱沙尼亚、芬兰、拉脱维亚无法为他组建志愿军提供足够的武器装备和粮食"，因而迫切希望得到法国政府的援助。在电报的末尾他写道："这样一个艰难的时刻，我已经否定了先前提出的盟国派遣军队作战的想法，但请求你们提供各类足够的军用物资，否则，我无法组建自己的军事力量"。① 但是，尤登尼奇的请求再次被否决，福煦元帅认为法国干涉的重心是在南俄地区，法国政府分身无术。2月19日，高尔察克驻瑞典的外交代表古利克维奇在给戈洛文将军的电报中写道："两个星期之前，法国信使告诉我，法国政府没有同意尤登尼奇的方案。"②

与此同时，在芬兰的俄罗斯军官组织已经开始组建自己的武装力量。1919年1月10日，在赫尔辛基召开了俄罗斯军官会议。会议选举了自己的委员会，并为西北白卫军的发展制订了四个规定：1. 军官和军队不应干预政治；2. 军队组建之后应当服从最高军事长官的个人意志；3. 鉴于军官的处境艰难，允许他们为外国军队服务；4. 为芬兰军队服役应该被视作是为俄罗斯国家服役。③ 1月12日，海军少将 В·К·比尔金、尤登尼奇加入。尤登尼奇从当时的复杂局势出发，认为军官团应该是未来俄罗斯军队的核心力量。

显而易见，在芬兰组建白卫军，必须要与芬兰王国政府打交道，要得到芬兰人的认可和支持。特别是要取得芬兰摄政和军队总司令卡尔-古斯塔夫·埃米利·曼纳林的支持。曼纳林曾是俄罗斯帝国近卫重骑兵团军官，官至中将，1918年1月担任芬兰白军总司令，镇压了芬兰红军。同时代人对他评价是："身上流着瑞典人的血，接受了芬兰人的教育，这位出色的雇

---

① Красный архив, 1929, Т. 6 (37), С. 73-74.

② Красный архив, 1929, Т. 6 (37), С. 89.

③ ГАРФ. Ф. 200, Оп. 1, Д. 308, Л. 38.

佣军军官将自己的军人职务看成是一项手艺。他能将所有的事都做得很漂亮，即使是喝酒的时候，他也保持着清醒。"① 1918 年 11 月 11 日芬兰国会推选他为芬兰摄政，处理国事。

1919 年 1 月 3 日，尤登尼奇会晤芬兰军队总司令曼纳林。在会谈中，尤登尼奇提议芬兰军队与西北白卫军一起参加彼得格勒的进攻战役，曼纳林同意提供军事援助，但是作为交换，他要求尤登尼奇割让卡累利阿的东部领土和科拉半岛。然而尤登尼奇认为，他没有被赋予相应的权利，使他能在国际谈判中代表国家的利益做出相关的决定。双方的会谈不欢而散。事实上，尤登尼奇的芬兰政策受制于高尔察克提出的"统一不可分割的俄罗斯"信条。在 1919 年 2—3 月，高尔察克通过伦敦和巴黎的代表转交给尤登尼奇的诸多电报中，都指出不能承认芬兰独立，有关芬兰独立问题要等到未来的立宪会议或者国民会议来解决。②

此外，立宪民主党人司徒卢威和 А·В·卡尔塔绍夫也在处理与芬兰的关系中发挥了重要作用。1919 年 1 月 14 日，流亡芬兰的俄罗斯工商业活动家在赫尔辛基召开了一次代表大会，有 200 余人出席会议，选举出了以 А·В·卡尔塔绍夫为首的俄罗斯政治委员会（Русский политический комитет）。委员会类似于尤登尼奇在芬兰的行政机构，专门处理各类行政事务。③ 委员会积极开展活动，与芬兰政府就芬兰独立问题等进行谈判，并极力提升尤登尼奇在西北地区白卫军组织和协约国中的社会声望。

此后，司徒卢威被从赫尔辛基派到巴黎。赴巴黎的途中他经过英国伦敦，会晤了前驻英国大使 К·Д·纳博科夫。2 月 14 日，纳博科夫在给鄂木斯克政府内阁总理沃洛格茨基的电报中详细地描述了他与司徒卢威的见面情况：在芬兰存在一个得到芬兰政府正式承认的以卡尔塔绍夫为代表的俄罗斯政治委员会，它团结了许多政治组织，隶属于尤登尼奇的领导，司徒卢威同时请求盟军尽快为西北白卫军提供粮食援助。④

---

① Гончаренко О. Г. , Тайны белого движения: побед и поражения（1918-1922года）, С. 227.
② Красный архив, 1929, Т. 2（33）, С. 96, 102.
③ Красный архив, 1929, Т. 2（33）, С. 83; ГАРФ, Ф. 446, Оп. 2, Д. 94, Лл. 2-2 об.
④ Красный архив, 1929, Т. 2（33）, С. 92-93.

寄居赫尔辛基期间，尤登尼奇组建西北白卫军向彼得格勒进攻的构思由于没有得到协约国的认同，他开始转向西伯利亚的高尔察克和南俄的邓尼金寻求援助。1919年1月21日，尤登尼奇在给高尔察克的电报中，描述了自己的作战计划，他在电报中写道，"由于德国的败退为我们在芬兰和波罗的海诸省创建了新的反布尔什维克战场"，只要我们能够攻陷"布尔什维克主义的发源地——莫斯科和彼得格勒"，那么形势将会有利于我们。"立宪民主党和芬兰的俄罗斯工商业者愿意为我提供财政支持。""我现在拥有的武装力量是在爱沙尼亚境内与布尔什维克作战的3000名北方军团战士以及散落在芬兰和斯堪的纳维亚的大约3000名军官和士兵。"① 同时，尤登尼奇承认高尔察克为全俄罗斯最高执政，他的军队隶属于最高执政。

在没有得到高尔察克的答复之前，他又于1月31日给南俄的邓尼金写信。他在信中再次阐释了自己的作战计划，希望能够得到邓尼金的支持，并许诺只要得到1.5亿卢布的金钱支持，就可以创建一支军队在2个月的时间内攻下彼得格勒。此外，他还请求高尔察克在巴黎的外交代表和军事代表向协约国盟国宣传他的依托波罗的海三国和芬兰为基地，进攻彼得格勒的战略思想。②

尤登尼奇的作战构思引起了鄂木斯克政府的极大兴趣。1919年2月2日，鄂木斯克政府内阁总理沃洛格茨基在给巴黎的外交部长沙扎诺夫的电报中，简要地描述了尤登尼奇的作战计划，以及他在寻求盟国援助方面的困境。他建议在巴黎的俄罗斯政治会议成员就有关尤登尼奇组建西北白卫军进攻彼得格勒的战略计划向协约国盟友进行游说，以取得他们的理解和支持。③ 同一天，高尔察克答应给尤登尼奇提供100万卢布的紧急款项，钱款将由鄂木斯克政府财政部拨付给斯德哥尔摩的军事代表转交给他。④

1919年春季，随着高尔察克在乌拉尔、伏尔加河战线取得胜利，邓尼金取得顿巴斯和北高加索战役的胜利。协约国战胜国已经在巴黎召开和会，

---

① Красный архив, 1929, Т. 2（33），С. 89-90.
② ГАРФ, Ф. 446, Оп. 2, Д. 94, Лл. 2-2 об.
③ Красный архив, 1929. Т. 2（33），С. 90-91.
④ Красный архив, 1929. Т. 2（33），С. 91-92.

重新建构欧洲的国际秩序,这一切都促使白卫军领导人加快战争的步伐,希望在尽可能短的时间内消灭苏维埃政权,好以战胜国的身份参加巴黎和会。①

4月2日,驻英国的俄国武官戈洛文将军在给谢尔巴切耶夫将军的电报中,强调尤登尼奇开辟彼得格勒战线具有重大意义:首先,可以减轻米列尔将军领导的北方白卫军和阿尔汉格尔斯克的压力;其次,军队组建成功的话,可以封锁彼得格勒城;再次,如果能够攻陷彼得格勒,那么将会削弱布尔什维克整个北方战线。最后,可以吸引布尔什维克在西伯利亚和南俄的野战部队,有利于邓尼金和高尔察克作战。为此,需要向尤登尼奇提供2000万法郎的财政援助,用来购买5万人的军备、粮食,② 并声明政治会议已经向协约国盟国寻求援助,首先为尤登尼奇在爱沙尼亚境内的北方军团提供3500人的武器装备和粮食。③ 不言而喻,尤登尼奇的处境得到改善,三个月以来的战略构思得到了俄国军界的广泛认同。

4月23日,驻斯德哥尔摩的俄罗斯政府外交代表古利克维奇给在巴黎的沙扎诺夫的电报中,建议鄂木斯克政府采取措施,任命统一的指挥官对爱沙尼亚和芬兰境内的俄国武装力量进行统帅,并提议军团的保障直接由盟军负责,而不经过爱沙尼亚政府。④ 5月初,爱沙尼亚境内俄罗斯委员会成员集体向高尔察克表达了他们的意见,提议由尤登尼奇担任西北白卫军总司令,开展对苏维埃红军作战,"解放"除爱沙尼亚之外更多的俄罗斯领土。⑤

这些建议很快得到了高尔察克的响应。5月24日,高尔察克在给尤登尼奇的电报中任命他为整个西北地区白卫军的总司令。⑥ 6月10日,再次颁

---

① Белое движение на Северо-Западе России, Белая гвардия (Альманах), No. 7, М.: Посев, 2003, С. 36.
② ГАРФ, Ф. 5936, Оп. 1, Д. 183, Лл. 1-5 об.
③ ГАРФ, Ф. 5936, Оп. 1, Д. 182, Лл. 1-2.
④ ГАРФ, Ф. 6094, Оп. 1, Д. 1, Лл. 8-14.
⑤ ГАРФ, Ф. 6094, Оп. 1, Д. 1, Лл. 6-7.
⑥ Шишов А. В., Юденич, Генерал суворовской школы (Досье без ретуши), С. 310.

布了一个训令,任命他为西北地区所有陆、海军队的总司令。

由于得到高尔察克、邓尼金等的认可和赞同,在法国巴黎和英国伦敦的俄国军事委员会的代表戈洛文将军、谢尔巴切耶夫将军以及政治会议的成员沙扎诺夫、纳博科夫等都对盟国政府进行积极的游说,争取协约国为西北白卫军提供物质援助。美国政府亦答应通过哥本哈根为西北白卫军提供6万吨面粉、1万吨肉、5000顿沙拉、2000吨糖等物资。①不仅如此,从5月2日开始,鄂木斯克政府陆续用帝俄国库的黄金储备兑换了100万法郎给尤登尼奇,用来购买军备和粮食。②

5月份,尤登尼奇做出决议,命令在爱沙尼亚境内К·К·捷尔任斯基上校领导的北方军团向苏维埃俄国发起进攻。从当时的军事实力出发,要攻入彼得格勒几乎不可能。③但是大部分的白卫军领袖仍认为进攻是必要的:1. 可以推动英国人为白卫军提供更多的援助;2. 吸引红军的注意力,减轻高尔察克东方战线的压力;3. 可以在彼得格勒省、普斯科夫州创建一个西北白卫军的基地,从而获取更多的人力资源。5月24日,高尔察克在给尤登尼奇的电报中,就特别指出发动彼得格勒战役具有特别重大的战略意义,可以减轻西伯利亚战线的压力,同时希望他"能够夺取首都,给布尔什维克以沉重打击。"④

5月13日,北方军团集中优势兵力向红军第7集团军的第6步兵师发起进攻,深夜白卫军突破了第6步兵师的防线,向扬堡进军,17日攻克扬堡。与此同时,爱沙尼亚政府军队乘西北白卫军胜利的时机,出兵攻占了普斯科夫城。红军溃败,向彼得格勒城收缩。

---

① FRUS, Russia, 1918, Vol. 2, pp. 670–671. 西北白卫军不少将领的个人回忆录中都记载了军队的日常生活供应主要是来自美国的面粉、沙拉和糖。参见:Волков С. В. , Белая борьба на Северо-Западе России, С. 444.

② Белое движение на Северо-Западе России, Белая гвардия (Альманах), No. 7, М. : Посев, 2003, С. 58.

③ 1919年5月份,北方军团大约有5000名士兵,18门火炮和14挺机枪,军团有两个旅,其中罗将柯上校担任第二旅的指挥官。参见:Цветков В. Ж. , Исторические портреты, Николай Николаевич Юденич, Вопрос истории, 2002, No. 9, С. 44.

④ Красный архив, 1929, Т. 2 (33), С. 118–119.

6月1日，北方军团第二旅的指挥官罗将柯上校替代 K·K·捷尔任斯基上校，成为北方军团的指挥官，并被晋升为少将。6月19日，罗将科率领北方军团（Северный корпус）脱离爱沙尼亚司令部，下令将北方军团更名为北方方面军（Северная армия）。然而，由于 E·K·米勒尔（Миллер）将军的军队已取此名，因此，根据英国军事使团代表的建议，军队再次进行更名。7月1日，根据罗将柯的命令，军队正式更名为"西北方面军"。① 军队总人数达到1.3万—1.4万。

当北方军团向苏俄西北地区开展进攻之时，尤登尼奇仍在赫尔辛基与芬兰军队总司令曼纳林进行谈判，争取他领导军队与西北白卫军一起向彼得格勒进攻。6月6日，尤登尼奇和曼纳林将军再次会晤，英国使团代表高夫将军也参加了此次会晤，双方就进攻彼得格勒的问题展开了讨论。曼纳林同意在即将到来的芬兰总统选举之前进行一次对彼得格勒的作战，以此作为获取更多选票的资本，双方签订了协议。② 此后，尤登尼奇满怀喜悦之情给高尔察克发出电报，告诉他与芬兰人的联合已经水到渠成，进攻彼得格勒也指日可待。

然而，双方联合作战的事情并非按照尤登尼奇的设想发展，一个星期之后形势就发生剧变。6月12日，曼纳林在芬兰议会中发表了与尤登尼奇、高夫将军谈话的内容。这引起了议会中芬兰民族主义者的极大不满，内阁中的农业大臣、财政大臣拒绝为进攻彼得格勒提供支持。③ 7月20日的芬兰总统选举中，曼纳林败选给了自由主义者托尔伯格。托尔伯格明确拒绝出兵彼得格勒。

尤登尼奇和比尔金将军在寻求芬兰出兵的希望破灭之后，将西北白卫军司令部从赫尔辛基迁到纳瓦尔，④ 并命令在立陶宛利巴瓦和里加的利文公爵领导的白卫志愿军即刻启程赴爱沙尼亚。接到命令之后，利文公爵的部

---

① Шишов А. В., Юденич, Генерал суворовской школы（Досье без ретуши），С. 313-314.
② Гончаренко О. Г., Тайны белого движения: побед и поражения（1918-1922года），2004，С. 232.
③ Шишкин В. А., Интервеция на северо-запате России: 1917-1920 гг., С. 226-227.
④ Волков С. В., Белая борьба на Северо-Западе России, С. 443.

队便从里加和利巴瓦启程，经由海路前往纳尔瓦。公爵的部队武器精良、组织严明，抵达爱沙尼亚之后巩固了西北白卫军的战线。

6月13日，捍卫彼得格勒城的两个要塞红丘炮台和灰马炮台分别爆发旧军官 M·涅克柳多夫（Неклюдов）领导的叛乱。红丘炮台的叛乱给彼得格勒城防造成巨大的压力，因为一旦叛乱者与西北白卫军联合起来，就可以直接用大炮轰炸喀琅施塔得港口中的波罗的海舰队，并沿港口直接进攻彼得格勒。

叛乱发生之后，列宁派出了以斯大林和捷尔任斯基为首的调查团，对彼得格勒的各种地下军官组织进行侦查。同时还派出"彼得罗巴甫洛夫斯克"号、"安德烈·别尔沃兹万"号巡洋舰向红丘炮台开炮。叛乱者由于没有得到白卫军以及英国舰队的支持而失败。

6月15日晚，涅克柳多夫携余部撤离炮台。6月16日夜间，苏维埃红军陆军进入红丘炮台。很快，灰马炮台叛乱部队也向红军投降。不少白俄侨民在自己的回忆录中分析叛乱失败的原因时，认为主要原因是英国舰队见死不救。戈夫捷尔甚至提出"英国人是要消灭波罗的海舰队，而不是要将波罗的海舰队拱手让给白军"的观点。① 因为数个世纪以来，大不列颠帝国都在尽可能削弱作为竞争对手的俄国在欧洲事务上的实力，所以恢复俄国海军昔日雄威不会被英国政府纳入到自己的计划中。

红丘叛乱失败后，罗将柯领导的西北白卫军在彼得格勒战线上的情况急转直下。一方面，苏维埃共和国革命军事委员会已经调来红军第7集团军巩固前方战线；另一方面，西北白卫军已然丧失进攻的激情，并且白卫军后方出现的困难和矛盾已经转化成为严重的危机。

首先是军用物资匮乏，从红军手上缴获的物资消耗殆尽，协约国许诺的援助也未能如约而至。英国政府答应6月份给西北白卫军提供1万人的武器装备迟至8月份才到。② 一名军官在自己的回忆录中写道："军队的保障非常凄惨。没有热汤。每日只有2普特美国白面包和半普特沙拉。"③ 供给

---

① Архив русской революции, Т. 10, 1923, С. 146.
② ГАРФ, Ф. 5936, Оп. 1, Д. 370, Лл. 133-142.
③ Волков С. В., Белая борьба на Северо-Западе России, С. 444.

问题日益严峻。

第二是连续不断的作战使士兵疲惫不堪，士气下降，大量的军官负伤，导致军队中缺乏军官。

第三则是波罗的海沿岸反布尔什维克阵营内部爆发了一次严重的内部冲突，也给西北白卫军的前线进攻造成不良影响。在拉脱维亚的P·冯·捷尔·戈尔茨领导的德国志愿军部队在5月23日攻陷苏维埃红军占领的里加之后，继续向北朝爱沙尼亚进军。这被爱沙尼亚政府看作是侵略行为，此后双方在采西斯地域发生激战。7月3日，双方接受协约国的调停，双方停战。① 但是这一事件的发生导致在前线与苏维埃红军作战的爱沙尼亚军队不得不从普斯科夫撤回国内。与此同时，德国军队的进攻还加深了爱沙尼亚政府对西北白卫军的不满，因为后者一直都不愿意承认爱沙尼亚独立。

6月21日，从东方战线调回来的红军第7集团军在得到波罗的海舰队的支持下，开始向彼得格勒进攻的西北白卫军发动反攻。白卫军不得不开始撤退。7月中旬，苏维埃红军第7集团军攻占扬堡。8月下旬，守卫普斯科夫的第二爱沙尼亚师主动从该城撤退，苏维埃红军未经战斗便夺取了城市。到8月末，双方的战线稳定下来。② 爱沙尼亚军队守住了普斯科夫以西地区。西北白卫军则在纳尔瓦战线上守住了卢加河畔，并且夺取了一块面积不大的俄国领土——格多夫市，将其作为继续向彼得格勒进攻的桥头堡。因此，西北白卫军的第一次彼得格勒进军并没有实现自己的战略计划，它被驱逐回爱沙尼亚，未能取得最终的胜利。

二、西北白卫军之失败

（一）从俄罗斯政治委员会到西北白卫军政府

尤登尼奇1918年年底抵达芬兰之后，由于他是军人出身，不谙政治，

---

① 阿兰·帕尔默：《波罗的海史》，胡志勇译，北京：东方出版社，2013年，第332—333页。

② Цветков В. Ж., Исторические портреты, Николай Николаевич Юденич, Вопрос истории, 2002, No. 9, С. 46.

因此他在芬兰进行从事反苏维埃活动时，其政治事务主要是由立宪民主党人负责。1919 年 1 月 14 日，在赫尔辛基组建了以立宪民主党人 А·В·卡尔塔绍夫、司徒卢威为首的俄罗斯政治委员会（Русский политический комитет，简写为 РПК），专门负责尤登尼奇在芬兰的各类行政事务。尤登尼奇本人则专门负责军事事务。①

1 月 17 日，俄罗斯政治委员会再次在芬兰赫尔辛基召开会议，接纳 С·В·伊万诺夫、Н·К·列里赫、В·М·巴纳诺维奇等俄罗斯西北地区著名的社会人士加入。他们提出在地方建立委员会的分部，发展成员，此后多达 3000 人。作为一个紧密的政治组织，委员会开始协助尤登尼奇处理与高尔察克、邓尼金之间的关系，希望能够得到后者的帮助，将俄罗斯从布尔什维克的统治下"解放"出来。② 俄罗斯委政治员会的活动，也得到了尤登尼奇的认可，成为他领导下的下属机构。在司徒卢威看来，委员会是尤登尼奇领导下的在芬兰具有政府特性的合法机构。③ 事实上，俄罗斯政治委员会仍然只是一个社会机构，它并无人民的授权，且是建立在一个宣布自己是独立主权国家的领土上。

А·В·卡尔塔绍夫接手政治委员会之后，他写信给高尔察克，强调支持尤登尼奇的重要性，并希望高尔察克把尤登尼奇看作是全俄罗斯政府在西北地区的代表，为他提供财政支持，直言高尔察克可以动用帝俄的黄金储备，通过英国的银行再汇寄给尤登尼奇。④ 不仅如此，俄罗斯政治委员会还在侨民和协约国中进行各种宣传，为尤登尼奇在波罗的海地区的反布尔什维克运动造势，提升他的社会威望。А·В·卡尔塔绍夫在此后写给高尔察克的信中坦承："尤登尼奇在巴黎和伦敦享有的社会声誉是他和司徒卢威一手创造的。"⑤

---

① Красный архив, 1929. Т. 2 (33), С. 83.

② Красный архив, 1929. Т. 2 (33), С. 92.

③ ГАРФ, Ф. 6094, Оп. 1, Д. 72, Л. 50.

④ Цветков В. Ж., Исторические портреты, Николай Николаевич Юденич, Вопрос истории, 2002, No. 9, С. 42.

⑤ Пролетарская революция, 1921, No. 1, С. 143.

C·B·伊万诺夫在加入政治委员会之后，他领导爱沙尼亚的分部，并积极倡导在波罗的海地区创建一个临时政府。1919年2月11日，他在给高尔察克的信中分析了波罗的海地区的政治格局，提出如果没有爱沙尼亚和芬兰的支持，西北地区的白卫军很可能会失败。因此，他建议高尔察克承认爱沙尼亚自治，并且允许将西北地区的各种社会力量联合起来组建一个"执政内阁"形式的政府，进而可以合法的处理各类事务。① 伊万诺夫的呼吁没有得到响应，高尔察克坚决反对在西北地区组建政府，他担心这个政府会重演乌克兰的覆辙。伊万诺夫的提议也遭到了在爱沙尼亚的北方军团参谋部的批评。因为这会恶化与爱沙尼亚政府的关系，而且会导致爱沙尼亚人对俄罗斯人的不信任。② 因而，伊万诺夫组建政府的设想不了了之。

　　5月份，随着西北白卫军向苏维埃政府发动进攻，在攻占了扬堡和格多夫等地域之后，组建行政管理机构已是急需解决的任务。5月22日，驻瑞典斯德哥尔摩的外交代表古利克维奇给在巴黎的沙扎诺夫的电报中，传递了俄罗斯政治委员会的集体意见：1. 建议尤登尼奇迅速担任西北白卫军总司令，把军事权力抓在自己手中，开展对苏维埃红军作战，攻占除爱沙尼亚之外更多的俄国领土。总司令应该向全俄罗斯居民发表一份宣言书，阐明白卫军的奋斗目标。2. 组建总司令下辖的行政事务委员会，来管理所有的非军事事务，如财政、经济、工商业、法律、农业以及外交事宜等。委员会的成员可以从爱沙尼亚和俄罗斯其他地区中选任。3. 任命一个在俄国军界和政界有威望的军人担任总司令的助手，迅速组建隶属于最高总司令的大本营。③ 此外，这封电报还请求高尔察克允许新的行政委员会处理与芬兰、爱沙尼亚政府之间的关系。

　　在没有得到高尔察克的回电之前，尤登尼奇决心改组俄罗斯政治委员会，创建一个类似于高尔察克下辖的部长委员会的行政机构。5月24日，尤登尼奇从俄罗斯政治委员会中挑选5人组成"政治议会"（Политическое совещание）。议会主席为尤登尼奇，A·B·卡尔塔绍夫担任副主席，负责

---

① Горн В., Гражданская война на северо-западе России, Берлин, 1923, С. 41.
② Горн В., Гражданская война на северо-западе России, С. 45.
③ ГАРФ, Ф. 6094, Оп. 1, Д. 1, Лл. 6-7.

外交事务，库兹明·卡拉瓦耶夫（Кузьмин-Караваев）负责法律和宣传事务，康德列夫将军（Кондырев）担任尤登尼奇司令部的参谋长，М·Г·苏沃洛夫将军（Суворов）负责内务部，利奥诺佐夫（Лианозов）负责工商业。政治议会的主要职责体现在以下两个方面：首先是作为一个代表政府的机构与爱沙尼亚、芬兰等波罗的海国家进行谈判，以取得它们对白卫军反布尔什维克主义事业的支持。第二则是履行作为西北地区临时政府的职责。①

尤登尼奇创建政治议会的活动引起了高尔察克的不快。他在6月14日的电报中，宣布任命尤登尼奇为西北地区所有陆、海军队的总司令，按照《战时军队管理条例》的规定享有相应的权利和义务。另外作为补偿，他要求尤登尼奇废除任何具有政府目的的组织。此后尤登尼奇在代表个人和政治会议的感谢电报中，他向最高执政保证，他一定会严格遵循全俄最高政权的命令，声明"高尔察克的俄罗斯政府是全俄政府，承认他的全俄执政地位"。② 除此之外，政治议会也没有得到北方军团司令罗将柯将军的认同，因为此时他正领军向扬堡的红军发起进攻，他对尤登尼奇没有邀请自己加入政治会议而耿耿于怀。他在自己的回忆录中写道："尤登尼奇极力避免与我进行政治观点的交流。"③

政治议会创建之后，它开始积极地与芬兰政府进行谈判，谈判的重点依旧是请求芬兰政府为其反布尔什维克主义事业提供军事援助。但是芬兰国内已经出现了严重的反俄罗斯情绪，芬兰人不愿意干预俄国事务，谈判最终失败。④ 政治议会的成员随同尤登尼奇一同迁往爱沙尼亚的纳瓦尔。

抵达纳瓦尔之后，政治会议内部很快就爆发冲突。首先是在有关承认爱沙尼亚独立问题上争吵不断。自1917年2月革命以来，爱沙尼亚的民族主义者就一直追求建立独立的民族国家。1918年11月19日，爱沙尼亚宣

---

① Пролетарская революция, 1921, No. 1, C. 143; Цветков В. Ж., Исторические портреты, Николай Николаевич Юденич, Вопрос истории, 2002, No. 9, C. 46.

② Архив русской революции, Т. 1, 1921, C. 301.

③ Волков С. В., Белая борьба на Северо-Западе России, C. 256.

④ ГАРФ, Ф. 6094, Оп. 1, Д. 1, Лл. 8–14.

布独立。但是爱沙尼亚独立没有得到白卫军领导人的认可，特别是高尔察克，他一直信奉"统一不可分割的俄罗斯"信条，不承认爱沙尼亚独立。迫于高尔察克的压力，尤登尼奇亦不敢在此问题上造次。而政治会议的成员 А·В·卡尔塔绍夫从现实主义的角度出发，主张承认爱沙尼亚独立，求得它的支持。① 第二，政治会议与俄罗斯政治委员会其他成员因为政治倾向和野心开始相互倾轧。孟什维克党人 В·戈恩（Горн）、右翼社会革命党人 С·巴什基洛夫（Башкиров）等一直都不满意尤登尼奇的"军事独裁"，认为他消除了政权中的"社会性"。戈恩在自己的回忆录中写道："到1919年7月底，独裁者已经在为政治上的反改革做准备。"② 他希望建立一个有广泛的社会势力参与的联合民主政府。此后，戈恩的想法也得到了普斯科夫的立宪民主党人 Н·С·马古莱斯（Маргулиес）的赞同，他们密谋在8月中旬在有地方自治局、合作社各界人士参加的会议上组建一个新的委员会，限制尤登尼奇的军权。③ 第三个方面则是与爱沙尼亚政府的冲突。爱沙尼亚政府一直要求政治会议承认它的独立。1919年6月份双方的谈判中，爱沙尼亚总理施特兰德曼就直言，他支持白卫军是"为使爱沙尼亚主权实现独立"。④ 8月份，随着白卫军丢失扬堡和普斯科夫，其处境更为艰难，爱沙尼亚更是火上浇油，要求政治会议和尤登尼奇承认它独立，否则不再为白卫军提供任何支持，双方之间的士兵竟常出现兵戎相见的情景。

与此同时，英国以高夫将军、马士将军为首的军事使团也抵达爱沙尼亚，他们的目的是协助爱沙尼亚、芬兰等缓冲国建立"防疫地带"，避免布尔什维克主义向西欧传播，同时协助尤登尼奇向彼得格勒开展进攻。他们积极干预西北白卫军内部的政治事务，认为自己才是真正的"发号施令的

---

① Кирдецов Г., Уворот Петроград（1919-1920гг）, Берлин, 1921, С. 211-213.

② Горн В., Гражданская война на северо-западе России, С. 80.

③ Маргулиес М., С Год интервенции, Кн. вторая（апрель-сентябрь 1919г）, Берлин, 1923, С. 192.

④ Образование Северо-Западного правительства, Обяснение Политическое совещание при Главнокомандующем Северо-Западного фронта, Гельсингрфорсь, 1920, С. 11.

指挥者"。① 高夫和马士赞同建立一个民主政府，这样一来不仅可以与爱沙尼亚签订承认它独立的和约，获得爱沙尼亚政府和人民的支持，而且也可以改善因前线失败而导致后方溃败的局面。② 高夫的观点某种程度上符合当时西北白卫军的军事战略状况。8月份之后，它不断后撤，需要爱沙尼亚和协约国盟军提供更多的支持。③ 否则，西北白卫军要取得战争的胜利就如同空中楼阁。

但是，尤登尼奇无意于组建一个民主政府，他认为自己的主要目的是集中所有的手段击败布尔什维克，刻意回避组建政府的问题，对爱沙尼亚境内反布尔什维克势力的党派之争深感厌倦。他深信，只要占领彼得格勒，就能平息后方的政见之争。8月3日，他发表了一封"向西北战线上俄罗斯居民的呼吁书"，他强调自己是高尔察克的忠实信徒，"不会回到旧制度"，"我们的首要任务是清除布尔什维克，再由全俄立宪会议来创建人民政权"。④ 对至关重要的民族问题、土地问题，他则使用模棱两可的词汇，态度不明。

毫无疑问，尤登尼奇的呼吁书只是对高尔察克、邓尼金政治宣言的老调重弹。它导致了那些要求建立民主政府人士的不满。戈恩将这封宣言书看作是"部分地遮掩了"公民管理中明目张胆的黑帮的反动活动。⑤ 不仅如此，它还招致了英国军事使团高夫的批评。第二天，高夫在给尤登尼奇的书信中，建议他实施民主政治，"放弃统一不可分割的俄罗斯"原则。在信中他还威胁尤登尼奇，如果不听从他的建议，那么之前预备为西北白卫军提供的物资将会转运到别的战线上。尤登尼奇大怒，评价这封信体现了

---

① Архив русской революции, Т. 1, 1921, С. 296.

② Образование Северо-Западного правительства, Обяснение Политическое совещание при Главнокомандующем Северо-Западного фронта, Гельсингрфорсь, 1920, С. 4.

③ Брюггеманн К., Эстония и Петроградский фронт гражданской войны в 1918-1920, Вопросы истории, No. 5, 2007, С. 26.

④ Образование Северо-Западного правительства, Обяснение Политическое совещание при Главнокомандующем Северо-Западного фронта, Гельсингрфорсь, 1920, С. 44-46; Архив русской революции, Т. 1, 1921, С. 304-305.

⑤ Горн В., Гражданская война на северо-западе России, С. 82.

"英国人的无耻"。①

尤登尼奇的不满已经不起任何作用。高夫的副手马士已经与西北方面军的罗将柯达成协议,同意建立西北白卫军政府,处理相关的政治事务,特别是与爱沙尼亚的关系。8月9日,他在与马古莱斯的谈话中,就已经制定好了一个组建政府的名单,并急电政治会议的成员赴雷瓦尔参加由英国主持的三方会议。② 第二天,政治会议的成员 А·В·卡尔塔绍夫、库兹明·卡拉瓦耶夫、苏沃洛夫将军、利奥诺佐夫从纳尔瓦抵达雷瓦尔,而尤登尼奇此时在前线视察。

8月11日,当政治会议成员以及 Б·П·诺尔科夫（Ноляков）走进英国驻爱沙尼亚大使馆参加协商会议时,发现马士、英国使团官员、美国使团代表以及法国使团代表已经到场。此时,英国使馆中的俄国代表有：К·А·克鲁森施特恩（Крузенштерн）、К·А·亚历山大罗夫（Александров）、М·С·马古莱斯（Маргулиес）、М·М·菲利宾奥（Филиппео）、С·Г·里奥诺佐夫（Лианозов）等人。除了上述人员以外,使馆大厅中还有美国《时代报》通讯员波洛克（Поллок）和西北集团军外联部秘书巴尔希（Барщ）大尉。

马士告知受邀人员当前状况危机重重、不容乐观,"需要组建民主政府","承认爱沙尼亚独立"来重振西北白卫军战线,与苏维埃红军继续在彼得格勒战斗;承认尤登尼奇为俄国西北白卫军总司令,并且赋予他与爱沙尼亚军队司令部就反苏维埃联合军事行动进行谈判的权利;同时,他警告与会的俄国代表,当天就需要组建好新政府并且与爱沙尼亚政府签订协议,否则协约国盟国将不会再向西北白卫军提供任何援助。他逐字逐句地说道："我们将会弃你们于不顾。"③

---

① Архив русской революции. Т. 1, 1921, С. 306 - 308; Горн В., Гражданская война на северо-западе России, С. 100-101.

② Маргулиес М. С., Год интервенции. Т. 2 (апрель-сентябрь1919г), Берлин, 1923, С. 201-202.

③ Образование Северо-Западного правительства, Обяснение Политическое совещание при Главнокомандующем Северо-Западного фронта, Гельсингрфорсь, 1920, С. 4-5.

参会人员询问马士,他是否清楚尤登尼奇的要求。马士斩钉截铁地回答道,他并不在意尤登尼奇的意见,但是尤登尼奇别无他选,要么向当前形势低头妥协,要么就一走了之。即使他真的一走了之,英国代表也"准备好了"新任总司令的人选。① 最后,马士把自己早已拟定好的有关组建新的西北白卫政府以及将要与爱沙尼亚签订的协议声明一同交给苏沃洛夫,并且与英国、法国及美国使团代表于晚上6点20分一同离开,言明7点回来听取他们的答复。② 经过一番讨论之后,政治会议成员中有3人拒绝签字。最后签字的责任落在新政府的内阁总理 С·Г·里奥诺佐夫、马古莱斯、亚历山大罗夫、菲利别奥等部长身上。声明签字后,它标志着西北白卫军政府的成立。

　　8月11日上午11点,苏沃洛夫将军与在纳尔瓦的尤登尼奇进行电报交谈。尤登尼奇向马士郑重重申:他是军队的领袖,因此,在他缺席的情况下,任何人都无权通过组建新政府和承认爱沙尼亚独立的决议。8月13日午夜1点,尤登尼奇抵达雷瓦尔。晨间,他同里奥诺佐夫进行会谈,随后一同前去会晤马士。马士要求尤登尼奇承认西北政府,并且出任军事部长一职,同时保留其总司令的头衔,尤登尼奇不得不服从其要求。

　　西北白卫军政府的组建引起了俄国社会舆论的震惊。高尔察克、邓尼金以及远在巴黎的沙扎诺夫等人格外警惕这一事件。8月17日,外交部部长 С·Д·沙扎诺夫发声谴责。他写道,"西北政府的成立不符合鄂木斯克政府所追求的统一国家管理机构的目标,并且只有它所任命的官员才有资格同外国进行谈判。与爱沙尼亚只能签订涉及军事问题的协议。"③ 在英国伦敦的 Д·纳博科夫(Набоков)给鄂木斯克政府的电报中也声称:"毫无

---

① Гончаренко О. Г., Тайны белого движения: побед и поражения (1918-1922года), С. 251.

② Образование Северо-Западного правительства, Обяснение Политическое совещание при Главнокомандующем Северо-Западного фронта, Гельсингрфорсс, 1920, С. 5; Маргулиес М., С Год интервенции, Кн. вторая (апрель-сентябрь 1919г), Берлин, 1923, С. 202-206; Архив русской революции, Т. 1, 1921, С. 302-303.

③ ГАРФ, Ф. 200, Оп. 1, Д. 308, л. 60.

例外地，新政府会招致各界人们的愤慨或是嘲笑"。① 此后西北政府内阁总理里奥诺佐夫发给鄂木斯克的电报都被弃之如敝屐。

8月24日，在经过两个星期左右的协商之后，确定了西北白卫军政府的组成人员：尤登尼奇政治议会的成员С·Г·里奥诺佐夫担任内阁总理，立宪民主党人К·А·亚历山大罗夫担任内务部部长，Н·Н·尤登尼奇担任陆军部长，海军少将В·К·比尔金担任海军部长，立宪民主党人К·И·柯德林担任司法部长，原中央军事工业委员会主席М·С·马古莱斯担任工商部长。根据统计，西北白卫军政府的构成人员中，有3名社会党人、3名立宪民主党人、2名无党派人士、2名军人、1名激进派分子。除此之外，还表现出强烈的地域特征：5人来自普斯科夫，5人来自彼得格勒，余下的则来自格多夫、扬堡。② 总而言之，西北白卫军政府与其他地区的白卫军政府一样，都表现出了强烈的地域色彩。

当天，政府亦发表了一份宣言，阐明其行动纲领，内容如下：1. 坚决与布尔什维克和所有企图恢复旧体制的人进行斗争；2. 所有俄罗斯国家公民，不论民族和宗教，在法律面前人人平等；3. 俄罗斯解放之后，所有公民享有宗教信仰、言论、出版、结社自由；4. 全俄罗斯政府应当是一个全民的政权。为此，应当将我们的祖国尽快从布尔什维克的暴政之下解放出来，通过普遍、直接、平等和秘密投票选举原则召开新的立宪会议；5. 俄罗斯领土上的其他民族，应当加入到统一的俄罗斯国家，它们可以自由选择自己的政府模式，自治或是联邦制；6. 土地问题的解决应当依据立宪会议之后的国家意志来决定，在没有最后解决土地问题之前，未经政府的特别许可，禁止私人间的土地出售和交换；7. 实行8小时工作制，国家监督生产和保护所有的工人。③

事实上，这份宣言与南俄1917年12月的《科尔尼洛夫将军宣言》以及高尔察克的《全俄政府宣言》并没有太大的差异，都将俄国社会中急需

---

① ГАРФ, Ф. 200, Оп. 1, Д. 248, л. 11 об.

② Шишкин В. А., Интервеция на северо-западе России: 1917-1920, С. 335-336.

③ Заря России, No. 19, 21 (8) августа 1919 г.

解决的土地问题、国家政体问题等推到未来的立宪会议解决，仍然继承的是"预先不确立原则"。

此后政府存在的四个多月时间中，部长委员会共召开了55次会议，讨论了381个议题，但绝大多数的议题都是一纸空文，无法落实。政府内部部门太多，深陷人事纠纷和各种阴谋。更为致命的是，政府与尤登尼奇结怨太深，双方无法开展合作，最后在12月3日分道扬镳，这也是造成尤登尼奇第二次彼得格勒进攻失败的重要原因。

（二）第二次彼得格勒进军与西北白卫军的失败

西北白卫军政府组建之后，尤登尼奇对内阁成员并无好感，也极少出席政府会议，专心于军事。他希望在冬季到来之前再发动一次对彼得格勒的进攻战役，以摆脱西北白卫军的不利局面。8月24日，尤登尼奇发布动员令，对白卫军控制的格多夫县、扬堡县1874—1900年出生的农民进行动员。根据统计数据，到9月13日，共动员8900人。① 此后，随着大量来自波罗的海三国和斯堪的纳维亚半岛的志愿者加入西北白卫军，其人数也有所增长。根据10月3日的统计数据，西北白卫军已经有2个军团，6个步兵师和2个骑兵团，总计1.5万余人，但此时与之对抗的苏维埃红军第7集团军有2.4万人。② 因此，部分军官根据尤登尼奇5月份提出的作战计划，即需要5万人的部队才能攻陷并守住彼得格勒城，反对进攻。但是尤登尼奇和罗将柯将军决心冒险发动攻势，希望能够快速攻入彼得格勒，不仅给布尔什维克以毁灭性打击，而且还可以与南俄邓尼金形成竞争之势，为以后组建新政府争夺一席之地。③ 除此之外，尤登尼奇还有以下战略考量：

第一，苏维埃政府发表声明，愿意与爱沙尼亚政府进行和谈。如果双方之间签订和平协议，西北白卫军就会失去爱沙尼亚政府的支持，不仅不能督促其军队与之作战，还会失去使用其铁路、港口的权力。西北白卫军

---

① Шишкин В. А., Интервеция на северо-запате России: 1917-1920 гг., С. 341.
② Шишкин В. А., Интервеция на северо-запате России: 1917-1920 гг., С. 342.
③ Волков С. В., Белая борьба на Северо-Западе России, С. 284.

很快就会变成"无家可归"的军队。① 因此，发动对彼得格勒战役可以破坏爱沙尼亚和苏维埃政府之间的和谈。

第二，必须在冬季到来之前夺取彼得格勒，否则军队有可能会在来年春天解体。西北白卫军的大部分士兵都是志愿者，他们思念自己的亲人，希望能够在冬季之前"解放"彼得格勒。更为严重的是，军队的物资供应也熬不过冬季，一旦缺衣少食，军心溃散，军队就会解体。②

第三，盟国对于白卫军的政策产生分歧。特别是西北白卫军的主要援助者英国，因其首相劳合·乔治与军事部长丘吉尔对待俄国政策方面歧见甚深。劳合·乔治迫于英国社会舆论的压力以及选举的需要，希望英国从俄国事务中摆脱出来，并认为尤登尼奇根本不可能夺取彼得格勒，其"只是一个鲁莽的军人……俄国人不要他来解放。"③ 另外迫于工人运动的压力，英国舰队会在冬季到来之前撤离波罗的海。④ 军事部长丘吉尔虽然愿意为西北白卫军提供一定的军事援助，但是在内阁和社会舆论中，面临越来越大的压力。因此，尤登尼奇需要一场军事胜利来获得协约国盟军的继续援助。

第四，苏维埃政府削弱了红军在彼得格勒地区的防线，只有第7集团军在扬堡到楚德湖一线进行防御，防御正面长达250公里，此地四处都是湖泊，红军调转不便，有利于白卫军进攻。

因此，1919年秋季不仅是西北白卫军的转折时刻，而且也是所有白卫军战线的转折性历史时刻。一方面，随着邓尼金发布向"莫斯科进军命令"，南俄白卫军向俄中部地区突进，围攻图拉，获胜在望；另一方面，白卫军的战线并不牢固，缺乏稳定的后方，一旦战局翻转，他们就会完全失败。这种内在的焦虑和矛盾心态也折磨着白卫军领导人，他们希望能够尽

---

① Октябреское наступнение на петроград и причины неудачи похода: Записки белогоофицера, Финлян, 1920, С. 8; Волков С. В., Белая борьба на Северо-Западе России, С. 279.

② Октябреское наступнение на петроград и причины неудачи похода: Записки белогоофицера, Финлян, 1920, С. 8.

③ Цветков В. Ж., Исторические портреты, Николай Николаевич Юденич, Вопрос истории, 2002, No. 9, С. 50.

④ Белое движение на Северо-Западе России, Белая гвардия (Альманах), No. 7, М.: Посев., 2003, С. 43; ГАРФ, Ф. 6094, Оп. 1, Д. 123, Лл. 35-38.

快击败苏维埃红军。高尔察克在 8 月 28 日给尤登尼奇的电报中,就流露了这种心态,他写道:"阁下务必要竭尽全力、迅速结束在彼得格勒地区同布尔什维克主义的斗争"。并且,随后在电报中又再次强调,"海军上将高尔察克一如既往地把尤登尼奇视为俄国地方政权的最高统治者",① 以此督促其尽快展开对彼得格勒的进攻战役。

与此同时,英国政府亦催促尤登尼奇在秋季发动攻势,并且许诺英国在波罗的海的舰队将会向红丘炮台和喀琅施塔得发动进攻。驻波罗的海的英国军事使团马士也积极地为之奔走,希望能够组建波罗的海地区共同的反布尔什维克战线。8 月 26 日,马士在里加召开由西北白卫军政府、爱沙尼亚政府、拉脱维亚政府、立陶宛政府、波兰政府代表以及白卫军西方志愿军 П·Р·贝尔蒙特-阿瓦洛夫(Бермонт-Авалов)公爵②参加的联席军事会议。会议旨在联合波罗的海地区所有反布尔什维克势力结成统一战线,向彼得格勒发起进攻。但与会者矛盾重重,立陶宛和拉脱维亚已经在与苏维埃政府进行和谈,他们不愿意出兵进攻彼得格勒。阿瓦洛夫则有自己的作战计划,他希望向德文斯克方向进攻,不愿意听尤登尼奇的调遣。爱沙尼亚人则心怀鬼胎,认为如果西北白卫军战败,他们就可以与苏维埃政府签订和平协议。事实上,爱沙尼亚政府一直担心一旦尤登尼奇赢得战争的胜利,"会宣布爱沙尼亚是俄罗斯不可分割的一部分,进而起来反对雷瓦尔"。③ 因此,爱沙尼亚政府不会为西北白卫军提供无私的援助,他们应诺参战,也只是为捞取获得协约国盟军从外交上认可它独立的资本。

秋季向彼得格勒进军已无异议,但在主攻方向上尤登尼奇与罗将柯将军产生分歧。以罗将柯为首的大部分前线军官主张先攻占普斯科夫,再以

---

① Архив русской революции. Т. 1, 1921, С. 301.

② П·Р·贝尔蒙特-阿瓦洛夫,1877 年出生于格鲁吉亚的第比利斯,此后参加日俄战争和第一次世界大战;国内战争时期,担任波罗的海地区白卫军西方志愿军领导人,由于他是亲德分子,遭到高尔察克、邓尼金的敌视;1919 年 10 月份,尤登尼奇的第二次彼得格勒进军中,他拒绝加入;后流亡国外,1974 年死于美国纽约。

③ Авалов П. М., В борьбе с большевизмом, Глюкштадт, Гамбург, 1925, С. 173 - 174; Брюггеманн К., Эстония и Петроградский фронт гражданской войны в 1918 - 1920, Вопросы истории, No. 5, 2007, С. 28.

此地为基地，军队沿普斯科夫—卢加—彼得格勒铁路线开展进攻，或者沿普斯科夫—卢加—诺夫哥罗德方向进军。这条进攻线路一方面可以巩固后方，并且动员农民加入军队，而且还可以创立新的地方行政机构；另一方面，攻占普斯科夫之后，可以根据战况向彼得格勒和诺夫哥罗德开展攻击。虽然向彼得格勒推进的速度会很慢，但成功的概率极大。因为夺取普斯科夫城之后，可以切断俄中部地区与东南地区以及南部地区的交通联系，从而可以为从纳尔瓦方向进攻彼得格勒的军队提供侧翼保护。①

显而易见，这个战略规划是第一次彼得格勒进军的翻版。鉴于第一次进攻彼得格勒的失败，尤登尼奇等参加过一战的将军们反对这一战略规划。他们主张按照最短线路进攻，即：纳尔瓦—扬堡—加特契纳—彼得格勒。尤登尼奇认为，国内战争的战略特性与第一次世界大战不同，"国内战争中最重要的战略就是快速突击与进攻，"不需要巩固后方和保障侧翼。只要从心理方面打垮苏维埃红军部队，就可以夺取"革命的摇篮"彼得格勒。②

此外，尤登尼奇还认为军队刚刚得到了英国人5月份签订的军事合同中承诺的装备，士兵和军官的武器装备胜过苏维埃红军第7集团军，军队士气高涨。大部分士兵相信，他们的进攻会取得胜利，会"解放"祖国的北方首都。士兵们在谈论"彼得格勒"这个名字时，都深受鼓舞。同时，大量有关邓尼金围攻图拉的消息和高尔察克取得托波尔战役胜利的官方消息也刺激士兵们跃跃欲试，希望一举攻破彼得格勒。③

当然，尤登尼奇并没有完全拒绝罗将柯的战役计划，他决定派出一个师的兵力向普斯科夫进攻，给红军总参谋部造成假象，以为白卫军的主要进攻方向是普斯科夫，而主力部队的进攻方向仍然是扬堡—加特契纳—彼得格勒。9月28日，尤登尼奇发布指令，命令西北方面军向苏维埃红军发起全面进攻。德尔戈鲁科夫（Долгоруков）将军领导的第4师于当天在3辆

---

① Цветков В. Ж., Исторические портреты, Николай Николаевич Юденич, Вопрос истории, 2002, No. 9, С. 51.

② Октябреское наступнение на петроград и причины неудачи похода：Записки белогоофицера, Финлян, 1920, С. 13-14.

③ Шишов А. В., Юденич, Генерал суворовской школы (Досье без ретуши), С. 349-350.

坦克的支持下沿瓦尔沙夫斯基铁路线向普斯科夫—卢加发起进攻。10月4日夺取了位于普斯科夫和彼得格勒之间的斯特卢基车站,切断了这两地之间的联系。① 这一战略奏效,红军第7集团军指挥官以为白卫军的主攻方向是普斯科夫,调兵防守。

10月11日,西北白卫军第1集团军冲破红军第7集团军的防线、占领扬堡后,随后沿扬堡—加特契纳铁路线迅速推进。10月15日,攻占卢加、普柳萨、谢列布良格等铁路车站,10月16日占领红村,10月17日占领加特契纳。西北白卫军乘胜追击追击红军撤退部队,每昼夜的行军速度达到30—40公里。② 然而,白卫军的行动并非完全一帆风顺。第三步兵师指挥官Д·Р·维特令科(Ветренко)没有执行尤登尼奇的命令。他并没有依照指令攻占托斯诺火车站,切断尼古拉耶夫斯克铁路线,而是率领部队朝巴普洛夫斯克加速前进,为红军从其他战线调入部队防守彼得格勒提供了交通上的便利。

10月18日,尤登尼奇对第1集团军下达了向彼得格勒发起进攻的命令。10月19日,白卫军第1集团军第5师占领了立古沃村。10月20日傍晚,红军第6步兵师向普尔科沃高地战线撤退,师参谋部则迁往波罗的海火车站。普尔科沃高地是向彼得格勒进军的最后一道战略边界,被喻为彼得格勒的门户。一旦夺取该高地,就可以用大炮直接向南方的彼得格勒城进行轰炸。西北白卫军领导人相信,再过1—2天就可以夺取彼得格勒。罗将柯将军狂妄地称,他"明天就可以在涅夫斯基大街上散步"。甚至连罗将柯将军的政治对手М·С·马古莱斯也在自己的日记中写道:"我们现在夺取了立古沃和普尔科沃,现在离彼得格勒只有15俄里。或许,我们明天就可以进入。"③ 另外,当时不少士兵和下级军官的日记中都有类似的言辞,表

---

① Какурин Н. Е., Гражданская война 1918 - 1921, Санкт-Петербург: ПОЛИГОН, 2002, С. 187.

② Какурин Н. Е., Гражданская война 1918-1921, С. 187; Азовцев Н. Н., Гражданская война в СССР (Т. 2), М., 1986, С. 220-221.

③ Цветков В. Ж., Исторические портреты, Николай Николаевич Юденич, Вопрос истории, 2002, No. 9, С. 52-53.

达了胜利在望的情绪。

西北白卫军在彼得格勒的军事速胜消息传遍世界。芬兰的电台甚至提前报道了西北白卫军占领彼得格勒的消息,以至于在赫尔辛基的各国大使都正式向各国政府报告了这一信息。南俄白卫军地区的媒体为了鼓励志愿军在图拉和沃罗涅日的作战,甚至在报纸上公开宣称"尤登尼奇的志愿军已经解放彼得格勒",任命了新的省长。①

为了拯救"革命的摇篮"彼得格勒,俄共中央政治局于10月15日通过了托洛茨基关于前线形势的决议案,"鉴于存在巨大的军事危险,必须把苏维埃俄罗斯真正变成一座军营",为此动员共产党员、苏维埃工作人员、工会工作人员逐一进行登记,并根据他们适合何种军事工作对他们进行分类。不能放弃彼得格勒,从白海战线调出最大数量的兵力来防守。② 第二天,列宁就彼得格勒战事致信托洛茨基,要求"保卫彼得格勒寸土不让,进行巷战,直到流尽最后一滴血"。③

10月18日,列宁在分析了当时全国各条战线的情况之后,在给托洛茨基的信中再次指出,只要"加速消灭尤登尼奇,我们就有全胜的希望"。④ 4天之后,列宁在给托洛茨基的电报中,再三要求他动员彼得格勒的城市工人守城,甚至提议用机枪将彼得格勒的资本家押上前线,以此警告城内的有产阶级。⑤ 此后大量来自维特卡、卡斯特罗马、斯摩棱斯克、莫斯科的军校学员、工人和共产党员被动员起来,进入彼得格勒与西北白卫军作战。

不仅如此,为了对尤登尼奇领导的西北白卫军开展反攻,苏维埃红军总司令С·С·加米涅夫及参谋长П·П·列别杰夫组建了由原总参谋部上

---

① 列·托洛茨基:《我的生活——托洛茨基自传》,崔继新译,北京:东方出版社,2005年,第484页。Цветков В. Ж., Исторические портреты. Николай Николаевич Юденич, Вопрос истории, 2002, No. 9, С. 53.

② 沈志华主编:《苏联历史档案选编》第3卷,北京:社会科学文献出版社,2002年,第406—407页;列·托洛茨基:《我的生活——托洛茨基自传》,第482页。

③ 沈志华主编:《苏联历史档案选编》第3卷,第409页。

④ 《列宁全集》第49卷,北京:人民出版社,1988年,第116页。

⑤ Ленин В. И., Неизвестные документы, 1891-1922 гг, М.: РОССПЭН, 2000, С. 304.

校哈尔拉莫夫领导的突击军集群。突击集群由图拉的第3旅、第21步兵师以及莫斯科的红军步兵学员师组成。为了增强突击集群的实力,继而又向其派遣了莫斯科契卡的两支队伍,以及从东方战线和北方战线调回来的第8、第162和第479步兵团。突击集群拥有25200名步兵和800名骑兵,人数远远超过帕连公爵指挥的向彼得格勒城郊推进的西北白卫军第一集团军人数。① 另外在原总参谋部中校柳比莫夫领导下的苏维埃红军第6步兵师,在彼得戈夫区红水兵的援助下,从侧翼和后方向利文公爵的白卫军第5师突进。原总参谋部少校С·И·奥金佐夫领导的红军第2步兵师、彼得格勒步兵学校红军学员师则捍卫普尔科夫高地。到10月下旬,红军第7集团军的总人数达到4万人,是参与战役的西北白卫军人数的5倍。② 革命军事委员会主席托洛茨基亦亲自乘坐"列宁"号装甲列车上前线督战。

10月21日,红军第7集团军在新任集团军司令Д·Н·纳杰日内(Надежный)的指挥下,经过5天的准备,向停驻在彼得格勒附近的立古沃—红村—儿童村—科尔皮诺战线上的白卫军发起反攻。经过两昼夜鏖战之后,红军第7集团军成功地收复了儿童村和巴甫洛夫斯克等失地。③ 10月24日,红军第15集团军发动了进攻,从侧翼包抄西北白卫军。在此情况下,白卫军部队存在被截断退路的危险。战斗双方都顽强不屈,为某些据点双方来回争夺。尤登尼奇竭尽全力地阻止红军第7集团军的反攻。当天他写信请求Е·Г·米勒尔将军领导的在阿尔汉格尔斯克的北方白卫军转入到西北方向作战,以支持西北白卫军。但是,北方白卫军从1919年8月29日开始进行的积极运动并没有取得尤登尼奇所预想的显著成果。④

尤登尼奇的战略规划失败,西北白卫军已然如同强弩之末。经过三个

---

① 《列宁全集》第49卷,第122页。Азовцев Н. Н., Гражданская война в СССР (Т. 2),Институт Военной Истории Министерства Обороны СССР, 1986, С. 221-222;沈志华主编:《苏联历史档案选编》第3卷,第415页。

② Рутыч Н. Н., Белый фронт генерала Юденича: Биографии чинов Северо-Западной армии, С. 92.

③ Гражданская война в СССР, М., 1986, Т. 2, С. 222;Рутыч Н. Н., Белый фронт генерала Юденича: Биографии чинов Северо-Западной армии, С. 89.

④ ГАРФ, Ф. 17, Оп. 1, Д. 49, Л. 134-136.

星期的血腥战斗，西北白卫军人数减半，仅余 8000 名步兵。① 11 月 3 日，尤登尼奇为了保存西北白卫军的实力，主动放弃加特契纳，直接撤退以甩开红军主力。在放弃加特契纳后，西北白卫军撤退到了扬堡和格多夫等地区。红军第 7 集团军和第 15 集团军继续追击西北白卫军余部，11 月 8 日攻陷格多夫，11 月 14 日攻陷扬堡，西北白卫军部队开始被迫向爱沙尼亚边境撤退。② 白卫军的溃败一发不可收拾。

尤登尼奇在考虑到西北白卫军的困难处境以及暗淡的前景后，再次决定向芬兰政府求援。10 月 23 日，他致电其在芬兰的全权代表 А·А·古列维奇（Гулевич），并命令他迅速催促芬兰出兵。古列维奇执行了总司令的命令，在收到电报命令的当天，他就同芬兰政府的外交部长霍斯金以及芬兰总参谋长会面。芬兰政府给出极为苛刻的条件，不仅要尤登尼奇方面承认芬兰独立，割让卡累利阿地峡的领土和佩琴加，还要支付 50 亿马克的费用。③ 对芬兰提出的这些条件，尤登尼奇向巴黎的沙扎诺夫请示，希望能够得到远在鄂木斯克的高尔察克的同意。西北白卫军即将溃败的命运迫使沙扎诺夫从现实主义角度出发，放弃不承认芬兰独立的立场。他在给高尔察克的电报中，建议他发表一份承认芬兰独立的声明。虽然当时时局动荡，高尔察克仍然像过去一样拒绝了此提议，坚持主张"应维护统一不可分割的俄罗斯"。④

鉴于高尔察克不愿意承认芬兰独立以及芬兰境内存在的强烈的反俄情绪，芬兰政府拒绝出兵。在芬兰人看来，"尽管布尔什维克不好，但是他们也比白卫军好，或许在他们的统治之下可能会让波罗的海沿岸小国实现独立"。⑤

---

① Цветков В. Ж., Исторические портреты, Николай Николаевич Юденич, Вопрос истории, 2002, No. 9, С. 54.

② Рутыч Н. Н., Белый фронт генерала Юденича: Биографии чинов Северо-Западной армии, С. 98.

③ Шишкин В. А., Интервеция на северо-запате России：1917-1920 гг, С. 359. 沈志华主编：《苏联历史档案选编》第 3 卷，第 438 页。

④ Шишкин В. А., Интервеция на северо-запате России：1917-1920 гг, С. 359-361.

⑤ ГАРФ, Ф. 17, Оп. 1, Д. 49, Л. 135.

事实上，这也是波罗的海国家的普遍态度。当西北白卫军撤退到爱沙尼亚边境时，尤登尼奇仍深信，因其及时"承认了"爱沙尼亚的独立，爱沙尼亚人会对他怀有"感激之情"，定能够接纳白卫军残部。

11月13日，尤登尼奇向爱沙尼亚总司令拉多涅尔求助，请求他准许大车队、难民、被俘红军以及野战部队通过其边境。但是拉多涅尔将军对于尤登尼奇所有请求的答复都是一成不变，即该问题的决定权在于爱沙尼亚政府。然而新成立的丁尼生政府却下令白卫军在进入爱沙尼亚国境时，应立刻解除武装。并且，爱沙尼亚政府内阁总理本人还宣称，"无论如何，爱沙尼亚都不会成为俄国反动分子的活动基地"。① 经过三天的谈判，尤登尼奇被迫做出让步，同意入境爱沙尼亚的西北白卫军余部解除武装。

11月25日，西北白卫军所有的大车队、俘虏和三分之一的军队跨过纳罗瓦河，进入爱沙尼亚。第二天尤登尼奇将军队的直接指挥权交给格拉泽纳普（Глазенап）中将，他个人则仅仅保留了总司令的头衔。

西北白卫军余部解除武装后在爱沙尼亚境内处境艰难。一方面爱沙尼亚政府迫于苏维埃政府的压力，不敢收留它。② 另一方面，军队严重缺乏御寒衣物和粮食，更遭伤寒的侵袭。根据Б·格鲁阿（Геруа）将军的报告可知，截至1920年1月15日，西北白卫军中患斑疹伤寒、回归热的人数高达数万人。③ 此后，随着爱沙尼亚政府同苏俄政府签订和平协议，西北白卫军已经无法在爱沙尼亚境内生存下去。尤登尼奇携残部赴南俄作战几乎不可能，东方的高尔察克白卫军也已经被击败。因此，他于1920年2月5日签署了解散西北白卫军的命令。自此，作为一支反布尔什维克主义力量的西北白卫军便不复存在。

---

① Рутыч Н. Н., Белый фронт генерала Юденича: Биографии чинов Северо-Западной армии, С. 99.
② 沈志华主编：《苏联历史档案选编》第3卷，第428、430、434、437页。
③ Белоедвижениена Северо-Западе России, Белаягвардия（Альманах），No. 7, М.：Посев, 2003, С. 91；Шишкин В. А., Интервециянасеверо-запате России：1917–1920 гг, С. 365.

三、结语

　　尤登尼奇领导的西北白卫军主要借助了第一次世界大战后期俄罗斯帝国解体之后波罗的海地区新独立的民族国家的地缘局势，并以此作为自己的战略后方招募反布尔什维克志愿者。因此，他的政权中容纳着俄国当时各种非布尔什维克势力，从温和的社会主义者到自由主义政治家再到具有君主主义情绪的军官团。这一多种力量联盟的政权组织虽然具有共同的反布尔什维克目的，给"革命的摇篮"彼得格勒带来相当大的威胁，但同时也因为联盟的复杂性和利益的多样性削弱了反布尔什维克运动的力量，为西北白卫军的失败埋下伏笔。

　　英国政府出于国家利益的考量，派遣海军舰队进入波罗的海地区，也给予了西北白卫军一定程度的军事支持，但英国政府的主要目的在于保障波罗的海三国的独立并对西北俄罗斯地区施加自己的影响力。因此，随着一战的结束，特别是尤登尼奇领导的西北白卫军在1919年年底第二次彼得格勒进军作战的失败，英国政府逐步改变了对苏俄的外交政策，由扼杀政策改变为隔离政策，希望通过波罗的海三国建立"共产主义防疫线"，渐而断绝了对西北白卫军的物质援助。与此同时，波罗的海三国在得到协约国盟国的安全保障后，也与苏维埃政权次第签订了和平协议。1920年2月2日，爱沙尼亚政府与苏俄政府签订《塔尔图条约》，苏俄承认爱沙尼亚独立。与此同时，迫于苏俄政府的压力，爱沙尼亚政府亦不敢收留西北白卫军余部。2月5日，尤登尼奇签署解散西北白卫军的命令。自此，西北白卫军作为一支反布尔什维克主义的力量便不复存在。

英国、第二次柏林危机与欧洲冷战格局的演变[*]

滕 帅[**]

摘 要 第二次柏林危机发生后,英国积极主张对苏联进行谈判与缓和的政策。一方面,英国主动斡旋美国和苏联的关系,协助双方建立沟通和信任,避免了危机的升级与恶化;另一方面,英国利用英美特殊关系,坚持同盟一致原则,应对苏联的压力,努力形成统一的盟国政策和危机解决方案,加速了盟国与苏联进行谈判的步伐。在英国的推动下,第二次柏林危机逐步走向缓和,东西方围绕着危机缓和与解决而展开的大国关系互动以及由此形成的相对稳定的战略关系构成了欧洲冷战格局的基本态势。

关键词 英国 第二次柏林危机 冷战

冷战时期的"柏林问题"是当时国际政治的焦点和大国关系中的重大问题,它集中反映了东西方大国在德国乃至于整个欧洲地区利益上的冲突和意识形态上的斗争,是影响欧洲冷战格局发展的主要推动力量。第二次柏林危机(1958—1963)是以苏联、美国为首的东西两大集团在欧洲进行冷战对抗的又一次高潮,它的发生、发展与结束对东西方关系以及东西方在欧洲的冷战格局产生了深远影响。在这场危机中,英国作为重要的参与

---

[*] 本文系国家社科基金项目"第二次柏林危机期间的英国缓和政策研究(1958—1963)"(13CSS024)的阶段性成果。

[**] 滕帅,中南民族大学马克思主义学院讲师,主要从事冷战史、近现代国际关系史的研究。

者，试图借助危机的解决来实现东西方之间的缓和。为此，英国麦克米伦政府完善了它的对苏缓和政策，利用既有的英美特殊关系，积极协调盟国推动对苏谈判的进程，为第二次柏林危机和东西方关系走向缓和发挥了重要的作用。

一、20世纪50年代后期的英国外交

20世纪50年代后期的英国，处于帝国的加速衰落阶段，如何维持既存的大国实力和地位是当时麦克米伦政府亟待解决的现实问题和战略问题。而且，由于当时的英帝国极大地依赖贸易而生存，所以需要维护世界范围内的政治与经济稳定，避免毁灭性的全球战争与昂贵的有限战争，为自身发展创造有利的国际环境。因此，在1958年1月，英国确定了以避免战争和维护稳定为核心的帝国外交总体战略。这一战略不仅要求与苏联实现裁军和欧洲安全的基本目标，还建议加强与苏联之间的文化和信息交流，扩展与社会主义国家的贸易关系。①

之所以把苏联看作是可以进行合作和交流的对象，除了经济上的需要之外，另一个关键因素则是遏制德国的需要。中欧地区是东西方在欧洲进行冷战的前沿阵地，中欧安全事关整个欧洲的安全和战略格局，而德国问题又是中欧安全的核心问题。二战后，英国一直把保持德国的分裂和防止一个强大德国的出现看作是中欧安全政策和对德政策的主要目标。这一方面是源于战争的痛苦经历，担心统一后的德国再次威胁欧洲安全；另一方面也是出于限制西德快速发展的需要，担心统一后的德国对英国形成强有力的竞争。但在第二次柏林危机之前，法国和西德关系的日益密切，使英国愈加担心德国的发展可能失去平衡的力量。此时，仍然秉承大陆平衡政策的英国，自然把苏联看作是遏制德国崛起的另一个重要力量，因为苏联同样害怕德国的再次强大会威胁东欧和苏联的安全，尤其是一个统一并且

---

① C (58) 9, Relation with Soviet Union: Cabinet memorandum by Mr. Selwyn Lloyd, 21 January, 1958, CAB129/91, *British Documents at the End of the Empire Project Series A Volume 4*, *The Conservative Government and the End of Empire 1957-1964*, Part II, London: The Stationery Office, pp. 239-240.

重新武装的德国。

为了保证英国外交总体战略的实现,英国首相哈罗德·麦克米伦继续秉承"三环外交"的基本原则,确立了提升英国大国地位和国际影响力的具体方针。首先,麦克米伦把国家防卫政策的核心确定为发展独立的核威慑力量,以此来作为英国实现国家安全与大国地位的实力支撑。① 其次,着手恢复和加强英美关系。因为这既可以为英国核武器的发展寻求技术支持,也可以借英美特殊关系巩固它在西方联盟中的地位。② 再次,麦克米伦试图在东西方关系的缓和中发挥作用,希望通过斡旋和协调美苏关系成为国际舞台中的"第三种力量",提高它在国际事务中的影响和地位。③

因此,当第二次柏林危机爆发后,英国认为苏联引发危机的整体策略是防御性的,其目的主要是阻止德国的核武装、维持中欧无核化、保持东德和东欧的稳定,并无扩张势力的因素。在英国看来,柏林危机可能仅仅是苏联希望与西方谈判的手段,西方只要与东德和苏联进行交涉和谈判,甚至做出适当的妥协,就可以不需武力而平息危机。④ 此外,英国的外交行动和政策没有局限于危机本身的缓和或解决,而是要把柏林问题与欧洲安全问题、德国统一问题、裁军问题相挂钩,努力促成盟国与苏联在广泛议题下进行谈判,意在使东西方通过协约方式维持德国分裂的现状和实现中欧安全的目标。

---

① [英]哈罗德·麦克米伦:《麦克米伦回忆录》,四:《乘风破浪》,陈体芳译,北京:商务印书馆,1982年,第241页。

② CC76(57)2, Anglo-American relations: a declaration of inter-dependence at Washington talks, 28 October, 1957, CAB128/31/2, *British Documents at the End of the Empire Project Series A Volume 4, The Conservative Government and the End of Empire 1957-1964, Part* II, London: The Stationery Office, pp. 237-239.

③ Alan Farmer, *Britain: Foreign and Imperial Affairs 1939-1964*, London: Hodder & Stoughton, 1994, p. 119.

④ Lloyd to Caccia No. 8113, 15 November 1958, PREM11/2715.

二、第二次柏林危机期间苏、美、英三国关系互动

第二次柏林危机是苏联与以美国为首的西方联盟在欧洲的对抗，但其本质却是美国和苏联两个超级大国在欧洲为寻求军事和战略平衡，维持既有势力范围和政治格局而进行的交锋。

解决西柏林对民主德国的不良影响是当时苏联重启柏林问题的直接原因。西柏林不但日益成为西方在社会主义阵营中的一个宣传和间谍中心，而且大量的东德技术人员和专家通过西柏林逃往西德，给东德政府和苏联带来了极大的政治和舆论压力。当东西方阵营在中欧形成明确分界的形势下，处于东德境内而又被西方占领的西柏林就成为东欧社会主义阵营中最大的不稳定因素。所以，解决柏林问题不仅是稳定东德政权的需要，还是回击西方，稳固东欧社会主义阵营的需要。此外，西德军事力量日渐加强以及向美国寻求在境内部署核武器的行动，也使苏联加剧了对中欧安全问题的担忧，希望借柏林问题的解决，撬动悬而未决的德国统一问题和欧洲安全问题，以求消除中欧潜在的威胁因素。因此，赫鲁晓夫先后两次提出所谓的"最后通牒"，要求美国、英国、法国在限定期限内撤出它们在西柏林的驻军，使柏林成为一个"自由市"，否则将把西方进入柏林的通道管理权移交给东德。①

这种形势引发了美国和苏联之间关系的紧张。美国从全球冷战的视角出发，认为苏联挑起的危机是社会主义向资本主义发起的进攻和挑战，是以苏联为首的社会主义阵营对外扩张的体现；虽然西柏林并不具备实际的军事和战略价值，但美国和西方盟国在柏林的退却，可能引发"多米诺骨牌效应"，纵容社会主义力量在全球蔓延，事关冷战全局。② 基于此种认识，美国政府对柏林危机采取了强硬的"双管齐下"策略。一方面严阵以待，积极协调盟国制订柏林军事应急计划，调动美国和北约军事力量，增加西

---

① U.S. Department of States, *Documents on Germany 1944-1985*, Washington, pp. 542-546.

② Circular Telegram From the Department of State to Certain Diplomatic Missions, Washington, November 13, 1958, *FRUS*, 1958-1960, Vol. Ⅷ, p. 57.

方在中欧的军事部署,形成强有力的威慑;另一方面,美国虽然与苏联展开了谈判,但在关键问题上并不退让和妥协,既不承认东德政权,也不同意立即改变柏林局势现状,更不同意放弃两德"自由公投"的前提来实现德国统一。① 所以,在整个第二次柏林危机期间,美苏之间的军事对峙、核威胁持续不断,从 U-2 飞机事件到柏林墙危机,从核试验竞赛到古巴导弹危机,都体现出美苏之间的直接对抗达到了前所未有的高度。

与紧张的军事对峙和威胁相并存的,是美苏之间同时展开了艰难而持久的政治和外交谈判。从日内瓦四国外长会议到美苏戴维营会谈,从东西方高峰会议到美苏维也纳会谈,从裁军会议到部分核禁试条约谈判,美国和苏联在第二次柏林危机期间进行了战后历史上密度最大、议题最多、时间最长的谈判。这些围绕美苏在德国统一、欧洲安全、裁军等问题的谈判,是两个超级大国除了战争和军事对峙之外的另一种较量方式。美苏之间谈判的持续存在,是双方通过军事对抗认识到要避免战争和直接军事冲突的必然结果,也是两者不肯轻易让步,维持在欧洲势力均衡和现状的重要体现。尽管这些谈判大多没有达成实质性的协议,但却使双方加强了认识和沟通,意识到了要避免美苏之间直接战争的对抗底线,有效地缓和了双方的紧张关系。所以说,军事对峙与外交谈判共存,极力避免战争,实现有限合作,维持欧洲冷战既有格局,是美苏在第二次柏林危机期间关系的主要特征。

在第二次柏林危机走向缓和的过程中,英国作为美苏关系的斡旋者,在缓解美苏紧张关系,推动美苏进行谈判等方面起到了十分重要的作用。英国麦克米伦政府不仅希望通过居间协调来加强它与美、苏之间的关系,借此提振英国在国际事务中的地位,还希望通过推动美苏持续谈判来缓和国际局势,确保实现自己在经济、军事和国家安全上的最大化利益。为此,英国在危机中积极劝说美国保持克制,竭力避免美国为首的西方盟国与苏联发生直接军事冲突的可能性;制订对苏缓和政策,借助访苏之行和大国

---

① Memorandum Prepared by Secretary of State Dulles, January 29, 1959, *FRUS*, 1958-1960, Vol. VIII, pp. 305-306.

首脑会议，麦克米伦加强了与赫鲁晓夫的联系和沟通，最终打开了美苏会谈之门，也成为此后美苏之间持续谈判并在重要问题上达成妥协的重要推动力量。从这个角度看，英国在危机解决过程中的作用仅次于美国和苏联，英、美、苏三国之间的关系互动是第二次柏林危机期间大国关系的核心。

三、第二次柏林危机期间西方盟国内部国家间关系互动

第二次柏林危机期间大国关系的另一个层面是西方盟国内部国家之间的关系互动，具体表现为美国、英国、法国、西德为形成统一的盟国政策和危机解决方案而产生的分歧与合作关系。

在盟国内部，通过与美国的协调与合作，英国进一步加强了英美特殊关系，推动盟国形成了对苏谈判的有效合力。加强英美特殊关系是英国麦克米伦政府的既定外交政策，第二次柏林危机的发生，为英国达成这一目标提供了契机。在盟国对苏联判过程中，麦克米伦在积极支持美国政策的前提下，尽力谋求使美国听从和吸纳自己对苏缓和的相关政策和建议，从而影响美国外交政策的制订。同时，英国又与美国共同抵制法国和西德的强硬主张，劝说法国和西德同意盟国的对苏谈判立场，使盟国整体政策趋向软化，更加符合东西方谈判与缓和的需要。应当说，英国的"良好表现"赢得了美国的信任，英美特殊关系发展到了一个新的阶段。在柏林墙危机和古巴导弹危机期间，美国都把英国作为盟国政策咨询和获取支持的首要对象；在美、苏、英核禁试谈判过程中，美国政府推动国会通过了《麦克马洪法修正案》，解除了英美核合作的限制，加速了英国核武器的研制。① 就英国而言，借助英美特殊关系，巩固了它在西方盟国中地位，提升了它在国际事务中的发言权和影响力。

然而，危机中美国、英国的对苏缓和政策引起了西德的不满，美德关系遭受挫折，英德关系也出现恶化。西德始终反对盟国与苏联进行谈判，

---

① Atomic Energy Act of 1954, as Amended. Office of the General Counsel U. S. Nuclear Regulatory Commission, Nuclear Regulatory Legislation. NUREG-0980, Vol. I , No. 6, pp. 75-77.

担心东西方一旦就柏林问题和欧洲安全问题达成协议，就将牺牲德国的利益，阻碍德国未来统一的步伐。所以，西德总理阿登纳一直主张把德国重新统一作为解决欧洲安全问题的前提条件。但在对苏谈判与缓和的过程中，美国却不愿意为德国重新统一承担义务，这显然挫伤了美德关系，也使西德开始检讨完全依赖西方实力统一德国的传统政策。而英国为了与苏联进行谈判并达成妥协，更主张以事实上承认东德、在德国实现无核化并裁减军备、承认奥德—尼斯河为德国东部边界等可能符合苏联要求的条件，来换取苏联在柏林问题的解决上做出一定的让步。但这些建议直接与阿登纳所主张的德国统一以及平等地融入西方联盟的政策相冲突，在阿登纳看来，英国和美国的做法就是以要牺牲德国利益为代价达成对苏妥协。

与英、美关系的疏离直接加速了西德与法国的接近。1959年1月戴高乐上台后，为加强在西方阵营中的地位，确定了法国与西德合作的方针。所以，第二次柏林危机发后，法国的政策开始出现向西德靠拢的倾向，并逐步与西德一起成为反对英美对苏谈判和妥协的力量。① 这一方面是戴高乐上台后为促进欧共体的发展实行法德和解与合作政策的体现；另一方面则是法国向垄断盟国领导地位的英、美证明其在盟国政策的制订和执行中具有不可忽视的重要作用的体现。因此，在柏林危机中，法国对英国和美国对苏政策的有力抵制，既获得了西德的信任，又彰显了法国在盟国中的重要地位。在这一过程中，把西德加速推向法国的，正是英国所实施的对苏缓和政策。此外，英国与美国特殊关系的加强也使法国相信英国申请加入欧共体的目的并不单纯，怀疑它是被美国利用来插足欧洲的一匹"特洛伊木马"。对此，戴高乐在1962年6月麦克米伦访问法国时就直言不讳地表示：英国的加入会在经济上特别是政治上改变共同体的性质，忠于英联邦的英国会在美国的影响下把欧洲变成美国的一系列卫星国。② 正是受此影响，法国于1963年1月否决了英国加入欧共体的申请。

---

① [法] 夏尔·戴高乐：《希望回忆录》，北京：中国人民大学出版社，2005年，第159页。
② John W. Young, *Britain and European Unity 1945-1992*, London: Macmillan Press Ltd., 1993, p. 79.

四、第二次柏林危机时期的大国关系与欧洲冷战格局演变

20世纪50年代后期到60年代中期是两极格局形成后东西方在欧洲进行再一次较量的关键时期,也是冷战双方由尖锐对抗走向缓和的过渡阶段,其中既有充满紧张的军事对峙和可怕的核威胁,又有相互妥协、进行谈判的对话与缓和。东西方大国之间的利益争夺和意识形态斗争是第二次柏林危机发生的主要原因,围绕着危机缓和与解决而展开的大国关系互动以及由此形成的相对稳定的战略关系,构成了欧洲冷战格局的基本态势。

在第二次柏林危机中,东西方大国围绕德国问题展开均势博弈。苏联想要借解决柏林问题稳定和控制东德,从而稳定东欧,由此在中欧形成一个安全的缓冲地带;美国则宁要一个纳入到西方联盟的西德也不要一个中立统一的德国;饱受两次世界大战之苦的英国,基于传统的大陆均势政策,强烈地要求保持德国分裂的现状[①];法国虽然希望与西德合作,但也是出于戴高乐想要法国主导欧洲的需要,绝不希望德国真正、迅速地实现统一。所以,从这一视角看,第二次柏林危机的实质是欧洲安全问题,欧洲安全问题的实质是德国问题。德国分裂为两个国家是东西方冷战的结果,而德国的分裂和两个德国的持续存在则是欧洲安全和缓和的重要组成部分和条件。第二次柏林危机使苏联暂时解决了柏林问题对东德的困扰,通过危机所开启的东西方会谈和美苏谈判使冷战双方相互确认了东西德分裂的现状,默认和稳定了各自在欧洲的势力范围,由此形成了欧洲冷战从激烈对抗向相对缓和的过渡阶段。

第二次柏林危机造成了西方盟国内部关系的紧张,法国和德国逐步认识到美国霸权的本质,开始为谋求"欧洲人的欧洲"而走向联合,揭开了西欧摆脱美国,走向独立的序幕。在危机中,美国一直以全球冷战视角和自己的外交政策主导盟国,不仅造成了联盟内部的分歧和矛盾不断,还压

---

① Zulueta to Prime Minister, On Germany, 12 January 1959, PREM 11/2715.

制了不同的声音。其结果是法国被排斥于苏、美、英三国核俱乐部之外，西德盟国地位遭受质疑，德国统一遥遥无期。法国和西德因为受到美国和英国的轻视而逐步认识到欧洲国家应为自身利益和自身壮大而彼此联合的重要性，因此加快了欧共体的建设步伐。所以，第二次柏林危机加速了西欧走向联合与独立的步伐，是西欧成为多极化力量的觉醒和酝酿时期。尽管第二次柏林危机是两极格局在欧洲定型的重要体现，但在以美国为首的西方阵营一边却已开始了多极化的量的积累，萌发出了多极化的趋势。

英国在第二次柏林危机中执行的政策和发挥的作用使它成为了东西方在20世纪60年代由激烈对抗走向相对缓和状态过程中的一支重要力量。这使我们认识到，促进欧洲冷战走向缓和的力量是多元化的，美、苏所起的作用固然重要，但英国在其中的作用亦不可或缺，它使我们更加全面而客观地认识到了解影响欧洲冷战发展和格局演变的多种因素。更为重要的是，英国以国家现实利益为出发点来处理危机的理念是它影响盟国对苏政策制订并促成东西方缓和局面出现的关键性因素。这不仅在当时有利于冲破意识形态的束缚，为东西方之间的谈判与缓和创造机会和条件，还有助于为我们今天国与国之间关系的正常发展提供参考和借鉴。

美国外交研究

掌控和平：
艾森豪威尔政府对苏政策的调整

樊百玉[*]

摘 要 1953年初艾森豪威尔就任美国总统不久，斯大林逝世，人们对冷战走向持观望态度。美国新任政府在战略上继承了前任杜鲁门政府的对苏遏制政策，却一改其对苏政策中浓重的"战争叫嚣"气氛，谋求和平。这种战略调整以发动和平攻势的心理战为表现形式，以加强盟国合作与核威慑为主要内容，其结果是冷战的长期化与常态化，由此突出了可控"和平"的必要性。它既不是美国要主动谋求美苏关系的缓和，也不是对苏联新领导人"和平姿态"的被动反应，而是艾森豪威尔政府基于"美苏非战争状态的评估"，在考虑到冷战竞争的长期性和全面性之后，为竭力避免美苏大战从而增强美国遏制能力的一种应变，由此构成了该时期美国对苏冷战政策的基础。

关键词 艾森豪威尔政府 遏制战略 美苏关系 和平

冷战时期，主要的两场局部热战即朝鲜战争与越南战争，分别发生在

---

[*] 樊百玉，历史学博士，山西师范大学历史与旅游文化学院讲师。

杜鲁门政府和约翰逊政府时期，中间隔过了艾森豪威尔政府，这不是偶然。艾森豪威尔政府极力避免大规模战争的发生，维持了美苏关系的和平态势，学界常以"追求和平"（waging peace）来概括其外交政策。① 然而，"追求和平"并不等于美苏关系的缓和，批评艾森豪威尔政府的人认为，斯大林的去世改变了冷战的气氛，美苏关系"一张白纸从头写起"并非完全不可能，但由于美国对苏联制度根深蒂固的敌视和对苏联对外政策意图由来已久的猜疑，双方的缓和被推迟。② 事实上，到艾森豪威尔政府时期，美国对苏战略的调整主要体现在对冷战的长期化、常态化处理，因此突出了可控"和平"的必要性。这种调整在新政府执政初期就已显现，本文就此展开论述。

一、美苏关系不是战争关系

艾森豪威尔政府对苏政策的调整是建立在前任杜鲁门政府的冷战政策基础之上的。1945—1952年是美国冷战政策的形成时期，冷战从无到有，从欧洲到亚洲，从1948年的柏林危机到1950年的朝鲜战争，杜鲁门政府的对苏遏制政策不断升级。1950年4月，美国国家安全委员会第68号文件（NSC68）以其所代表的"全面遏制"思想，奠定了美国在该时期乃至整个冷战时代外交政策的基础，被历史学家认为是"其后二十年间美国进行冷战的蓝图"。③该文件认为，苏联现在"对自由制度的进攻是世界性的，在

---

① 这方面的主要论著西方学者的作品参见 Victor Rosenberg, *Soviet-American Relations*, 1953-1960: *diplomacy and cultural exchange during the Eisenhower presidency*, McFarland & Company, Inc., Publishers, 2005; Robert R. Bowie and Richard H. Immerman, *Waging Peace: How Eisenhower Shaped an Enduring Cold War Strategy*, New York: Oxford University Press, 2000; Saki Dochrill, *Eisenhower's New-Look National Security policy, 1953-1961*, London: Macmillan Press Ltd, 1996. 中国学者的作品参见石斌：《杜勒斯与美国对苏战略（1952—1959）》，北京：中国社会科学出版社，2004年；郑羽：《从对抗到对话：赫鲁晓夫执政时期的苏美关系》，北京：社会科学出版社，1998年；等等。

② Klaus Larres and Kenneth Osgood, eds., *The Cold War after Stalin's Death: A Missed Opportunity for Peace?* Maryland: Rowman & Littlefield Publishers, Inc., 2006; 石斌：《杜勒斯与美国对苏战略（1952—1959）》。

③ Walter LaFeber, *American, Russia, and the Cold War, 1945-1966*, New York: John Wiley & Sons, 1968, pp.90, 97.

当前权势极化的情况下,自由制度在任何一个地方的失败就是它在所有地方的失败"。① 战争存在着真实的可能性。② 在遏制手段上,美国排除了将外交作为改变苏联看法的可能,并表示,在苏联制度改变之前,美苏矛盾不可能以谈判的方式解决。③ 这样到杜鲁门政府末期,美国两党在对苏问题上形成共识。他们都认为苏联是美国的主要对手、美国全球政治影响力的竞争者和军事上潜在的敌人,苏联追求世界性的统治地位,其目标和政策基于一种根深蒂固的与美国意识形态的敌对。④美苏发生战争的危险很大。1952年初的情报评估认为,到年底,苏联虽然不会冒着巨大损失甚至制度被毁的风险发动全面战争,但全面战争的危险还是存在的,它很可能由苏联挑起,而又被限制在特定的地区。⑤

然而到艾森豪威尔政府时期,情况发生了变化,美苏虽然继续维持了敌对关系,但是这种敌对并不被认为是战争关系。还在1952年底,即将上任的艾森豪威尔在谈到财政预算问题时指出,"如果俄国竟敢冒天下之大不韪发动全球战争,或者是我们自己错误地陷入这种悲惨的境地,那么现在这些以安全名义坚决要求偌大军费的人们将被历史视为具有远见卓识之士,但是据我所知,这些人根本不可能掌握比我更多的秘密或其他重要情报。今天战争的可能性并不比两年前大(指朝鲜战争),也没有一个人能断定今年年底或明年年底苏联故意挑起战争的可能性要比现在大"。⑥ 艾森豪威尔个人的论断与其二战经历有关,1945年8月在他访问莫斯科时,莫斯科在

---

① Robert R. Bowie and Richard H. Immerman, *Waging Peace: How Eisenhower Shaped an Enduring Cold War Strategy*, New York: Oxford University Press, 2000, p. 22.

② 约翰·加迪斯:《遏制战略:战后美国国家安全政策评析》,时殷弘、李庆四、樊吉社译,北京:世界知识出版社,2005年,第106页。

③ NSC68: United States Objectives and Programs for National Security, April 14, 1950, *FRUS*, 1950, vol. I, pp. 234-292.

④ 石斌:《杜勒斯与美国对苏战略(1952—1959)》,北京:中国社会科学出版社,2004年,第120—121页。

⑤ National Intelligence Estimate, January 8 1952, *FRUS*, 1952-1954, Vol. 8, pp. 954-961.

⑥ 罗伯特·H·弗雷尔:《艾森豪威尔日记》,陈子思等译,北京:新华出版社,1987年,第286页。

战争期间被轰炸的惨状让他印象深刻，他认为斯大林等人不会为了扩张而诉诸战争。①

至于朝鲜战争的发生，艾森豪威尔认为，真正应该反思的倒是美国自己。既然当时的杜鲁门政府已经做出了美苏之间存在战争关系的判断，但美国却并未就此做好战斗的准备。《北大西洋公约》虽于 1949 年 4 月签订，但改进西欧防务的措施却迟迟没有到位。当时北约组织成员国部队的兵力少、装备差，直到朝战爆发时，杜鲁门总统才会见了时任哥伦比亚大学校长的自己。艾森豪威尔受任北约盟军总司令，任务就是加强北约防御，以备斯大林声东击西，即苏联表面在朝鲜挑起战事，实则攻击西欧。② 朝鲜战争爆发时，当时美国驻军日本的美国陆军师却远没有做好战斗准备，麦克阿瑟突感措手不及。此外，杜鲁门政府既便预见到战争发生的可能性，在对战争的防范上也准备不足。艾森豪威尔政府的国家安全委员会在后来的讨论中认为，"斯大林所犯的唯一严重的错误就是朝鲜战争的发生，但这也是可以原谅的，因为朝鲜战争爆发前，美国总是表示出对朝鲜发生什么事情都漠不关心的态度"。③1950 年 1 月 12 日，国务卿艾奇逊在全国报业俱乐部发表演说时，将韩国排除在了美国太平洋"环形防线"之外。4 月金日成访问莫斯科时，向斯大林保证美国不会参与在朝鲜半岛发生的战争。正如朝鲜战争专家沈志华所言，如果斯大林考虑到苏联的决策将导致美国的干涉，整个事情可能就完全是另外一种样子了。④ 对于艾森豪威尔政府来讲，朝鲜战争的教训不是如何为战争的发生做好应对，而是如何通过加大自身的遏制力量避免战争的发生。

实际上，艾森豪威尔政府上台伊始就为美苏关系定下了基本的论调，

---

① Robert R. Bowie and Richard H. Immerman, *Waging Peace: How Eisenhower Shaped an Enduring Cold War Strategy*, pp. 46—47.

② 罗伯特·H·弗雷尔：《艾森豪威尔日记》，第 237 页。

③ Memorandum of Discussion at the 289th Meeting of the National Security Council, Washington, June 28 1956, *FRUS*, 1955—1957, Vol. 24, pp. 118—123.

④ 沈志华：《毛泽东、斯大林与朝鲜战争》，广州：广东人民出版社，2003 年，第 181—182 页。

一方面，美国不认为苏联会主动发动战争，另一方面，"苏联对美国的威胁不是一时的，而是长期的、潜在的和不可预测的，是军事、政治、心理和经济等全方面的"。①既然苏联不会采用战争的手段同美国一争高下，而苏联对自由世界的敌视又没有发生根本改变，那么美国与苏联的冷战就要从长计议。1953年2月2日，艾森豪威尔在自己的第一篇国情咨文中提到，"在总结过去的经验教训时，我们认识到自由世界绝不能无限期地处于一种无能为力的紧张状态中。这样下去将会永远使侵略者可以选择时间、地点和方法来以最小的代价使我们受到最大的伤害"。美国政府的重要工作，放在首位的是"以不屈不挠精神和远见卓识将美国的影响力运用于世界事务上，以便遏制侵略并最终保障和平"。②

所谓"遏制侵略"不是指"以战应战"，而是突出"和平的可控性"，即美国通过遏制苏联对所谓自由世界发动战争的可能性，确保美苏之间保持一种和平态势，这种和平态势不仅必要而且必需。美国要想赢得冷战的胜利，最根本在于自身的发展壮大，在于经济、外交的全面加强。如果因遏制手段不当，削弱了自身的力量，反而会在冷战中处于不利地位。何为遏制不当，如何防止力量削弱呢？很重要的一点就是避免卷入全面战争，这应该就是艾森豪威尔在国情咨文中提到的"要摆脱无能为力的紧张状态"。"无能为力"反面之意是主动出击，"紧张状态"反面之意是不要因自己战略上的疏忽而使自己卷入战争泥潭，甚至把美国拖垮。因此，"要摆脱无能为力的紧张状态"实质就是美国在确保自己经济和军事力量的前提下创造主动选择的机会，这样，"追求强大与和平"就成为了艾森豪威尔政府对苏冷战的目标。后来的事实证明，"非战争性的评估"贯穿整个艾森豪威尔政府时期，"追求和平"也成为了艾森豪威尔总统在任时所作八篇国情咨文的主线。

---

① Saki Dockrill, *Eisenhower's New-Look National Security Policy, 1953-61*, London: Macmillan Press Ltd., 1996, p. 27.

② 梅孜编译：《美国总统国情咨文选编》，北京：时事出版社，1994年，第153—154页。

二、艾森豪威尔政府发动和平攻势

避免与苏联发生大战，是艾森豪威尔政府对苏冷战政策的基点；积极营造和平氛围并将苏联引入其中，是白宫实施此项政策的一种方式；如何能在维系美苏和平关系的情况下，顺势让苏联做出让步，是美国发动以和平为主旨的心理攻势希望达到的目的。

在杜鲁门政府执政后期，美苏关系剑拔弩张，竭力"避免两国首脑会面"是当时美国对苏态度强硬的外交表现。艾森豪威尔上台后，这种僵硬的外交姿态逐渐松动。1953年1月丘吉尔访问美国时，艾森豪威尔就表示，他有同苏联领导人举行会谈的想法。① 2月25日在白宫举行的新闻发布会上，当被问及"是否会同斯大林举行会谈，是否愿意出国会见斯大林"的问题时，艾森豪威尔表示，他愿意在任何合适的地方同任何人举行会谈，这是为了保卫自由，但它不是一个国家的事。② 50年代中后期，在艾森豪威尔和赫鲁晓夫双方的通信中，艾森豪威尔也表示出双方会晤的意愿，最终到1959年，美苏戴维营首脑会晤最终实现。这些都是艾森豪威尔总统有意营造的和平氛围的表现，具体到执政初期时，最明显的事情是斯大林去世后艾森豪威尔政府积极筹备倡导和平的演说。艾森豪威尔非常相信，"攻击敌人的心灵和意志"是战争取得胜利的重要因素，无论是热战还是冷战同样适用。③

1953年3月5日，苏联社会主义建设和卫国战争的伟大领袖，苏联冷战战略的缔造者斯大林与世长辞，"斯大林的去世"为美国发动和平攻势提供了机会。美国国家安全委员会召开第135次、136次会议，就各部门如何

---

① Prime Minister Churchill to President Eisenhower, March 11, 1953, *FRUS*, 1952-1954, Vol. 8, p. 1115.

② Editorial Note, No. 544, *FRUS*, 1952-1954, Vol. 8, p. 1079.

③ Kenneth Osgood, "The Perils of Coexistence: Peace and Propaganda in Eisenhower's Foreign Policy," in Klaus Larres and Kenneth Osgood, eds., *The Cold War after Stalin's Death*: *A Missed Opportunity for Peace*? Maryland: Rowman & Littlefield Publishers, Inc., 2006, pp. 28-29.

应对此事进行讨论。总统特别助理、心理战略委员会（Psychological Strategy Board，PSB）主席杰克逊（C. D. Jackson）的观点值得注意，他在二战时期就是艾森豪威尔心理战略部门的主要人员。他提出，"斯大林去世"是长久以来外部世界提供给美国的一次绝好的宣传机会，总统可以借此向世人保证美国追求和平的努力，如果总统保持沉默，不仅会失去这样的机会，还会给误解总统的人带来更大的误解。心理战略委员会打算给总统准备一份演说稿。①在杰克逊看来，总统发表演说如能既向全世界表明了美国的和平意愿，又能起到分化苏联领导层的作用，就恰好达到了"和平攻势"的效果。他强调，演说稿的内容既是心理攻势，也是严肃的政策建议，不能把它当作是宣传而等闲视之，美国甚至应该尽早呼吁。②

中央情报局局长艾伦·杜勒斯和驻苏大使查尔斯·波伦对斯大林去世后苏联的外交动向进行了评估。艾伦·杜勒斯汇总了情报专家的看法认为，苏联政策暂时不会有什么变化，苏东地区也不存在骚乱因素，苏联的变化无非是由过去斯大林一人的独裁统治变成了现在马林科夫式的"委员会控制"。③波伦也估计，苏联新的继任者一定会坚持斯大林生前确定的外交路线，美国不宜向苏联进行政治攻击，否则只会巩固新领导人的统治地位。相反，如果美国向他们提出新的、斯大林时代所没有的外交倡议，那么新的领导人可能会由于之前没有这样的外交经验而手足无措，这样很可能会在领导层内部因为意见不合而引发争执。因此波伦认为总统在演说中应该向苏联提议召开美、英、法、苏四大国外长会议，以讨论诸如朝鲜战争、德国统一、奥地利问题以及控制军备竞赛等问题。而且，苏联新的领导人很可能觉得参会是一件非常困难的事，甚至会拒绝，而美国应对国际会议

---

① Memorandum of Discussion at the 135th Meeting of the National Security Council, Washington, March 4, 1953, *FRUS*, 1952–1954, Vol. 8, pp. 1092–1094.

② Memorandum of Discussion at the 136th Meeting of the National Security Council, Washington, March 11, 1953, *FRUS*, 1952–1954, Vol. 8, pp. 1118–1119.

③ Memorandum of Discussion at the 136th Meeting of the National Security Council, Washington, March 11, 1953, *FRUS*, 1952–1954, Vol. 8, p. 1118.

的技巧要超出苏联,肯定是受益的。① 波伦的这一建议得到了杰克逊的认同。

然而国务卿杜勒斯对此提出了异议。杜勒斯并不否认美国应借斯大林去世之机做点什么,但是他反对关于"召开四国外长会议"的提议。在杜勒斯看来,外长会议的举行不利于美国盟国政策的推行,这会削弱盟国的凝聚力。当下,美国正忙于筹建"欧洲防务共同体",将西德拉入其中是该共同体建立的关键,这将不可避免地牺牲"德国统一",而苏联正在寻找机会以"德国统一"之名阻止该共同体的建立。杜勒斯非常担心与苏联的外交往来将会影响到该共同体的建立。关于杰克逊的建议,杜勒斯认为,心理战略委员会筹备总统演说主要目的在宣传,不一定非要涉及具体外交事务,而且在时间上也不应该操之过急,急于搞这类动作很可能引起舆论的反感。如果的确要进行与苏联的谈判,那也要等西德重整军备的任务完成之后进行。②

就艾森豪威尔本人而言,他了解到了各方对于此事的态度和意见,并对演说稿的筹备工作十分关注。此前,资深报业记者塞穆尔·卢贝尔(Samuel Lubell)在给总统的一封信中建议,"美国应积极地宣传,以表明自己正致力于全世界民众生活水平的提高等诸如此类事宜。总统在发表的演说中,应建议各国政府限制军备上的花费,以刺激世界经济的复苏,节省大量的资源,提高民众的生活水平"。总统对这封信是很重视的。在随后举行的安全委员会上,艾森豪威尔表示,美国应该带给世人憧憬未来生活的希望和信念,美国应该对人们"渴望生活的改善,渴望物质的丰富,渴望居住条件的改善"这样的诉求做出回应。尤其是对苏联民众来讲,持续不断的"五年计划"很少会满足大家在这些方面的需求。而且,这样的表态也会加强盟国和中立国家对于美国的友好关系。③ 总统对于国务卿的建议持保留态度,要求杰克逊准备演说稿。这样,"斯大林去世"就为艾森豪威尔

---

① Kenneth Osgood, "The Perils of Coexistence: Peace and Propaganda in Eisenhower's Foreign Policy," pp. 29-30.
② Ibid., p. 31.
③ Ibid., p. 32.

提供了一次"通过强调和平与安全、提高所有人的生活水平,以树立世界领导的地位"的演说机会。①

恰在此时,苏联的外交动向对美国可能采取的行动起到了助推作用。3月15日,斯大林的继任者马林科夫在最高苏维埃发表讲话。马林科夫在讲话中表示,苏联将谋求同包括美国在内的所有国家的合作,一切争端和悬而未决的问题都可以在相互谅解和协议的基础上以和平手段解决。马林科夫平缓的讲话口吻一改此前斯大林的强硬姿态,出乎美国人的意料。与此同时,美国政策计划署也注意到,苏联在其他方面也表现出了新的姿态,比如苏联同意交换伤病的战俘(指朝鲜战争),建议在合理的基础上恢复停战谈判,愿意就结束朝鲜战争采取措施;苏联建议在柏林举行英苏对话以减少该地区发生的飞行事故,并邀请美国和法国参加;②呼吁同西德签署和平条约以及促成德国的统一;允许美国记者进入苏联;同意美苏首脑就原子能控制与裁军问题进行会谈,以及苏联希望努力促成美苏全面谈判,等等。③

对于苏联的这些外交举措,美国国家安全委员会认为,斯大林去世后,苏联的对外政策出现了转向。马林科夫似乎是抢在艾森豪威尔前面出了风头。中央情报局认为,苏联的这些举措其目地是在减轻全面战争的威胁,阻止欧洲防务共同体的建立,削弱西方民众对共产主义的仇视及对有关军备计划的支持。④国务院则把这些变化视作苏联发动的"和平攻势",认为有很大的欺诈性,不足为信。⑤艾森豪威尔认为,苏联的目的很明显:一是

---

① Melvyn P. Leffler, *For the Soul of Mankind*, New York: Hill and Wang, 2007, p. 102.

② 英国飞机于1953年3月12日在德国上空遭到苏联战斗机的袭击,3月15日,一架美国侦察机在勘察加附近遭到袭击,因为它大大偏离了航道,苏联对此事表示遗憾,并建议就空中安全问题进行讨论。参见彼得·卡尔沃科雷西编著:《国际事务概览:1953》,季国兴、刘士箴译,上海:上海译文出版社,1989年,第24页。

③ Memorandum by Carlton Savage of the Policy Planning Staff to the Director of the Staff (Nitze), April 1, 1953, *FRUS*, 1952–1954, Vol. 8, p. 1138.

④ Melvyn P. Leffler, *For the Soul of Mankind*, p. 104.

⑤ Robert R. Bowie and Richard H. Immerman, *Waging Peace: How Eisenhower Shaped an Enduring Cold War Strategy*, p. 115.

避免一场全球战争，二是阻止欧洲防务集团的诞生，三是放慢美国和西方重整军备的速度。① 即便是这样，莫斯科温和的论调是值得鼓励的，这也恰恰是美国希望看到的。②尽管美国政府内部意见的反差与当时盛行一时的麦卡锡主义有很大的关系，不少人对与共产党接触有一种恐慌，但艾森豪威尔本人相信，人们其实渴望看到美苏的接触。③ 美国也很有必要提醒自由世界，不能放松对苏联的警惕，因此，应该尽快表态。"既然美、苏政府都换了新的领导人，那就让我们着眼未来吧！让我们从设想与对话开始！"④ 几经酝酿，4月16日艾森豪威尔在华盛顿向美国报纸编辑协会发表了题为《和平的机会》的长篇演说。

演说称，"随着斯大林的逝世，一个时代终结了"，美国认识到了和平时代的来临，苏联新领导最近的讲话表明，他们可能也已经认识到了和平的机会。大量军备与饥饿、寒冷并存，这是不人道的。冷战是发生在绝对的善与绝对的恶之间的一场斗争，敌人无条件投降是唯一可以接受的结果。冷战是两种生活方式的斗争，以美国为一方所采取的道路是合作的、友谊的、公正的，而苏联所走的道路则是强权的、破坏性的。美国相信，任何国家选择自己的政府形式和经济发展方式的权力都是不能被剥夺的，而苏联则是通过否认这种权力而谋求自己的安全。因此他警告听众，不要太过焦急接受苏联的和平倡议，苏联必须用一系列实际行动来证明其和平诚意，比如立即促使中朝接受美方停战条件；帮助结束印支抗法战争和马来亚共产党游击战；缔结奥地利国家条约。还包括一个联合起来的德国自由地加入北约以及欧洲防务共同体，允许东欧国家人民自由选择其政府形式，在联合国控制与核查下同其他国家一起裁军等。如果和平失败了，世界就会

---

① 德怀特·D·艾森豪威尔：《艾森豪威尔回忆录——白宫岁月（上）：受命变革（1953—1956）》，静海译，北京：三联书店，1978年，第178页。

② 张少书：《敌乎？友乎？——美国分化中苏联盟内幕》，梅寅生译，台湾：金禾出版社，1992年，第97页。

③ Melvyn P. Leffler, *For the Soul of Mankind*, p. 106.

④ Ibid., p. 102.

清楚地知道，是谁将人类陷入如此不幸的境地。①

这次演说从筹备到发表在白宫经历了较为激烈的讨论，美国试图打造一种为我所控的和平局面。艾森豪威尔在演说中倡导缩减军备，营造出一种不同于杜鲁门时代的和平氛围。但是，明明是谋求和平，总统演说的口气和内容却充满冷战的敌意，咄咄逼人。在实现和平的具体方式上，美国更多地要求苏联做出让步，并将威胁和平的责任推给对方，显示出强大的"攻势"。美国的和平攻势后来因苏联提出的"和平共处"而得到了较长时间的存在，整个50年代也见证了双方高呼和平口号而展开的多种论战。这正好与美国期望出现和平局面的设想一致。

三、艾森豪威尔政府掌控和平的"新面貌"战略

继"和平演说"之后，经过5个多月的讨论，艾森豪威尔政府第一个国家安全基本政策NSC162/2文件于1953年10月30日获得批准，俗称"新面貌"战略。它是艾森豪威尔执政时期美国冷战政策的基础性文件，它以文本的形式将苏联对美国构成的威胁以及美国采取的应对措施明确下来。

NSC162/2文件开篇即认为，美国国家安全的首要问题就是应对苏联对美国的安全威胁，这种威胁主要表现在三个方面：其一，苏联对非共产主义世界，特别是对美国的根本性敌视；其二，苏联巨大的军事力量；其三，苏联对国际共产主义组织和其他颠覆、分裂自由世界工具的控制。文件指出，"由于苏联政权并没有因为斯大林的去世而受到削弱，在未来几年也不可能削弱，苏联统治者将继续把他们的政策建立在这样的信念之上，即苏联集团和非共产主义世界之间有不可调和的冲突，苏联对安全的忧虑，以及对美国意图的不信任。因此，美国与苏联进行冷战的态度没有发生改变"。②文件中"苏联威胁观"是对杜鲁门政府冷战政策的继续，从而再次

---

① Address by President Eisenhower, April 16, 1953, *FRUS*, 1952-1954, Vol. 8, pp. 1147-1155.

② NSC162/2, Basic National Security Policy, Oct. 30, 1953, Documents of the National Security Council, 1947-1977, A Microfilm Project of University Publications of America, Inc., 1980, Reel 3.

确认了美苏敌对关系，但是敌对关系并不一定意味着战争关系。文件进一步指出，虽然苏联使用原子弹对美国进行攻击的能力正在上升，并由于氢弹的因素，这种能力将大大增强，但是根据目前的估计，到1955年中期，苏联不大可能蓄意发动一场针对美国的全面战争。究其原因主要是，如果苏联发动战争，苏联能否取胜存在不确定性，另外苏联卫星国的骚乱以及美国大规模报复的能力也都会阻止苏联采取战争行动。同时苏联基于对美国因素的考虑，也不会对北约国家或者其他地区发动全面战争。但不排除如果苏联的安全受到了严重威胁，它不会因为惧怕西方而无动于衷。①

为应对苏联威胁，美国主要采取如下应对措施。

首先，文件指出，在与苏联的对峙中，美国要从根本上避免削弱国家的经济，避免损害国家的基本价值和制度，因此，维持一个强大的、健全的和成长的经济是必须的。美国要通过自由制度的运作，保持在长期竞争中提供必须的力量和迅速有效地转入全面动员的能力，美国的世界地位以及整个自由世界的安全均有赖于美国经济的长期增长，而经济增长不是自动的，需要财政和其他方面的政策支持，不管什么政策都不能损害经济长期增长的潜力，过分的政府开支会导致通货膨胀性赤字或强制性税收，现有的高额政府债务将进一步使美国财政和经济问题复杂化。②据此分析，美国冷战政策首要的是保护自己、强大自己，既然苏联不会蓄意发动战争，美国就更不会主动挑衅，让自己卷入大战。因此，避免战争、谋求和平应该是艾森豪威尔政府国家安全战略另一层潜在的基本含义。避免热战方能赢得冷战，这应该是艾森豪威尔政府对苏政策的基本思路。

在国际关系的舞台上，从来没有哪一个国家能够通过消极避让达到避免战争的目的，在美苏对抗中，美国想要不卷入战争意味着它要为自己创造避免大战的条件，即通过军事上的战略威慑，使得敌对国家不敢轻易向美国进行战争的挑衅。文件指出，美国在军事上要发展和维持军事力量的强大，尤其是大规模报复的能力。③虽然"报复"一词极富进攻色彩，但文

---

① NSC162/2, Basic National Security Policy, Oct. 30, 1953.

② Ibid.

③ Ibid.

件间接暗示，美国并不打算以全面战争来阻止苏联的局部扩张。"大规模报复"战略主要强调核武器的威慑作用。①

其次，盟国对美国安全有着重要意义，没有盟国的支持，即使美国付出昂贵的开支，仍然无法满足国防需要。在这场世界斗争中，无论是在和平还是在战争情况下，美国都需要使主要的高度工业化的非共产党国家的军队和经济资源同美国站在一边。如果这些国家逐步落入苏联集团，将使美国孤立，并危及美国赢得全面战争的能力。因此，美国的"盟国政策"要做到"真诚地使盟国相信美国的安全战略是集体安全战略，联盟必须扎根于对利益共同体的强烈信念，并且坚信美国领导的稳定性和明智性"。②美国冷战战略中的盟国政策表明，冷战从来不是美、苏两个国家的单独对峙，盟国的争取既是赢得冷战的目标也是手段，维持联盟的稳固增强了自身的威慑力量，增加了敌方挑战的成本，是遏制战争的有效手段，同时，防止敌方分化同盟也成为了防范要务。文件也认为，苏联的外交战略变得很灵活，其和平姿态不是要做出事实上的让步，而是为了分裂西方，使欧洲国家产生某种不切实际的幻想，使他们对待冷战的意志松懈，这样，如果美国还执意冷战的话，反倒显得顽固不化了。但苏联也可能出于国内或其他因素的考虑，希望解决一些特殊问题，或者苏联打算要缓和与西方的紧张关系，暗地里增强军事力量，为推进下一阶段美苏关系做准备。③ 对此，文件也有应对之策，主要体现在外交安排上。

再次，美国要做好外交上的准备，美国应该在保障基本安全利益的情况下，保留同苏联解决问题的可能性，以解决特殊冲突或者减少苏联威胁；美国必须让盟国相信它有解决问题的愿望，但这样做不能有损于自由世界力量的发展，也不应该让苏联的力量发展；为了减少苏联的威胁，美国要提高自身以及自由世界其他国家相对于苏联的地位；美国必须保持同苏联与中国进行谈判的可能性，无论局限于个别问题还是就主要问题的全面谈判包括军备问题；美国要采取切实可行的外交、政治、经济和隐蔽手段应

---

① 石斌：《杜勒斯与美国对苏战略（1952—1959）》，第131页。
② NSC162/2, Basic National Security Policy, Oct. 30, 1953.
③ Ibid.

对苏联对自由世界的控制,同时也用这些手段削弱苏联同中国的关系;许多西欧国家担心美国的政策尤其是远东政策,会把欧洲卷入全面战争或者会无限期地延长冷战的紧张状态,为了获得盟国的长期支持,美国政府应该使盟国相信:美国愿意同苏联谈判解决问题。①

纵览文件我们发现,美国新的国家安全政策强调了四点,即重视经济的强大,重视军事的威慑,重视盟国的巩固,重视外交留有余地。如果说杜鲁门政府的冷战政策还是即时之虑,那么从艾森豪威尔政府开始,美国越来越认识到冷战斗争的全面性与长期性,冷战政策也随之常态化。"苏联威胁论"是整个冷战时期美国国家安全首要考虑的问题,在不损害自身的前提下战胜对方是美国冷战的主要目标,"和平的控制与维持"就成为了冷战的主要表现形式。唯有掌控和平,才能实现美国经济的强大,才能赢得盟国的信任,才能避免与苏联关系的过度紧张,为日后美苏首脑会晤留下空间,从整体上掌握冷战的主动权。

小 结

对于那些对艾森豪威尔政府的冷战政策持批评态度的人来讲,没有在更早的时候实现美苏关系的缓和是一种遗憾,但相对于杜鲁门政府而言,艾森豪威尔政府的冷战政策已经做出了很大的调整,这种以"追求和平"为目标的战略调整,既不是美国要主动谋求美苏关系的缓和,也不是对苏联新领导人"和平姿态"的被动反应,而是一种更安全的"主动出击"。正如美国驻苏大使波伦所言,"解决国际争端是一回事,保持和平则是另一回事"。这恐怕就是艾森豪威尔总统最终一定要发表"和平机会"的演说,以及NSC162/2中防御性措施出台的原因,以此也表明进入艾森豪威尔政府时期后,冷战已经不是美国的一时之计,而被长期化、常态化。

---

① NSC162/2, Basic National Security Policy, Oct. 30, 1953.

从"美中关系全国委员会"
看民间力量在中美关系中的作用

何 慧*

摘 要 "美中关系全国委员会"自20世纪60年代后期成立至今一直致力于增进中美两国人民之间的了解和发展两国关系。它通过开展各种形式的教育和交流活动,向公众传递权威信息,向决策者提供独到见解,帮助两国的普通民众相互接触。它在五十多年里一直紧跟时事热点,并着眼于未来,传播中美友好的理念,起到了政府和民众之间桥梁的作用。

关键词 "美中关系全国委员会" 中美关系 民间力量

成立于1966年的"美中关系全国委员会"是最早介入中美关系且持续时间最长的美国涉华非政府组织之一,它从成立至今一直致力于中美两国人民扩大交往、增进了解、建立友谊,它不仅见证了五十几年来中美关系的风风雨雨,而且直接参与了中美关系的很多事务,为两国关系的发展和人民的友好做出了巨大的贡献。美中关系全国委员会是美国对华友好的、综合性的非政府组织的典型,体现出民间力量在中美关系中发挥的重要作用。

---

* 何慧,华南师范大学历史文化学院教授。

一、美中关系全国委员会的成立及早期活动

在 1949 年新中国成立后，美国支持在台湾的国民党政权，断绝了与中国的国家关系。20 世纪 50 年代，由于在朝鲜战争中兵戈相向，两国敌对加深，在冷战的大环境和美国国内的反共气氛之下，两国关系跌至冰点。60 年代，美国不断越南增兵，而中国坚决支持越南人民的抗美斗争，双方可谓怒目而视。但是，在 60 年代的美国国内出现了重新思考美国对华政策的呼声。1964 年 12 月 9 日，在加州大学伯克利分校的斯普罗礼堂（Sproul Hall）举行了一次关于美中关系的研讨会，一向亲台反华的亨利·鲁斯夫妇到场发表讲话，鲁斯夫人克莱尔在讲话中声称应该找寻与占世界人口一半的中国和平共处的办法，但是反对中国进入联合国。而当鲁斯一如既往地吹捧台湾的时候，立即有人对他质疑。这场讨论引起了媒体的较高关注，同时也"似乎打破了在公开场合讨论对华政策的不成文禁令"。之后，1965 年 4 月 28—30 日，在华盛顿举行了"美国与中国全国会议"，参加者包括研究中国问题的知名学者、政策专家，商界、宗教界和劳工界的领袖，国务院负责远东事务的助理国务卿罗伯特·巴内特（Robert W. Barnett）、参议员乔治·麦戈文（George McGovern）和彼得·多米尼克（Peter H. Dominick）也出席了会议。他们虽然观点不同，但是能够心平气和地公开讨论本身就有意义并引起很大反响。正是在这样的背景下，1966 年 6 月，成了一个全国性的非盈利的民间组织——美中关系全国委员会（the National Committee on US-China Relations，NCUSCR），其成员包括了美国著名的中国问题专家哈佛大学东亚研究中心主任费正清、哥伦比亚大学公共法律与政治系教授鲍大可、哈佛大学国际事务中心的莫顿·H·霍尔珀林、加州大学校长克拉克·克尔，前助理国务卿罗杰·希尔斯曼等不少有影响的政治家、著名的工商界人士和知名学者参加了它的活动。曾参与伯克利会议的一些机构是主要推动力量，包括世界事务委员会（World Affairs Council）、加州大学伯克利分校政治学系以及美国之友服务委员会（American Friends

Service Committee，AFSC）。①

美中关系全国委员会成立之初的活动一是向公众传播有关中美关系的信息，介绍中国的情况；二是向政府提供决策咨询。三是促进中美两国民间的直接对话和沟通。例如在1968年2月2日，时任美中关系全国委员会执行会长的西西尔·托马斯（Cecil A. Thomas）和其他创建者，如著名学者赖肖尔（Edwin O. Reischauer）、施伯乐（Robert A. Scalapino）、亚历山大·艾克斯坦（Alexander Eckstein）、卢西亚·派伊（Lucian W. Pye）和鲍大可（A. Doak Barnett）等人一起向美国总统约翰逊介绍美中关系存在的问题，建议采取新的政策。②

20世纪70年代初，随着中美关系缓缓解冻，美中关系全国委员会的活动主要是组织和赞助两国之间的交流和往来以及为中美关系正常化而努力。美中关系全国委员会和对华学术交流委员会（the Committee on Scholarly Communication with the PRC, CSCPRC）赞助了当时绝大多数的中美文化交流项目，为中美关系的发展做出了重大贡献。美中关系全国委员会参与安排和接待了很多中美之间的第一次交流活动，其中最广为人知的就是"乒乓外交"。1971年4月，当参加在日本名古屋举行的世乒赛的美国乒乓球队得到中国政府的邀请准备前往北京进行访问时，兴奋之余也犯愁。一是因为当时中美两国没有正式的外交关系，他们并不知道如何办理相关手续；二是他们对中国毫不了解，不知道该如何与中方打交道；三是美国乒协是一个松散的由乒乓球爱好者建立的小型组织，没有多少管理经验，也缺乏足够的资金；四是当时中美关系的发展出人意料，甚至可以说非常突然，没有现成的机制，只能利用已有的私人渠道和机构。美中关系全国委员会

---

① 筹建的过程及早期活动参见顾宁：《中美建交前后的美中关系全国委员会》，《世界史研究动态》1989年第9期；Linsun Cheng et al., eds., *Berkshire encyclopedia of China*（《宝库山中华全书》），Berkshire Publishing Group, 2009, pp. 1549-1550；罗宣：《在梦想与现实之间：鲁斯与中国》，北京：人民出版社，2005年，第402—404页。

② 《宝库山中华全书》，p. 1549；No. 297, China Experts Meeting with the President, February 2, 1968, *Foreign Relations of the United States, 1964-1968*, Volume XXX, China, http://www.state.gov/www/about state/history/vol xxx/index.html.

会长艾克斯坦等人得知这个情况后，召开了该委员会的全国电话会议，最后决定参与进来，并立即发电报给正在前往中国的美国乒乓球代表团团长斯廷霍文："理解您考虑拟邀请中国体育代表团进行回访。如果您的邀请被接受的话，一个专门致力于美中关系的全国性的委员会期望自己可以为使中国队访美而进行筹款"。美中关系全国委员会于是运用其丰富的经验和人脉关系，为美国乒乓球队访华提供帮助，对美国乒乓球队访华获得成功起了重要作用。美中关系全国委员会还与美国乒乓球协会一起邀请中国乒乓球代表团访美。美国乒乓球协会负责比赛方面的事宜，美中关系全国委员会负责筹款、安排和接待。[①] 1972年4月，中国乒乓球队作为新中国第一个代表团访问美国，他们4月12日从加拿大飞抵底特律，4月30日离开旧金山前往墨西哥，在美国停留的半个多月里，访问了华盛顿、纽约、孟菲斯、洛杉矶等地，与美国运动员进行了近40次比赛和表演赛。中国乒乓球代表团受到美国观众的热烈欢迎，美国的记者们也争相报道，美中关系全国委员会的影响也扩大了。[②]

1972年12月16日，由美中关系全国委员会和纽约市音乐与戏剧中心联合接待的中国沈阳杂技团抵达美国，在美国的4个城市进行了历时4周的访问，大约有4.5万人观看了18场演出和4次彩排，还有无数人在随后的几个月内观看了美国广播公司反复播出的电视录像。中国沈阳杂技团在美国演出时观众如潮，一票难求，反应异常热烈，各大媒体也纷纷报道。

1972年12月11日至1973年1月6日，美中关系全国委员会代表团访华，团长是时任美中关系全国委员会理事会会长的密歇根大学教授亚历山大·艾克斯坦，成员包括著名中国问题专家施伯乐、鲍大可、迈克尔·奥

[①] Jan Carol Berris, "The Evolution of Sino-American Exchanges: A View from the National Committee," in J. K. Kallgren, D. F. Simon, eds., *Educational Exchanges: Essays on the Sino-American Experience*, Berkeley, UC, 1986, pp. 80-81; 顾宁：《建交前后的美中关系全国委员会》; 顾宁：《小球转动大球——震惊世界的中美"乒乓外交"秘闻》，《知情者说》第4辑，北京：中国青年出版社，1998年，第207—235页。

[②] Jan Carol Berris, "The Evolution of Sino-American Exchanges: A View from the National Committee," pp. 80-81.

克森伯格、约翰·刘易斯、卢西恩·派伊等。在中国访问期间，他们同有关部门讨论了两国间文化交流的事宜。代表团回国之后更积极地组织两国间的交流。在美中关系全国委员会的帮助下，美国第一个教育代表团于1973年8月到中国访问。1973年12月，由8名成员组成的中国语言研究代表团访问了美国，考察英语教学法。这是首次中美教育互访。1973年5月，美中关系全国委员会与美国报纸编辑学会（American Society of Newspaper Editors, ASNE）合作，邀请了第一个中国记者代表团访问美国，作为此前美国报纸编辑学会访问中国后的回访。21个中国记者在一个月的访问期间参观了纽约、波士顿、华盛顿特区、芝加哥、丹佛、旧金山和檀香山，体验美国不同地域的风土人情。他们不仅与美国同行交流，还与美国的州长、市长、大学校长以及学生、工人广泛接触。代表团团长是新华社社长朱穆之，代表团成员来自各个新闻和出版机构，他们对美国文化、政府、经济等很多方面提出了问题，是中国媒体对美国进行的首次全方位了解，美国媒体对此也予以了关注。自此之后，数以百计的两国新闻工作者开始进行交流、研讨、报道、实习等活动，并且通过他们的报道向两国人民传达对彼此的认识。

1973年9月，费城交响乐团成为第一个访华的美国文化团体，也是由美中关系全国委员会出面，在费城交响乐团、中国驻联合国使团及美国国务院之间进行联络，参与制订计划，向乐团介绍相关情况等，而且，美中关系全国委员会会长莫里（Douglas P. Murray）作为乐团的陪同和顾问随行，全程参与了这次开启美国音乐界与中国交往的历史性访问。

1974年6月，中国武术队由美中关系全国委员会与其他机构联合邀请访美并提供赞助。中国武术代表团有30名成员，其中有时年11岁的著名演员李连杰和另外两位少年。他们在美国访问四周，在夏威夷、旧金山、纽约和华盛顿特区进行了表演，在华盛顿时受到美国总统尼克松和国务卿基辛格的接见。1974年11月，美国大学校长代表团访问了中国。1976年11月，中国高等教育代表团访问美国，侧重考察科学和工程学的教育和研究成果。1977年7月，美中关系全国委员会接待中国人民对外事务代表团，后来的中国驻美大使杨洁篪当时是中方翻译。1978年9月，美中关系全国委员会协助了第一批中国市长访问美国以及1979年5月首批美国市长访华。

总之,在中美关系渐渐改善但还未正式建交之前,美中关系全国委员会虽然是一个民间组织,所做的事情不过是双方的一些初步接触,却起到了官方代理人或半官方机构的作用,而且打下了基础,播下了友谊的种子,对促进中美两国的民间往来起了拓荒和推动的作用。1979年中美正式建交以后,美中关系全国委员会并没有因此停止,而是继续努力,促进了两国之间更多实质性的交流。从1972年到1985年,它共派出了63个团体共1288人,接待来自中国的91个代表团共1077人,总共支出费用达640万美元。[1]

二、美中关系全国委员会的组织管理与活动方式

美中关系全国委员会的成员是愿意进行与中美关系有关活动并接受该组织各项使命的美国公民。与美国其他非政府组织一样,美中关系全国委员会有一个理事会和一个处理日常事务的管理委员会。理事会对该组织的使命和全部活动有最终的决定权,成员主要是有共同理念的来自各个领域的杰出人士,他们不是雇员,不处理日常事务,每年聚会一到两次。理事会成员由美中关系全国委员会的提名委员会提名并由全体会员选举产生,一般是三年一个任期,可以连任两届,少数特别积极的人士可以连任三届。理事会会长由理事会成员选出。从美中关系全国委员会成立之初至中美建交,其理事会会长都是由著名的中国问题专家担任而且任职时间都不长,一般在四年以下,前几任会长分别施伯乐、鲍大可、艾克斯坦、迈克尔·布鲁门萨尔(W. Michael Blumenthal)、查尔斯·约斯特(Charles W. Yost)、派伊,从1981年起至今共三位理事会会长,每人任职都近十年,他们是雷蒙·谢菲尔(Raymond P. Shafer)、巴尔伯·康纳伯(Barber B. Conable, Jr.)和卡拉·希尔斯(Cala A. Hills)。处理美中关系全国委员会

---

[1] David M. Lampton, Joyce A. Madancy, Kristen M. Williams, *A Relationship Restored: Trends in U. S.-China Educational Exchanges*, *1978-1984*, National Academies Press, 1986, p. 94.

日常事务的是一批有薪的管理人员,他们负责制订计划、管理财务及正常运作。其会长由理事会任命,任期没有特定限制,由理事会和其本人决定。美中关系全国委员会的历任会长是西西尔·托马斯、普里斯通·斯切伊尔（Preston Schoyer）、卡尔·斯托夫（Carl Stover）、阿瑟·罗森（Arthur Rosen）、大卫·兰普顿（David Lampton）、约翰·霍顿（John Holden）、斯蒂夫·欧林斯（Steve Orlins），其中的后四位任期都在七年以上。① 可以看出,美中关系全国委员会早期的领导人知名度大、权威性高,后期则稳定性强。虽然会长已经更换了好几个,但是他们都有共同的理念,那就是中美合作有很多好处,而对抗代价太高。如霍顿所说:中美人民彼此更好地了解和处理好两国关系是"非常明智的投资"。②

美中关系全国委员会的历届领导人大多与中国有着一定的渊源,如施伯乐、鲍大可、兰普顿都是著名的中国问题专家,有些则是曾在与中国有商业关系的公司工作。如现任会长欧林斯在70年代于美国国务院亚太事务法律顾问办公室任职,80年代曾任雷曼兄弟亚洲公司的总裁,管理东亚区域的业务;90年代就职于几家美国投资公司,负责亚洲事务。现任副会长白莉娟从1971年起就一直在美中关系全国委员会工作,她到访中国超过一百次,亲身参与了大量的中美交流活动。在进入美中关系全国委员会之前,她在密歇根大学主修汉语和日语,做过著名学者理查德·所罗门（Richard H. Solomon）的助手,所罗门后来曾担任美国国务院负责东亚及太平洋事务的助理国务卿。

美中关系全国委员会的机构不大,人数不多,但是其工作人员非常精干,工作量大却井井有条。他们经手了大量资金,对所安排和接待的客人非常慷慨,包括资助了不少中国的留学生和学者,但他们自己非常节俭,经常为了省钱而坐"红眼航班"。美中关系全国委员会的管理人员从不计较个人得失,如前中国驻美大使周文重所说,这些领导人都会流利的汉语,在中美两国人缘极广,他们如果是做生意,必定财运亨通,但他们都没有

---

① 电子邮件采访美中关系全国委员会现任副会长白莉娟（Jan C. Berris），2012年3月10日。
② *2002 Annual Report of National Committee on US-China Relations*（《美中关系全国委员会2002年年度报告》），p. 3.

投身商界，而是孜孜不倦地为增进两国友谊而奔忙。美中关系全国委员会实际上是一个服务性机构，他们安排和接待了无数的代表团，每一个代表团都要事无巨细，安排周全，这也体现出他们很强的专业性。①

美中关系全国委员会组织的各项交流活动涉及的面很广，包括教育交流、国际关系及政策研讨、经济发展与管理、政府与法律、环境问题、媒体作用，等等，还经常举行讲座、研讨会，把两国的决策者和意见领袖的观点直接传递给公众。美中关系全国委员会很多时候是一个牵线搭桥的角色，其中一个重要任务是为两国的民间交流活动筹款。其经费来源最初只有私人捐赠，由于成功地资助了乒乓外交项目，开始得到美国政府的一部分支持，主要是从美国国务院的各个部门获得对某个具体项目的资助，如2001年关于环境教育的专家访华团得到美国国务院科技司的资助，2002年考察中国加入世界贸易组织后情况的活动得到美国国务院教育和文化事务局的资助。但美中关系全国委员会主要的经费来自民间的基金会、企业和私人捐助。基金会中支持力度较大的有福特基金会、洛克菲勒基金会、亨利·卢斯基金会、自由人基金会、加罗琳·埃默森基金会、凯特琳基金会等。企业方面支持较多的包括美国国际集团、福特汽车、通用汽车、弗兰克－罗素、可口可乐、百事、摩根大通、摩根士丹利、埃克森石油、摩托罗拉、联邦快递等。它们有些是每年提供资助，有的是对某些特定项目专项资助，例如，1979年美国波士顿交响乐团访华得到可口可乐、吉列、美孚、泛美航空等商业机构的支持。2002年开启的"青年领袖论坛"得到美国国际集团、时代华纳—美国在线、高盛、百事、英国石油等公司的资助。②

美中关系全国委员会的活动主要有以下方式：

1. 安排互访和接待来访。在中美建交以前，由于两国没有外交使团和

---

① *Forty at Forty: National Committee on US-China Relations*（《美中关系全国委员会四十年纪念文集》）。

② Jan Carol Berris, "The Evolution of Sino-American Exchanges: A View from the National Committee," pp. 90–91; *2002 Annual Report of National Committee on US-China Relations*（《美中关系全国委员会2002年年度报告》）, p. 21.

机构，没有常规的往来渠道，两国间的文化交流活动大多以民间交往的形式出现，在美国方面美中关系全国委员会就担当起了这样的角色，如1972年中国乒乓球队访问美国，就是由美中关系全国委员会邀请并接待。这是新中国成立后的第一个正式访问美国的代表团，包括团长庄则栋在内的人都是第一次到"神秘"和"向往"的美国，他们在美国期间，受到热情和友好的欢迎，对美国印象很好，感受到了两国人民的友好情谊。1978年，柴泽民担任中国驻美联络处主任赴美时，美中关系全国委员会也参与接待他，带他参观和熟悉美国，他后来也参加了很多美中关系全国委员会组织的活动。

2. 制订和实施民间交流项目。美中关系全国委员会的活动中最多的是文化和教育交流项目。自1973年起美中关系全国委员会就开始资助教育交流项目，每年组织美中两国的教师和教育管理者到对方参观访问。他们直接来到课堂、家庭、社区，亲身体验两国人民的生活，了解两国的历史和文化，从而增进对对方的历史、文化和社会的了解，并进而通过他们向学生传播，在青年一代的心中播撒友谊的种子。

3. 公开讲座及出版刊物。美中关系全国委员会每年都在其总部所在地纽约以及华盛顿、波士顿、芝加哥、西雅图等城市举办大型会议、研讨会或者讲座，就美中关系的热点问题邀请两国的权威人士进行分析、解读；向公众推介有关中美关系的最新成果。以2001年为例，美中关系全国委员会全年共组织了27场次的研讨会，内容包括台湾地区的政治与选举、后"9·11"时代的中美关系、APEC峰会与布什总统访华、中国知识分子的反思、中国法律发展走向、腐败的代价与结果等问题。邀请的主讲人及嘉宾既有知名学者，也有政要和外交官，包括唐耐心（Nancy B. Tucker）、大卫·兰普顿、罗德里克·麦克法奎尔（Roderick MacFaquhar）、史景迁（Jonathan D. Spence）、谢淑丽（Susan Shirk）、理查德·霍尔布鲁克（Richard Holbrook）、尚慕杰（James R. Sasser）、曾荫权、钱其琛、杨洁篪、资中筠、胡鞍钢等。① 这些直接面对美国公众的讲座和研讨会让那些对美中关系感兴趣的人们有高端的信息来源，从而达到较好的认知效果。由师从鲍大可和奥克森伯格的美国学者刘恩沛博士发起，上海美国学会和美中关系全国委员会合作，从 2004 年起每一年或两年在中国上海举行一次"鲍大可—奥克森伯格中美关系讲座"，每次都邀请美中知名的专家学者来进行交流、对话，让美中两国的学生和学者有更多更直接的接触，"为中美关系搭建了一个坦诚发表观点和建议，进行直接的官方或民间交流的重要平台"。②

4. 协办官方活动。美中关系全国委员会举办的一些教育交流项目是依据美国和中国的相关协定，与美国教育部合作进行的。2003 年，美中关系全国委员会加入美国劳工部的一个为期 4 年的计划，帮助中国草拟新劳动法。

5. 与企业合作，安排实习生。从 1998 年到 2006 年，美中关系全国委员会每年帮助安排 5—6 位复旦大学的学生到美国时代华纳公司、《时代》周刊、《财富》杂志社、全国新闻网（CNN）实习 3 个月。通过实习，他们不仅增加了对美国历史和社会的了解，而且实地感受美国传媒行业的情况。他们也到美国的社区去介绍中国媒体对美国的描绘，还参与一些与中国有关的新闻报道活动。③

6. 学术研讨及学生论文比赛。美中关系全国委员会在 2001 年启动了每年一次的纪念鲍大可研究生论文竞赛，每次都有一个与中美关系相关的主题，如 2002 年要求围绕加强美中关系、深化合作，减少紧张或者找到避免潜在问题的途径。2003 年的主题是对于两国新领导人来说什么是促进双方合作的最大机会。提交的论文由鲍大可夫人和中美专家共同评选出优胜者，

---

① *2001 Annual Report of National Committee on US-China Relations*（《美中关系全国委员会 2001 年度报告》），pp. 17-19.

② 倪世雄：《结交一言重，相期千里至：一个中国学者眼中的中美建交 30 年》，上海：复旦大学出版社，2009 年，第 302—305 页。

③ *2003 Annual Report of National Committee on US-China Relations*（《美中关系全国委员会 2003 年度报告》），pp. 12-13.

目的是让青年学子关注中美关系并发表独特见解。①

通过以上各种形式的活动，美中关系全国委员会建立起了与中国沟通的多种渠道，为两国各个阶层和领域的人们提供了解对方的机会和平台，并在沟通和交流中扩大共识，增进友谊。

三、美中关系全国委员会的特色和作为

经过五十多年的发展，美中关系全国委员会现有成员来自美国社会各界约740人，与80家公司有协作关系。他们虽然有利益和观点的不同，但是有一个共同点，就是认识到中美关系的发展需要两国人民之间长期持续的了解、接触和面对面的沟通。像美中关系全国委员会这样在半个多世纪的时间里持续地为中美关系的健康发展而奔走努力的美国非政府组织即使不是绝无仅有也是凤毛麟角，它在多年的工作中已经形成了自身的特色并起到了独特的作用。

（一）坚持不懈，五十多年来从未停止，无论中美关系经历风雨、曲折，一直为增进两国的友好而努力

中美关系的发展走过了不平坦的道路，在70年代的波澜起伏之后终于在1979年迎来了中美的正式建交，80年代，两国关系总体来说是比较顺利的。但是，在1989年的中国政治风波后，美国有不少人质疑美国之前的对华政策，两国关系变得紧张，美国国内的各种涉华团体发生分化，有些自动解散，有些走向反华，而美中关系全国委员会仍然相信必须要继续保持两国之间的沟通与交往，增进了解。他们利用各种机会向美国公众说明保持与中国进行沟通和对话的重要性，也向中国说明美国的一些情况。1995年，当美国政府允许李登辉访美，中国政府提出抗议，决定召回驻美大使李道豫，当时担任美中关系全国委员会会长和副会长的兰普顿和白莉娟立

---

① *2002 Annual Report of National Committee on US-China Relations*（《美中关系全国委员会2002年度报告》），pp. 21-22；*2003 Annual Report of National Committee on US-China Relations*（《美中关系全国委员会2003年度报告》），p. 20.

即到中国大使馆商谈如何化解形势。2000年美国大选期间，共和党的总统候选人乔治·布什的一些言论引起中国方面的担心，美中关系全国委员于是派人到中国解释2000年大选的政策意味，消除人们的疑虑。2001年，危机频现，在4月的南海撞机事件和9月的"9·11事件"中，美中关系全国委员会都接受了两国媒体的大量采访，力争为公众提供比较客观的评论。正是由于其态度和言辞的中肯得到了人们信任，许多人和机构都愿意倾听他们的声音。

（二）沟通政、商、学界，搭建平台，形成广泛人脉

美中关系全国委员会是一个沟通美国各界的平台，并通过这个平台搭建起与中国进行交流的桥梁。从1984年起，美中关系全国委员会与中国人民外交学会合作主办"中美杰出人物对话"，让两国精英阶层的代表进行深度互动，以增进了解，推动两国关系。1987年成立的美中协会（ACS）由美国前国务卿基辛格、万斯等人建立，目的是推动两国的理解，主要由前总统、国务卿等政商界高层人士组成，2001年3月，美中协会、美中关系全国委员会与中国外交学会共同组织了在北京举行的美中论坛，基辛格率领代表团访华，成员有前国防部长威廉·佩里（William J. Perry）、福特汽车公司副总裁韦恩·布克尔（W. Wayne Booker）、约翰·霍普金斯大学教授大卫·兰普顿、前美中协会执行主任赫伯特·列文（Hebert Levin）、密歇根大学政治学教授李侃如（Kenneth Lieberthal）、哈佛大学费正清中心的东亚问题专家傅高义（Ezra Vogel）、美中关系全国委员会会长约翰·霍顿和副会长白莉娟等，政、商、学界的精英共聚一场，并与中国领导人进行了会面。① 2003年11月，美中关系全国委员会与中国国际战略研究基金会（CFISS）联合在纽约举行了一次高规格的研讨会，讨论包括朝鲜半岛局势、海峡两岸关系、美国国内政治影响等问题，参加会议的中国代表由中国前外长钱其琛率领，成员有中央党校校长郑必坚等。美国方面由美国前国防部长佩里领衔，一批重量级的学者、前军方和企业人士到会。②

---

① *2001 Annual Report of National Committee on US-China Relations*（《美中关系全国委员会2001年度报告》），pp. 15–16.

② Ibid., pp. 5–6.

(三) 紧跟形势，关注热点，与时俱进，并具有前瞻性

自 20 世纪 70 年代以来，无论是中国还是世界都发生了巨大的变化，中美两国所面临的问题也日趋复杂。美中关系全国委员会总能够在新的形势下，针对最新的问题，汇集两国的各行专家进行研讨，并把他们的观点传达给公众。

2001 年，美中关系全国委员会举办了关于减灾问题的项目，邀请中国大陆和台湾、香港学者共同探讨应对洪水、地震、山火、台风等自然灾害。同年 5 月，派出环境教育专家访华 11 天，让他们与中国的教师、管理者、非政府机构领导人、学生就环境教育进行交流，在青岛、黑龙江开设环保工作室，当时恰逢世界环境日，他们和中国民众一起进行活动。2001 年，开展以"媒体的未来"为主题的活动，关注科技对媒体、受众的影响，新一代记者的出现，特别是互联网带来的挑战。2002 年 1 月，美中关系全国委员会五位成员组成的专家团到中国与中国同行讨论关于干预索马里、卢旺达、科索沃、东帝汶等热点问题。在中国于 2001 年加入世界贸易组织后，美中关系全国委员会于 2002 年 10 月组织美国代表团访问北京、哈尔滨、扬州、上海，考察入世后中国农业发展、出口、政府管理、投资等问题，与中国的研究者、学生、地方官员交流。[①] 2003 年，美中关系全国委员会组织了几位中国预防艾滋病的民间人士到美国访问，参观和学习美国社区防治艾滋病的经验。同年，美中关系全国委员会发起在纽约召开了一次防治非典型性肺炎（SARS）的大型会议，邀请了很多相关的专家，包括诺贝尔医学奖的获奖者，介绍非典型性肺炎的情况，并对中国的公共卫生问题和建设提出建议。[②] 2007 年，美中关系全国委员会与中国有关部门和专家合作，探讨关于新劳动合同法、中海油收购事件、分税制以及电子政务等问题。[③]

---

① *2002 Annual Report of National Committee on US-China Relations*（《美中关系全国委员会 2002 年年度报告》），pp. 5, 7-8.

② *2003 Annual Report of National Committee on US-China Relations*（《美中关系全国委员会 2003 年度报告》），pp. 14-15.

③ *2007 Annual Report of National Committee on US-China Relations*（《美中关系全国委员会 2007 年年度报告》），pp. 10-11.

2010年，美中关系全国委员会关注的问题更多更广，特别是全球化形势下的经济、气候、核不扩散及能源安全、法治等热点和难点问题被纳入深度研讨与交流之中。2010年，美中关系全国委员会启动公共知识分子项目，旨在培育中国新一代的公共知识分子，并通过这些熟悉中国政策和公共话语的人向美国公众传达关于中国的信息而使美国民众更多地了解中国。[①]

（四）关注范围逐渐扩大，不断开拓新领域，从中国大陆到大中华区域，从战略问题到民生话题都予以关注

美中关系全国委员会从1973年起8月就开始进行各种交流活动，其中最多的是教育交流，内容涉及初等教育、高等教育、职业教育、特殊教育、多媒体教育、家长参与等。其次是对国际问题的探讨和交流，包括国际合作、危机管理、国际干预机制、反恐怖主义、朝鲜半岛局势等。经济方面包括世界贸易组织、可持续发展、中国西部经济、农业、债务等问题；政治和法律方面包括两岸关系、台湾选举、税制改革、劳工法、司法援助等；环境问题方面包括减灾、废水处理、废物回收利用、清洁能源等。例如在2002年，美中关系全国委员会与伍德罗·威尔逊中心的环境变化安全项目合作，派出了一个代表团来中国探讨和协商应对环境方面的挑战。

美中关系全国委员会早期的活动主要是与中国大陆的交流，但到了20世纪末和21世纪初，其组织的交流活动已经遍及包含港澳台在内的大中华区域。例如2000年美中关系全国委员会组织的跨海峡研讨会，讨论台湾"大选"。同年还组织台湾工会领导人访问美国，了解美国工会的历史和现状。2002年6—7月，美中关系全国委员会组织来自中国大陆、香港和台湾的环境专业人士代表团到美国体验危险类废弃物品管理并探讨其与经济发展的关系。在为期两周的访问中，他们共同参观并了解了美国危险类废品比较集中的地区的废品处理情况，与美国环境法官、研究人员、政府官员、环保公司、非政府组织进行了交流。2002年11月，美中关系全国委员会与卡特中心联合邀请了中国大陆、香港和台湾三地的决策人、地方政府官员

---

① *2010 Annual Report of National Committee on US-China Relations*（《美中关系全国委员会2010年年度报告》），p.11.

和学者进行了为期10天的学习之旅，希望他们在实地近距离了解美国的公民教育、竞选运作、筹款、投票登记、民意调查、选举政治中的种族、性别、阶层等问题，同时相互讨论自己所在地区的选举问题，由于三地制度的差异，出现热烈争论，但大家都认为这样的活动非常有价值。代表团成员来自全国人大、民政部、广西、山东、湖南、天津的民政厅、华中师范大学；"国立台湾大学""国立政治大学"、香港大学以及一些杂志社。2003年8月，美中关系全国委员会又组织了一次以"台湾海峡的新挑战和机会"为题的研讨会，有美国、中国大陆、中国台湾地区的三十多名专家出席，探讨两岸关系及政治、经济、社会问题。①

（五）未来取向，注重影响潜在的领导人

美中关系全国委员会一直把争取下一代作为重点之一。他们经常邀请具有政治潜力的年轻人参加活动，以增加彼此的了解；他们特别重视通过两国的中小学教师把他们对彼此的了解传播给学生；他们还发起两国青年精英的直接对话；另外也十分关注在美国的中国留学生。

1975年10月，美中关系全国委员会赞助18位美国世界事务公共教育方面的领导人的访华团，团长是时任外交委员会理事会副会长和洛克菲勒基金会会长，后来在卡特政府担任国务卿的塞勒斯·万斯。他们在华一周的访问期间，与中国政府有关方面进行了会面，见到了中国副总理邓小平。他们参观了大庆油田，访问了哈尔滨、南京、扬州、无锡、上海等地。回国后，他们中的一些人发表文章，参加访谈节目、研讨会，做讲座，介绍他们在中国的见闻。1977年，应中国对外友协邀请，美中关系全国委员会与美国青年政治领袖理事会合作，组织了一个17位政治领袖的访华团，他们是各州或地方选举中的活跃分子或者一些政治团体的领导人，团长是马萨诸塞州副州长。他们在北京受到李先念副总理的接见，参观了北京、呼和浩特、长沙、上海等地。

在1988年7月，美中关系全国委员会组织一个苏联政策专家代表团，

---

① *2002 Annual Report of National Committee on US-China Relations*（《美中关系全国委员会2002年年度报告》），pp. 12-13，18；*2003 Annual Report of National Committee on US-China Relations*（《美中关系全国委员会2003年度报告》），p. 4.

成员中有后来的国务卿的康多利扎·赖斯。他们访问了北京、哈尔滨、绥芬河、牡丹江等地,亲临中苏边界的他们是多年来首批非苏联的外国人。这次访问使赖斯对中国有了直观的认识,甚至对她后来在小布什政府中的对外政策有所影响。①

除了聚焦高层后备力量,美中关系全国委员会也注意中层青年人才。美中关系全国委员会从2002年开始举行青年领袖论坛,首次是在圣巴巴拉举行,参加者有来自两国的艺术家、建筑师、企业主、金融专家、记者、学者、环保领袖等,目的是增进了解,减少误会,发展公民社会,关注未来城市发展、全球安全与经济增长等。活动的内容包括请名流讲话,专家授课,自由讨论等。该活动每次都有一个主题,如2003年的主题是"传统与变化的平衡"、2005年的主题是"未来发展趋势",每年都邀请美中两国不同行业的青年参加,让他们彼此分享思想、经历,增进了解。凡是参加了这个活动的人,都会在不同程度上愿意为推动两国关系而努力。如美国宇航员马克·凯利(Mark Kelly)参加了2003年、2004年、2005年的三次青年领袖论坛,他认为这是仅次于其太空飞行的"伟大经历"。美国纽约城市芭蕾舞团主演达米安·沃泽尔(Damian Woetzel)参加了2002年、2004年和2006年的青年领袖论坛,她说每次参加这个活动都有新的触动,并使她有了表演生涯结束后的计划,就是除了做舞蹈编导、重返校园外,要服务于中美关系,而且,未来的生活中"肯定会有中国元素"。②

从2004年起,美中关系全国委员会开始学生领袖交流项目,组织美国优秀高中生到中国进行为期约两周的学习之旅,他们入住中国家庭,熟悉中国人的生活,参观历史景点,了解中国文化,与中国的同龄人进行交流等,这些活动对于即将进入大学的年轻人来说有着深远的影响。

随着中国留美学生越来越多,而且学成回国的人数也在不断增加,中

---

① Forty at Forty: National Committee on US-China Relations(《美中关系全国委员会四十年纪念文集》)。

② Forty at Forty: National Committee on US-China Relations(《美中关系全国委员会四十年纪念文集》);2003 Annual Report of National Committee on US-China Relations(《美中关系全国委员会2003年度报告》),pp. 18-20。

国在美国的留学生也受到美中关系全国委员会的关注。如2003年6月，美中关系全国委员会与乔治·华盛顿大学合作，邀请在美国的200名中国留学生参加为期三天的活动。活动内容包括听专家讲座、参观政府部门，了解美国的决策程序。这些留学生多为理科专业的学生，被看作是中国未来的精英。这项活动邀请的嘉宾包括了一些美国的前政要如前国务卿奥尔布赖特、前助理国务卿凯利、前国防部长麦克拉马拉等，希望留学生在追逐政治明星的过程中受到他们的影响。①

美中关系全国委员会的活动名目繁多，但是也很注意整合资源，把分散和零星的交流发展为常规性、制度化的项目。如美中关系全国委员会与富布莱特—海斯项目合作，每年组织美国教师到中国学习和了解中国社会和文化，安排中国教师和教育管理工作者到美国观摩美国的中小学教育，包括校长的管理职能、社区互动、教育改革等。美中关系全国委员会从2002年起接过1996年由"美国学术团体"（ACLS）创立的美中教师交流项目。从2002年起每年举办青年领袖论坛。美中关系全国委员会与中国对外友协共同发起和组织了十几次美中对话，与上海国际关系研究所、外交学院、中央党校等机构有了较为长期和稳定的协作关系。无论是在美国还是在中国，美中关系全国委员会都已经建立起了畅通的渠道和宽大的平台，为推动中美两国的发展和人民之间的交往做出了贡献。

五十多年来，美中关系全国委员会不懈地推动两国之间在政治、经济、贸易、文化、教育和各方面的交往和合作。到如今，直接参加过美中关系全国委员会组织的活动的中美人士超过6000人，间接参加者则不计其数。作为一个对华友好的非政府组织，美中关系全国委员会为中美关系所做的贡献受到人们的关注和赞赏。美国前国务卿赖斯的评价它几十年来"一直处于发展坦率的、建设性的和富有成果的美中关系的前沿"。中国前驻美大使李道豫赞扬它在发展两国人民之间的关系中起到"重要的和不可替代的作用"，它是促进中美友好关系的"教师、鼓动者、促进者、支持者和联络

---

① *2003 Annual Report of National Committee on US-China Relations*（《美中关系全国委员会2003年度报告》），p. 17.

者"。中国对外友协会长李小林则认为它"在两国人民间的交流方面发挥了独特作用"。美国前国防部长佩里的评价是：美中关系全国委员会多方面的工作不仅使中美两国收益，而且对全世界有益。① 在每次中国领导人访问美国举行的欢迎宴会和答谢宴会上，都有美中关系全国委员会的代表出席，充分说明其作用和贡献得到了中方的高度认可。

四、民间力量在中美关系中的作用

从20世纪70年代起，中美关系走过了曲折的历程，但通过直接的接触和交流以增进彼此之间的了解是官方和民间的共识，总体上看双方的对话渠道一直是比较畅通的，于1984年开始的第二轨道成为国家正式关系的重要补充，以美中关系全国委员会为代表的美国对华友好的民间组织和人士在这个方面发挥了重要作用。美中关系全国委员会副会长白莉娟认为，该组织之所以一直能作为沟通美中关系的重要的民间组织而发挥作用，就在于它坚持非党派性、客观性、灵活性及与时俱进。它使不同背景的人们和观点聚合在一起，向公众和决策人提供准确的信息和中肯的建议，并根据形势的发展变化，不断提出新的问题，迎接新的挑战。所以，美中关系全国委员会在美国国内并没有遭受到太多的负面指责或批评，因为它没有明显的政治倾向性，而是尽力找寻对双方有利的解决之道。它与美中两国的政府有许多合作、协作，也使其立场、观点易于被接受，即使涉及敏感问题或灰色地带，也因其致力于沟通、探索的动因而不至于引起误解。②

民间交流是顺乎人们的兴趣和意愿的自然活动，在20世纪70年代，中美两国相互隔绝了二十多年，没有正常的关系，没有来往，彼此对立，但是，两国的人们还是希望了解对方，毕竟这是两国在世界上有着重要地位的大国。很多美国人对古老、神秘的中国十分好奇，如大卫·兰普顿所说，自然科学家渴望亲临中国对这里的土地、气候、动植物进行了解，以补充

---

① Forty at Forty: National Committee on US-China Relations（《美中关系全国委员会四十年纪念文集》）.

② 电子邮件采访美中关系全国委员会现任副会长白莉娟，2012年3月10日。

他们这方面的知识，因为有些东西只有中国才有。而人文和社会科学家对中国的历史、社会、文化和人们的日常生活有浓厚的兴趣。① 美国的记者们则希望为普通美国人打开一扇了解东方异国风情的窗口，丰富美国人的生活。而大多数的中国人虽然形式上接受了官方宣传，把美国看作是"野心狼"和"纸老虎"，但是，他们也想知道这些被形容为豺狼虎豹的美国人是不是真的就面目狰狞、行为乖张。毛泽东说过，要把美国政府和人民区分开来，美国人民是好的，所以，中国人对于美国人也是充满好奇的。双方的好奇心只能通过面对面的亲身接触才可能得以满足。

70年代初陆续来华的美国人，带着好奇心来到中国，他们也成为中国人好奇的对象。这些金发碧眼的外国人常常被中国人围观。在1971年来华访问的美国乒乓球代表团中有一位队员是一个嬉皮士，他留着长发，穿着喇叭裤，打球的时候头上扎着发带。这种"稀奇古怪"的打扮让许多中国人感到不可思议，也由此联想到美国颓废的文化。不过，周恩来总理在接见美国乒乓球队时并没有对此进行批评，反而认为是年轻人特有的表达方式，这让不少中国人感到意外。此时来华的美国人，无论是乒乓球队员还是记者，都是温和甚至拘谨的，完全没有咄咄逼人的凶相。而随后来华的美国田径、游泳、篮球健儿以其高超技能、强健体魄改变了中国人对美国人柔弱、颓废的看法。同时，70年代到访美国的中国代表团虽然人数少但素质高，无论是乒乓球、体操、武术运动员还是杂技演员，他们不仅技艺精湛，而且为人低调谦和，他们在美国的表现也改变了美国人心目中呆板、冷漠、愚笨的中国人的形象。②

1979年中美正式建交后，两国人民之间的来往不断增多，彼此的了解不断加深，相互的影响也日趋明显。当然，由于美国是发达国家，其经济和文化产品向中国的输入对中国特别是中国的年轻人影响很大。几十年来，中美两国的人们也逐渐形成了三大共识：和平相处，共存双赢的愿景；经

---

① David M. Lampton, *A Relationship Restored: Trends in U. S. -China Educational Exchanges, 1978-1984*, p. 12.

② Jan Carol Berris, "The Evolution of Sino-American Exchanges: A View from the National Committee," pp. 82–83.

济繁荣，消费主义的潮流；平等参与、公开透明的意识。

毫无疑问，包括美中关系全国委员会在内的许多美国组织和美国人是希望改造中国的，即把美国作为中国的模板，把"先进"的理念和制度输出到中国，只不过他们用的是柔和的和潜移默化的方式。例如，为了推进中国的法制化，美中关系全国委员会在2002年3月邀请了几位中国的法官、法院干部、学者到美国观摩特别法庭，在华盛顿了解美国的司法结构、法官和法律人员的培养、司法行为标准等。他们参观了各式各样的法庭，实地了解美国的司法体系。同年4月，美中关系全国委员会还组织了由中国司法部、最高人民法院、最高人民检察院、公安部、教育部、南京大学、中国人民大学等机构的相关人士组成的法律援助项目考察团，让他们实地了解美国司法体系中法律援助的发展历史、规则、实践，如何培养人才等。美中关系全国委员会同时也组织美国法官到中国访问。

亲身参与了美中交流的人们从他们自身的经历中感受到中国的变化。例如1974年，美中关系全国委员会组织了第一个美国大学校长代表团访华，作为代表团成员之一的安德鲁·梅隆基金会荣誉会长、普林斯顿大学荣誉教授威廉·博文（William Bowen）认为这次访问是他"最重大的教育经历之一"。曾参加1978年11—12月美中关系全国委员会组织的美国国内事务领导人代表团访华的前威斯康星大学和迈阿密大学校长多纳·萨拉拉（Donna E. Shalala）说此行改变了她的生活，使她用一生来学习中国并扩大了对世界的认识。2002年3月，美中关系全国委员会组织美国城市政府领导人代表团访华，美国城市联盟执行主席道·波鲁特再次来华，其成员还有纽约市曼哈顿区区长维杰尼亚·菲尔兹（C. Virginia Fields），他们与中国方面探讨了城市规划与公民参与、计划生育政策、新闻媒体的作用等问题。菲尔兹的感受是"很受教育"和"印象深刻"，而且眼见与想象差距甚大。他得知现在耸立的住宅、办公楼、文化娱乐设施所在的地方几年前还是农村，巨大的变化"让人激动"，同时，他对中国人口众多有了切身感受，

"每一寸地都挤满了人"。①

由于美中关系全国委员会本身就是一个精英汇聚的组织，所以它更多的是面对两国的社会精英阶层，对于草根群体的关注略显薄弱；它在美国和中国的普通百姓中的影响力也还不够。对于两个有着巨大差异和历史纠结的国家来说，只有两国人民实际的接触和对话才能消除误解、增进了解，只有彼此了解才能增强互信。两国人民特别是青年的彼此了解、尊重和信任，不仅有利于两国的发展，而且有利于世界的和平与稳定。精英的作用就是引领潮流，引导公众，成为政府和民众之间的桥梁，以超脱的中间人的身份发挥作用，以前瞻性的思维开拓两国合作的新的领域。美中关系全国委员会五十多年来一直身体力行，为两国公众提供了知识、培养了人才、提出了建设性意见，它和其他众多的民间团体配合、合作，在美国形成了一股不可忽视的民意力量，对推动中美关系的发展做出了重要的历史贡献。中美关系的发展需要更多这样的组织，需要更多人投入到有组织的民间交往活动中来，并且把中美友好的理念一代代地传下去。

---

① Forty at Forty: National Committee on US-China Relations（《美中关系全国委员会四十年纪念文集》）。

尼克松政府与中日钓鱼岛争端

彭福香*

摘 要 20世纪60年代末70年代初是中日钓鱼岛争端中的一个重要的时期,这一时期,美国在一定程度上制造并参与了中日钓鱼岛争端。鉴于美国面临的新形势,尼克松政府开始改变在亚洲的政策,将冲绳归还日本是政策改变的一个步骤,而在归还冲绳的同时,美国将钓鱼岛"施政权"也"归还"日本,由此造成了中日间在此问题上的争端。在尼克松政府"归还"钓鱼岛的过程中,政府内部、民间都有不同声音,同时还有来自中国海峡两岸的反对,这些对尼克松政府在钓鱼岛问题上政策的制定都具有一定的影响。尼克松政府在钓鱼岛问题上的"离岸平衡手"做法,加剧了中日之间的争端,增强了其对东亚地区的干预能力。

关键词 尼克松政府 钓鱼岛 中美关系 中日关系

尼克松执政后,鉴于国际形势的变化,着手改变对外政策,尼克松主义的出现是一个标志。在亚洲,尼克松政府重新调整对日关系,将冲绳①归

---

* 彭福香,青岛市即墨区第二十八中学高级教师,主要研究方向为中外关系史、中学教学法等。

① 本文中所提到的冲绳与琉球大抵为同一个概念。美国占领日本初期,在正式文件与场合中大多称 Ryukyu Islands,即琉球群岛,20世纪60年代后,当涉及到这一地区时,美国开始更多地使用 Okinawa Islands,即冲绳群岛。中国大多称这一地区为琉球群岛。日本在美国占领初期称这一地区为"南西诸岛"(Nansei Shoto),用来称呼北纬29度以南地区的岛屿,范围宽泛。后大多称冲绳,有时也称琉球列岛,但1972年随着这一地区的"归还",冲绳县恢复,日本便称这一地区为冲绳了。

还日本，但同时将钓鱼岛视为冲绳的一部分，将其"施政权"也"归还"日本，由此造成了中日间在此问题上的争端。关于这一时期美国对中日钓鱼岛争端中的政策，不少学者在其论著中也有过论述，①但这些论著对此问题的论述都较为简单，没有最新公布的档案资料作为依据，因此无法展现有关各方（尤其是台湾当局与美国政府）在台前幕后的一系列交涉以及交涉背后的深层原因。笔者尝试运用《美国对外关系文件集》等资料为基础，以尼克松政府与台湾当局在钓鱼岛问题上的交涉为重点进行论述，兼论及美国政府内部及民间对此问题的看法与行动及其对尼克松政府的政策所产生的影响。

一、尼克松政府归还冲绳与钓鱼岛争端的缘起

中日之间在钓鱼岛问题上的争端肇始于20世纪60年代末与70年代初尼克松政府对冲绳的归还。美国为何在此时将冲绳归还给日本呢？概而言之，就是美国所面临的国际局势发生了变化。尼克松上台时，美国已深陷越战泥潭，元气大伤，而苏联趁此机会大大扩张了自己的实力，使美国感到压力大增，于是急于调整全球战略，收缩自己的力量，以便更好地维护自己的战略利益。在这种背景下，尼克松主义出台了，它标志着美国在亚太地区力量的收缩。在这种情况下，美国希望日本在战略安全方面更多地承担责任，归还冲绳是此一计划的具体体现。

1945年冲绳战役后，美国便占据了冲绳，由于日据时期冲绳的范围包括钓鱼岛列屿在内，所以美方实际上也占领了钓鱼岛列屿，但当时的中华

---

① 比较有代表性的论著有：宋成有、李寒梅：《战后日本外交史：1945—1994》，北京：世界知识出版社，1995年；张平：《钓鱼岛风云》，北京：国际文化出版公司，2000年；刘世龙：《美日关系：1791—2001》，北京：世界知识出版社，2003年；吕一燃：《历史资料证明：钓鱼岛列岛的主权属于中国》，《抗日战争研究》1996年第4期；郭永虎：《关于中日钓鱼岛争端中'美国因素'的历史考察》，《中国边疆史地研究》2005年第4期；Jean-Marc F. Blanchard, "The U.S. Role in the Sino-Japanese Dispute over the Diaoyu (Senkaku) Islands, 1945–1971," The China Quarterly, No. 161, Mar., 2000.

民国政府并没有放弃对冲绳与钓鱼岛列屿的主权。冷战开始后，国际局势发生了重大变化，导致美国对日政策的变化。1951年，美国背着中国，与日本政府签署了"旧金山对日和约"，和约第三条规定："日本对于美国向联合国提出将北纬29度以南之南四群岛（包括琉球群岛与大东群岛）、孀妇岩以南之南方诸岛（包括小笠原群岛、西之岛与琉璜列岛）及冲之鸟岛与南鸟岛置于联合国托管制度之下，而以美国为其唯一管理当局之建议，将予同意。在提出此项建议并就此项建议采取确定性之行动以前，美国有权对此等岛屿之领土及其居民，包括此等岛屿之领水，行使一切行政、立法及管辖之权力。"① 根据和约内容可知，和约以北纬29度为日本领土与冲绳群岛的界线，对冲绳群岛的其他界线并无明文规定，即并未明确规定钓鱼岛列屿是否属于冲绳。1951年9月18日，中华人民共和国外交部长周恩来代表中国政府郑重声明："美国政府在旧金山会议中强制签订的没有中华人民共和国参加的对日单独和约……中央人民政府认为是非法的，无效的，因而是绝对不能承认的。"但仅仅过了两年，美国冲绳民政府便发表了第27号令，即"关于琉球列岛地理界线"的布告，称"根据1951年9月8日签署的对日媾和条约之条款以及1953年12月25日生效的有关奄美大诸岛的日美行政协定，有必要重新指定琉球列岛的地理界线"，将当时冲绳民政府管辖的区域指定为"北纬28度，东经124度40分至北纬24度，东经122度区域内诸岛、小岛、环礁和岩礁以及领海"。② 而钓鱼岛列屿的位置大体上位于北纬25度53分至24度45分，东经124度35分至123度32分之间，这样美国就将钓鱼岛列屿明确地划入了美国的冲绳托管区域内。

遗憾的是，台湾当局方面对此没有提出抗议，也没有采取切实有效的措施去争取自己在钓鱼岛列屿的合法权益，究其原因，大致有二：一是与台湾的处境有关。当时美国刚恢复对台湾的经济援助，但在军事方面美台之间的合作却没有大的动作，台湾的安全完全依赖美国，在这种情况下，台湾方面不愿为此而开罪美国。二是当时中国渔民在钓鱼岛水域的行动不

---

① 浦野起央等编：《钓鱼台群岛（尖阁诸岛）问题研究资料汇编》，香港：励志出版社，东京：刀水书房，2001年，第180—181页。

② 浦野起央等：《钓鱼台群岛（尖阁诸岛）问题研究资料汇编》，第182页。

受限制。台湾方面从来也不认为冲绳的主权属于日本，所以对美国将钓鱼岛列屿划入冲绳也没有特别在意。①

日本方面，历任首相都争取早日收回冲绳群岛的主权，尤其是1964年上台的佐藤荣作首相，为尽早归还冲绳问题而与美国反复交涉。最终，1969年11月21日，尼克松与访美的佐藤就归还琉球问题达成协议，美国同意在1972年将冲绳归还日本，但美国须保持在此地的军事基地，而且实现冲绳的无核化。②美方为何在1969年对日承诺归还冲绳？原因除了如上文所提到的收缩在亚太地区力量的需要外，还在于尼克松政府为了改善美日关系，维护美国在日本的利益。1969年1月23日，白宫拟定的《国家安全研究备忘录》第9号文件，认为如果美国拒绝在1969年与日本谈判冲绳归还的问题，那么不但日本政府将承受极大的国内压力，而且美日关系也将受到较大的影响。③值得注意的是，美国将钓鱼岛列屿也作为冲绳的一部分而准备"归还"日本，并且美国国务院发言人在1970年9月10日回答记者关于钓鱼岛列屿领有权问题的提问时，承认日本拥有"潜在主权"。④美国政府这种一意孤行的做法与较为模糊的提法加大了中日之间的分歧与矛盾，中日之间在钓鱼岛列屿主权归属问题上的争端愈演愈烈。但从历史、地理与法理上来讲，中国对钓鱼岛都拥有无可争辩的主权。⑤

的确，在20世纪60年代末以前，中日之间纵然在钓鱼岛问题上心存芥蒂，动作也不大。但两件事情的出现使得双方的争夺趋于白热化。

其一是在钓鱼岛海域发现了储量丰富的石油资源。1966年，联合国"亚洲及远东经济委员会"（ECAFE）成立了一个"亚洲近海海底矿物资源共同调查委员会"（CCOP），帮助有关国家探测亚洲东海岸海底的矿藏。这

---

① Memorandum for the president: evening report, *Foreign Relations of the United States* (hereafter cited as FRUS), Volume XVII, p. 122.

② Stephen E. Ambrose, *Nixon, Volume Two*, New York: Simon and Schuster, 1989, p. 314.

③ Review of the international situation, *National Security Study Memorandum* (hereafter cited as NSSM), Jan. 23, 1969.

④ 浦野起央等：《钓鱼台群岛（尖阁诸岛）问题研究资料汇编》，第200页。

⑤ 具体内容可参见郑海麟：《钓鱼台列屿之历史与法理研究》，香港：明报出版社有限公司，1998年。

个委员会最初由中国（当时该席位由台湾当局窃据）、日本、韩国和菲律宾四国组成，后来又邀请了英、美、法、德作为委员会的技术顾问。1969年5月，该委员会在曼谷发表了调研报告，认为"台湾东北20万平方公里，包括钓鱼台（台湾地区对钓鱼岛的称呼——引者注）列岛海域，可能富藏石油"①。

日本于1969年5月30日—7月18日第一次派遣学术调查团赴钓鱼岛列屿考察，8月8日提出了调查报告书。台湾当局1969年7月17日发表声明，指出"中华民国"对邻近中国海岸大陆架的天然资源享有主权管辖权。② 随后，台湾当局采取了实际行动，1970年7月以邻近台湾的顺序，将附近海底的大陆礁层分为若干区（钓鱼岛列屿包括在内），分别与美国国际石油公司亚美和石油公司及海湾石油公司订约合作。合作的条件是：所需钻探的费用大部分由外商负担，等将来开采成功，再给予一定比例的石油。③ 1970年12月4日，中华人民共和国政府通过《人民日报》发表评论，谴责日本企图把钓鱼岛纳入其版图。1970年12月29日《人民日报》发表评论员文章《决不容许美日反动派掠夺我国海底资源》，指出台湾省及钓鱼岛等附属岛屿是中国神圣领土。

其二是"保钓运动"的出现。1971年6月17日，美日签署《关于琉球诸岛及大东诸岛的协定》（简称"归还冲绳协定"），将琉球群岛和钓鱼岛的"施政权""归还"给日本。台、港、澳地区以及美、英、日等国的华人及留学生基于民族大义，反对美国将钓鱼岛"归还"日本，在所居住的地区掀起了一场轰轰烈烈的"保钓运动"。同年12月30日，中国外交部发表严正声明指出："美、日两国政府在'归还'冲绳协定中，把我国钓鱼岛等岛屿列入'归还区域'，完全是非法的，这丝毫不能改变中华人民共和国对钓鱼岛等岛屿的领土主权。"台湾当局对此也表示坚决反对。"保钓运动"激起了国人乃至全世界人民对钓鱼岛的关注，也对当时的各国政府产生了影响。

---

① 浦野起央等：《钓鱼台群岛（尖阁诸岛）问题研究资料汇编》，第379页。
② 同上，第182页。
③ 同上，第76页。

二、台湾当局与钓鱼岛主权的交涉

"解铃还须系铃人",由于中日钓鱼岛争端的始作俑者是美国,加之美国在日本的特殊地位,因此台湾与大陆交涉的主要对象自然也是美国。双方在冲绳归还与钓鱼岛主权归属问题上进行了旷日持久的协商与谈判,但最终中国方面没有达到理想的结果。

台湾当局与美国之间的交涉大体上可以分为两个阶段:第一阶段为1969—1970年,在这一阶段中,台湾方面与美国在交涉中仅涉及冲绳的归属问题,没有具体谈到钓鱼岛列屿的主权问题;第二阶段为1971年,在这一阶段中,台湾方面与美国交涉中涉及钓鱼岛列屿的主权问题,双方比较深入而细致地交换了意见。

其实在台美双方就此问题交涉之前,日美双方就冲绳的归还问题早已采取了一系列行动,而这些行动对台美之间的交涉也产生了影响。1969年1月27日,尼克松主持召开了国家安全委员会第一次会议,讨论了日本政府迫切要求收回冲绳的问题。在会议上,原先态度消极的军方与国务院已趋向一致,即都认为冲绳应归还给日本,但军方仍然坚持无限制地使用岛上的基地,并在岛上存放核武器,这与国务院的意见相左,直到当年5月底尼克松做出不在冲绳储存核武器的决定后,双方的分歧才得以解决。[①] 1969年7—9月,美国国务卿罗杰斯访问东京并与日本外相爱知揆一讨论了归还冲绳的问题。1969年11月17日,日本首相佐藤访美,与尼克松就冲绳归还问题举行谈判,尼克松同意在1972年将冲绳的行政权交还给日本。

美国与日本频繁的外交举动似乎也引起台湾方面的警觉。在佐藤访美前夕,台"外交部长"魏道明于1969年11月12日在华盛顿与国务卿罗杰斯举行了会谈,在谈到冲绳问题时,魏道明反复提到台湾方面的建议:希望在冲绳举行公民投票,以便证实冲绳人民的意愿。但罗杰斯当即便拒绝

[①] 基辛格:《白宫岁月——基辛格回忆录·第一册》,北京:世界知识出版社,1980年,第436—437页。

了魏道明提出的建议，认为在美日谈判期间采取这一建议是不妥当的，尤其不妥的是它可能意味着美国承认日本对冲绳拥有剩余主权的立场发生重大转变。罗杰斯最后指出，不久前冲绳的选举毫无疑问地表明了冲绳人民的意愿。① 罗杰斯指的是 1968 年 11 月，冲绳举行了第一次直接选举，日本社会党人屋良当选为行政首脑。② 其实罗杰斯完全在搪塞魏道明，公民投票决定冲绳的归属问题与冲绳选举行政首脑完全是两件不同的事情，怎么可以在此相提并论呢？但魏道明也"知难而退"，转而与罗杰斯讨论美军在台湾海峡的巡逻等问题了。

11 月 13 日，国家安全委员会高级助手约翰·H·霍尔德里奇（John H. Holdridge）在致基辛格的备忘录中提到了基辛格本人将于 11 月 14 日与台"驻美大使"周书楷会晤的事情。霍尔德里奇分析了周书楷可能会提出的一些问题，这其中就包括冲绳的归还问题，他认为周书楷看到冲绳的归还不可阻挡，可能会以提出在冲绳举行全民投票来证实冲绳人民意愿的方式尽量拖延时间。霍尔德里奇给基辛格的建议是在会谈中坚持冲绳与日本合并体现了冲绳人民的意愿，可以提供依据的例子是一年前屋良当选为冲绳地区的行政首脑，他在演讲中支持冲绳的回归。同时霍尔德里奇还建议基辛格提醒周书楷，如果反对这个潮流将会损坏美国驻冲绳基地的完整性，也不利于日本与台湾的安全。③

冲绳问题的交涉陷入僵局，在 1971 年的交涉中台湾当局就将注意力转移到钓鱼岛问题上了，但在交涉中台湾方面处于相对不利的地位，而美国则处于相对有利的地位。

就美国方面来看，它可以通过打"大陆牌"来制约台湾：首先是在台湾海峡的巡逻问题，美国借口军费缩减，从而减少在台湾海峡地区的巡逻，

---

① Memorandum for the president: evening report, Washington, November 12, 1969, *FRUS*, Volume XVII, p. 122.

② 基辛格：《白宫岁月——基辛格回忆录·第一册》，第 434 页。

③ Memorandum from John H. Holdridge of the National Security Council Staff to the president's assistant for National Security Affairs (Kissinger), Washington, November 13, 1969, *FRUS*, Volume XVII, p. 124.

而这正是台湾所担心的,它害怕这样会受到大陆的攻击。其次是联合国席位的问题,这更牵动着台湾的神经。依靠美国的帮助,台湾当局在第二十届联合国大会投票表决中"有惊无险"地保住了联合国的席位。而1971年的种种迹象表明,大陆恢复联合国的席位已经指日可待了。1971年4月,中国邀请美国乒乓球队访华,这是中国从民间外交角度去促进中美关系改善的有益尝试,尽管美国少数官员感到有点受到冷落,但还是认为这是一个积极的信号。① 与此同时,中美双方开始通过"罗马尼亚渠道"与"巴基斯坦渠道"进行接触,基辛格赴大陆访问的事宜正在商谈中。在这种情况下,台湾当局可能会为了保住联合国的席位而对美国妥协。

从台湾方面来看,它对美国最有吸引力的是其较重要的战略价值,但这并不足以在外交关系中对美国起到有效的制约作用。当然,台湾当时另有一个"撒手锏"——纺织品输美。针对台湾纺织品对美出口过多的问题(1971年上半年贸易额就已经达到27亿美元),美国决定对台湾的纺织品实行配额限制,这导致了台湾当局的不满,它决定在此问题上坚持立场,以制约美国在钓鱼岛等问题上行动。

为何1971年的台美会谈比以前更多地涉及到钓鱼岛问题?原因主要有以下两个:

其一是1971年是台湾当局保住联合国席位的关键一年,台湾与大陆都反对美国的"双重代表权席位"的建议,一旦在联大表决失败,台湾只能退出联合国。在这种压力之下,台湾欲借钓鱼岛问题来与美国讨价还价。

其二是保钓运动对台湾当局与美国产生了不小的影响,使得它们不得不重视这个问题。为了抗议美、日两国拟将钓鱼岛列屿随冲绳一起"归还"日本,港、澳、台等地区与美、英、日等国的华侨及留学生掀起了声势浩大的保钓运动,这场运动对台湾当局与美国产生了影响,使得它们在处理钓鱼岛问题时不得不慎重对待。1971年4月10日,台北爆发大规模的学生示威游行后,美国国务院东亚与太平洋事务局顾问舒史密斯(Shoesmith)在为此事做的总结报告中提到:"……这次示威的动机来自于学生而非政

---

① Next steps toward the People's Republic of China: NSSM124, *FRUS*, Volume XVII, p. 327.

府，但政府对此予以默认，它不愿意去反对青年爱国主义的成果，它本身也不满意我们的中国政策与石油勘探的中止（指台湾"中国石油公司"与美国几家石油公司准备在钓鱼岛海域周围合作勘探石油事宜）。"4 月 12 日，与尼克松和基辛格举行会谈的周书楷也谈到，如果台湾当局不能保护国家的利益，知识分子与海外华侨就会跑到"另一边"（指中华人民共和国政府——引者注）去。①蒋介石在此期间也指示周书楷就钓鱼岛问题与尼克松和基辛格进行会谈。基辛格对此事极为重视，指示霍尔德里奇就"中华民国"对钓鱼岛的主权要求问题向他提交一份报告。②

台湾方面在交涉中对钓鱼岛列屿提出主权要求，根据霍尔德里奇致基辛格的备忘录，其主要内容如下：

第一，早在 15 世纪，中国历史记载中就将钓鱼岛视为台湾与独立的琉球王国的分界线。

第二，钓鱼岛列屿与台湾周围的列屿在地理结构上极为相似，钓鱼岛离台湾的距离要近于它离琉球的距离，它与琉球之间被大陆架尽头的冲绳海沟分开，这条海沟深 2000 米。

第三，台湾渔民已长期在钓鱼岛附近海域捕鱼，并将船停靠在周围的岛屿。

第四，直到 1895 年第一次中日战争结束中国将台湾和澎湖割让给日本后，日本政府始将钓鱼岛纳入冲绳县的管辖范围。

第五，出于地区安全的考虑，中方（指台湾当局）到目前为止并没有对基于"旧金山和约"第三条的美国对钓鱼岛的军事占领提出异议。但是根据国际法，对一个地区暂时的军事占领并不能影响这个地区主权的最终确定。

第六，考虑到美国对钓鱼岛的占领即将于 1972 年结束，"中华民国"要求美国尊重其对钓鱼岛列屿的主权要求，在占领结束时将它们归还"中

---

① Memorandum of Conversation, Washington, April 12, 1971, 11：31 a.m. -12：05 p.m., *FRUS*, Volume XVII, p.292.

② Memorandum of Conversation, Washington, April 12, 1971, 3：31-3：47 p.m., *FRUS*, Volume XVII, p.294.

华民国"。①

另外，在1971年4月12日与基辛格和霍尔德里奇的会谈中，周书楷又提出了一个要求美国归还钓鱼岛列屿的理由，他认为即使在日本占据台湾与琉球的时期，涉及钓鱼岛的法律事宜也都由台湾法庭处理，去钓鱼岛的渔船也都由台湾出发。周还认为从日本人的角度来讲，他们根本不关心钓鱼岛如何被管理，但对中国人来说，这件事情已深深地卷入到民族主义之中。②

应该讲，台湾方面所提出的这些理由都是具有说服力的，但问题是这件事情的最终决定权掌握在美国手中，而美国则认为日本同样可以就钓鱼岛的主权要求提出一系列的理由。③

三、尼克松政府的立场与钓鱼岛争端的结局

那么，美国对中日钓鱼岛争端问题究竟持什么态度？纵观在此过程中尼克松政府的言行，可以说它是偏袒日本的。

在当时，决定钓鱼岛列屿命运的最重要人物当属尼克松。在钓鱼岛争端问题中，尼克松曾有过一次表态。1971年6月7日下午，尼克松和基辛格与总统国际经济事务助理在戴维营讨论了包括钓鱼岛问题在内的许多问题，尼克松在讨论中表示美国不应改变在钓鱼岛问题上的立场，同时尼克松也认识到这个决定会受到台湾方面的压力。但尼克松是一个现实主义者，他是在权衡了利弊得失之后做出这个决定的。

至于美国这个不变的立场到底是什么，负责政治事务的副国务卿约翰

---

① Memorandum from John H. Holdridge of the National Security Council Staff to the president's assistant for National Security Affairs (Kissinger), Washington, April 13, 1971, *FRUS*, Volume XVII, p. 296.

② Memorandum of Conversation, Washington, April 12, 1971, 3: 31-3: 47 p.m., *FRUS*, Volume XVII, p. 294.

③ Memorandum from John H. Holdridge of the National Security Council Staff to the president's assistant for National Security Affairs (Kissinger), Washington, April 13, 1971, *FRUS*, Volume XVII, pp. 296-297.

逊（U. Alexis Johnson）在 6 月 7 日上午与基辛格的电话交谈中就已经提到：
"我们的原则是我们从日本那里得到了该岛屿的行政权，我们也将把它交还
给日本，但在主权方面我们毫无偏见——在这两个政府之间我们不表立
场。"国务卿罗杰斯也表示国务院将在 6 月 17 日宣布钓鱼岛行政权"归还"
日本并不损害台湾方面的主权要求。应该讲，国务院在这件事情上还是秉
承了尼克松的意志，只不过将尼克松的决定具体化了。同时罗杰斯在会见
日本外相爱知时，还催促日本政府在 6 月 17 日"归还冲绳协定"签字之前
与台湾方面就钓鱼岛问题进行讨论。但这并没有增加日本方面的压力，已
摸清美国底牌的日本在与台湾方面讨论此问题时，拒绝采取任何有实际意
义的步骤去讨论此问题。美国在与日本签订"归还冲绳协定"时，也没有
按照蒋经国所希望的那样宣布钓鱼岛的最终地位未定，留待有关方面最终
处理，这不能不使蒋经国大失所望。①

美国在此问题上的态度看似不偏不倚，实则偏袒日本，关于这一点，
基辛格的言论可以作为有力的证明。1971 年 4 月 13 日，在霍尔德里奇给他
的关于"中华民国"对钓鱼岛列屿提出主权要求的备忘录的页边空白处，
基辛格做了批注，他认为备忘录中所说的美国政府在中日钓鱼岛争端中保
持中立的说法是胡说八道，因为既然美国已答应将钓鱼岛列屿"归还"日
本，美国怎么还可能采取更加中立的立场呢？②

但也有人对偏袒日本的政策持异议，最具代表性的是美国无任所大使
肯尼迪（David M. Kennedy）。曾任财政部长的肯尼迪在对外关系中非常重
视经济因素，这也导致了他对钓鱼岛问题的看法与其他的政府官员迥然
相异。

1971 年上半年，台湾与美国的纺织品贸易纠纷愈演愈烈，尽管在 6 月
初，台湾在纺织品出口方面与美国达成初步谅解，决定限制纺织品出口的

---

① Backchannel Message from the president's assistant for international economic affairs (Peterson) to ambassador Kennedy, in Taipei, Washington, June 8, 1971, *FRUS*, Volume XVII, pp. 344-345.

② Memorandum from John H. Holdridge of the National Security Council Staff to the president's assistant for National Security Affairs (Kissinger), Washington, April 13, 1971, *FRUS*, Volume XVII, p. 297.

增长率，但双方的矛盾没有完全解决，在某些方面还比较尖锐。在肯尼迪看来，这种困境可以有以下几种解决方式：

首先是美国转而与香港和韩国达成协议，但这种方式易使它们在了解了美国在面临的困境时处于有利地位，从而可以运用杠杆来平衡美国的协商机制。

其次是马上回家，承认失败。但肯尼迪认为这种方式会伤害尼克松的名誉，在国内外会产生较严重的后果。

最后是对台湾进行一定程度的让步。肯尼迪认为，打破目前僵局而不会损害美国的工业与台湾当局的唯一途径是在"归还冲绳协定"中不使钓鱼岛列屿处于日本的行政控制之下。

当然，肯尼迪也充分认识到这个决定会给日本带来极大的震动，会"损害"日本的利益。但与此同时，它却可以保全台湾的面子，使台湾在香港与韩国的压力下接受现在的纺织品一揽子交易。

要说明的是，肯尼迪并非建议尼克松将钓鱼岛列屿交给台湾，而是希望美国继续维持钓鱼岛列屿的现状，直到台日双方在此问题上的争端得到解决为止。①

但肯尼迪的建议最终未被尼克松采纳，1972年5月15日，美国将钓鱼岛列屿作为冲绳的一部分"归还"给了日本。

在台湾方面与国内的反对之下，美国为何坚持将钓鱼岛的行政权交给日本？笔者认为在众多的原因之中，有两点是值得重视的：

首先是国际战略的需要。在美国的国际战略中，日本的战略位置上升，而台湾的战略位置则相对下降。20世纪60年代末70年代初，随着"苏攻美守"局面的出现，充当反苏桥头堡的日本的战略价值迅速上升，美国在这个时期从自身的国家利益出发，对日本的战略价值定位较高。如在1969年5月28日，美国国家安全委员会拟定的《国家安全决策备忘录》第13号文件中就提到："美国力求将日本定位为其在亚洲的主要伙伴，从国家利益

---

① Memorandum from the president's assistant for international economic affairs (Peterson) to president Nixon, Washington, June 7, 1971, *FRUS*, Volume XVII, pp. 341-343.

出发改善这种关系，并设法进一步提高日本在亚洲的地位。"① 相反，随着中国大陆与美国的关系逐渐改善，台湾的战略价值大大地降低了。在这种情况下，美国可以不必太顾及台湾的感受而心安理得地将钓鱼岛列屿的行政权交给日本。

其次是经过谈判，美国已经从日本那里获得了巨大的政治与经济利益。在美国国家安全委员会拟定的《国家安全决策备忘录》第13号文件中提到，尼克松总统指示东亚各部门联合小组，对日本政府就冲绳问题进行谈判应以下列原则为基础：

1. 如果在1969年内美日之间就美国对冲绳的军事使用权达成协议并完成其他详细的谈判，美国就在1972年归还冲绳群岛。

2. 最大限度地使用常规军事基地，尤其是这些基地与朝鲜、台湾与越南地区有关。

3. 表达在冲绳保留核武的愿望。到谈判的最后阶段，在冲绳协定的其他条件得到满足的情况下，美国拟同意撤出核武，但须保留应急储备与过境运输权。②

日本政府在美日谈判中，对美国做了较大的让步，除了通过对美纺织品贸易让步换取美国从冲绳撤出核武外，美国提出的其他条件基本上都答应了，双方最终在1971年6月17日签署了"归还冲绳协定"。美国也"投桃报李"，尼克松总统同意了基辛格于1971年9月5日向他提出的建议（《国家安全决策备忘录》第130号文件），即总统指示美日经济委员会联席会议美国代表团向日本代表团保证，在美日经济委员会联席会议之后，尼克松总统会尽快将"归还冲绳协定"递交参议院，并会郑重地给予其建议，以便使此协议早获通过。③

美日之间达成的损害中国主权与领土完整的协定，激起了中国舆论的愤怒。恢复联合国席位后，中华人民共和国政府外交部在1971年12月30

---

① Policy toward Japan, National Security Decision Memorandum (hereafter cited as NSDM), May 28, 1969.

② Policy toward Japan, NSDM, May 28, 1969.

③ U.S.-Japan Joint Economic Committee Meeting, NSDM, Sept. 5, 1971.

日就钓鱼岛主权问题发表声明,认为"钓鱼岛等岛屿自古以来就是中国的领土……美、日两国政府合伙制造的把冲绳'归还'日本的骗局,是加强美、日军事勾结,加紧复活日本军国主义的一个最新的严重步骤。"①《人民日报》在 1971 年 6 月 20 日的一篇题为《肮脏的交易,无耻的骗局》的评论中指出:"尤其令人气愤的是,美日反动派在所谓'归还'冲绳的协定中,竟把我国领土钓鱼岛等岛屿划在'归还'日本的范围内,妄图以此为日本反动派侵吞我国领土寻找'根据'和制造既成事实。"② 相对而言,台湾舆论的措辞要温和一些,不过态度仍然坚决。1971 年 4 月 19 日,台湾"外交部"发言人魏煜就钓鱼岛列屿主权特发表声明:"'中华民国'对钓鱼台列屿之领土主权,无论根据历史、地理、使用权及法理任何各观点而言,均不容置疑。此项立场始终如一,决不变更……为最近美政府拟于未来将琉球'归还'日本时,将钓鱼台列屿包括在内,我政府对此举强烈反对。"③ 1971 年 4 月 11 日,《联合报》发表社论,认为美国国务院同月 9 日重新肯定其支持日本对钓鱼岛列屿主权要求的声明是大为骇异的,因为它根本违背事实,失却第三者的客观立场,毫无理由地侵犯了中国的领土主权。④香港的媒体加入到维护国家权益的行列当中,1971 年 4 月 11 日,《明报》发表社论,认为钓鱼岛列屿是中国的领土,这些岛屿归两岸哪一方管理都不是问题的所在,因为都是中国人的政府。而美国国务院于同月 9 日发表的明年将钓鱼岛列屿的行政权"归还"给日本的声明是绝对错误的。⑤

在与美国的交涉中,台湾为何最终失败? 从具体的因素来分析,主要有以下一些原因:

首先,不能始终一贯地坚持原则。在与美国的交涉中,台湾方面在此关系国家尊严的事情上竟留下了妥协的余地。如周书楷在与尼克松的会谈中,虽然强调了对钓鱼岛问题的处理将是对台湾能否保卫自身的考验,但

---

① 浦野起央等编:《钓鱼台群岛(尖阁诸岛)问题研究资料汇编》,第 35 页。
② 同上,第 33 页。
③ 同上,第 102 页。
④ 同上,第 97 页。
⑤ 同上,第 130 页。

同时也强调了钓鱼岛列屿的象征作用,① 这就为以后在此问题上与美国妥协留下了余地。

其次,未能充分利用美国国内的各种力量来影响美国在此问题上的决策。就美国政府层面来讲,台湾方面可以与军方人士、与台湾贸易关系密切的工商界人士进行充分沟通,争取他们对自己立场的理解与支持,但台湾方面没有在此方面采取有效的行动。就民间层面来讲,台湾方面既可以向美国普通民众宣传自己在钓鱼岛问题上的主张,从而赢得美国民众的支持,又可以支持在美国各地风起云涌的保钓运动,但事实是在保钓运动的高潮时期,台湾当局竟然还予以舆论与行动的压制。

最后,未能与大陆方面联手,以加强对美交涉的力量。相反,由于台湾与大陆敌对情绪依旧,让美国人从中渔翁得利。

面对中国政府和人民的强烈反对,美国不得不公开澄清其在钓鱼岛主权归属问题上的立场。1971年10月,尼克松政府表示,"把原从日本取得的对这些岛屿的施政权归还给日本,毫不损害有关主权的主张。美国既不能给日本增加在他们将这些岛屿施政权移交给我们之前所拥有的法律权利,也不能因为归还给日本施政权而削弱其他要求者的权利。……对此等岛屿的任何争议的要求均为当事者所应彼此解决的事项"。同年11月,美国参议院批准"归还冲绳协定"时,美国国务院发表声明称,尽管美国将该群岛的施政权交还日本,但是在中日双方对群岛对抗性的领土主张中,美国将采取中立立场,不偏向于争端中的任何一方。实际上,尼克松政府运用现实主义的外交政策,对钓鱼岛问题做出了有利于自己的处理,自觉或不自觉地扮演了"离岸平衡手"②的角色,处理结果产生了两个主要的后果:

首先,使中日之间纷争不断,影响到东亚地区的稳定,而且越到后来这种状况表现得越明显。中日两国由于能源消费的增加,对能源的开发意识不断增强,渔业、石油资源丰富但主权问题纷争不休的钓鱼岛地区自然

---

① Memorandum of Conversation, Washington, April 12, 1971, 11:31 a.m. -12:05 p.m., *FRUS*, Volume XVII, p. 292.

② 相关理论请参见约翰·米尔斯海默:《大国政治的悲剧》,王义桅、唐小松译,上海:上海人民出版社,2003年,第340—387页。

会成为双方争夺的焦点之一，由此造成了双方龃龉不断，从而影响到整个东亚地区的稳定。

其次，使美国在承担政治、军事义务的同时，增强了对东亚地区干预的能力。从现实的角度来讲，尼克松政府将钓鱼岛列屿的施政权交给日本是符合其战略利益的，因为美国当时将日本定位为其在亚洲的主要伙伴，其战略价值高于中国大陆与台湾。在"归还冲绳协定"生效后，尼克松政府宣布《美日安保条约》适用于钓鱼岛，这使得美国不能不承担起更多的政治、军事义务。但反过来讲，美国正是通过这种战略上的明确，进一步增强了对东亚事务的干预能力，充当了"离岸平衡手"的角色。

宣传与公共外交史

[编者按] "伴随着外交史研究的国际化和文化转向以及'9·11事件'后大国对公共外交和国家形象问题的日益重视,对大国,特别是美国对外宣传和公共外交史的研究在21世纪初逐渐成为国际学术界的热点和新的学科增长点。对这一领域进行研究不仅有助于拓展国际史的领域,深化对冷战性质和特性的理解,而且还可以为公共外交的开展、国家形象的塑造以及软实力建设提供知识资源,因而具有推进学术与影响现实的双重意义。中国的历史学者近年来也加入到这一学术新潮之中,出版了不少有价值的研究成果,一些学者的研究计划还得到国家社会科学基金等的立项。"①

鉴于此,本刊物将设置"宣传与公共外交史"专栏。先期与北京市教委重点项目《美国对外宣传与文化外交史史料整理与研究综述》(SZ201510028013)项目组和国家社会科学基金一般项目《冷战前期美国对华宣传与文化外交研究(1949—1972)》(15BSS023)合作,陆续推出若干期研究专栏。专栏将系统介绍一战、二战和冷战时期美国对外宣传与公共外交史的研究状况、史料状况,并推出若干重要档案史料的中译文,以及重要著作的书评和相关的研究论文。希望借此来促进国内学术界对该领域的了解,推进相关研究迈向深入。

最近三期主要内容都是关于二战时期美国"战争信息署"(Office of War Information, OWI)的海外宣传问题,本期译文主要涉及美国针对中国及中缅印战区的宣传政策。另外,本期还刊载陈静静博士的《战后美国国际传播机制研究(1945—2010)》一文,该文不仅宏观把握了战后美国对外宣传与公共外交问题的整体面貌和历史源流,并且有较强的现实意义。

---

① 北京大学王立新教授语,"美国对外宣传与公共外交史"专栏编者按,《史学集刊》2016年第1期,第46页。

战争信息署档案选译(三)

王睿恒、翟韬**选编校,王兵杰、高可攀***译

一、战争信息署对华长期宣传政策指令①

机密

战争信息署   1945年1月15日
海外分部第43号复印件
华盛顿特区

对华长期政策指令
(此为针对该国颁布的第一份长期指令)

(一) 范围

这份政策声明旨在指导长期材料的准备工作,它们将在日占区和非日

---

* 本译文是北京市教委重点项目《美国对外宣传与文化外交史史料整理与研究综述》(SZ201510028013)、国家社会科学基金一般项目《冷战前期美国对华宣传与文化外交研究(1949—1972)》(15BSS023)和国家社会科学基金青年项目《二战时期美国对华宣传与文化外交研究》(15CSS016)的阶段性成果。

** 王睿恒,历史学博士,南京大学历史系讲师。翟韬,历史学博士,首都师范大学历史学院讲师。

*** 王兵杰,英国利兹大学传媒学院研究生,本科就读于首都师范大学历史学院世界历史专业。高可攀,就职于中国航天科技集团首都航天机械有限公司。

① 本文译自:"Long Range Policy Directive For China," January 15, 1945, *ProQuest History Vault*, 003446 (Information Control and Propaganda: Records of the Office of War Information, Part 2: Office of Policy Coordination, Series A: Propaganda and Policy Directives for Overseas Programs, 1942-1945) _010_ 0086_From_1_to_627 (pp. 176-188). 0263.——译者注

占区的中国人中间分发，包括满洲和台湾（对满洲和台湾的特别补充材料将在稍后发布）。

注意：当前在中国以及针对中国的行动将继续遵循其他文件执行：

（1）我们国统区（Free China）办事处进行的整体信息宣传项目依据1944年10月24日的《战争信息署在中国非日占区的信息工作指示》。

（2）我们从旧金山发送到中国的短波广播节目是根据1944年10月27日的《对华广播信息活动指令》进行的。

本文件主要涉及我们的宗旨、目标和主题。附件包括对未来形势和受众态度的假设，因为这将影响我们的宣传政策，此外还有注意事项和关于媒介的建议。

（二）宗旨和目标

宗旨A：为了协助加速战胜日本，要培育中国受众的态度有助于：

目标1：从内部增强中国的经济和政治，以此作为更强有力的战争工作的先决条件；

目标2：促使中国军队更有效地参战；

目标3：让中国人在政治、经济和军事上给予其他联合国家最大程度的配合，从而促使日本无条件投降。

这些目标从本质上与我们当前在中国非日占区的信息宣传项目的目标是一致的（参见10月24日的《指示》），而且在日本军队被彻底击败前依然有效。

宗旨B：为了建立一种有保障的和平，要培育中国受众的态度有助于：

目标4：保持中国与其他联合国家之间最大限度的合作，尤其是和美国之间，以共同努力建立世界安全体系并在国家间发展和平关系；

目标5：促进中国更积极努力地达到一个大国所负全部责任的标准；

目标6：促进中国逐渐形成现代和进步的国家体制，有能力解决其国内问题。

这些目标基本上长期有效，因其有助于实现美国曾表达过的强烈愿望，即见证中国成长为强大的国家，作为维持远东地区和平的因素存在。

关于战争信息署在华工作的长期目标，讲起来其实是简单和直接的：

第一，当前中国的抗战，仅仅是一个古老文明再生和现代化的一个阶段。让中国人民加入世界共同体，从而让他们能够维持内部秩序和对国际生活做出独立的贡献，这一长期进程不会因为日本的投降而停止。相反，中国现代化的任务在未来很长一段时间内仍是一个重大的问题。

第二，在现代的基础上改变中国人的生活是美国人直接而重要的关切。不仅因为我们的对外政策长期以来寻求培养一个强大而进步的中国，更根本的原因在于，除非占世界人口五分之一的中国成功地建立了稳定的民主政府、现代经济以及足以应对如今扑面而来的大量问题的新式制度，否则我们就无法理所当然地期待太平洋或整个世界享有安全的和平。如果战争信息署与其他美国机构在中国合作开展的行动仅仅以击败我们的日本敌人为目标，那么战争信息署就会因此失职。

(三) 主题

从内部强化中国——

主题1：民主化进程。使人们认识到，个人能够从建立在真正民主基础上的国家政治组织中获得什么，以及这种政治组织有效的运作机制。以美国和其他民主国家为例，这些机制包括代表制的政治制度、不记名投票的自由选举、政党之间公开竞争，以及新闻自由、集会自由和个人言论的自由、自由公共教育体系、公民行使权利与承担义务，还有义务兵役制等。(参见基本主题，"美国人的生活方式")

主题2：经济动员。使人们更准确地认识到，在现代战争中一个国家的经济动员需要个人和政府做些什么。例如，刺激和组织增长起来的生产、设定物资的优先级别、维持定量配给和价格管控、税收和公共借贷、运输媒介的整合等。(参见基本主题，"尚未完成的工作")

为了鼓励中国军队更为有效地参与战争——

主题3：全球战争。提供战时在欧洲和亚洲发生的事件进展的消息，务求清楚而准确，特别是在那些曾经被日本占领过的地区，以便展示出我们全球战略的基础，中国的盟国做出的贡献，以及客观上中国过去和现今扮演的角色。(参见基本主题，"澄清事实")

主题4：批判和揭露日本意识形态的错误。明确说明我们的观点并阐明我们的证据，证明日本在东亚的扩张是一个必须被彻底根除的威胁，因为它基于过时的、不切实际的以及有害的思想和行为模式。例如，侵略性的民族主义、自命不凡的种族优越和神圣血统的主张，包括天皇的神圣性、漠视他人权利、隐瞒真相和轻蔑地不遵行国际承诺等。（参见基本主题，"揭露日本"）

主题5：加速中国的进攻行动。明确说明如果中国要在战后的世界事务中扮演积极的角色，她就必须在战争中表现出更多的军事主动性，比如，此时单纯的防御角色只会让这个国家以后更加衰弱无力。我们应当指出的是，进攻行动在很大程度上是一个技术、组织和士气的问题，而物资只是军事胜利其中的一个因素。

确保中国在军事方面给予我们最大程度的配合——

主题6：中美军事合作。描述展现我们的军队、军队的组织和运作以及组成部队的典型的美国小伙子（形象），并表现出美国需要在当地与中国人合作。说明战斗活动和此前必须做好的各类有组织的准备之间存在密切联系，例如，空军必需的地面设施、供给和维护。（参见基本主题，"美国的战士"）

主题7：美国政策。清楚阐明我们在中国进行军事行动的长期和非帝国主义的意图，例如，我们的军事目标在本质上是有限且暂时的，我们此前外交政策的基本宗旨，我们在菲律宾的过往经历、我们今天的国际承诺和战后计划。（参见基本主题，"美国和世界"）

赢得中国在建设世界安全体系和发展和平关系方面的通力合作——

主题8：在世界中共存。增强中国人对现代国家间的互相依赖的认识，以及他们对共同合作必要性的理解，这不仅仅在总体上的安全体系领域，还包含经济与文化关系方面的安排。展现出如果国民之间彼此加深了解，而且这种了解可以得益于信息交流，那么以这种方式共同合作会更容易。

促使中国承担起符合大国标准的责任——

主题9：中国的国际责任。增强中国人对一个国家与其他国家合作中理应承担的国际责任以及履行这些责任所需机制的理解。表明为外国国民提供可靠的法律体系、确定的税率和对生命和财产的保护具有重要意义。

促进中国逐渐形成现代和进步的国家体制——

主题10：现代化。展示现代民族已会通过多种方式利用科学的方法实现民主目标和个人进步，比如在区域规划项目上利用现代科技提高地区人民的生活水平，像田纳西河流管理局、城市住房和公共卫生的发展、政府机构帮扶社区企业、劳动标准的执行等。（参见基本主题，"现代生活方式"）

附件

（一）对未来形势的假设

上述宗旨、目标和主题是概括表述出来的抽象概念。毫无疑问它们本身都是非常好的，但是它们的确没有提供此类政策声明应当试图提供的对于全部措施的具体指导。因此，接下来的章节对于我们分发长期材料可能面临的形势提出目前能做的最好的假设。

A. 分发中可能出现的形势

1. 材料将通过海运进入中国的东海岸。我们希望，缅甸线路将支撑和发展我们当前的项目，但是，基于这条供给线，我们的军事力量不太可能会把日本从中国的主要人口中心驱逐出去。战争信息署将更不可能会通过这条供给线路装运大量的货物。

2. 中国新开放港口的海运将会拥挤不堪。我们必须保持最少的物资数量。海运一定要仔细准备，一方面要依照优先等级运送货物，另一方面也要保障满足私人托运货品的需求。必须寻找本地的纸张等的供应，但是又不能依赖于此。相反，我们必须做好准备寻找大多已被毁坏或报废的各种机械设备（印刷机、电影放映机）。

3. 分发规模将会逐渐扩大，因为占领区域会逐渐开放，并且这一情况将持续数月。可以想象，在中国清除所有日本军队之前，日本整个国家就已战败。美国在中国的信息活动很可能要持续到本地战争结束后的很长一段时间。例如，我们必须设想到美国国务院的文化合作项目将会持续进行下去。

4. 我们和驻华美军官方机构的关系尚待确定，而且在未来的一段时间内还会持续不确定的状态。无论如何，战争信息署的行动不会仅仅是辅助驻华美军机构，而是要拓展到这个领域之外进行。

5. 战争信息署行动中心最终将会在大约15个主要城市建立，尽管有超过6个的城市并不需要设立有美方工作人员的官方办事处。行动中心在这些城市的具体位置及其可以启动的时间顺序当然要取决于很多因素。图书馆和电影放映站将不止在这15个地方。以下是除了当前重庆、昆明和成都的办事处之外，可供选择的城市清单：

中国东南： 估计人口
 （1）广州   1,145,000
 （2）九龙   1,160,000
 （3）厦门   165,000
 （4）福州   314,000
 （5）台湾岛，中国人人口   5,000,000

中国中部：
 （6）上海   3,703,000
 （7）杭州   485,000
 （8）南京   732,000
 （9）汉口（武汉）   1,000,000

中国北部：
 （10）青岛   522,000
 （11）济南   300,000
 （12）大津   1,390,000
 （13）北平   1,561,000

满洲：
 （14）大连   232,000
 （15）奉天   2,800,00
 （16）长春   544,000

6. 我们主要的受众将会在城市中。我们将通过这些人已经接受和熟悉的渠道影响他们，比如中国的电影院、报纸、书店、公告栏和图书馆。之所以会集中在城市受众，这是因为虽然战争信息署有可移动的设备用来在农村地区开展大规模的活动，但会被中国官方认为是一种宣传侵略。有了中国人的大力帮助，我们的电影、幻灯影片和图片也许能够到达更大的集市城镇，但是即使在那里，我们会发现受众多为城市人而不是严格意义上的农村人。

B. 我们的受众的可能情况

考虑到接受我们宣传信息的受众很可能将会是中国东部沿海主要城市中的城市人口，我们对他们展开宣传、和他们接触时他们可能会是什么情况？我们或许能做一下大胆猜测：

1. <u>厌战情绪将会长久存在</u>，因为普通人已经调整自己达到适应战时情况的程度，如商品短缺和日本人与傀儡的占领。盛行的情绪可能会是漠不关心。驱逐敌人可能会激发很多重新调整带来的令人厌烦的问题。而且到我们能够分发材料的时候，解放也许已经失去了最初的吸引力。随之而来的可能是食物供给的恶化或当地秩序越来越糟。

2. <u>知识分子的贫困</u>。中国国统区和日占区战时物价的通货膨胀，导致那些工薪阶层入不敷出。农民可以继续依靠他们的庄稼过得很好，很多商人通过投机倒把、低价买入高价卖出而发财致富，但与此同时受教育阶级却是困苦不堪。政府官员、教师、学生、职员和专业人员都眼睁睁着价格上涨数百倍，而工资却远远滞后。他们依靠政府的粮食津贴为生，通过售卖书籍、衣服和家具以获得必须的食物和容身之处。这些受教育的中国人将会大量死于营养不良和疾病，而他们是与我们最为相似的人。我们会发现中国的知识分子精英将被耗尽、衰弱。

3. <u>残余的傀儡</u>。即使解放后所有伪政府官员都留在政府机关，中国仍然缺少足够受教育的行政人员去维持政府工作高效运转。少数受雇于伪政府核心部门的职员会发现，在伪政权被推翻后，政府依然需要他们进行工作。我们受众当中有很大一部分人将或多或少地默认日本占领的这一既成事实。他们不会在同一程度上接受日本人的观点，但是都会预见到和等待日本的战败。

所有的情况可能意味着，我们在中国分发材料时，可能不会面对热情高涨的受众，因为此时他们的个人问题正在新生活的太阳下蒸发显现。未来很长一段时间我们的受众仍将受其影响。他们会自利地考虑个人和家庭的生存问题，而即便对我们最精彩的理念也不会产生多少兴趣。

C. 受众背景：

在开始一份三页纸的对中国人思想的清晰阐释之前，我们必须注意某些长期因素会影响中国人对我们材料的接受能力。

1. 文化自豪感

纵观中国的历史，一个世纪之前它仍是"中央王朝"，正如它的中文名字一样（中国），即已知世界的文化中心，周围都是野蛮未开化的人。他们包容但不尊敬外国人。因此，在过去一个世纪里中国在国际事务中的卑微地位极大伤害了其传统的自尊心。中国长久以来自给自足，不是一个充满爱国者的国家，它尚未像西方国家那样完全被民族主义精神所唤醒和鼓舞。但是在中国对自身文明的自豪感的基础上，爱国主义正在不断增长。我们必须小心尊重这种自豪感。

2. 技术和教育落后

大约有80%的中国人在小块土地上以密集劳动的农耕为生。例如，水稻栽培需要在小面积土地上大量用水并进行人工劳作。只有20%或者更少的中国人识字。这意味着大量中国人是目不识丁的农民（虽然他们绝不愚钝），无法阅读出版物。我们的城市受众也都是来自这样的农村之中。

中国人不精通于机械原理或科学分析，尽管他们越来越多地意识到科技和工业技术在现代生活中的重要性。我们可以引起他们对此的兴趣。我们的受众需要公共健康和预防医学方面的教育。

3. 物质贫困和社会落后

中国城市居民的贫困通常体现在生活水平上，他们的生活基于竹筷子而非金属刀叉，基于简单的没有弹簧的木板床，基于棉布鞋而不是皮鞋，基于简单的棉布衣裳。美国人民纯粹的物质富足，尤其是他们的物质商品和机器方面的财富，与中国形成极大的反差。

也许是因为极端的人口密度，也许是因为个人为了生存用尽一切方法去不断争夺生活必需品，我们的中国受众中有相当多的机会主义者和利己主义者。其他很多人则会忠于家庭而非更大的社会利益，还有一些人因为传统道德的崩溃而意志消沉。他们不会像我们一样为同样的理念所动。所有这些因素再加上中央王朝的广阔面积，共同阻碍了公民现代精神的成长发展。社会和政治组织也尚未形成真正的现代（西方）形式。例如，法律至高无上、高于重要人物个人统治的理念，仍然远不如在西方的广泛接受程度。中国中央政府的传统是家长式作风而非代议制，而民主（在承认个人价值的意义上）显现在社会关系中，而非政治制度中。上述一切表明，需要向中国人展现一幅真正的、现实的政治民主运作的画面，包括其问题在内。

4. 人际关系的圆滑世故

与其他任何民族相比，聚居生活一起更久的中国人对人的本性和动机有更多了解。他们不是对宣传一无所知。他们能立刻察觉到我们幼稚和愚蠢的自鸣得意。我们想要说什么就必须坦率地提出，不能有任何的自以为是、自吹自擂或是自以为施恩于人。如果我们真诚坦白地承认我们的缺点和我们正在尝试克服的缺陷，那么我们就可以赢得他们的信任。

5. 中国革命尚未完成

这是所有其他因素的基础。中国是如此落后，改变的潜力是如此巨大，以至于目前实施的政治制度或工业制度或人们生活的制度普遍被认为是过渡性的。即使保守派也认为回到先前常态的可能性很小，甚至中国最为热情的西化倡导者认为，新的中国必须被重新创造。我们只能以局外人的身份提供我们的宣传材料。

D. 中国受众态度，因为他们将会影响我们的宣传政策

我们与之打交道的是一群骄傲而复杂的，但仍然处于贫穷落后状态下的人们。我们的任务是促进他们对我们的认识，促进他们对世界上其他反对日本的同道中人的认识，目的是让他们感要有义务立刻帮我们打击日本，并且长期地来改造他们自己、他们的生活方式和他们的国际环境（我们可以毫无顾忌地让他们依照我们的形象重造自己）。我们在中国战场上的共同合作将会提供一个直接的机会，来实现这个长期宣传目标。

1. 对于美国

美国将继续成为中国学生和商人的乐土，是激励中国知识分子和支持

中国外交的主要源泉。我们强项是，我们不谋求中国的领土，而且显然我们可以从支持中国发展成为一个现代化国家中获利。与此同时，我们给予中国国统区以空中防护，并且是外部帮助中国重建的主要潜在力量。这些将比以下几点更重要：（a）中国人会自然地怨恨我们不可避免地在中国国内事务上施加影响力；（b）中美作战期间产生的摩擦；（c）中国对于我们在军事和其他方面援助的明显迟缓或不到位的失望。我们的受众将会对美国人民抱有好感。

2. 对于<u>宣传</u>

这不意味着他们将会按照表面意义接受我们的宣传要点。中国人想要娱乐、信息、教育，尤其是想要技术和精神上的支持来增强其自尊。除了后者（要求给中国撑脸面是中国人的一个弱点），我们都有简单直接的工作要做。

目前的问题是，我们应该多大程度上迎合特别渴望得到口头尊重的中国人。现代中国需要的威望应该建立在中国人的行为上而不是外国人的赞美上。我们的评价应该是公正的，真诚而不华丽和花哨。我们不应该和国民党中宣部合谋发起一场相互吹捧的运动。另一方面，我们应该在任何理所应当之处给予肯定。

3. 对于美国军队

美国的军事援助给中国的承包商带来了利益，造成设立空军基地的城市鸡蛋短缺，还带来了大量可能产生相互猜忌和争议的机会。在中国的边远地区驻扎的美国陆军有时表达了强烈的厌烦。他们藐视当地的习俗，打破很多戒律。一些美国士兵不喜欢中国中世纪的味道、脏乱、疾病和不舒适。

但是我们可以确定的是，我们的军队走到哪里都会带来令人兴奋的事、麻烦事以及机遇。我们必须利用由军队引起的兴趣。

4. 对于英国和英帝国主义

在现代中国，英国被视为令人反感的帝国主义领袖和急先锋。我们长久以来都分享着英国在中国获得的果实，因而不能完全将自己和英帝国主义分离，但是我们一定不能将自己等同于它。我们必须避免承认任何<u>既定</u>

事实，并且表明我们独立的立场。

传统的中国人倾向单独和每一股外国势力打交道（以夷制夷），这使得在中国出现任何形式的英美阵线都会让他们难以接受。我们应该在任何可能的情况下都强调英美中三国的共同行动，而不是突出英美两国的联合行动。

5. 对于新式的美帝国主义

中国人担忧美国这个庞然大物，也担心我们滥用自己对中国命运不断增长的影响力，这种情况应该在战争信息署的行动下得到缓解。这种担忧可能会增长。我们应该小心避免强调我们的权势而加剧这种担心。

6. 对于西方的物质主义

东方人蔑视西方人对于现世的事物过分热衷，拿中国来说，他们认为这种蔑视是合理的，但是其实这是一种嫉妒心理而非执着于信仰的反应。中国人的生活与美国人一样都是非常世俗的。相比美国，中国礼节性的谦逊更为文雅，而在中国人命却更为卑贱，这两者的优缺点差不多抵消了。我们的工作不是为我们的物质优越性道歉，而是要展现我们的科学知识、个人奋斗和纪律性所基于的非物质原则。

7. 对于俄国

每个有思想的中国人都对上一代俄国人在重建和坚持抵抗上的成就印象深刻。对中国的很多知识分子而言，苏联是如何重建一个古老的农业国家和迅速赶上世界发展进程的伟大典范。但是新的中国的民族主义和旧的中国的个人主义都让中国维持在俄国的轨道之外。连同国民党对革命性思想的系统根除，这些因素阻碍了中国共产党统治区外大部分地方的亲俄观点的增长。如同在缅甸的英国，俄国是一个持续不断对中国的利益形成潜在威胁的争夺领土的邻国。在满洲尤其如此，其原材料资源是中国成为强国进行所有努力的关键因素。重庆保守派的噩梦就是设想俄国战后将占领满洲。

我们应该明确说明俄国是并且一定是我们的朋友。我们不应该使用材料强调美国人反共或者美国人会在中国的部分地区支持反俄运动。

8. 中国的共产主义

中国共产党的领导层似乎包括虔诚的马克思主义者、务实的爱国者和农业改革者。他们当前的计划是动员民众在经济上的自给自足，并进行军事抵抗。在整个国家里,他们构成了一股少数派;现在,他们宣称在资本主义工业发展进一步推进之前,自己无意控制整个中国。受教育的中国人主体仍然对这场运动的进步本质感到害怕和怀疑,因为运动的成功将会使所有在社会上已占据一席之地的人们感到为难。但是二十年之后,它已变成一场中国本土的运动,无论可能与苏联保持着怎样一种联系。

至今我们仍对这项运动及其优势知之甚少。作为美国人,我们倾向于认为理想主义者具有高尚的美德,但后来的事实可能会令人尴尬。我们当下的利益基础在于中国共产党的战争努力,这可能最终能使游击队在中国沿岸欢迎我们的到来。但是对于长期宣传的目标而言,我们不必就中国的共产主义运动做出表态,这对于中国社会来说是一个至关重要的问题。我们对任一方的干预都会招致很多爱国者的怨恨。

9. 排外主义和沙文主义

传统上中国人对陌生人的猜忌、坚信自己的文化比外国人强的文化优越感已时不时地成为排外情绪的基础,而且战争年代的孤立有利于助长这种情绪。政客们可能会利用这一点。海外的华侨华人社区可能也会为活跃的沙文主义外交政策提供机会。虽然中国人没有积极表达出对印度支那回归法国统治或类似的归还殖民地行为的忧虑,但是中国对于东南亚的殖民地有着天然而浓厚的兴趣。我们应该表明我们关注殖民地人民的福祉。

日本所谓"亚洲人的亚洲"宣传路线看起来并没有深深印在中国人的脑海。无论如何,我们应该利用中国人生活中占主导的世界主义传统来应对它,这让中国人可能成为未来最佳的世界公民。我们的材料应该强调中国与西方的共同纽带,并表明中国和中国人可以,并且确实正在有信誉地参与国际生活。

(二) 注意事项

我们可以简单地总结上述要点,再增补一些内容,如下:

A. 应对战后情况

1. 海运计划应该尽可能的轻巧、便捷和能够自我维持。

2. 让每件宣传产品都有吸引力,足以把它推荐给缺乏热情的、疲惫的和营养不良的接受者。为达到这个目的,它必须与个人生活有一些明了直接的关系。

3. 不要反复讲美国人的物质上的幸福。避开那些涉及美国奢侈生活的事例。

4. 不要没有差别地公开指责通敌者。谴责甘心情愿给予敌人帮助的人,但是不要攻击那些不明显的爱国者,他们站在幕后,帮助维持傀儡统治下的生活。

5. 不要过度乐观、满嘴承诺或满足于世界的现状。

B. 关于中国人的敏感脆弱

6. 对中国人的伟大历史成就给予应有的认可。

7. 具体强调现代公民必须履行哪些社会义务。

8. 永远不要以居高临下的口吻对中国受众说话,或是表现出优越感。

9. 简单直接地解释科技或其他复杂的问题。

10. 不要暗示我们已经有具体的解决方案来应对中国的所有问题。承认我们自身也存在问题。

11. 不要无节制地对中国的事情过分恭维。有区别地给予赞扬。

C. 在对待中国与世界的关系上

12. 有效利用我们的在华军队,用他们和他们的行动来展现美国的行为方式和目的。

13. 不要强调英美针对中国时的团结一致。可能的话,强调英美中三国的团结一致。

14. 将中国完全纳入联合国家的事务中。

15. 不要强调美国在军事上和经济上的绝对力量。这不需要宣传。

16. 表明美国和整个西方的物质发展部分基于技术知识、个人的聪明才智、创造精神和纪律,而不是仅仅基于掌握的物质资源。

17. 表明我们与俄国的友好关系坚实地基于美国的自身利益,但这种对待自身利益的态度又是很开通的。

18. 明确表明我们坚信大量的中国普通民众在符合我们利益的前提下,可以而且必须而得到改善提升。

19. 表明我们接受中国作为世界共同体的成员之一充分而平等地参与国际事务。

D. 具体的不要宣传的事情

20. 不要仅仅因为我们得知其名声，就突出强调某些中国著名人士的名字，例如蒋介石、蒋夫人宋美龄、孔祥熙。

21. 不要强调中国的政治派系，无论是国民党、中国共产党，还是其他党派。

（三）关于媒体的一些建议：

A. <u>总体</u>。可视媒体（图片、展览、电影和幻灯影片）在中国有很大的发展机遇，而且可以触及到最广泛的受众。甚至在城市里广泛存在着文盲，这限制了出版物受众的规模，而接收设备的缺乏限制了无线电广播受众的规模。

B. 根据战争信息署在中国的经验，<u>图片和展览</u>吸引着广泛的受众。图片是主要被用作播送时事新闻的短期媒介，而针对中国的长期项目很可能通过基于精心策划的展览来展现长期主题，因为最终宣传分发的更多是新闻材料，而不是更即时的时事快报。（参见1944年9月15日的《对远东图片和特别报道的指示》）

C. <u>电影和幻灯影片</u>。我们要认识到，当前在中国国统区使用幻灯影片，部分是因为电影放映设备的短缺。在能够进口一些现在中国封锁区没有的那些更笨重更昂贵的电影放映机之后，我们不能指望幻灯影片还能和电影一样具有同等的竞争力。这意味着在宣传科技主题的时候仍主要要依靠幻灯影片，用于培训和教育目的之时仍需做一定的说明，但是不会用其来达到娱乐或播送新闻的目的。

D. <u>特别报道</u>应该利用中国报刊对西方相关信息材料的热切愿望。建议写作针对中国的特别报道时可以从重庆办事处翻译部的经验中获得教益，后者已经创作了大量中文版的新闻和专题资料，并在中文出版物中广泛使用。

E. <u>出版物</u>。（参见已基本上通过的1944年9月14日《中国的出版计划》）我们可以用中文书籍触及庞大的中国受众，同时利用英文书籍触及相对较少但最具影响力的中国受众。中国读者最感兴趣是那些他们认为原本是专门给西方大众准备的材料。因此，翻译和低成本的重印本应该比特意准备的稿件更加重要。

F. <u>电影</u>。在特别为中国制作的电影中，最有利于实现我们的目标的应该是译制为中文的纪录片，因为它们能最有效地描绘我们的主题。

我们需要补充更多的纪录片来贯彻我们的主题。总的来说，电影最有影响力，因此选择那些最能实现我们目的的商业电影也非常重要。

选择在中国分发的商业电影时，我们应该注意以下根据实践经验提炼出来的几个要点：

1. 为中国选择电影的人必须牢记一个事实，即中国审查员将会根据他自己的标准而不是我们的标准来批准外国电影。对这一领域的观察表明，中国的审查员按照惯例将会反对涉及以下内容的电影：(a) 帝国主义，例如，《鼓》(*Drums*)、《古庙战茄声》(*Gunga Din*)；(b) 幽灵或灵魂，例如《逍遥鬼侣》系列 (*Topper series*)；赌博、拦路抢劫 (例如《卧底女郎》(*Tip-Off Girl*)；越狱的技巧 (例如《布莱克威尔岛》(*Blackwells Island*)；过度残暴，或是从不好的角度展现中国人的电影，例如哈罗德·劳埃德 (Harold Lloyd) 的《猫爪》(*The Cat's Paw*)。

2. 根据票房记录显示，总的来讲对中国受众最具有吸引力的电影包括彩色电影，尤其是那些含有大量动作镜头或虚幻的故事的，德米尔 (DeMille) 式的盛大宏伟场面的，还有南海和泰山的故事，以及动作片。

3. 不受欢迎的电影类型包括宣传电影［例如《吾土吾民》(*This Land is Mine*)］，以及含有大量对白的电影，这类影片对会说英语的中国人而言都是难懂的，而且在用幻灯影片给观众放映翻译字幕时，很难让其与荧幕的电影播放保持同步。

G. **无线电广播**。音乐录音和包括公开演讲整套设备在内的无线电器材储备将在中国大有用处，但是总体来说，面向中国和在中国内部播放的无线电广播节目的内容还会继续按照短期指令进行。(参见《关于在中国未占领区的无线电广播信息工作的指令》)

（签字）G·E·泰勒

第三区副主任

海外分部

华盛顿已审批——1945 年 1 月 5 日

（王兵杰译，王睿恒、翟韬校）

二、美国驻华大使高斯致国务卿的电报
（关于战争信息署）[1]

127.6/382

驻华大使（高思）致国务卿

No. 2139　重庆，1944年2月9日

2月26日收到

阁下：我很荣幸地收到国务院于1944年1月6日发布的第489号指示，关于美国驻重庆的几个政府机构之间缺乏充分协调的报告。

我想国务院来函所指主要是大使馆在协调美国文官机构驻华办事处的活动方面发挥的功能。这些机构包括战争信息署、对外经济管理局（Foreign Economic Administration）和负责获取外国出版物的跨部门委员会（Inter-Departmental Committee）。

总的来说，协调几个隶属于大使馆的美国政府文官机构的工作进行得相对顺利，没有遇到重大问题，我整体上满意当前的现状。

……[2]

战争信息署

这个组织是与大使馆有关的、在重庆建立时间最长的文官战争机构。它通常被称为"美国大使馆的美国新闻处"。最近人们开始倾向于称它为战争信息署的中国分部。

这个机构在一位能干的前美国新闻记者的带领下开始低调地运作，该记者现在继续担任这个规模已然极大扩展的机构的负责人。[3]

---

[1] "The Ambassador in China (Gauss) to the Secretary of State," February 9, 1944, *Foreign Relations of United States* (*FRUS*), 1944, Vol. Ⅵ, China, Washington: United States Government Printing Office, 1967, pp. 14-18.

[2] 此电报涉及好几个机构，此处省略了和本主题无关的内容。——译者注

[3] F·麦克拉肯·费舍尔（F. McCracken Fisher）主任。

我有时候觉得这个规模庞大且费用极高的机构并不完全合理,"收益递减法则"从它建立之初就开始长期发生作用,它获得的成效并不能完全证明大量的财政支出是合理正当的,而且位于华盛顿的战争信息署总部在工资和补贴方面太过铺张浪费(包括给几乎每一个美国员工的"代表"津贴,数目有高有低;还有足以令他们在同一处的外交工作同僚感到非常尴尬的补贴)。

但是,战争信息署的政策和指令发自华盛顿,除了反复将负责中国事务机构长官的注意力吸引到我所认为的其行动开销过大的观点上之外,我并不认为自己有责任协调以及在总体上监管这个机构,包括也没有任何对其开支和监制方面做出指示的权威。

与对外经济管理局的情况一样,大使馆有一位官员被专门指派为战争信息署驻华机构的联络官,以保持日常联系。电报的处理方式亦与对外经济管理局一样,向外发出的电报以我的名义立即发出,除非它包含联络官认为需要我先过目的内容(很少出现这种情况)。发来的电报通过联络官转交给战争信息署的驻华机构,并依照惯例把复印件交给我。从该机构发往华盛顿的邮件提交之时不能封口,大使馆在转发出去之前会进行检查。含有部分需要我特别注意的内容的复印件上会留下适当的标记。

我还与战争信息署中国分部的主任保持私人联系。该机构最初设立之时这种联系非常密切。但是随着机构规模的扩大,机构负责人经常不在重庆,因而就不常有进行密切的私人联络的机会。但是我尽可能地保持着对这个机构活动的密切关注。

我曾有机会时不时地评论他们的某些行动,而且有几次我的批评相当尖锐。出现失误的原因一般是由于疏忽、缺乏适当的监管或下属们缺乏判断力和不能保持平衡。例如,我曾有几次严厉批评《美国文摘》(American Digest)中使用的材料。《美国文摘》是一份每周出版一次的英文信息资料,主要面向美国和其他国家的传教士发行,上面刊登有每周战争新闻的摘要以及杂志和其他文章的节选或转载。有一次,《文摘》刊登了一篇关于美国黑人问题的文章。另一次,它刊登了一篇关于欧洲政治问题的文章。由于《文摘》的定位是面向广大中国、外国居民以及美国人,因此在一份政府出版物上刊登上述这些类型的文章是不明智的。我不常就此问题提出抱怨，但是我认为我应该对出版物保持敏锐的监察（监察权由该机构的下属掌控）。我在这里抱怨的主要是缺乏负责任的监管。

我有时候还会提醒该机构的负责人，其工作人员在中国内地出差时，该机构没有对他们的所处情况、所负职责以及应该的行为方式进行适当的"简要告知"或进行指导。他们一定不能有意无意地把自己当作美国政府的代表。他们和中国当局的关系必须正确且恰当。每当他们发表公开演讲时，我希望可以收到他们言论的概要，以便维持对他们行动的监督。

我还倾向于否决在一些没有领事馆或大使馆工作人员的地方开设战争信息署的地方办事处，否则无法对其行动进行详细的监督。而建立无线电广播接收站等请求仍需进一步处理。

战争信息署驻华机构和华盛顿之间，以及和驻印度和其他地区的办事处之间的电报交流量格外巨大，我质疑这个数量是否完全合理。这项工作让大使馆的代码设备负担沉重，尽管它们还是完美而迅速地完成了任务。战争信息署的总部已经给他们提供了解码器，并授权他们用自己的人员进行电报交流。至今它还没有这样做，但是我理解这是因为密码译员尚未到达重庆。当战争信息署驻华机构开始自己进行编码工作时，电报译文要提供给大使馆。只要能够如实地满足这个要求，大使馆赞同这项安排。

总之，我对战争信息署驻华机构的合作，对该机构负责人与大使馆合作的态度，以及该机构在大使馆监督下进行的活动没有什么抱怨可提。需要我介入或指导的事情已经毫无摩擦和争议地解决了，这些事情不是特别重要，并不需要提交给华盛顿知道。而且每当我找该机构的负责人协商，并强调大使馆的立场和政策以及给出这样做的理由时，该机构明显还是赞同并遵照指示的。

战争信息署驻华机构与军队合作开展了一些与心理战相关的工作，在这方面，战争信息署的官方指示将该机构置于战区指挥官的监督之下。我没有机会参与这些行动，亦没有人告知我与此相关的事情。

……

（王兵杰译，王睿恒、翟韬校）

三、文化关系司霍尔多汉森先生的备忘录
（关于文化关系司与战争信息署的分工）[1]

811.42793/784a

文化关系司霍尔多汉森先生的备忘录

(华盛顿)，1942年7月15日

国务院和其他机构关于对华文化关系的联络会议

......[2]

3. 战争信息署

国务院和战争信息署都计划要向中国输送微缩胶卷、电影、无线电广播节目和杂志，但是二者所含内容完全不同，在大多数情况下，两个项目面向中国不同的经济和社会阶层。

战争信息署输出的是战争信息和有宣传价值的现行观点。国务院给中国的大学和知识分子领袖发送与教育和科技相关的材料，这些知识分子领袖正指引着中国的战争行动。

国务院已经和战争信息署外国信息处（Foreign Information Service）的如下官员不断接触：远东区的协调员卡尔·克劳（Carl Crow）先生、驻华盛顿的远东广播负责人沃尔特·威尔格斯（Walter Wilgus）先生、在纽约负责出版物的爱德华·斯坦利（Edward Stanley）先生，以及在纽约负责电影的莱西·卡斯特纳（Lacy Kastner）先生。

6月期间，一位文化关系项目的官员花费了三天时间与战争信息署人员在纽约讨论后者的计划。结论如下：

---

[1] "Memorandum by Mr. Haldore Hanson of the Division of Cultural Relations," July 15, 1942, *Foreign Relations of United States (FRUS): Diplomatic Papers, 1942, China*, Washington: United States Government Printing Office, 1956, pp. 719–721.

[2] 此备忘录涉及好几个机构，此处省略了和本主题无关的内容。——译者注

（a）微缩胶卷。战争信息署只选择将刊有时事新闻和舆论观点的杂志制作成微缩胶卷。而文化关系项目只把科技和学术期刊以及中国大学特别感兴趣的材料制作成微缩胶卷。

战争信息署的微缩制作工作由纽约公共图书馆和瑞柯达克公司（Recordak Corporation）完成。文化关系项目的微缩胶卷由美国国会图书馆和农业部制作完成。二者都是有偿的。政府在华盛顿进行的微缩胶卷拍摄价格比较便宜，但是速度较慢。

由于战争信息署的微缩胶卷只是想要发送给中国的报刊，因此翻译成中文仅需要一台微缩胶卷阅读器。而文化关系项目的微缩胶卷要被广泛分发给中国的大学校园，他们要在那里读取胶卷，因此文化交流项目的当前预算中，要为100台阅读器提供资金（需要注意的是，战争信息署正在运送一些播放宣传图片的电影放映机，但这些并不适用于读取微缩胶卷）。

（b）杂志。除了用于翻译成中文的缩影胶片外，战争信息署没有向中国运送任何杂志。而国务院给中国大学校园里的阅览室提供了一些有教育价值的纸质杂志。

（c）电影。战争信息署正在向中国发送新闻短片和一些战争宣传电影。文化交流项目则只限于教育电影，如关于健康、农业、科技和美国人的生活方式。战争信息署的电影都与军事有关。文化交流项目选择的全部电影适合在中国成立一所长期教育电影的资料图书馆，尽管挑选时会基于它们在中国战争行动中的科学和教育价值。

战争信息署和文化关系项目都要依赖中国政府的放映机放映。

（d）无线电广播项目。战争信息署现在仅向中国发送新闻广播，通过短波从旧金山传递到重庆，再通过中波在当地转播部分新闻节目。文化交流项目计划撰写科技和教育主题相关的广播脚本，与电影的主题相类似，然后向重庆发送中文广播录音，或是在当地可以译制并播出的脚本。如果驻重庆的美国大使认为录音可行的话，那么国民政府内政部可以在有偿的基础上制作录音。

（王兵杰译，王睿恒、翟韬校）

四、美国在中缅印战区发动的心理战[①]

复本

抄送：

埃尔默·戴维斯先生（Mr. Elmer Davis）/爱德华·克劳伯先生（Mr. Edward Klauber）

爱德华·W·巴雷特先生（Mr. Edward W. Barrett）

T·L·巴纳德先生（Mr. T. L. Barnard）

朱尔斯·杜布瓦上校（Col. Jules Dubois）

布拉福德·史密斯先生（Mr. Bradford Smith）

弗雷德里希·S·马奎尔特先生（Mr. Frederic S. Marquardt）

美国在中缅印战区发动的心理战

作为一个文官机构，美国战争信息署在中国和印度地区要主要开展两项行动：（1）针对中国人和印度人开展宣传工作；以及（2）开展心理战，以援助美国在中缅印战区的军事行动。关于第一项行动，战争信息署只需对国务院负责。而心理战行动在遵照国务院制定的美国对外政策的同时，还受到战区指挥官的管辖。

中缅印战区总司令指示[②]，由约翰·戴维斯先生（Mr. John Davies）负责代表他来监督战争信息署中国分部与印度分部的心理战政策和行动。总司令指定战争信息署中国分部部长 F·麦克拉肯·费舍尔先生（Mr. F. McCracken Fisher）为该战区制定心理战政策。

在中国，准备心理战传单和其他材料时，战争信息署要与重庆的美国陆军参谋部二部（G-2）和昆明的美国陆军航空大队（A-2）进行协商。

[①] "American Psychological Warfare in the China Burma India Theater," April 17, 1944, *ProQuest History Vault*, 003446_011_0800_From_1_to_4 (pp. 1-3). 0800.

[②] 指示信件的日期为1943年10月6日，第381号文件。

此类宣传工作针对的是中国沦陷区、印度支那以及泰国，材料由第十四航空大队进行分发。而针对日本和福摩萨地区的传单正在准备当中。

在印度的阿萨姆邦有一个心理战小组，其任务是为中美联军在缅甸北部地区的战斗提供支援。这支队伍由北部战区司令部的指挥官直接领导。它所制作的材料要经过北部战区司令部的美国陆军参谋部二部人员的审核。

该小组制作的宣传材料针对的是在缅甸北部的日本军队和当地居民。材料的散发主要由覆盖缅北地区的东部空军司令部空军部队负责，其次依靠渗透到敌后的特工人员。

美国陆军航空队缅印战区的司令官已经授权第十中队空投美国心理战的宣传材料。这一宣传行动将针对下缅甸地区、泰国和印度支那南部的居民。位于加尔各答、重庆以及阿萨姆邦的战争信息署办事处将负责准备工作，当然还要经过美国陆军参谋部二部和美国陆军航空大队的审查。

战争信息署中国分部发动的心理战行动具有相当大的独立性，因为中国政府迄今为止尚未声称要控制其境内的此类行动，它也没有试图建立一个中美联合的心理战组织。

然而，在战争信息署印度分部指挥下的心理战行动不断受到来自英国方面的压力，最初是限制那些行动，后来则是想要将美英的心理战行动进行合并。东南亚指挥部设立后，合并的压力变得越来越大。因为东南亚指挥部内就设有一个盟军心理战部。

迄今为止，我们尚未对英国方面坚持的合并做出让步。而是我们坚持建立一个联合联络委员会来促使美国、盟国和英国在宣传工作上进行紧密合作。该委员会已经依据业已生效的联合参谋部指令而建立。

该委员会的运作方式尚不明确。估计它可以确保战争信息署、东南亚司令部的心理战部和英国信息部的远东局三个部门和谐相处。还可以进一步地假设，该委员会能够保证三方充分交换行动情报和计划，并在可行的情况下做出规定，让它们相互交换和出借服务、设备及人员。

可以说，这是一个松散且效率低下的安排，使得人员和工作多处重复。集中美英两个国家的资源和才智共同行动貌似才是一个合理的解决方案。

然而，国务院、战争部以及战争信息署坚持反对合并也是有充分理由的。可以说，它基于以下论证思路。

尽管英国人同我们在军事上结盟，共同对抗日本人，但我们针对东南亚民族的政策并不完全相同。英国人的政策目标，自然是对其从前的殖民地重新建立起帝国统治。然而，我们的政策是继续与亚洲各国人民建立友谊，并在政治上建立公正的关系。

目前，我们与帝国主义势力在军事上的联盟，使得东南亚人开始怀疑美国的动机，而他们对我们越来越强烈的敌对态度，如果不加纠正，将会在今后几年损害我们与当地人民的关系。不仅如此，这种敌意和猜忌会让我们的部队遭受损失和阻碍（包括那些被迫降落在敌后的空军人员）。如果我们按照我们自己的意愿行事，不与恢复帝国统治秩序的人为伍的话，他们就不会遭遇此类困境。

因此，美国政府有义务向东南亚人民清楚地表明，虽然我们依旧与我们的盟友紧密团结在一起，共商战胜日本大计，但是美国在东南亚没有任何领土扩张的想法，美国军队来到此地，仅仅是为了同日本作战。

这项责任只能通过美国人独立的心理战来完成。

英国人将会反对我们向东南亚的民族传递出这样一种印象，即美国对待这些民族的态度与英国是不一样的。英国人会解释说，我们让他们与其附属臣民之间的关系变得尴尬。

于是一个问题也因此产生，即我们是否有正当理由令英国人感到尴尬。

在我们共同对日作战时，斤斤计较美国还是英国做出了更大的贡献很少能达到好的效果。但是在东南亚，问题比这严重多了，我们所卷入的并不仅仅是对日作战。我们不由自主地而且几乎是在无意识的状态下卷入到帮助英国在亚洲重建殖民帝国的行动中。对于这种帝国主义的冒险行为，我们可以准确地观察到，它消耗了亚洲人民对我们的善意并让我们付出毫无必要的军事损失，与此同时，却给英国带来巨大的利益，而我们得不到半点好处。

在这种情况下我们有理由坚信，如果让英国人同其属民的关系变得尴尬是美国向东南亚地区进行直白宣传所要付出的代价，那么英国人就必须做好准备承担这份不算高昂的代价。现在轮到英国在这场东南亚司令部的同盟关系谈判中做出一点牺牲了。

　　为了避免美国人的"直白"宣传导致英国人过分的关注，同时只要美国的外交政策仍继续现在的路线——毕竟《大西洋宪章》和其他协议签订之时美国设想的对象都是欧洲人而不是亚洲人，我们或许应该要声明，美国不要打算以任何方式对英国与殖民地的关系进行评论、也不会提及此事。

　　　　　（签字）约翰·戴维斯

1944年4月17日
新德里

　　　　　　　　　　　　　　　1944年8月25日

　　注：现在正在探讨在中缅印战区指挥部下设一个心理战分部（Physiological Warfare Branch）。这将纯粹是一个美国的机构。

　　　　　　　　　　　（高可攀译，王睿恒、翟韬校）

战后美国国际传播机制研究
(1945—2010)*

陈静静　冯国雄**

摘　要　二战结束以来，美国动用大量的人力、物力、财力从事国际传播活动，并取得了突出成就，无论对目标国还是对美国都产生了深远的影响。美国国际传播机制是根据国内外形势逐渐确立起来的，国际传播活动的发展是循序渐进的。随着国际传播在美国国家战略中的地位逐渐确定下来，其目标也更加明确，这推动了国际传播决策协调机制不断健全、管理执行机制更加合理、法律体系不断完备、研究评估体系更加科学。我国进行对外传播，美国是不可绕开的因素。"知己知彼，百战不殆"，美国作为我国进行国际传播最大的竞争对手，其在历史发展过程中不断形成的国际传播长效发展机制对我国具有不可忽视的启示作用。

关键词　美国　国际传播　公共外交

二战以来，美国政治、经济、军事能力强大，并依靠其实力在全球范围内推行国际传播，从而掌握着国际话语权，对很多国家影响很大。罗马不是一天建成的，美国在世界上的影响是其实力以及多年传播塑造的结果。

---

* 中国博士后科学基金面上资助一等资助；《"一带一路"和美国"重返亚太"视域下我国对东盟传播战略研究》(项目编号：2017M610106)；国家社会科学基金重大项目《G20峰会国家对外传播理念与机制研究》(项目编号16ZDA216)。

** 陈静静，中国国际广播电台—中国传媒大学博士后，研究方向为亚太国际关系与国际传播；冯国雄，陆军研究院陆军建设发展研究所中校，从事军事史研究。

因此，本文通过对二战结束以来美国整体的国际传播机制进行梳理并探讨其特征，从而在此基础之上探讨对中国的启示。

由于历史原因，西方人对"宣传"（propaganda）一词讳莫如深，认为宣传是为了达到一定的政治目的使用虚假手段影响公众舆论。20世纪60年代以来，美国政府逐渐用"公共外交"取代了"心理战""对外宣传"等词汇，但是其本质内容没有发生实质性变化。关于"公共外交"的定义众说纷纭，总的来说是指一国政府通过信息项目、教育文化交流等形式，对外传播自身的文化思想和政策等，以提高该国的国家形象和国际影响力，维护和促进本国国家利益。简单来说，公共外交就是向国外传播信息，国际传播是公共外交的核心载体。鉴于此，本文将心理战、对外宣传和公共外交都视为国际传播的范畴。

"拟态环境"理论认为，由于个人受时间和空间的限制，公众只能通过媒体提供的信息来认识外部世界。因此，人的态度和行为已经不再是对客观环境的理解，而变成对媒体提供甚至提示的某种"拟态环境"的反应。从这个角度来看，国外公众对一个国家的认知和态度，在很大程度上由受众所接触到的相关信息所决定，这些信息构成了"拟态环境"。因此，一个国家要提高在国际上的形象必须努力通过各种方式向目标国传递相关信息。这种信息的跨国传播也就是国际传播。从传播学的角度来看，国际传播为国际受众提供了内容丰富的信息库，受众根据自己特定的文化、价值观、知识背景和偏好等因素，选择关注某些信息并做出判断，然后通过集体表达的形式形成国际社会舆论。

美国国际传播的主要目标有两个，一是对外宣传美国的政策，二是向其他国家介绍美国的社会文化和价值观念。其活动大致可以分为两类，一类为"信息活动"，主要宣传美国的政策，另一类为国际教育文化交流活动。信息活动主要有无线通信、出版物、对外新闻中心等。教育文化交流活动主要有富布赖特项目、国际访问者项目、图书项目、对外英语教学、文化中心和图书馆项目等。信息活动和文化活动并不是截然分开的，有些信息活动虽然主要宣传美国的政策，但同时也会介绍美国社会文化，传播美国的价值观念，两者的划分主要是政府官员为了进行管理而设计的。①

为了应对冷战，战后美国非常重视对外传播，甚至将其作为外交战略中非常重要的一部分。最初美国并没有一个清晰完整的国际传播战略，美国的对外传播是在不断变化的国际和国内形势下"摸着石头过河"不断探索的过程。随着其对外信息与交流机构不断建立，相关立法不断完善，各种项目不断实施，美国对外宣传机制也逐渐确立起来，并形成了非常明显的特征。

一、战后美国国际传播的政策与活动

美国国际传播战略不是孤立存在的，而是与其所面对的国际形势、国内形势及其国力密切相关。二战之后美国在应对变化的国内外形势的过程中不断调整其国际传播战略，最终国际传播作为重要的外交手段在美国的国家安全战略中找到了合适的位置，并与政治、经济和军事等领域的各种政策相辅相成，成为名副其实的"第四种武器"，共同支撑起美国的外交，对美国的外交政策产生了深远影响。

（一）杜鲁门和艾森豪威尔时期：国际传播机制逐步确立起来

二战刚刚结束之时，大国合作的余温犹存，冷战序幕还没有拉开，美国国内舆论主张削减战时宣传机构。在这种社会氛围下，战时宣传机构几乎都被解散，1945年8月31日，杜鲁门总统颁布9608号行政命令，取消了战时新闻局及其相关机构，把它们负责的所有活动都并入国务院新成立的临时国际新闻处（Interim International Information Service, IIIS）。② 战时新闻局解散后，负责公众事务的助理国务卿本顿（William B. Bendon）受命精简

---

① 韩召颖：《输出美国：美国新闻署与美国公共外交》，天津：天津人民出版社，2004年，第9—10页。

② Executive Order 9608—Providing for the Termination of the Office of War Information, and for the Disposition of Its Functions and of Certain Functions of the Office of Inter-American Affairs, August 31, 1945, available at: http://www.presidency.ucsb.edu/ws/index.php?pid=60671, 访问时间：2017年7月10日。

和重组美国的宣传机构。他开始大幅度地削减从事宣传工作的人员和宣传计划。国务院中从事"信息"工作的人员急剧减少，相关新闻活动削减了五分之四。不仅公众，国会也极力主张削减对外宣传活动的开支。在这种情况下，美国的对外宣传活动迅速萎缩。

随着冷战形势的出现，美国外交宣传的全面衰退对其外交产生了非常不利的影响，各方人士纷纷呼吁加强美国的对外宣传工作。1947年"杜鲁门主义"出台，乔治·凯南提出遏制战略，并建议开启针对共产主义的秘密战争。与此同时，国会也开始认识到宣传机构的重要性，并同意在战后实施心理战，通过各种公开和隐蔽的宣传手段与共产主义展开争夺思想和心灵的战争。① 1947年7月26日，杜鲁门签署了《1947年国家安全法案》，根据该法案成立了国家安全委员会。1947年9月18日，中央情报局（the Central Intelligence Agency）诞生，它被设置在国家安全委员会之下，专门秘密地从事海外活动。国家安全委员会成立之后，出台了一系列国家安全和心理战略方面的相关文件，比较重要的有NSC4号系列文件，NSC10/2文件，NSC20号文件、NSC43号系列文件、NSC59/1号文件、NSC68号文件，这些文件奠定了心理战的政策基础。

1946年8月1日杜鲁门总统签署《富布莱特法案》，即79—584号公法，该法案的通过标志着美国政府正式介入其对外文化、教育交流活动。1948年1月在民主党和共和党的通力合作下美国国会通过了《美国信息与教育交流法》（U. S. Information and Educational Exchange Act of 1948），即《402公法》（Public Law 402），也被称为《史密斯—蒙特法案》（Smith-Mundt Act）。《史密斯—蒙特法案》为美国海外信息与文化交流活动的具体开展与实施提供了具体的要求与细则，其目标是推动"其他国家更好地理解美国，增强美国人民和其他国家人民的相互理解"。② 两部法律互为补充，为美国对外宣传活动提供了法律基础。1951年4月4日"心理战略委员会"（Psychological Strategy Board）成立，它受国家安全委员会的直接领导，

---

① History of Psychological Strategy Board, CK3100280463, DDRS.

② U. S. Information and Educational Exchange Act of 1948, available at: http://www.state.gov/documents/organization/177574.pdf, 访问时间：2017年7月10日。

负责公开的与隐蔽的心理战活动。"领导执行心理战行动的各个机构和部门，制定国家心理战略的总体目标、政策和项目，协调并评估美国的心理战略项目"。① 这样冷战初期，美国国际传播机制在政策、法律、决策协调机构等方面逐渐建立起来，国际传播趋于稳定。

鉴于艾森豪威尔总统本人亲眼目睹了心理战、宣传战在二战中发挥的巨大作用，他非常重视心理战在美国国家安全战略中的地位。在认识到当时美国心理行动与宣传领域存在的问题与弊端之后，他设置了各种机构，逐渐强化了心理战机制。第一，在协调机构方面，美国取消了心理战略委员会，成立行动协调委员会。1953年9月2日，艾森豪威尔总统颁布10483号行政命令，决定成立行动协调委员会，该委员会是一个机构间组织，旨在服务于"不同机构在实施国家安全政策时的协调与统一"。行动协调委员会的主要成员包括副国务卿、副国防部长、中央情报局局长、美国新闻署署长、国际合作总署署长、一个或几个总统代表（由总统指定）。行动协调委员会主席和副主席由总统在成员中选定。1957年2月25日艾森豪威尔总统颁布10700号行政命令，将行动协调委员会并入国家安全委员会，1957年7月1日生效。② 第二，在执行机构方面，成立了美国新闻署。1953年8月，根据第8号改组计划，美国新闻署成立，它整合了以前由国际新闻署（International Information Administration）、共同安全署、技术合作署负责的所有国际宣传活动和美国国防部在德国和奥地利占领区的宣传活动。③ 美国新闻署是美国历史上负责宣传与对外信息活动的第一个独立的副部级机构，隶属于白宫，署长由总统任命，直接对总统负责。美国新闻署的诞生，是美国对外宣传战略最终确立的典型标志。第三，在法制方面，颁布《合作

---

① Role of PSB under 4/4/51 Presidential directive detailed, CK3100310384, DDRS.

② Executive Order 10483-Establishing the Operation Coordinating Board. September 2, 1953. Available at: http://www.Presidency.ucsb.edu/ws/index.php?pid=60573&st=&st1=, 访问时间：2017年7月10日。Executive Order 10700——Further Providing for the Operations Coordinating Board, http://www.presidency.ucsb.edu/ws/index.php?pid=60615, 访问时间：2017年7月10日。

③ Reorganization Plan No.8, https://www.gpo.gov/fdsys/pkg/STATUTE-67/pdf/STATUTE-67-Pg642.pdf, 访问时间：2017年7月10日。

研究法》《农业贸易发展和援助法案》《国际文化交流与贸易参展法》《国防教育法案》。此时期机制的不断健全与多部法律的出台标志着美国对外宣传趋于成熟。

(二) 肯尼迪和约翰逊时期：国际传播机制深化拓展

1961年1月，具有威尔逊色彩的民主党人肯尼迪上台，他根据当时的国际形势提出了两手抓的"和平战略"，即美国政府一方面要充分使用其强大的军事力量威慑镇压第三世界反美势力，另一方面也要兼用其经济、政治和文化等软实力同化当地民众的思想，接受美国对外政策。因此他主张加大在道义上与苏联的较量，并非常重视对外传播，不断深化拓展各种机制。

第一，肯尼迪政府大力加强新闻署的工作力度，并加强其研究建议功能。肯尼迪认为，美国新闻署不仅是一个为美国对外政策服务的宣传机构，其还应该参与美国对外政策的制定。他指出，在华盛顿以及海外的外交团队的各个级别要充分发挥美国新闻署的咨询功能。如果要考虑在其他国家开展与传播相关的项目，向美国新闻署咨询是必需的。[1]

第二，在机构设置方面，肯尼迪非常重视教育和文化交流在对外政策中的作用，在国务院增设一位专门负责教育文化事务的助理国务卿。其主要目的包括，加强教育文化事务局本身的力量，提高其地位，明确其目的；强化政府内各部门之间的沟通与合作；强化政府与民间组织之间的联系等。[2] 1961年在白宫、国务院和美国新闻署的计划安排下，纽约对外新闻中心成立，其目的是为外国记者提供便利机会使其更好地报道美国、了解美国社会，这取得了良好的社会效果。鉴于此，美国新闻署于1968年在华盛顿又设立了一个对外新闻中心。

第三，在立法方面，肯尼迪和约翰逊政府时期美国国会通过了三部涉及对外传播方面的法律。第一部是《1961年教育与文化平等交流法案》

---

[1] 1964-The Nineteenth Report of the United States Advisory Commission on Information, January, 1964, p. 21. https://www.state.gov/documents/organization/175644.pdf, 访问时间：2017年7月11日。

[2] Philip H. Coombs, *The Fourth Dimension of Policy: Educational and Cultural Affairs*, New York: Harper and Row, 1964, pp. 45-48.

(The Mutual Educational and Cultural Act of 1961），也被称为《1961年富布赖特—海斯法案》（Fulbright-Hays Act of 1961）；① 第二部是《和平队法案》（Peace Corps Act）；② 第三部是《国际教育法》（International Education Act of 1966）。这些法律进一步促进了对外传播的制度化和法制化。1963年11月，肯尼迪总统遇刺身亡后，副总统林登·约翰逊继任为美国总统，肯尼迪时期重要的外交决策人员基本留任。③ 因此，约翰逊基本上延续了肯尼迪时期的外交政策，包括对外宣传政策。

（三）尼克松、福特、卡特时期：国际传播相对稳定

20世纪70年代，美国面临严重的外患内忧。国际方面，冷战格局开始朝向"苏攻美守"的形势发展，资本主义世界三足鼎立的局面开始出现，第三世界的力量迅速发展，这使得美国国际地位相对衰弱了。国内方面，美国深陷越战泥潭，军费开支庞大，经济进入滞胀阶段，越战使得美国政府和社会被严重分裂。

面对上述状况，尼克松提出"尼克松主义"，在全球实施"缓和战略"。尼克松政府对公共外交活动还比较重视，也曾开展一些项目扩大公共外交，但在公共外交机构的改组、重组方面动作不大。1974年8月尼克松因"水门事件"被迫辞职，福特继任总统。在其短暂的22个月时间内，福特政府的公众外交指导思想与尼克松时期没有太大的区别，只是其更关注国外舆论。到1978年吉米·卡特当选美国总统之后，并没有完全接受斯坦顿委员会的建议，而是实施自己的改组方案。1978年4月，卡特总统通过了美国新闻署的另一个重要的改组方案。他把国务院的教育文化事务处（包括富布莱特项目）与美国新闻署合并成立美国国际交流署（United States

---

① "United States Code, Title22: Chapter 33, Mutual Educational and Cultural Exchange Program", Sec. 2451, http://uscode.house.gov/view.xhtml?path=/prelim@title22/chapter33&edition=prelim, 访问时间：2017年7月11日。

② Peace Corps Act MS 101: "The Peace Corps Act", Sec 2501. http://files.peacecorps.gov/multimedia/pdf/policies/ms101.pdf, 访问时间：2017年7月11日。

③ 这些人员包括国务卿迪安·腊斯克（Dean Rusk）、总统国家安全事务顾问麦乔治·邦迪（McGeorge Bundy）、国防部长罗伯特·麦克纳马拉（Robert McNamara）、副国务卿乔治·鲍尔（George Ball）等。

International Communication Agency，USICA）。卡特总统发布一份声明授权国际新闻交流署另外一个新的使命"减少美国与其他国家之间观念和误解影响其关系的程度"。外交人员在海外推动总统人权项目中发挥着积极作用。①立法方面：1972年美国通过了《1972年对外关系授权法》并根据该法成立了"政府对外政策实施组织委员会"；② 1973年美国国会通过了《国际广播法案》并根据该法成立了国际广播委员会。③

（四）里根时期：机构基本不变，攻势加强

1981年，保守反共的里根入主白宫，他在军事、政治上对苏联采取强硬立场的同时，强调意识形态因素在其对外政策中的作用。在此种情况下，他把推销美国式民主，把对社会主义国家实施"和平演变"的战略放在全球反共战略的中心地位。因此，美国全方位加强了对外传播的攻势，国家安全委员会出台了三份相关政策指令。第一份为《国家安全委员会第45号决策指令：美国国际广播》，文件要求美国之音要传达美国政府的官方声音，接受国务卿的政策指导，使节目内容与当前美国对外政策和国家安全政策目标联系起来。最后，该文件要求加强在危机和战争期间对美国国家广播的设施及其运作的研究。④ 第二份为《国家安全委员会第77号决策指令：与国家安全相关的公共外交之管理》，该文件是里根政府对美国对外政策的现实需要所做出的反应，有效地保证了美国政府机构和部门与公共外交活动的合作与协调，正式确立了一种美国公共外交活动的协调机制。在这种机制下，美国新闻署在政府中的地位得到提高，获得了与国务院、国

---

① The United States Information Agency—a Commemoration，http：//dosfan.lib.uic.edu/usia/，访问时间：2017年7月11日。

② 即92-352号公法，该法案是对《1948年美国信息与教育交流法》非常重要的一次修正，它禁止美国新闻署在美国国内传播准备好在国外发布的"有关美国、美国人民及其政策"的相关信息。详见：The Public Statues at Large，1972，p.494. http：//constitution.org/uslaw/sal/086_statutes_at_large.pdf，访问时间：2017年7月11日。

③ Public Law 93-129，http：//uscode.house.gov/statviewer.htm? volume=108&page=432#，访问时间：2017年7月11日。

④ National Security Decision Directive 45，"United States International Broadcasting，" July 15，1982. https：//fas.org/irp/offdocs/nsdd/nsdd-45.pdf，访问时间：2017年7月11日。

防部等重要部门共同参加相关委员会的机会。① 第三份为《国家安全委员会第 130 号决策指令：美国国际信息政策》，该文件指出，国际信息项目的基本目的是"以有利于美国国家利益的方式来影响国外的民众"，公共外交在美国外交中的重要作用是"改变全球长期基本政治和意识形态倾向的关键战略工具，并最终影响其他国家政府的行为"，公共外交在美国对外政策中的地位是"国家政策的战略工具，而不只是美国外交的策略手段"。② 这三项国家安全决策指令的制定标志着美国政府已经不把公共外交作为传统外交手段的简单补充，而是把其上升到了与国家安全密切相关的地位，此时的公共外交已经进入国家政治生活的主流。

（五）克林顿、小布什和奥巴马时期：从全面萎缩到不断加强

20 世纪 80 年代末 90 年代初，持续了半个世纪的冷战以东欧剧变、苏联解体而宣告结束。作为世界上唯一的超级大国，美国应当如何应对冷战后国际局势的巨大变化，如何调整其内外政策以适应新的形势，这成为 1993 年上台的克林顿总统面临的问题。从国际力量对比的角度来看，美国处于历史上相对稳定和安全时期，从国内的角度来看，美国经济开始衰退，政府赤字问题严重。鉴于此，美国主流民意趋于"内向化"，在这种情况下，克林顿政府的施政重点放在了国内问题上，重振美国经济、减少政府财政赤字成了克林顿政府的核心工作。共和党几次在裁减美国新闻署问题上向克林顿发难，在这种国内外环境下，克林顿政府无力回天，最终同意将美国新闻署并入国务院。③ 国会逐年减少了拨款，很多项目被迫缩减

---

① National Security Decision Directive 77, "Management of Public Diplomacy Relative to National Security", January 14, 1983. https：//fas.org/irp/offdocs/nsdd/nsdd-077.htm, 访问时间：2017 年 7 月 11 日。

② National Security Decision Directive 130, "US International Information Policy", March 6, 1984. https：//fas.org/irp/offdocs/nsdd/nsdd-130.htm, 访问时间：2017 年 7 月 11 日。

③ 1998 年 3 月 10 日，美国国会众议院通过《外交事务重组与改革法案》（Reorganization Plan and Report of 1998）。1999 年 10 月，美国新闻署正式并入国务院。美国新闻署并入国务院使其失去作为一个独立政府部门的地位，之前它直接对总统负责，并具有参与美国外交决策的机会。详见：Foreign Affairs Reform and Restructuring Act, March 10, 1998, https：//www.congress.gov/congressional-report/105th-congress/house-report/432/1, 访问时间：2017 年 9 月 11 日。

或是终止,① 工作人员急剧减少,② 公共外交全面萎缩。

"9·11事件"之后,美国政府再次认识到对外传播的重要性,并不断加强其协调和管理机构,这种调整也是不断摸索的过程。针对"9·11"恐怖袭击问题,2001年10月小布什政府成立"快速反应部队",名为"白宫联合信息中心"。③ 一年后,美国国防部成立一个协调机构,名为"全球传播办公室",④ "白宫联合信息中心"随后并入。2002年9月,美国国家安全委员会和国务院共同组建了"战略沟通政策协调委员会",⑤两年后被"穆斯林世界拓展政策协调委员会"代替。⑥ 小布什政府在调整机构的同时,颁布了两部法律《2002年促进自由法案》⑦ 和《2004年情报改革与防止恐怖

---

① Stephen Johnson, Hellen Dale, and Patrick Cronin, "Strengthening U. S. Public Diplomacy Requires Organization, Coordination, and Strategy," Backgrounder Executive Summary, No. 1875, August 5, 2005, http：//www. sabre. org/about/getfile. pdf, 访问时间：2017年9月11日。

② U. S. Department of State, Cultural Diplomacy：The Linchpin of Public Diplomacy, Report of the Advisory Committee on Cultural Diplomacy, 2005, p. 8, https：//www. state. gov/documents/organization/54374. pdf, 访问时间：2017年7月11日。

③ 白宫联合信息中心（White House Coalition Information Center）,它主要的职责是针对本·拉登的反美宣传、报道及时做出回应。参见："Coalition Information Center", http：//www. sourcewatch. org/index. php? title = Coalition_Information_Center, 访问时间：2017年9月11日。

④ 全球传播办公室（Office of Global Communications）,它是一个协调机构,主要负责海外战略信息交流沟通。由于国防部的做法受到美国国内的很多质疑,最后不得不取消该办公室。"White House Office of Global Communications", http：//georgewbush-whitehouse. archives. gov/ogc/aboutogc. html, 访问时间：2017年9月11日。

⑤ 战略沟通政策协调委员会（Strategic Communication Policy Coordination Committee）。其目的是保证各政府部门协调、合作,向全球各地传播美国的信息。参见：2004-US Advisory Commission on Public Diplomacy Report, p. 9, https：//www. state. gov/documents/organization/36625. pdf, 访问时间：2017年9月11日。

⑥ 2004年7月,美国国家安全委员会成立穆斯林世界拓展政策协调委员会（Muslim World Outreach Policy Coordinating Committee）。参见：United States Government Accountability Office, "U. S. Public Diplomacy：Interagency Coordination Efforts Hampered by the Lack of a National Communication Strategy," April, 2005, p. 14, 访问时间：2017年9月11日。

⑦ 《2002年促进自由法案》（Freedom Promotion Act of 2002）,参见："Freedom Promotion Act", http：//frwebgate. access. gpo. gov/cgi-bin/getdoc. cgi? dbname = 107_cong_bills&docid = f：h3969rfs. txt. pdf, p. 5, 访问时间：2017年9月11日。

主义法》。① 前者强调了公共外交以及相互协调的重要性，后者从反恐的角度再次强调公共外交的重要性。在这种形势下，此时美国公共外交的重点是中东和穆斯林国家。

2009 年奥巴马上台，他开始对美国的外交政策进行重大调整，力推"巧实力"战略，试图通过公共外交改善美国在世界上的形象，提高美国在国际中的领导地位。2010 年 1 月，美国政府发表了《公共外交：加强美国与世界的交流》②的报告。根据该报告，国务院在公共事务局增设助理国务卿帮办职位，其承担研究和规划功能。与此同时，国会拨款逐年增加。

二、战后美国国际传播的机构与制度

(一) 决策和协调机构

对外传播事关国家安全，特别是在冷战时期，国家安全和外交政策的制定机构就是国际传播战略和政策最高级别的决策机构。这样，总统、国会和国家安全委员会③既是国家安全的最高决策机构，也是国际传播战略核心决策圈。冷战前期，美国对外传播机制非常不健全，所以国家安全委员会成为心理战事实上的决策和协调机构，美国政府大量的解密文件显示，国家安全委员会系列文件构成对外宣传的方针与政策指导。

杜鲁门总统成立的心理战略委员会和艾森豪威尔总统成立的行动协调

---

① 《情报改革与防止恐怖主义法》(Intelligence Reform and Terrorism Prevention Act of 2004)。参见："Intelligence Reform and Terrorism Prevention Act of 2004", https://www.intelligence.senate.gov/laws/intelligence-reform-and-terrorism-prevention-act-2004，访问时间：2017 年 9 月 11 日。

② 这篇报告制定了美国 21 世纪的 "公共外交全球战略框架"，提出公共外交的核心任务。参见："Public Diplomacy: Strengthening U. S. Engagement with the World", A Strategic Approach for the 21st Century, http://uscpublicdiplomacy.org/sites/uscpublicdiplomacy.org/files/legacy/pdfs/PD_US_World_Engagement.pdf，访问时间：2017 年 9 月 11 日。

③ 作为冷战时期总统最重要的幕僚机构，国家安全委员会讨论和研究国家安全与外交事务，委员会各成员一致通过的政策建议或报告需要提交总统，总统批准之后成为正式的国家政策或战略，下达相关政府部门付诸实施。可以说，国家安全委员会在一定程度上决定和影响着国家安全和外交政策的总体走向和趋势。

委员会是对外宣传的专门协调机构，这两个机构直接受国家安全委员会领导。① 它们一方面制定国家安全与心理战规划，另一方面协调多个政府部门的具体活动，防止政府内部的纷争和对抗，引导各方共同服务于美国国家利益。肯尼迪上台之后取消了行动协调委员会，鉴于当时美国对外宣传已经步入正轨，相关机制已经比较健全，肯尼迪之后没有再设立相关协调机构，国家安全委员会继续承担协调功能。尼克松、福特和卡特时期美国对外战略全面收缩，里根上台后对苏联坚持强硬立场，并加强国际传播，在国家安全委员会之下成立"专门规划小组"作为协调机构，负责"公共外交活动的整体规划、管理、协调和监督"。② 之后，克林顿曾组建了由国务院、国防部、司法部等相关各部参加的"国际公共信息核心小组"，由负责公共外交的副国务卿牵头，但是其作用不大。"9·11事件"之后，小布什政府曾建立了多个协调组织并不断调整。从以上历史可以看出，战后以来有些总统建立了级别较高的专门的协调机构，并发挥了较大作用，这与总统的偏好以及对国际传播的重视程度密切相关。在没有专门的协调机构时期，国家安全委员会承担了协调的职能，而且很多专门的协调机构被置于国家安全委员会之下。因此，从某种程度来说国家安全委员会不仅是国际传播的决策机构，也是一个协调机构。

（二） 国际传播项目和活动的管理机制和执行机构不断完善

国务院、国防部、农业部、劳工部、财政部、预算局等政府内阁机构，中央情报局、美国新闻署和国际开发署③等独立机构，以及这些高层机构下属的国内外分支机构和办事处等，负责具体政策的制定和项目的管理执行。

具体来说，国务院是负责国际传播主要的管理和执行机构，其具体工

---

① 1957年，行动协调委员会并入国家安全委员会。

② 根据《国家安全委员会第77号决策指令：与国家安全相关的公共外交之管理》，在国家安全委员会下设立"专门规划小组"（Special Planning Group），由国家安全事务助理任主席，其成员包括国务卿、国防部长、新闻署署长、国际开发署署长和总统通讯助理等。

③ 美国国际开发署的前身为共同安全署、援外事务管理署和国际合作署。1961年，肯尼迪总统签署《对外援助法》并颁布行政令成立美国国际开发署，它是美国最主要的对外援助机构，至今仍管理着美国大部分对外援助项目。

作由负责公共事务的副国务卿执行。战后,国务院继承了二战时期的心理战基础,接管了公开宣传领域内几乎所有的职责与任务。由于这层重要的传承关系,国务院成为杜鲁门政府最为倚重的政策实施部门。根据目前美国政府解密文件,国务院占据着主要地位,其他部门难以企及。艾森豪威尔总统上台后成立了美国新闻署,它取代国务院成为公开心理行动和国际信息项目的主管机构,也是冷战岁月中美国对外传播领域的主角,并为"美国外交政策的规划与执行做出了积极的贡献"。[①] 1999 年美国新闻署并入国务院之后,国际传播的任务主要集中在负责公共事务的副国务卿主管的部门和国务院内置的半独立机构国际新闻署的手中。在具体活动的开展问题上,国务院内部其他相关机构的支持与协助也发挥了重要作用。

秘密宣传活动主要由中央情报局负责。中央情报局成立之初,国家安全委员会就指示它立即发起秘密的心理行动,鉴于它涉及高度机密的国家安全问题,世人了解较少。国防部也参与某些秘密宣传活动,在某些合适情况下参与公开的对外传播活动,比如负责军事援助项目、人道主义和灾难救援、在军队驻地建立文化中心等。

对外援助是一项重要的国际传播活动,对外援助活动与国际传播活动有着千丝万缕的关系。因此,对外援助机构,比如国际开发署(包括其前身共同安全署、援外事务管理署、国际合作署)、技术合作署和经济合作署等机构在美国国际传播活动中发挥着重要作用。

这些官方机构承担着对外传播的管理和执行职能,相关机构之间分工相对明确,与此同时保持着密切合作关系,他们成为美国对外传播的中流砥柱。

三、战后美国国际传播的法律体系

美国是一个法制化程度高度发达的国家,战后以来其国际传播相关法

[①] Robert E. Elder, *The Information Machine*: *The United States Information Agency and American Foreign policy*, Syracuse University Press, 1968, p. 320.

律体系不断发展和完善,并成为开展国际传播活动和项目的坚实后盾。美国对外传播法律体系包括两个部分,第一部分是通过国会立法程序的相关法案,另一部分是总统签署和颁布的行政指令。这两部分又可以细分为五类,涉及对外传播的方方面面,它们组成了相对完备的法律体系,指导和约束着国际传播政策的制定和实施。

(一) 国会立法

国会立法可分三大类:第一类是保障国际传播能够合法开展的法律,这些法律可以称之为国际传播的基本法。这些法律一方面赋予了国际传播合法地位并确立了相关组织体系,另一方面为美国海外信息与文化交流活动的开展与实施提供了相关要求与细则。战后以来这一体系不断调整和完善,有些法案之间也存在着前后相继的关系。[①] 第二类是关于某种特定国际传播项目和活动如何实施的法律,这一类法律具有很强的针对性。[②] 第三类是关于国际传播活动中某一行业的操作法案,这一类主要涉及国际传播中的一个非常重要的行业——国际广播。[③] 这三类国会立法兼顾了国际传播的整体性、针对性和行业规范性,它们为美国政府从事海外信息与宣传活动提供了法律地位和经费来源保障,保护并制约着美国对外传播在健康的轨道上发展。一方面,国际传播有了合法地位,有利于其在不同领域自由地实施,另一方面又对国际传播活动做出限制,明确规定其不可涉足的领域。正是因为有这些法律保障,战后国际传播逐步发展起来,并根据国内外形势调整完善,也正是因为这些法律的约束,使得国际传播不至于过度发展而殃及国内。

(二) 总统行政法规

总统行政法规可以分为两大类:总统行政命令 (Executive Order) 和国

---

① 这些法律包括《国家安全法案》《1948年美国信息和教育交流法案》《1961年教育与文化平等交流法案》《1972年对外关系授权法》(该法案是对1948年法案的重要修正案)、《美国海外利益法案》《2002年促进自由法案》和《2004年情报改革与防止恐怖主义法》等。

② 这些法律包括《富布赖特法案》《合作研究法》《农业贸易发展和援助法案》《国际文化交流与贸易参展法》《国防教育法案》《和平队法案》《国际教育法》《印度支那移民和难民援助法》和《印度支那难民儿童援助法》等。

③ 相关法律包括《1973年国际广播法案》《1994年国际广播法》《美国之音宪章》等。

家安全委员会决策指令（National Security Decision Directive）。总统行政命令指的是在宪法或法律的授权下，总统管理联邦行政机构运行的指示，① 它是总统执行法律、形成和推行自己政策的重要手段。这类行政指令不仅带有法规的性质，而且可以回避来自国会的制约。历届总统都通过签署大量的行政命令，实施执政大纲和治国方针。在总统签署的行政命令中，组建或重组行政组织是非常重要的一部分，其中很多涉及外交和国家安全政策。② 在美国的国际战略中，对外传播事关外交和国家安全，历届总统通过签署行政命令的方式制定对外传播的相关政策，特别是关于对外传播机构的建设、重组或是废除上，总统行政命令使用较多。③

国家安全决策指令是由国家安全委员会起草和拟定，并由总统签署生效的行政法规。它是总统的一个非常重要的单边行动工具，其目的是实施和协调国家安全领域的军事政策、外交政策和其他相关政策，总统经常把其作为优先考虑的事项。国家安全决策指令无需对外公开，总统通过签署国家安全指令可以秘密制定和实施国家安全政策，并调动国家资源，绕开国会、法院和公众。大多数国家安全指令都是机密文件，因此它们几乎不

---

① Regulatory Information Service, "Unified Agenda," Federal Register, Vol. 67, No. 92, May 13, 2002, p. 32819.

② 贾圣真：《总统立法：美国总统的"行政命令"初探》，《行政法学研究》2016年第6期，第134页。

③ 比较重要的有：1953年8月1日，艾森豪威尔总统发布10477号行政命令，依法授予美国新闻署署长行政权力，美国新闻署从法律层面上正式成立。参见：Executive Order 10477—Authorizing the Director of the United States Information Agency to Exercise Certain Authority Available by Law to the Secretary of State and the Director of the Foreign Operations Administration, http：//www.presidency.ucsb.edu/ws/? pid=59920。1953年9月2日，艾森豪威尔总统颁布10483号行政命令，成立行动协调委员会，参见：Executive Order 10483-Establishing the Operation Coordinating Board. September 2, 1953, available at：http：//www.Presidency.ucsb.edu/ws/index.php? pid=60573&st=&st1=。1957年2月25日艾森豪威尔总统颁布10700号行政命令，将行动协调委员会并入国家安全委员会，1957年7月1日生效，参见：Executive Order 10700—Further Providing for the Operations Coordinating Boardhttp：//www.presidency.ucsb.edu/ws/index.php? pid=60615。1961年3月1日，美国政府根据10924号行政命令组建了和平队，并授权国务卿在国务院内部建立和平队这样一个机构，参见：Executive Order 10924—Establishment and Administration of the Peace Corps in the Department of State, March 1, 1961, http：//www.presidency.ucsb.edu/ws/index.php? pid=58862，访问时间：2017年7月10日。

为公众所知。国家安全指令是现代美国总统单方面制定和实施对外及军事政策的重要工具，它在塑造国家安全政策方面起着举足轻重的作用。因为公共外交与国家安全紧密相关，所以在众多的国家安全指令中，其中有一类指令用于实施"公共外交"战略。① 在国际传播领域，里根时期的三份国家安全政策指令比较具有代表性。②

四、战后美国国际传播的研究和评估体系

美国政府非常重视对外传播战略和政策的研究和评估工作，几乎每一次重大战略或政策确立前，美国相关机构都要对当时的国际形势、国内状况、目标国对美国的重要性和目标国国内情况等重要问题进行考察。在进行全方位考察的基础之上制定重大战略，然后确定某些优先计划和特定项目。针对不同国家和地区政策也不相同，为了实施切合当地情形的项目，

---

① 刘永涛：《国家安全指令：最为隐蔽的美国总统单边政策工具》，《世界经济与政治》2013年第11期，第32页。

② 第一份为《国家安全委员会第45号决策指令：美国国际广播》，该文件指出：国际广播是美国国家安全的政策重要组成部分，要求美国之音要传达美国政府的官方声音，接受国务卿的政策指导，使节目内容与当前美国对外政策和国家安全政策目标联系起来，详见：National Security Decision Directive 45, "United States International Broadcasting," July 15, 1982. https://fas.org/irp/offdocs/nsdd/nsdd-45.pdf. 第二份为《国家安全委员会第77号决策指令：与国家安全相关的公共外交之管理》，根据该文件，在国家安全委员会下设立"专门规划小组"（Special Planning Group），还设立了四个由特别小组领导的部际委员会：国际信息委员会、国际政治委员会、国际广播委员会、公共事务委员会。该文件是里根政府对美国对外政策的现实需要所做出的反应，有效地保证了美国政府机构和部门与公共外交活动的合作与协调，正式确立了美国公共外交活动的协调机制。在这种机制下，美国新闻署在政府中的地位得到提高，获得了与国务院、国防部等重要部门共同参加相关委员会的机会，详见：National Security Decision Directive 77, "Management of Public Diplomacy Relative to National Security", January 14, 1983, https://fas.org/irp/offdocs/nsdd/nsdd-077.htm. 第三份为《国家安全委员会第130号决策指令：美国国际信息政策》。该文件指出，公共外交在美国对外政策中的地位是"国家政策的战略工具，而不只是美国外交的策略手段"，详见：National Security Decision Directive 130, "US International Information Policy", Mar 6, 1984. https://fas.org/irp/offdocs/nsdd/nsdd-130.htm, 访问时间：2017年7月11日。这三项国家安全决策指令的制定标志着里根政府进一步提升了公共外交在美国国家安全战略中的地位。

美国注重考察实际和潜在的领导群体、占主导地位偏好、政治环境和法律限制、文化水平、语言习惯等基本情况。美国的调查和评估并不是临时性的，而是成立了专门机构，形成了一种固定机制，并根据实际情况和对外传播战略不断调整和完善。二战后美国国际传播的评估机制主要有三条路径，第一条是根据《美国信息和教育交流法案》成立的各种咨询委员会，第二条是美国国际传播从业单位的研究和评估功能，第三条是为了解决某些问题暂时成立的委员会。

（一）第一条路径：各种咨询委员会的发展演变及其功能

根据《1948年美国信息和教育交流法案》[①]，美国信息咨询委员会（The United States Advisory Commission on Information）和美国教育交流咨询委员会（The United States Advisory Commission on Educational Exchange）成立。这两个委员会是信息和交流项目的调查、评估和监督机构，其主要功能是向国务卿提出实施1948年法案的规划和建议，向国会提交依据该法案实施的所有项目和活动半年度报告，[②]并向国务卿提出相关建议。[③]1961年9月21日美国国会通过了《1961年教育与文化平等交流法案》[④]，根据该法案，国际教育与文化事务咨询委员会成立，代替了教育交流咨询委员会。美国信息咨询委员会不变。

1977年，卡特政府对咨询委员会进行了较大调整，把信息咨询委员会和国际教育与文化事务咨询委员会合并，组建成一个新的机构美国公共外交咨询委员会。[⑤]该委员会级别很高，由7人组成，全部为总统提名、参议

---

① U.S. Information and Educational Exchange Act of 1948, Available at：http：//www.state.gov/documents/organization/177574.pdf，访问时间：2017年7月11日。

② 从1957年开始，半年度报告改为年度报告。

③ The First Semiannual Report of the United States Advisory Commission on Information, March, 1949. https：//www.state.gov/documents/organization/174287.pdf，访问时间：2017年7月11日。

④ The Mutual Educational and Cultural Act of 1961, https：//www2.ed.gov/about/offices/list/ope/iegps/fulbrighthaysact.pdf，访问时间：2017年7月11日。

⑤ 美国公共外交委员会，英文为United States Advisory Commission on Public Diplomacy。参见：Public Law 96-60, https：//www.gpo.gov/fdsys/pkg/STATUTE-93/pdf/STATUTE-93-Pg395.pdf，访问时间：2017年7月11日。

院确认,他们具有跨行业的相关职业背景,任期3年,可以连任,其中某一政党成员不得超过4人。① 其主要职责包括:第一,向总统、国务卿和相关的国会成员提出规划和建议;第二,对政府部门实行的公共外交政策和项目的有效性进行评估;第三,向国会、总统和国务卿提交有关公共外交项目和活动的报告;第四,向国务卿、总统和国会提交委员会认为适合他们的参阅其他报告;第五,为了促使美国和海外公众更好地理解和支持公共外交活动和项目,委员会通过在其网站或委员会决定的其他方式公布报告和其他信息。②

这次咨询委员会调整的变化有三方面。第一,强调整体性。之前的三个委员会分别应对公共外交某一领域的咨询事务,而新成立的委员会总揽美国对外信息、教育与文化事务活动的所有咨询任务,可以从整体上统筹规划公共外交事务。第二,表现自信性。之前的委员会仅是向政府提交报告,公共外交委员会还要向美国公民公布公共外交项目的信息。第三,专业性。公共外交咨询委员会要做一些相关数据库。公共外交委员会一直延续到今天。上述前后四个咨询委员会在美国对外传播的发展过程中发挥了巨大作用。

(二) 第二条路径:美国国际传播从业单位的研究和评估功能

美国国际传播的从业单位非常重视研究和评估功能,其中以美国新闻署和美国广播理事会为主。前者是冷战期间美国负责对外宣传的核心机构,后者在冷战后成立,负责管辖美国国际传播五大实体,包括美国之音、马蒂电台、自由欧洲/自由电台、自由亚洲电台、中东广播网络。

1953年美国新闻署成立,并成为冷战期间美国对外宣传的核心机构。但是它并不只是一个宣传机构,在向全世界"讲述美国故事"的同时,它还积极从事情报信息的搜集工作,并对这些信息进行研究和评估进而完成了数量庞大的研究报告。因此,从这个层面上来说,它也是一个研究机构。为了进行有效的调查和评估,在新闻署成立之初,美国决策层明确要求情

---

① https://www.state.gov/pdcommission/about/index.htm,访问时间:2017年7月11日。
② https://www.state.gov/pdcommission/charter/index.htm,访问时间:2017年7月11日。

报机构应该向美国新闻署提供其所需要的情报信息。然而,因为保密或是协调不及时等原因,它从其他情报部门获得的信息有限,这限制了其研究和评估功能的发挥。美国新闻署认识到问题所在,主张构建自己的情报体系来支持其研究和评估工作,1954年底美国新闻署研究和情报办公室成立。当时美国新闻署在79个国家设有210个分支机构,在本土和海外有几千名雇员,如此庞大的网络为其搜集信息和情报提供了得天独厚的优势。研究和情报办公室承担三项重要使命:第一,从各个层面研究共产党的宣传;第二,分析影响美国国家利益的外国公共舆论;第三,评估美国新闻处行动的效果和影响。这成为美国新闻署研究部门制定研究报告的指导方针。①在此方针指导下,研究和情报办公室制定了数量庞大的研究报告供美国新闻署和美国决策层参考使用。

美国广播理事会下属的研究部门包括战略和发展办公室(the Office of Strategy and Development)、数字和设计创新办公室(the Office of Digital and Design Innovation)、绩效评估办公室(the Office of Performance Review)、研究和评估办公室(the Office of Research and Assessment)②和市场推广和节目落地办公室(the Office of Marketing and Program Placement)。③根据形势的发展,这些办公室成立于不同的时间,它们都具有研究和评估的功能,但是侧重点不同,职能相互配合。战略和发展办公室着重从战略层面进行研究和评估。数字和设计创新办公室主要做与新技术相关的研究和评估工作。绩效评估办公室主要负责美国之音和马蒂电台的电视、广播和网络产品的年度评估,获取和处理第三方提供的关于受众和市场研究的数据,以

---

① 转引自赵继珂:《美国新闻署研究类档案浅议》,《冷战国际史研究》2013年第2期。United States Information Agency Office of Research and Intelligence, June 4, 1956, CIA-RDP61-00549R000100230003-7, CIA-CREST, RG 306, N. A.

② Fiscal Year 2016 Budget Request, BBG, p.50, https://www.bbg.gov/wp-content/media/2015/03/FY2016Budget_CBJ_Final_WebVersion.pdf, 访问时间:2017年9月10日。

③ Fiscal Year 2008 Budget Request, BBG, p.82, https://www.bbg.gov/wp-content/media/2011/12/bbg_fy08_budget_request.pdf, 访问时间:2017年9月10日。

此对节目的内容和形式从内部和外部进行分析。①

(三) 第三条路径：临时机构

第一条和第二条路径是一种常态化的机制，在某些特殊的时候，比如政府换届或是国内外形势发生较大变化的时候，美国还成立了一些暂时的委员会加强对国际传播的调查和研究，以便提出更加全面的建议并进行调整。这些暂时委员会在美国的对外传播史上发挥了重要作用。下文简单介绍几个比较重要的委员会。

1953年1月，艾森豪威尔正式宣布成立总统国际信息行动委员会（The President's Committee on International Information Activities）经过数月调查研究，该委员会形成125页的调查报告。② 这份报告直接促成了美国新闻署的成立和协调委员会的建立。1960年11月肯尼迪当选总统之后，立刻安排有关人员对美国政府的对外宣传和教育文化交流活动重新进行调查研究，弗里—戴维森特别调查委员会是其中最为重要的委员会。肯尼迪上任后在对外宣传上的政策在很多方面受到这些报告的影响。20世纪60年代末70年代初，由于国际形势的变化以及通信技术的发展，美国多个政府机构和个人呼吁成立较高级别的委员会对美国国际传播活动进行调查研究，墨菲委员会和斯坦顿委员会相继成立。但是因为尼克松刚刚因水门事件下台，接任的总统福特面临重重问题，无暇顾及对外传播机制的改革。

五、战后美国国际传播中的非政府力量

从以上介绍中我们可以看出，美国政府从决策协调、管理执行、立法和评估的角度构建了一个庞大的对外传播体系，政府从根本上主导着具体项目和活动的执行。在冷战之初，美国政府就意识到，因为政府力量有限以及某些领域政府不方便涉足，单凭政府部门之间的合作难以实现其对外

---

① Fiscal Year 2008 Budget Request, BBG, p. 82, https：//www.bbg.gov/wp-content/media/2011/12/bbg_fy08_budget_request.pdf, 访问时间：2017年9月10日。

② National Security Affairs, the Report of the President's Committee on International Information Activities, June 30, 1953, *FRUS*, 1952–1954, pp. 1795–1899.

宣传的战略目标，所以美国政府提出了"私人合作战略"，该战略要求"最大限度地利用民间团体和非政府组织，以实现美国的心理目标"。① 各种基金会、公司、学术单位、文化机构、社会团体、志愿组织、宗教组织、慈善机构等大量的非政府组织，以及教授、学生、宗教人士、劳工领袖、普通民众作为个人，都成为美国海外宣传活动的实践者和助推器。这些民间力量不仅有效辅助政府的行为和对外政策的实施，而且在很多方面发挥着无可替代的作用，尤其是在政府需要模糊其官方痕迹和宣传本质的时候，非政府组织和私人因素的优势尽显。非政府力量的参与大多都是政府主导或引导下的行为，它们在政府默许或暗中支持下介入美国的海外项目，非政府组织也借此机会利用政府的保护和支持发展自身。鉴于此，美国政府非常重视非政府力量，将其看作美国国家安全和对外事务中的必要组成部分。从总统到国会，从行政机构到政府智囊团，诸多的立法、会议、讨论和官方文件中都反复强调与非政府力量展开广泛合作。为了更好发挥非政府力量的作用，美国还委任了一个私人合作咨询委员会（Advisory Committeeon Private Cooperation）。② 可见美国政府不仅重视非政府力量，而且还非常重视对其进行研究，从而促使他们更好地发挥作用。

六、美国国际传播机制对中国的启示

二战后以来，美国动用大量的人力、物力、财力从事国际传播活动，并取得了突出成就，无论对目标国还是对美国都产生了深远的影响。作为我国进行国际传播最大的竞争对手，美国在历史发展过程中不断形成的国际传播战略对我国具有不可忽视的启示作用。美国对外传播战略是根据国内外形势逐渐确立起来的，对外宣传活动的改善是循序渐进的。最初，对外传播活动面临着自身定位、组织和管理、政策与项目、设备与建设、人

---

① Kenneth Osgood, *Total Cold War：Eisenhower's Secret Propaganda Battle at home and Abroad*, University Press of Kansas, 2006, p. 215.

② April 1956—Eleventh Semiannual Report of the United States Advisory Commission on Information, p. 17. https：//www.state.gov/documents/organization/174295.pdf, 访问时间：2017 年 7 月 11 日。

员与评价、相关机构在政府中的地位等方面的难题。随着对外宣传在美国国家战略的地位逐渐确定，对外传播的目标也更加明确，这推动了国际传播机制不断健全、法律不断完备、评估体系更加科学。

第一，美国非常重视国际传播，将其看作是影响国家安全的重要因素，甚至被看作是政治、经济、军事之外的第四种力量，因此美国重要的决策部门都参与了国际传播战略的制定。对我国来说，首先要确定在新形势下国际传播的地位及其目标，进而促使更高级别的部门参与进来，有利于制定和推进相关政策。

第二，美国建立了国际传播的长效发展机制。历经几十年的调整和完善，美国国际传播的决策协调体系、管理执行体系、法治体系和评估体系逐渐健全完备。这一机制不仅保证了国际传播在美国的地位，而且各部门权责相对清晰，使得各部门在各司其职的同时可以密切配合从而更好地实现国家利益。我国国际传播在机制化、长效化特别是法制化方面需要继续努力。此外，我国缺少相应的协调机制，需要加强这方面的机制建设。

第三，美国非常注重研究和评估机制。研究和评估机制本是长效发展机制的一部分，笔者认为这一点非常重要，因此单独提出来。上文已经提到美国通过三种路径对国际传播相关事务进行研究和评估，三种路径各具特色、相互配合，这样既可以从整体上分析国内外形势并提出建议，也可以针对具体问题发表看法。值得注意的是，三种调查评估机构级别都很高，美国政府对它们提出的建议也非常重视，很多建议被付诸实践，这也说明研究和评估机构在美国国际传播史上发挥了很大作用。此外，研究和评估部门本身也非常重视对自身有效性的评估。我国也应该更进一步重视发展调查评估机构的力量，使其机构更加健全，人员配备更加专业化和多元化。

第四，美国国际传播机构与外交决策机构关系密切。美国非常重视国际传播机构参与对外决策，为此国际传播机构非常注重研究国外公众舆论，这样对外决策机构在制定政策时会更多考虑国外公众舆论因素。国际传播机构参与对外决策可以使得其宣传活动和项目更加具有针对性，从而保证这些项目与美国的整体战略布局与时下的优先工作相一致。我国也应该加强对外传播机构与对外决策机构之间的互动。至少，我国外宣媒体应该参与一些对外发布内容的起草,从源头上解决在对外传播过程中的误解、误读。

第五,美国国际传播较好地做到了短期、中期和长期目标的有效结合。一般来说,公共外交存在三个目标维度,即短期的迅速反应、中期的未雨绸缪和长期的关系建构。在制定传播政策时应该根据实际情况有所侧重,但也要兼顾其他,不能有失偏颇。比如美国在东南亚进行传播时,开始比较重视信息项目,后来逐渐加大了教育文化交流项目,后来越来越重视后者。

第六,美国历来重视民间力量。美国不仅注重民间力量在国际传播中发挥作用,而且非常重视研究如何利用民间力量,并成立私人合作咨询委员会。另外,美国针对不同国家不同传播方案,非常注重研究对手的宣传方法。这些做法对于我国改进国际传播有一定的借鉴意义。

总之,在国际传播这个问题上,由于西方受众所处的环境,我们必须尽快建立健全积极有效的传播机制,研究制定新的传播政策和策略。鉴于我国外宣面临的最大挑战是"公信力"和"针对性",如何淡化外宣的官方色彩(不等于减少政府的投入)、提高外宣的实效性需要从定性和定量研究两个方面同时下手。

法国与冷战

[**编者按**]　为推动对冷战中法国外交的研究，本辑刊增设"法国与冷战"专栏。该栏目刊登反映冷战时期法国外交的专论、资料集、书评等文章，欢迎学者赐稿。尤其是欢迎各方力量参与有关《法国外交文件》的整理与翻译工作，具体事宜，可通过本刊后附征稿邮箱与我们联系。

法国外交文件：研究的工具？*

[法] 莫里斯·瓦伊斯** 著，高嘉懿*** 译

外交档案是研究国际关系史的一手资料。但法国的外交文件不同于其他的国家文件，其首先要为行政部门服务，用于指导外交政策。这点也许可以解释，为何与美国及英国的情况不同。① 法国外交部和国防部的档案，是单独由该部门自主保存的，并不存放于国家档案馆。② 在成为研究工具之前，外交文件先要供当前及未来的外交谈判所用，这是必不可少的参考资料。③ 不过，由于文件的数量过于庞大、不容易利用，因此国家常会考虑出版系列文件集，以便为政治目的或是科研目的服务。④

---

* 原文 Les documents diplomatiques français: outil pour la recherche? La revue pour l'histoire du CNRS, N°14, 2006. 在本文版本中，莫里斯·瓦伊斯教授特地为中国读者增补了一些最新信息。本文为国家社科基金"冷战时期法国左翼的中国观及其影响研究"（18CSS030）阶段性成果。

** 莫里斯·瓦伊斯（Maurice Vaïsse），法国巴黎政治学院教授，是国际关系史领域的著名专家，长期负责《法国外交文件》（Documents Diplomatiques Français）的整理、编撰和出版工作。

*** 高嘉懿，华东师范大学历史系、冷战国际史研究中心、周边国家研究院讲师。

① 德国的情况不一样。德国外交部一直以来单独保管自己的档案。

② 参见 Ministère des Relations extérieures, Les archives du ministère des Relations extérieuresdepuis les origines, 2 tomes, Imprimerienationale, 1985.

③ Jean Baillou et al., Les Affaires étrangères et le corps diplomatique français, Editions du CNRS, 1984.

④ 有不少研究强调这一方面：Keith Hamilton, "La diplomatique des archives sous la IIIe République, 1871-1914," in Revue d'histoire diplomatique, 2005, n°4.

法国曾经长期忽视外交史研究，直到19世纪70年代，外交史成为向德国复仇的武器之一。第一个外交档案编撰委员会于1874年建立，其制定了如下的规则：1774年以前的档案（时隔百年）才可以被研究者参阅，他们所做的笔记还须递交档案处备存。至于出版文件集，理论上是为外交教学目的，①而不是为了科研，这显然带有政治意图。该委员会副主席德·库塞尔男爵（le Baron de Courcel）②曾于1906年11月做过解释："我们的工作方针一直十分微妙：我们的本意是要为双重目标服务，因此既要向公众大范围开放外交文件，又要非常谨慎地挑选可出版的文件。这些确实是可以用来维护国家利益的有力武器，但掌握分寸和有辨别力地使用才是明智的。有句话说得很对，档案库可以成为一个博物馆，但首先是一个武器库。我们委员会成立的初衷正是为了这一点。"③法国外交部也很早就宣称对所属文件的出版拥有垄断权。④

　　第一次世界大战在很大程度上展现了外交史为政治服务的概念。事实上，从战争最初的几个月起，法国当局就开始公布《黄皮书》⑤：他们仔细地选择相关外交文件出版成集，以服务于心理战。⑥另外，《1870—1871年战争的外交缘起》系列文件集从1907年起出版一直到1932年才结束。⑦那个时候，外交部其实已在酝酿开展另一个庞大项目，即编撰出版《法国外交文件集1871—1914》，以便对俄国与德国出版的档案集进行回击。当时，德国已经出版了文件集《内阁伟大的欧洲政策1871—1914》；英国也出版了

---

　　①　由于行政、财政或其他原因，关于从《威斯伐利亚和约》（1648年）到1789年大革命时期给法国大使的指示的汇编集直到1880年才开始启动，第一卷于1884年出版。

　　②　库塞尔男爵，原名Alphonse Chodron，法国外交官和政治家，于1867年3月6日受封巴塞尔男爵。

　　③　Keith Hamilton, "La diplomatique des archives sous la IIIe République, 1871-1914".

　　④　法国历史与科学工作委员会本来想出版档案集，但遭到了外交部的拒绝。

　　⑤　Ministère des Affaires étrangères（ci-après MAE）, Documents diplomatiques 1914, la Guerre européenne, 1914. 法国的《黄皮书》与英国的《蓝皮书》类似，以黄色封面出版外交文件以向议会和外国告知官方信息。

　　⑥　他们有时会截去文件的部分段落，以削弱法国在战争爆发问题上的责任。

　　⑦　这个系列共出版了29卷文件集。

《关于大战起源的英国文件》，更不用提苏联的文件集了。然而，法国的文件集却迟迟未出版，虽然有来自各方的建议或命令：① 要了解法国外交就只能靠《黄皮书》，但它不仅成为了外国批判的对象，也遭到了法国自身（特别是人权联盟）的批评。《法国外交文件集》出版委员会秘书长、历史学家皮埃尔·勒努万（Pierre Renouvin）对此忧心忡忡，他对当时议会的冷漠态度表示担忧，又疑惧缺乏信息的报刊舆论，还认识到战争有着巨大的无效性。因此他认为法国的沉默只会导致外国对战争起源的解释被公众广泛接受，使得德国、英国甚至美国的观点占据上风。② 法国作为战争受害者的身份遭受质疑：法国似乎成为了《威尼斯商人》中的吝啬鬼夏洛克。总之，在20世纪20年代，法国人只能间接地参与关于第一次世界大战起源的超长争论。③ 事实上，德国人出版档案集，就是旨在免除他们国家触发一战的责任，④ 以洗去《凡尔赛条约》第231条"战争罪责条款"带来的耻辱。当德国的《伟大政策》最后一卷出版后两年，法国庞加莱（Raymond Poincaré）政府终于在1928年2月决定出版1871—1914年的《法国外交文件》，以用于研究该时段的法国对外政策史。

如果说出版文件集的决策是一个政治行为，是因为勒努万敏锐地意识到了庞加莱晦暗不明的政治意图，但委员会的工作不能被认为就是以"政治目的"为导向的。⑤ 相反，勒努万坚称得到了政府的承诺，委员会拥有

---

① 如时任法国驻德国大使的马士理（Pierre de Margerie）就建议外交部"尽快出版"档案集以揭示"我们什么都不怕"，引自 Keith Hamilton, "La diplomatique des archives sous la IIIe République, 1871-1914"。

② Pierre Renouvin, "ublication des documents diplomatiques français, 1871-1914," *Revue histoire*, mars-arvil 1931, pp. 266-274.

③ 关于战争起源问题，可参见 Jacques Droz, *Les causes de la 1re Guerre mondiale*, essai historiographique, Seuil, 1973. Dominique Lejeune, *Les causes de la 1re guerre mondiale*, Colin, 1992. Raymond Poidevin, *Les origines de la 1re guerre mondiale*, 1975, PUF.

④ Holger Herwig, "Clio deceived: Patriotic Self-censorship in Germany," *International Security*, 1987, n°2, pp. 5-44.

⑤ 要补充的是，总理庞加莱成为了关于战争起源论争的直接靶子。关于此阶段巴黎和柏林的矛盾冲突，参见 Jacques Bariéty, *Les relations franco-allemandes, 1918-1924*, Pedone, 1977, et Stanislas Jeannesson, *Poincaré, La France et la Ruhr*, Presses universitaires de Strasbourg, 1988.

"完全的自由"来出版符合严谨历史学精神的档案集。① 完成这项工作花费了23年，最后一卷的文件集于1957年出版。② 之后，根据1961年5月2日的政令，法国建立了一个新的《法国外交文件》委员会，以准备出版关于1939—1945年战争起源的相关文件。③ 这项任务则到1986年全部完成。④

当然，如今《法国外交文件》的出版目的已不同于往日，不再只关注战争起源问题，也不再被认为只为了政治方面的意图。

根据1983年政令，《法国外交文件》委员会又得到了一项任务，出版日内瓦会议（1954年7月21日）之前的外交文件。基本的想法是，根据1979年档案法所定的30年解密规定，出版时隔至少30年的文件，可供公众方便地参阅1954年以前的文件。⑤ 一个新的出版委员会成立，由外交官、大学教师和档案保管员组成，如杜罗赛（Jean-Baptiste Duroselle）所指出的，他们的任务是"将每年的外交文件以两厚本档案集的形式进行总结，要覆盖法国对外政策中所有值得注意的内容"。⑥ 1994年法国总理又做了一项新决定，出版四套新的系列文件集（包括对一战、二战时期的外交文件进行重新整理出版）。委员会如今包括五个分委员会，每个分委员会负责一个系

---

① 勒努万拒绝只研究战争进程中与法国直接相关的某些特定问题，认为工作的轴心应置于研究协约国政策和同盟国政策。

② 这套汇编包括了42卷，分为三个系列：系列一：1871—1900（共16卷）；系列二：1901—1911（共15卷）；系列三：1911年11月—1914年8月（共11卷）。

③ 勒努万于1974年去世以后，其委员会主席一职由法国著名国际关系史专家、外交官让-巴蒂斯特·杜罗赛（Jean-Baptiste Duroselle）接任。

④ 1932—1935年系列有13卷，1935—1939年9月系列有19卷。

⑤ 由于之前的系列文件集的出版没有结束，导致这个系列延迟启动，目前有关20世纪70年代初的文件集已陆续出版。

⑥ 参见杜罗赛撰写的总序"Introduction générale"，in DDF, 1954-I, p. X. 由于杜罗赛先生生病不能继续工作，我（本文作者）于1992年起接替了他的任务。抱歉的是，下文所举的例子都出自于我负责的几卷文件集中。

列，每个系列已出版的卷数如下：第一次世界大战 1914—1919 年（6 卷），[①] 1920—1939 年（6 卷），[②] 第二次世界大战 1939—1944 年（5 卷），1944 年 9 月至 1954 年 7 月（16 卷），1954 年以后（42 卷）。[③]

我们可以把《法国外交文件》的第二个时代定性为：不是为了揭示或解释导致战争（1870—1871 年，1914—1918 年，1939—1940 年）爆发及发展进程的问题，而是能够反映法国的外交政策。这意味着文件集的内容安排上会有重大调整。《法国外交文件》应该用于阐释法国所涉及的各个事务中的外交政策。无可否认，外交官的职责是通报、代表、谈判，由于时代的变化（报刊、广播、电视），第一项职责已失去重要性，必须要给新的行动者和国际关系的新关键角色留下位置。因此我们不会阻止刊登法国驻新德里大使奥斯特罗格的一封关于外长克里斯蒂安·比诺（Christian Pineau）1956 年访问印度之际印度情况变化的急件，[④] 或是驻希腊大使雅克·贝扬斯（Jacques Baeyens）关于雅典军事政变的调查报告。[⑤] 贝扬斯在那时亲赴塔托伊宫造访年轻的康斯坦丁国王，国王向其叙述了军事政变之夜的实际情况："这让我不禁想起了阿达莉之夜和大仲马小说中的可怕场景。"尽管这些记

[①] 作者已对原文的数据做了修正，本文提供最新的出版情况。一战系列现已出版 5 卷，由让-克洛德·蒙唐教授（Jean-Claude Montant）负责，另已出版关于 1918—1920 年停战与和平问题的第 1 卷（1918 年 9 月 27 日至 1919 年 1 月 17 日），由罗贝尔·法兰克教授（Robert Frank）和德国军事历史学家格尔德·克鲁迈希教授（Gerd Krumeich）负责。——译注

[②] 两次大战期间的阶段又具体分为三个系列：1920—1932 年，负责人是克里斯蒂安·巴谢勒教授（Christian Baechler）和雅克·巴里耶蒂教授（Jacques Bariéty），已出版 11 卷（现时间节点到 1924 年 6 月 30 日）；1932—1935 年，负责人勒努万（已故），已出版全部的 13 卷；1936—1939 年，负责人杜罗赛（已故），已出版全部的 19 卷。——译注

[③] 第三系列负责人是安德烈·卡斯皮教授（André Kaspi），已出版 5 卷（目前截至 1941 年 12 月 31 日）；二战后初期是由乔治·苏图教授（Georges Soutou）负责，已出版 16 卷（目前截至 1951 年 12 月 31 日）；以及本文作者瓦伊斯教授负责 1954 年日内瓦会议以后的系列，已出版 42 卷（现截至 1972 年 12 月 31 日）。出版委员会历任主席是杜罗赛（1975—1994），弗朗索瓦·皮奥（François Puaux）（1994—1996）和加布里埃尔·罗宾（Gabriel Robin）。新的出版委员会与原外交文件委员会于 2005 年合并。——译注

[④] Dépêche du 14 mars 1956 d'Ostrorog, ambassadeur à New Delhi, in DDF, 1956-I, n°171.

[⑤] DDF, 1967-I.

录都很形象且重要,不过,我们最好能够加入一些能够解释整个时代国际关系的文件(包括经济和科技层面)。不言而喻地,任何国家都不能被排除在外:我们找到了涉及各个大陆的文件,所有撒哈拉以南的非洲国家(包括英语区),所有的欧洲国家(包括瑞士和罗马教廷),等等;因此我们收录了法国驻梵蒂冈大使居伊·德拉托内尔(Guy de la Tournelle)的急件,日期是1961年12月28日,记录了教皇约翰二十三世召开第二届梵蒂冈主教会议的事情。[1] 大使阐释了教皇召集会议的原因、会议举行的时机、教会内部的情况、会议的重大议题,这反映了宗教界对世界现实问题的普遍忧虑。

现在我们在挑选文件时已不再存有禁忌问题:尤其是,像太空合作和核合作之类的敏感技术问题也被提出,因为40年来这些方面的发展极为惊人。我们也收录了法国外交部长于1961年9月7日致总理的信件,内容是关于向印度售卖一座核电站。[2] 外长德姆维尔(Couve de Murville)反对法国采取放弃对该核电站使用情况的控制权的决定,当时印度方面拒绝法国对这些设施进行完全控制,要求法国只需提交那里生产所需的核材料及裂变材料。总理府下属负责原子能事务的部长级代表皮埃尔·纪尧玛(Pierre Guillaumat)表示只要印度承诺会和平使用铀和反应堆,他赞成此次售卖且无需拥有之后的控制权。而外交部长认为这样的决策会使法国承担巨大的责任,他补充道:"我们在经济上的获利并不能抵消在政治方面造成的不便后果。"

另外,我们还特别关注法国与一些新兴大国间的关系。对于中国读者来说,可以参见我们最新出版的几卷文件集:1967—1968年的4卷关注了中国文化大革命、法中关系的紧张状态以及中国对法国五月风暴事件的影响;1969年则关注了法中关系的重启,有关中国的刊录文件达27份之多;1970年收录了法中对话及如何处理柬埔寨问题;1971年特别提到了中国加入联合国,以及中国在非洲的影响力;1972年谈到了尼克松总统访华和法

---

[1] Dépêche de M. De la Tournelle, ambassadeur à Rome-Saint-Siège, 28 décembre 1961, DDF, 1961-II, n°237.

[2] Lettre de M. Couve de Murville à M. Debré, Premier ministre, DDF, 1961-II, n°97.

国外长访华，后者对周恩来做出了不少的评价。①

假如有人质疑出版这样或那样的文件是否可取，可向主管部门提出意见，但迄今为止，我们尚未收到关于是否出版某些特定文件的任何施压。

那么出版委员会的工作是什么呢？我们的工作主要分为两个步骤：挑选文件与排列展示。挑选工作的困难是多重的。首先要参阅大量的文件，随后审查哪些文件能带来有用的信息，这个过程是非常必要的。勒努万写于1931年的一篇文章指出，即使1912年有六周时间没有发生重要事件，但外交部仍有超过4000件的信件和电报。为了出版《法国外交文件1871—1914年》系列文件集，委员会不仅搜索了外交部的档案，他们还查阅了陆军部、海军部甚至殖民部的档案。可以想象，对于我们这个已处于21世纪初的委员会来说，工作量是多么的巨大，因为整个20世纪的往来文件的数量猛烈激增。

之后的困难在于要从大量文件中挑选需要出版的文件。将全部文件刊出其实并不困难，但却不可能这样做，因为除了文件数量十分庞大外，还有许多文件的内容并没有什么意义。挑选的过程必须严谨公正，同时要避免刊出涉及仍然健在的人士的私人信息。面对数量庞大的文件，选择是至关重要的。

对文件的筛选需要遵循一些不变的主题，即使新时代会提出很多新问题（同时一些问题失去了关注度甚至消失）。因此，我建议在查看相应文件之前要有一个决策阶段，合作者要聚在一起确定某一年份所发生的一些重要事件，如果必要，还要分配新的任务并作为会议的成果来执行。应该有一个合作团队负责初步的挑选，要由档案管理员、外交官和历史学家组成。② 这

---

① 此段是本文作者为中国读者特别做出的补充介绍。——译注
② 从1962—1998年，隶属法国国家科学研究中心的档案保管员伊冯·拉卡兹（Yvon Lacaze）先生担任了委员会秘书一职，并在实际中做了关键的工作。

个团队会从外交部已编目的档案中进行初步挑选。①

挑选文件还会面临一个特殊问题：某些情况下，会存在缺漏的问题。由于各种原因，档案文献可能会有缺失。例如20世纪30年代，就有不少档案遗失、莫名不见，或遭受损坏。② 为解决疏漏的问题，当时的法国外交部档案处已做了大量的档案收集工作：编撰了《1940年文件汇编》。③

然而，文件的疏漏也可能基于这样的事实，尽管外交部的工作十分重要，但外交官们仍然被隔离在政治决策之外，或者被绕过：例如在英法干涉苏伊士运河事件中，外交部被领导人认为是站在对立面的或至少对摩勒（Guy Mollet）政府的亲以色列政策持保留态度。④ 对于这个案例，委员会的任务是指出他们无法在档案中找到的一些关键文件，如英、法、以领导人之间达成的著名的《塞夫尔协定》（les accords de Sèvres）。⑤

为了弥补这些缺漏，法国外交部档案处同其他各类档案记录部门一样，从私人档案中寻求答案；这些私人档案会包括一些国家级别的文件，因为一些外交官、部长曾经保管这些文件，可能是为了做修改或是写公文。⑥ 所以这些具有历史意义的私人档案也不容忽视。驻外大使们还会给外交部长

---

① 关于20世纪60年代，外交部档案馆已编目的卷宗有：按地理区域划分的档案卷宗，部长办公室和秘书长办公室卷宗（"谈话与信件"），这其中包含了许多戴高乐将军、政府总理和外长德姆维尔与其他外国领导人的谈话记录。这个卷宗虽不能完全展现戴高乐的外交政策，但能明确反映出他的一些决策思考。还有关于国际事务部门和政治司下属部门的卷宗（联合国与国际组织、裁军、条约和航空事务、核问题）或经济事务司（经济合作）卷宗。对于阿尔及利亚问题，有阿尔及利亚联络小组（政治司下属），以及阿尔及利亚事务国务秘书档案。

② 参见 Les archives du ministère, pp. 107-194, 198-202.

③ 参见《1940年文件汇编》的目录。之后，外交部档案馆已经收入了这批档案。

④ 这个问题参见 Christian Pineau, *1956-Suez*, Robert Laffont, 1976, Raphaëlle Ulrich Pier, René Massigli, Peter Lang, 2006.

⑤ 《塞夫尔协定》（1956年10月22日），即法国总理摩勒、英国外长塞尔文·劳埃（Selwyn Lloyd）和以色列总理戴维·本-古里安（David Ben-Gourion）达成并签署了对埃及展开共同军事和外交行动的协议。这些协定一直被严格保密，文本不能被解密参阅。

⑥ 关于这点，可看庞加莱总理与帕莱奥洛格大使（Maurice Paléologue）的往来信件。帕莱奥洛格大使曾拒绝向委员会透露他所保存的这些文件，参见 Pierre Renouvin, "les DDF, 1871-1914," *Revue historique*, 1961, pp. 1939-152.

或总秘书写专门的信件以告知某些事务的秘密之处,不希望这些情况在外交部各处之间传报。① 另外,一些完全私人性质的个人信件也会透露不少明确信息,能够为国际关系史研究所用。②

这就提出了值得出版的文件的性质问题:我们不会只考虑收录来自各大使馆的外交函件和电报。只收录电报是很方便的,但却大大削弱了外交工作的意义。其他类型的文件也非常重要:比如来自不同事务部门的备忘录。例如,关于法国退出北约一事,司法处撰写过相关备忘录;③ 又或者,谈到刚果问题,非洲事务处也有不少文件。④ 此外,负责政治事务或外交工作的领导人与外国对话者的访谈记录也非常重要:这些谈话记录可以让人深入了解国家关系中的人际关系的亲密性,甚至还包含了一些与他国领导人间的冲突。

通常对外交文件提出的一个批评是,它们透露了大量的外交官们的个人观点以及驻外使领馆的办公室秘密,却无法反映一些重要行为者的思想或政策。为了弥补这一缺陷,我们在编撰出版文件集的时候尽可能地收录了能反映各方态度的文件,如有关公众舆论的、体现民族主义或和平主义运动的、反映经济物资界及文化科学领域重要观点的文件。随着新问题的不断涌现,我们必须考虑涉及这些领域的文件资料。像是气候问题,我们已经出版了关于国际地球物理年的相关文件,特别是关于南极洲国际科学合作的文件。⑤

---

① 比如法国驻布鲁塞尔大使给欧洲司司长的信件就包含了1961年6月9日他与比利时首相保罗-亨利·斯巴克(Paul-Henri Spaak)的会谈记录(DDF, 1961-I, n°281)。我们从中可以得知完整的欧洲政治联盟计划的谈判内容,比利时似乎倾向于让步妥协,而荷兰则采取强硬态度。驻布鲁塞尔大使想通过一封私人信件向欧洲司告知其评估意见。

② 这个方面的例子有:法兰西第三共和国时期的外交官保罗·康朋(Pierre Paul Cambon)和朱尔·康朋(Jules Cambon)在读博期间曾与母亲多次通信,从这些信件中可以发现他们对当时外交工作的很多见解。参见 Laurent Villate, *La République des diplomates*, Science infuse, 2001.

③ DDF, 1966-I, nos 301, 321, 322, 328.

④ DDF, 1966-I, nos 43, 177, 213.

⑤ 关于南极洲国际合作的协定签署于1959年12月1日,规定了南极洲向科学研究自由开放。DDF, 1959-II, nos 117, 131, 178, 201, 211, 246, 260, 265.

文件集的排版须要符合一定的标准:《法国外交文件》的排版原则有如下几条。第一个原则是按照时间顺序排列,而一些类似的文件集却不是这样的形式。美国人在编选《美国对外关系文件集》(*FRUS*)时,是按照主题或地理位置(越南、中东、欧洲)和年代的混合排列(如越南1966,欧洲1961—1963)。以专题分类的形式对于研究某一特定问题的研究者而言有着不可否认的优势。但也存在不便:

1. 经常会出现一份文件提及多个问题的情况。对此,编撰者不得不要么将文件拆分成几段,要么多次重复刊印同一份文件。

2. 很难对一些文件进行归类,如涉及多边问题和双边关系的文件,法美关系就是一例。

3. 按时间顺序分类更为明确:消除了按主题或地理位置分类所带来的强制性。外交官们通常在紧急状态下工作,所处理的事务总会涉及这些方面或那些方面。按时间分类可以对各个事件的互相关联性、不同外交谈判间的互动关系有一个全面的了解。也能够重构各事件与总体背景在时间上的实际关系,这对整体性的把握而言必不可少。为了弥补未按专题分类所带来的不足,我们在每卷文件集的开篇都列出了使用方法表,将本卷所收录的文件名按地理区域或专题逐一排列。我认为某些情况下按专题分类是有用的,与我们的原则也并不矛盾。我想举两个不同的例子:有一卷文件集是专门讨论1940年6月法德停战问题的,还有一卷专门讨论阿尔及利亚和平谈判。① 前一卷里罗列了所有有价值的备忘录、急件、特别备注的电报:对于关键的三个月的悲剧事件来说(1940年3月25日至6月25日),目的就是再现战败和停战造成的创伤,使这卷读起来就如悲剧小说。我们应该且能够继续战斗吗?法国驻贝尔格莱德大使雷蒙·布吕热尔(Raymond Brugère)从6月17日起就表明了立场:"我拒绝为新政府服务……因为这个政府意味着法国的投降。"关于阿尔及利亚和平谈判的部分文件在1961年和1962年的几卷中已按时间为序进行刊录,但专题卷扩充了导言和结论部分,增加了大事年表和目录索引。在众多的文件中,我

---

① DDF, *les armistices de juin 1940*, Peter Lang, 2003; et *Vers la paix en Algérie*, Bruylant, 2003.

们发现了戴高乐和德布雷（Michel Debré）在1961年3月23日的单独谈话记录，这能帮助我们了解他们是如何提出谈判的：这也使我们可以评估，在《埃维昂协议》签署的前一年，法国对阿尔及利亚的未来抱有幻想：他们认为放弃撒哈拉以换取在独立后的阿尔及利亚维持法国的武装力量，这点不成问题。

第二个原则：要全文刊录所选的文件。事实上，我们都对文件进行全文刊录，有些内容太长的文件会用小号字体印刷。① 之所以这样做，是因为出版文件集时常会遭到外界批评，认为编者会任意解读文件，尤其是通过削减文本内容。

第三个原则：在文件中增添注释的目的是便于人们参阅文件集。这些注释旨在告知相关人物的身份或者事件的前因后果，并介绍一些有关联但未收录的文件的情况，最后给出有助于理解的必要信息，比如明确解释一些缩略语或暗语的意思。不过，这些注释要用最精简的方式表达：纠正错误的日期、指出不同文本间的差异，而不建议去强加一个解释。读者可以自由地对文件进行解读。每份文件都标有档案出处，目的是让研究人员可以对照着查找原始资料。最后，每卷文件集还包括一个索引部分，给出了该卷所提到的所有人物，并介绍了他们的职务。

外交文件是研究工具吗？也许有人会反对这一说法，认为研究者会凭兴趣（或是被强迫要求）去查阅原始档案，而不是《法国外交文件》这种经过主观挑选后的文件集。《法国外交文件》的读者们也不应忘记这点，他们所看到的文件是经过挑选的，而这种选择可能是不可靠的。

这些情况确实如此，但也要考虑其他观点。首先，对于那些不容易参阅原始档案的研究者来说，出版的文件集是一个意外的收获。其次，即使对于有可能查阅原档的人来说，《法国外交文件》也能提供涉及某个问题的全部信息，帮助历史学家对事件有一个整体性了解。文件集能为读者提供大量文件的阅读线索，可以在进行深入研究前做一铺垫，引发他们关注那些不曾想到的档案卷宗上。文件集也能让研究者避免因仓促解读或评估所

---

① 一些文件页边的评注与评论也被完全保留。

导致的错误，使他们能将问题置于法国政治生活的总体框架下进行思考。通过文末的注释、补充的索引，《法国外交文件》还能为国际关系史的研究者打下真正的研究基础。总之，文件汇编可以为研究者提供档案资料、节省查档时间并保护档案原件。① 如今，出版这套系列文件集的意义已得到广泛认可。②

因此《法国外交文件》是研究工具吗？读者能否从中发现法国对外关系的实质？我们的工作仍有缺陷，首先是因为委员会成员有着自身的主观性。更令人担忧的事实是：除了已提到的文件可能存在缺漏的问题外，那些急件、备忘录、电报等虽然能让读者了解外交官的思想过程，却不能揭露外交中的底牌或是吐露出言下之意。外交文件也无法完美地向我们揭示不同事务间的重要相关性。文件集无法告知一切。可以说，原始档案也同样如此。③ 但同时，这些又是历史学家不可或缺的资料来源和研究的科学性标准（从这个观点看，《法国外交文件》的关键用处以及注释、索引等，都是不可替代的重要工具）。然而，历史的书写有时应该脱离档案或是站在对立面。档案只是记录了有限的知识，是机构和个人的产物。档案不会告知所有情况：我们每人都可以列举出来一些默默无闻的、无人提及的或者根本不存在的文件。档案甚至可能撒谎，传递假消息。历史不是档案的罗列堆积。对于负责解读大量文件并告知其意义的历史学家来说，这本身就是一个值得质疑的问题；从这个角度看，《法国外交文件》对比原始档案存有优势，可以用便于参阅的形式来介绍文件。

外交文件集并非十全十美的研究工具。但它们为了解人类的生活打开了大门；否则，作家和小说家为何期待获取有关第一次世界大战的外交文件集呢？因为，文件集除了展现外交官的分析与政界负责人之间的意见交流外，还反映了一个世纪里人类的真实生活，我们从中可以看到舞蹈家尼

---

① Bertrand Joly, "L'édition des documents des XIXe et XXe siècles," in *Bibliothèque de l'école des Chartes*, 2003, pp. 537-552.

② P. -J. Catinchi, "Editier l'archive, de sources sûres," *Le Monde*, 9 novembre 2001.

③ Maurice Vaïsse, "Archives et écriture de l'histoire," in *Les Français et les archives*, Fayard, 2002, pp. 95-102.

金斯基（Nijinski）选择了自由，乌弗基尔（Muhammad Oufkir）将军涉嫌暗杀本·巴尔卡（Ben Barka），玻利维亚当局拒绝戴高乐要求释放雷吉斯·德布雷（Régis Debray）的呼吁……《法国外交文件》是一个开放的书本世界。

法国外交文件选译（一）

李洪峰　吕军燕　沈练斌　李东旭编[*]

[编译者按] 本次选编的档案，来源于已刊的《法国外交文件集》(*Documents Diplomatiques Français, DDF*)。关于该套史料集的价值，可以参见本辑刊登的法国学者瓦伊斯的文章，以及首都师范大学历史学院姚百慧教授主编的《冷战史研究档案资源导论》（北京：世界知识出版社，2015年）第四章"法国档案"。这里仅对编译体例上的问题做一些交代。

1. 档案编号。档案左上角之档案编号为编者自拟，分别表明该档案的时间（8位编码）和整理档案时的流水号（6位编码），格式为：×××××××× ×，FD××××××。

2. 档案标题。现档案标题为编译者在参考《法国外交文件集》的基础上自行拟定。

3. 档案时间。档案时间以原档生成的主日期为准。如电报为正式发出时间。

4. 档案内容。档案内容，一般照原文全文照译。部分档案，在涉及中国内政用语上与我们不尽一致，但为保证档案原貌，翻译时未加改动，希望读者阅读时自行辨别。

5. 档案注释。档案注释有两种类型。本书档案来自纸本出版物，其原

---

[*] 李洪峰，北京外国语大学教授；吕军燕，山东青年政治学院讲师；沈练斌，天津师范大学外国语学院讲师；李东旭，山东青年政治学院教师。参与本组档案翻译的还包括：北京外国语大学研究生张庆、周欣宇。

编译者的注释，本书适当予以选取，并以"——原编译者注"加以标明。二是本书编者自己所加注释，以说明档案来源，介绍相关档案关系，对档案内容进行补充，等等。

19580120，FD000124

德让致皮诺电（第260—261号）①

（1958年1月20日）

由中国科学院院长郭沫若率领的中国代表团于（1957年）10月18日至（1958年）1月19日访问了莫斯科。在这三个月中，中国代表团和许多苏联机构（国家科学技术委员会、科学院、国家对外经济关系委员会、专业研究所）及600余名专家学者，研究了关于两国间科学技术合作发展的重要问题。中国代表向苏联请求帮助实现《1956—1967年科学技术发展远景规划》，特别是通过派遣苏联技术人员和专家到中国、在苏联接待中国专家以及提供各种不同设备的方式。

1月18日，郭沫若和国家科学技术委员会主席马克萨列夫（Maksarev）签署了关于苏联帮助中国共同进行重大科学技术研究的议定书。1958年至1962年期间，苏联将协助中国执行122项重大科学技术研究项目。

（张庆、周欣宇译，李洪峰校）

19580609，FD000003

德姆维尔致阿尔方电（第6487—6491号）②

（1958年6月9日）

6月9日《纽约先驱报》引美联社报道：根据与欧洲原子能共同体签署

---

① 文献来源：*DDF*，1958，Tome I，p. 64。德让（Dejean），法国驻苏联大使；皮诺（Pineau），法国外长。——编译者注。

② 文献来源：*DDF*，1958，Tome 1，pp. 744-745。德姆维尔（Couve de Murville），法国外长；阿尔方（Alphand），法国驻美国大使。

的协议①，美国对其提供援助和物资。为确保美国政府对提供的援助与物资的控制权，斯特劳斯（Strauss）上将介入其中。但这有违该协议条款中的规定：援助与物资的行使权归欧洲原子能共同体的主管部门。欧洲原子能共同体委员会向我们确定他们所收集的情报进一步确定了美国原子能委员会主席的新立场。

对于这件事，我向您搜集的关于美国国务院和美国原子能委员会态度的情报表示感谢。您可以提醒美方，当谈判欧洲原子能共同体协议时，一些成员国，其中包括法国，能够在协议中找到很多关于控制权的条款，这些条款是仿照《国际原子能机构规约》和美国双边协议生成的。这些条款之所以最终通过，是因为跟《国际原子能机构规约》或者跟美国双边协议相似。后者旨在在共同体与美国的关系中，促进用美国法律规定的控制权取代欧洲原子能共同体的控制。斯特劳斯上将要求美国严格实施控制权，如果美国政府通过，那么美国与欧洲原子能共同体之间的协议将全部被共同体和委员会的国家质疑。就法国而言，这可能会导致我们重新考虑为缔结合作协议而原则上授权委员会，并且协议的签署和共同体部长委员会成员国的同意有关。对于委员会来说，在与美国的谈判过程中特别坚持一点：同意该协议的条件是控制权归欧洲原子能共同体所有。

（李东旭、吕军燕译，吕军燕校）

---

① 欧洲原子能共同体和美国关于技术与经济合作的协议理应于6月23号签署。该协议规定至1963年，在欧洲建立容量为100万千瓦的原子反应堆，双方共同制定技术标准。建造工程预计需要3.5亿美元，其中1.35亿美元由美国以长期信贷的方式提供。原子能委员会保证运行发电站所需铀元素的供应。研发专利归双方所有。研发经费由双方平分（前五年双方各5000万美元），研发的控制权归欧洲原子能共同体所有。——原编译者注。

19580620, FD000001

阿尔方致德姆维尔电（第 3416—3426 号）①

（1958 年 6 月 20 日）

我参照您的编号为 6939—6942 的电报。②

6 月 20 日下午国务卿接待了我。我向其表明我们希望同美国政府就黎巴嫩危机的进展问题恢复紧密接触。夏蒙（Chamoun）总统前一段时间曾向我也向英国人和美国人提出采取必要措施以实施可能的干预的请求。考虑到紧密协调我们的政策的可能性，采取干预的措施是必要的。杜勒斯（Dulles）先生对此也甚为认同。

由于谈及联合国，我因此向国务卿提出问题，他是如何看待国际组织的未来作用。

面对黎巴嫩扑朔迷离的国内局势，国务卿也无以掩饰地表现出困惑不安。哈马舍尔德（Hammarskjöld）先生目前在贝鲁特，③很难预见到在他视察该国形势后会给出何等建议。这位联合国秘书长已经注意到黎巴嫩的大部分边界已处在叛军控制之下。联合国的观察员们很难实地考察。美国政府方面本希望哈马舍尔德先生尽快地呼吁日益增加的观察员国来面对这个任务。但是，令人担心的是秘书长提出反对，理由是派出新的观察员毫无意义。原因是无论如何，他们都无法完成使命。

杜勒斯先生还补充到，他非常担心哈马舍尔德一心寻求政治解决方法。他获悉哈马舍尔德即将奔赴开罗同埃及人接触，因为他相信他同法齐（Fawzi）先生保持的绝佳关系足以达成一个可接受的协议；杜勒斯说到，尽管有纳赛尔（Nasser）的劝说，我们仍拒绝将自己置身于如此这般的中间人位置，纳赛尔也因此勃然大怒。这会是调停，在侵略状态和被侵略状

---

① 文献来源：*DDF*, 1958, Tome 1, pp. 814-816。

② 6 月 19 日，本书未收录。法国政府以电报请求其代表尽快同国务卿进行一次有关黎巴嫩全部问题的会谈。法国政府希望重新同美国政府进行永久性常规磋商，并且适逢法国政府危机终止。——原编译者注。

③ 联合国秘书长决定 6 月 17 日亲赴贝鲁特。他同黎巴嫩的领导人举行了会谈，然后前往耶路撒冷以及开罗。之后于 24 日返回贝鲁特，又从此地飞往纽约。在 7 月初，哈马舍尔德亲自推动出版了有关他本次旅行的报告。——原编译者注。

态还是要做区分的；即使是间接状态。不幸的是，完全有理由担心秘书长会尝试在黎巴嫩和阿拉伯联合酋长国间扮演仲裁者的角色。

国务卿还做了补充，从法律上讲，如果黎巴嫩政府请求并且不违反宪章，西方国家将会被充分授权介入。虽然苏联完全可能加以否决，但在回归到安理会的情况下，这种情形还是会实现的。但是他认为，事实上，世界舆论同问题的真实性严重分离——此种情况更是由于黎巴嫩人没能清楚地将其情况公之于世造成的——并且曲解了介入的必要性。如果必须要到联合国大会（投票），不会获得三分之二多数（的赞成）。印度将投反对票，斯堪的纳维亚国家、很多拉美国家都将投弃权票。

杜勒斯先生继续补充，"我越是思考这个问题越是认为，考虑到所有这些要素，一次国际干预还是应当避免，但我并不排除在最后一刻采取（干预）的可能性"。黎巴嫩人应该依靠联合国的道义支持以及美国的物资和资金来支持自己振兴国内形势，而不是登陆军队。有关于此的任何偏差都将成为纳赛尔的借口，并有损于西方的声誉。

此刻，从他本人来讲，杜勒斯先生认为已经补充了这个想法，法国的军事参与将适得其反。对此他强调了我们同以色列的密切关系以及在阿尔及利亚进行的镇压在阿拉伯世界给我们带来的问题。

虽然了解了您发给我们驻贝鲁特大使的指示（您的第 795—798 号电报①，以编号 6755—6758 通报给了华盛顿），在此问题上我仅限于完全保留法国政府的立场。我同时强调黎巴嫩政府很可能没有确定这种考虑，因为不久前它在极度危险时向我们已经要求过给予支持。杜勒斯先生补充到，这个问题最终应该是直接在法国和黎巴嫩之间解决。从他本身而言，他非常理解我们担心我们侨胞的生命安全以及我们在这个国家的经济和文化利益。

在涉及到黎巴嫩国内局势时，我还向美国国务卿指出，我认为夏蒙先生应该尽早地公开声明不参加竞选的打算。可以组成一个临时政府来准备

---

① 6月12日，本书未收录。该电报向大使指示了用以回复在黎巴嫩政府可能做出的干预请求时所要采取的措施。首先，法国海军独立采取行动，可以在黎巴嫩政府的调配下保护法国侨民及财产。一名使馆参赞听从指挥法国军队的上将的支配。法国军队因为军需原因将驻扎在波尼。在黎巴嫩政府向西方求助的情况下，法国应当及时得到通知，以便在 48 小时同已经实施行动的英、美汇合。——原编译者注。

未来的大选。而对于谢哈卜（Chehab）将军，如果不冒着导致军队解体的风险，好像很难要求他现在放弃他的指挥权。杜勒斯先生对于该方案并没有表示反对。但是他指出美国政府从自身角度会继续对夏蒙总统保持信任，不会向他做出明确的建议。

有关达成的要完成事项，美国驻贝鲁特大使得到的指示仅限于建议总统尝试尽快地平息叛乱，并承诺提供因此所需的所有物资帮助。目前，美国并没有有关黎巴嫩政治未来动向的其他观点。

会谈结束时，杜勒斯先生告诉我他对当地局势没有任何改善的迹象非常担忧。他很担心哈马舍尔德先生的创举，并且已经要求卡伯特·洛奇（Cabot Lodge）于6月22日星期日下午来纽约同他对该问题进行商谈。

马利克（Malik）先生目前在华盛顿，并没有请求见国务卿，但是在今天同朗特里（Rountree）先生举行了会谈。朗特里先生明天应该会与黎巴嫩外长见面。

（沈练斌译、校）

19580627，FD000002

阿尔方致德姆维尔电（第3624—3628号）①

（1958年6月27日）

我参阅了我3485号②、3521号③以及3452号④电报。

这几天我在国务院、五角大楼以及原子能委员会进行了一些会谈。会

---

① 文献来源：*DDF*, 1958, Tome 1, pp. 843-844。

② 华盛顿6月24日的3485—3489号电报（未保留），其中详尽叙述了大使拜访了参议院里旨在修改有关1954年《原子能法》的立法活动的报告人。国务院对若干修正案表示反对，特别是对于将原子武器的非核部分的交付纳入到原子武器发展的实质性进展的修正案。——原编译者注。

③ 6月25日的3521—3527号电报（未保留），汇报了大使拜访了赫脱（Herter）先生，向其通报了法国政府对于参议院采纳有关原子能法律修正案的担忧以及对于在新立法中插入的"实质性进展"的字样进行限制性解释作为用于原子武器生产的产品转移条件或信息通报条件的担忧。——原编译者注。

④ 6月26日的3542—3544号电报，本书未收录，详尽叙述了大使先生对国会原子能联合委员会主席的拜访。大使向其通报了法国对于新原子能立法争论的担忧。主席一再向其对话者保证，新的立法好像应该是很具有灵活性的。——原编译者注。

谈涉及了一些令我们担心的问题，与新的美国原子能立法的后果有关。经过总结，我的对话人强调了以下几点：

1. 自然，新的立法可能目前对法国不是那么有利，而该立法对英国却并非如此。但是我们不能不注意到，该立法构成了美国国会和行政发展的一个重要阶段，过去一直是缓慢和艰难的。虽然英国人和美国人在上一次大战中紧密合作，但在战后，通过极为严格的立法，在原子合作领域中英国同美国已经处在完全分离的状态。只是在1954年第一次给该立法带来了裂痕，仅3年后，1957年底，行政和国会开始进行了旨在允许美国同其盟国间进行有军事特征的原子能合作的立法举措的研究。刚刚出现的变化在两至三年前是不可想象的。另外，一切都显示出该国家已经投身于一个不可修改的发展方向。

2. 在提高盟国间协作效率、保护美国秘密以及不损害有关可能性的裁军谈判进程的三重考虑下，行政方面设想了一些可以用来限制可从新立法中受益的国家数量的条件。国会要求将这些条件记入到法律。但是行政方面打算保留操作上的自由，并不接受这样的观点。结果是条件中最为严格的部分仅被记录在新法的准备工作中，行政中的评价权力得以保留。

我还听说，对于这样的令人放心的考虑，还补充了一个简单的事实，即为合作设立一些条件，使这些条件的定义明确很有必要。有关于此的讨论由来已久，而且会持续更长的时间。因为越是分析文本，好像越是觉得出现了包括一些在最初的接触中很多没有察觉到的可能性。有关该内容，我已经被提示了若干次。两年前由于1954年《原子能法》的柔性解释，英国已经获得了有关原子能潜水艇的情报，而在该时期的立法者的思想中，这样的一种可能性已经被排除了。

3. 我的对话人向我提出，有关涉及到我们这一方的对于原子武器生产的法美合作的首要条件将是我们自己在该领域能够取得的进步。但是他们还另外强调了由行政方面使用评价的自由余地以及由国会对新法条款的解释权同样要经过全面的和政治上的其他考量来确定。对于此，还要依赖美国对于法国机构设置的稳定性和其在联盟中发挥首要作用的能力所希望形成的信任。

（沈练斌译、校）

19580628, FD000004

阿尔方致德姆维尔电（第 3644—3648 号）①

(1958 年 6 月 28 日)

负责中东事务的助理国务卿要求大使馆公使 6 月 28 日下午早时与他会晤，商谈黎巴嫩的政治局面。

如同杜勒斯昨天对我讲的（我的第 3634—3636 电报）②，朗特里认为必须要通过政治手段走出现在的困境。夏蒙总统说过很多次，尤其对西方国家大使，他不打算连任总统，因为这有违宪法条令。但是他从来没有对外宣布过他的打算，因此必须清楚现在这个微妙的局面。

朗特里已经向我的同僚朗读了今天杜勒斯发给马克·克林托克（Mac Clintock）的电报。他要求美国驻黎巴嫩大使尽早向黎巴嫩总统传达，美国政府非常重视了解夏蒙希望在他任期结束后哪位候选人当选总统。但这不是干涉黎巴嫩内政，只是一个未来可能有价值的情报。夏蒙给出的情报将会是非常机密的。

这个文本已经被英国人证实了。美国国务院信任驻贝鲁特大使关于干预形式的意见。干预方式将由三位大使完成，三位单独进行或者有一位代表另外两位名义的方式进行。我方非常希望我们在此次行动上联合，而且希望该行动在周一完成。麦克米伦（Macmillan）明天在巴黎与政府首脑的会晤中可能会谈及此事。③

朗特里趁此机会明确表示夏蒙可能不会承认（参加）选举，而是直接指定一位继承人。在这种情况下，三大势力必须重新联合。但通过间接方式至

---

① 文献来源：*DDF*, 1958, Tome 1, pp. 850–851。

② 6 月 27 日，本书未收录。通过此电报，法国大使汇报了他当天与国务卿的会晤情况。美国国务卿再次向他表示美国政府希望运用政治手段解决问题，并补充说不会采取类似埃及和苏联式的解决方法。关于大使的提问，他回答他不赞成夏蒙继续掌权，再次更改了一周前的回答以及对驻贝鲁特美国大使的指令。另一方面，美国国务卿指出他相信联合国秘书长在开罗的任务将缓和叙埃有关黎巴嫩的紧张局势。大使也认为杜勒斯将对我们提议的候选人感兴趣，该候选人可能与黎巴嫩政局想法一致，该候选人不会因此成为纳赛尔的工具。——原编译者注

③ 会晤总结见 *DDF*, 1958, Tome 1, le n°459, pp. 861–887。——原编译者注

少可以辨识总统的真实意图以及他的真实想法,尤其是关于谢哈卜将军。

朗特里最后补充到,为了满足夏蒙的要求,他想了解黎巴嫩总统竞选人的名字(见昨日我的第 3634—3436 号电报),一场调查已经在贝鲁特进行。马克·克林托克已经提名了三位候选人:前总统阿尔弗雷德·纳卡什(Alfred Naccache),萨利姆·拉胡德(Selim Lahoud)和雷蒙德·艾德(Raymond Eddé)。

没有哪位候选人完全取得政府百分百的满意。

如果您同意此次行动的主要内容,请尽快让我知晓,我将对此表示感谢。

(李东旭、吕军燕译,吕军燕校)

19580707,FD000113

肖维尔致德姆维尔电(第 2224—2228 号)①

(1958 年 7 月 7 日)

英美原子能协议可能于 7 月 8 日或 9 日发布,② 在协议声明与发布期间,英国首相将在议会前表达英国民众的意见。

帕特里克·迪安(Patrick Dean)今天向大使馆参赞表明了这一点,并补充说,白厅对新闻界和公众对华盛顿协议的欢迎表示满意。这样一来,英国代理副外交大臣如释重负。人们实际担心政府被指控为获取华盛顿让步,而过分自由地提供关于考尔德·霍尔核电站的秘密。另外,尽管人们对国会的决策及其通过的协议表示满意,但根据英国意愿,两点问题没有得到解决,英国官员对此没有隐瞒。

1. 一方面,正如外交部向我们指出的那样,协议并不包括裂变材料的供应。由于其财务方面的原因,这是一个会导致谈判棘手的问题。

---

① 文献来源:*DDF*, 1958, Tome II, pp. 40-41. 肖维尔(Jean Chauvel),法国驻英国大使。

② 英美原子能协议实际签于 7 月 3 日,于 7 月 8 日在伦敦发布。协议主要涉及在《麦克马洪法案》的框架内有关美国军事秘密的信息交换。除了交换信息外,也涉及交换物资以及美国向英国运输一台用于核潜艇的原子发动机和核燃料(10 年)。但是协议没有规定提供原子武器。——原编译者注

2. 事与愿违，协议也没有规定非核武器的运输问题。我的助手已向帕特里克明确美国的新法案尽管禁止运输原子武器，但能够允许交付一些除爆炸性的机械装置。华盛顿不会对英国的理解提出异议，但在应用中会产生困难。美国倾向于绝不退步，除非证实交付对于英国军队既是必不可少的又是有用的。英国代理副外交大臣明确在此问题上我们期待长期的谈判。

关于以上两点，也许还有其他方面的对话可能在秋天重新开始。帕特里克·迪安最后指出，总而言之，考虑到真正的谈判只能很晚才进行，结果非常令人满意。据他来看，美国当局认为与英国的合作不能单方面进行的想法对于谈判结果十分有利。在生产过程方面，合作肯定无法给美国带来太大的贡献，但是当涉及到一些研究时，它的贡献绝不能忽略不计。

（李东旭、吕军燕译，吕军燕校）

19580709, FD000114
肖维尔致德姆维尔电（第2258—2263号）①
（1958年7月9日）

参考我的第2176号电报。②

麦克米伦巴黎之行，英美协议的签署，戴高乐与杜勒斯多次会谈③不断地将注意力集中到法国制造原子弹的问题上来。

总体而言，媒体与政界一直很关注法国制造原子弹的问题，如果我们抛开造成该问题不同立场的细微差别，戴高乐的态度相比前不久更容易让人理解和肯定。

媒体今后将关注戴高乐政府推行制造原子弹政策的坚定性，前任几届总统对该政策犹豫不决。人们理解这项政策的动机，并诚实地表现出来。

---

① 文献来源：*DDF*, 1958, Tome II, pp. 46-47。
② 本书未收录7月1日的第2176—2180号电报。关于戴高乐将军与英国首相麦克米伦的巴黎会晤，这封电报强调英国媒体对原子武器问题的关注：理解法国的观点，但不同意该观点。——原编译者注
③ 戴高乐将军与美国国务卿杜勒斯先生7月5日的会谈记录，见 *DDF*, 1958, Tome II, le n° 16, pp. 22-36。——原编译者注

欧洲各国不再忽视持续不断的猜疑，并且英美协议进一步加深了这些猜疑。《泰晤士报》也提出了这样的问题：帮助法国制造原子弹相比激起法国的不满是不是更好。《每日电讯报》给出了肯定的回答。英国核事业的反对者和支持者一起证明了阻止法国走英国坚持的道路的想法是不合理的，不管这条道路是好是坏。

尽管大家对此非常理解并有些许犹豫，多方还是达成了一些共识：每个人都承认法国的愿望会给同盟国带来巨大的问题。第一个将出现的问题是如果苏联巧妙地施计，特别是在日内瓦，停止核试验问题将不得不重新被提起。

自由主义和左派人士在英美协议的签署中发现通过三方协议是促进原子俱乐部关闭的又一理由。

最后，包括《泰晤士报》在内的很多报纸评论，美国国会承诺提供给法国的帮助远不如提供给英国的。这条评论及时地提醒我们，事情的解决方法不在英国，而是在美国。实际上我们知道，为了得到美国的保护，英国的核工程从现在起得到了美国的技术支持。

英国政府作为旁观者参与了其中的一部分。

（李东旭、吕军燕译，吕军燕校）

19580718，FD000115
贝拉尔致德姆维尔电（第 533 号）[①]
（1958 年 8 月 18 日）

1. 第五届禁止原子弹氢弹世界大会 8 月 15 日开幕。外国参会人数比以往会议都多很多。然而，禁止大会的呼声逐年减少，取而代之的是明显的亲共倾向。

2. 由于与日本政府关系不好，中国大陆没有参加此次会议，不过北京给了一大笔津贴。

3. 赫鲁晓夫发出揭露盎格鲁—撒克逊人侵略中东的消息，并呼吁立即

---

① 文献来源：*DDF*, 1958, Tome II, pp. 269-270。贝拉尔（Armand Bérard），法国驻日本大使。

停止英美核试验。

4. 岸信介（Kishi）本应参加开幕会，但只是发了一封简信。

5. 三位法国人参加此次会议：特罗克梅（Trocmé）神父，作家比涅（Bignes）女士，巴黎大学科研中心马克·勒福尔（Marc Lefort）教授。卡皮唐（Capitant）教授出现在官方与会人员的名单上，但最终决定放弃参会。①

6. 民族解放阵线代表被评为副主席，法国代表团没有提出异议。

（李东旭、吕军燕译，吕军燕校）

19580822，FD000116

肖维尔致德姆维尔电（第2802—2806号）②
（1958年8月22日）

外交部刚发给我今晚19点发布的英国声明，声明建议就停止核试验达成协议进行谈判③。奥尼尔（O'Neil）表示上午文本已经提交其部门，我认为不用转发给他了。

英国副外交大臣指示在发布声明前不久，英国驻莫斯科大使应该将声明送交苏联外交部，以引起苏联对此事的重视并邀请苏联参加10月31日的谈判。

奥尼尔在连续五六天的美英对话中表露出两国政府对法国反应的担心。

---

① 德姆维尔在8月10日已经给驻日本法国大使发了一封电报，*DDF*, 1958, Tome II, le n°589（译者按：该册并无第589号文件，此处应有误）。电报是部长是以个人名义发给卡皮唐教授的。写道："参加此次会议必然引起不便，我坚持善意地保护您免受这些不便，您实际了解政府对于该问题的立场。"——原编译者注。

② 文献来源：*DDF*, 1958, Tome II, pp. 286-287。

③ 8月22日，美国宣布其已经做好了自10月31日起终止军事核试验的准备，条件是苏联也采取同样措施，以便就国际局势控制进行磋商。为缔结和实施基本军备控制条约，要建立所有国家都接受的审查体系，在其运行有效、进展令人满意的情况下，协议每年都可以更新。（Ministère des Affaires étrangère, *Echanges de notes entre les états occidentaux et l'U.R.S.S.*（ler juillet 1958-ler avril 1959）, La documentation française, 1959, p. 106）。英国立即与美国采取同样的立场，相反地，法国宣布只要停止制造可裂变物质和建立核储备的一般条约没有达成，法国只能坚持自己的立场和规划。——原编译者注。

奥尼尔透露您已经与塞尔温·劳埃德（Selwyn Lloyd）和福斯特·杜勒斯进行了会谈，因此没有考虑我同事的想法。奥尼尔推断法国政府将"通达地"对待这件事。我的同事观察到谈判邀请只局限在拥有核武器经验的大国，他明白了法国将不会参加谈判并且因此不会签署任何条约。奥尼尔没有质疑这一猜想。

德·朱尼亚克（de Juniac）提出质疑，英国一直把取消核试验和实际裁军政策紧密关联在一起，在理论上未打破这种关联的情况下，英国却同意削弱这种关联，以至签署一个单独的核试验协议。奥尼尔答复说：

1. 这一变化一部分来源于美国的立场。

2. 这大大地促进了英美双边协议，他希望协议允许英国人充分地利用美国已经取得的成果。

3. 专家们取得的成绩展示了目前在有限范围内达成一致的有利前景，但有一天可能发展到所谓的裁军。

(李东旭、吕军燕译，吕军燕校)

19580825，FD000125
　　　　阿尔方致德姆维尔电（第4973—4976号）[1]
　　　　　　　（1958年8月25日）

关于台湾海峡岛屿的情况，[2] 美国国务院对其评论谨慎，并拒绝在此严峻形势下进一步表明美国的意图，表示美国政府既没有十分确定自己的意见，也不急于表态。

杜勒斯在上周六给一名国会议员写信说，共产党的进攻将"对此地区的和平造成威胁"，这被新闻界看作是对北京发出的间接警告。事实上，这

---

[1] 文献来源：DDF, 1958, Tome II, pp. 293-294。

[2] 8月22日至23日晚，中共炮兵轰炸金门群岛，并在接下来的几天持续轰炸。八艘驻扎在新加坡的美国军舰已被命令加入驻冲绳的第七舰队，同时英国舰队也在增加。此外，杜勒斯先生对众议院外交委员会主席的担忧做出回应，并宣称共产党企图占领这些岛屿的任何举动都将被视为对和平的威胁。——原编译者注

表现了政府对国会中"中国游说团"的警惕性，而且政府并没有忽略总统有对台湾岛做出回击的决定权，按照1955年决议，这项权力可延伸至台湾岛和"目前属于友军手中"① 的澎湖群岛之外的地区。

美国在台湾岛及沿海岛屿的介入主要是训练任务，美国国务院中国办公室就美国在群岛和台湾岛防御方面的直接责任进行了限定。事实上，尽管美国舰队的警戒状态得到了渲染，过去几天发生的事件都没有显示美国军队的直接干预，也没有表现出他们进行了大规模集结。海军的官方声明还指出，这是在台湾海峡采取的"正常防御性保护"措施。

我们的感觉是：美国的军事和民事部门首先希望，通过采取干预措施来捍卫对台湾岛防御很重要的前哨基地，从而使情况不会恶化到有必要让总统采取决定的地步。相比起国务院，军队更为保守。至于岛屿的战略利益，我们可以认为他们的观点会与总统一致。

英国会与华盛顿②甚至是台湾进行磋商斡旋。据未经证实的新闻报道称，美国方面会要求国民党持克制态度，不要轰炸中国的海岸。

（张庆、周欣宇译，李洪峰校）

19580829，FD000126
肖维尔致德姆维尔电（第2873—2878号）③
(1958年8月29日)

今天上午，使馆的公使衔参赞就中国沿海群岛事件向远东事务助理大臣了解情况，后者回答的基本内容如下：

1. 莫兰（Morland）先生虽然还保持了一些乐观，但他承认这件事情比

---

① 在第一次台海危机（1954年9月中共轰炸金门和马祖群岛）之后，1954年12月2日华盛顿和台北之间达成了一项共同防御条约。此条约确保美国第七舰队保护台湾岛，蒋介石承诺不在未经磋商和双方批准的情况下攻击大陆。根据12月2日条约的条款，美国在必要情况下可以对金门和马祖进行干预，这项权力只属于美国总统。——原编译者注。

② 见19580829，FD000126和19580829，FD000127。

③ 文献来源：*DDF*, 1958, Tome II, pp. 300-301。这封电报上所写的日期是8月29日，但收到的时间误写成是8月22日，17点57分，应该是29日，而不是22日。

他想象的还要严重。迄今为止外交部的假设是，中国正准备重新攻占金门附近的一些小岛，但并不打算进攻金门。从北京向驻扎在金门的中国国民党军队指挥官的无线电信息①可以看出，他们的目标比我们想象的要更大。莫兰先生承认，此事严重涉及到北京的威望。

2. 莫兰先生称，仅在数日前，伦敦才通过其自己的信息来源，意识到中国共产党的部队在集结，其有能力进行较大规模行动。

3. 莫兰先生强调美国一直十分小心，在金门和马祖防御方面不做出坚决的承诺，但并不否认如果这两个国民党的前方防御据点被攻陷，美国的威望将因此受到严重的冲击。

4. 我的同事问莫兰先生，英国政府是否向华盛顿表达了自己的观点，莫兰先生回答说，他们通过外交渠道进行了沟通，国务院对于英国的立场"已经知悉"。他说，华盛顿从1955年1月起就了解英国的立场。我们认为，金门和马祖的战略重要性并不足以让他们为其防御做出牺牲。在我们看来，中国国民党对这些岛屿的占据只能代表一种无用的紧张局势，这种紧张局势可能会对美国不利。

当然，莫兰先生补充说，如果美国要参加到保卫这两个岛屿的行动中，他们将得到英国在道义和物质上支持，但不包括任何军事援助。

此外，莫兰先生声称，英国驻华盛顿大使馆一直以来只限于对英国的事务发表观点，并不负责采取特殊程序来与美国商讨英国政府的最新立场。他说，到目前为止，政府表示没有必要对最近的事件重新表态。

5. 另一方面，外交部指出，如果美国在金门和马祖防御战中投入军事力量，在自由世界中它或许难以获得什么的支持，即使只是道义上的支持。莫兰说，他不确定韩国会不会无保留地支持他们。

（张庆、周欣宇译，李洪峰校）

---

① 8月28日传递的信息勒令驻扎在金门的指挥官投降并指出登陆时间已经接近。——原编译者注。

19580829, FD000127
阿尔方致德姆维尔电（第 5061—5064 号）[①]
（1958 年 8 月 29 日）

直到不久之前，美国政府似乎对于金门和马祖群岛周围局势的发展没有太多警觉。

48 小时以来，情况已经发生了改变。

在 8 月 27 日的新闻发布会上，艾森豪威尔总统首先承认蒋介石三分之一的军队都在这两个岛上，此二岛的防御越来越成为保护台湾岛的重要因素。

国务院拒绝说明如果共产党军队试图登陆金门或马祖，其最终会采取的立场。在此方面，美国国务院几乎完全沉默，对他国外交官缄口不提此事。

然而，有些非官方的声音表示现在是时候终止共产党的扩张主义了。很多消息称美国舰队在向台湾岛靠近。[②] 此外，也有消息称美国飞机可能得到指示飞往大陆，而不是将其行动限制在澎湖群岛以西的中线，但是我现在无法证实这个消息。

最后，金门的情况似乎很糟糕。飞机似乎无法降落在岛上，当地机场完全无法使用。

尽管如此，目前的危机并没有耽误艾森豪威尔总统度假，杜勒斯先生下周初才会从安大略湖回来。

英国代办向我确认了从伦敦发来的电报（第 2873—2878 号）[③] 中的指示。胡德（Hood）勋爵向外交部询问，是否应该采取手段提醒美国不要不

[①] 文献来源：*DDF*, 1958, Tome II, pp. 301-202。

[②] 在 8 月 28 日的第 5051—5052 号电报中（本书未收录），大使总结了美国舰队的动向。地中海的一些部队进入了太平洋；太平洋舰队的主战舰中途从檀香山前往台湾。台湾周边的美国海军力量将是自警报以来的近一倍半，大约有五十多艘船只，其中包括一艘轮船和五艘航空母舰。——原编译者注。

[③] 19580829, FD000126。

惜一切代价防卫战略重要性如此低的岛屿。他今天早上没有收到答复。国务院了解英国的立场,但几个星期以来一直未被提及。

印度和加拿大方面则放弃采取任何行动。面对国务院的沉默,北约一些国家在华盛顿的代表打算建议他们的政府在北大西洋理事会提出这个问题。

我必须在明天早上与美国远东司中国科埃尔布里克(Elbrick)先生讨论整体的情况。

(张庆、周欣宇译,李洪峰校)

19580830,FD000128

阿尔方致德姆维尔电(第5071—5078号)①

(1958年8月30日)

请参阅您的第9283号②电报和我的第5061号③电报。

今天上午,大使馆公使衔参赞与埃尔布里克以及中国处处长就台湾海峡局势进行了会晤。

据卢特金斯(Lutkins)先生分析,目前的紧张局势与上周的警戒状态相比明显恶化。福建军事无线电广播和对国民党岛屿阵地的大规模连续轰炸很清楚地表明,中国人正在进行一场他们希望具有决定性的战役。他们目前正试图应用奠边府战役中所使用的技术来逐渐摧毁金门的军事阵地。平均而言,国民党只能以一比五的炮弹比例反击中共。他们本来会取得相当不错的战绩,但显然因为在数量上的差距被压垮了。中共的鱼雷艇在厦门湾水域巡逻。尽管国民党驻军拥有物资供应,但登陆艇几乎总是被袭击,国民党损失了相当一部分两栖作战的部署途径。卢特金斯先生尴尬地承认,当艾森豪威尔总统宣布三分之一的国民党军队在沿海岛屿时,"他含糊其辞"。这明显是不准确的。根据我国驻台"大使馆"的数据,确切的数字应为数

---

① 文献来源:*DDF*, 1958, Tome II, pp. 303-304。

② 8月29日的第9283号电报(本书未收录),表达了外交部希望了解美国政府对台湾海峡局势的看法。——原编译者注

③ 19580829, FD000127。

量可观的十万人,这使岛内驻军人数减少到国民党主力部队人数的六分之一。虽然一般来说驻军有三个月的食物和弹药供给,但卢特金斯先生估计只有一个月或更少的时间。

在问到美国对蒋介石意图的了解时,美国国务院官员表示,他们赞赏台湾最高指挥官"明智的克制",迄今为止他一直避免对大陆进行空中轰炸。国民党并不考虑登陆大陆。卢特金斯先生还表示,台湾军队目前需要忙的事情已经很多。昨天,华盛顿流传了这样的消息:美国军队要突破目前作为界限的台湾海峡中线以外的干预权(我在参考电报中也提到过),但是国务院否认了这一传言。

卢特金斯先生预测这些岛屿将遭受大规模轰炸。在没有外界帮助的情况下,尤其是当国民党目睹岛屿的军事价值在下降时,他们无疑难以保持士气。在这种情况下,国民党驻军的出路很可能要么是投降,要么是撤退或者被歼灭,他们有可能无力对抗中共的登陆,而后者无需战斗就能实现登陆。

埃尔布里克先生承认这个问题有着"不真实的部分",并试图将其置于中俄关系的大框架之内。他认为,如果苏联对北京有一定影响,中共就不太可能会采取任何引发战争的行动。然而,毋庸置疑,美国始终清楚认识到中国袭击沿海岛屿的严重性。中国也有可能开始对俄罗斯施加压力,因为俄罗斯可能不愿意给予中国需要的原子武器。这也可能是共产党之间的协调行动,它将直接把台湾事件与中东局势联系起来,以分散美国的关注和军事力量。

无可否认,艾森豪威尔总统本人仍然拥有着决定权,因为美国的政策并不曾也不能用太明确的方式表达。我们希望,共产党的行动是有虚张声势的成分,他们在试图明确需要避免越过的底线在哪里。但是,埃尔布里克先生明确表示,目前不能"对后果的严重性产生丝毫幻想",这个幻想是指中共不会对国民党的前哨阵地发起直接进攻。

(张庆、周欣宇译,李洪峰校)

19580909，FD000129
德让致德姆维尔电（第3339—3346号）①
(1958年9月9日)

1. 在近十天沸沸扬扬的媒体渲染下，赫鲁晓夫先生于9月7日向艾森豪威尔总统发送了关于台湾地区局势的信件，其中明确提出了台湾问题、中国在联合国的代表权问题和美国对中国的总体政策问题。苏联政府首脑强调了目前形势的危险性，他明确表示了中苏之间的全面团结和中苏两国人民一致捍卫自身安全的意愿。同时，他也清楚地表明，希望停止走向武装冲突的趋势，通过谈判来解决问题，并与美国和相关利益方国家共同探讨。

2. 赫鲁晓夫在给美国总统的信中，讨论了这些天在媒体上发表的所有相关论题和主题（注：见我的电报，第3308号②）。

A. 台湾岛、澎湖群岛和沿海岛屿都是中华人民共和国领土不可分割的一部分。美国政府在军事上占领这些岛屿，并支持在那里避难的国民党当局，使台湾岛成为一个军事基地，永久干涉中国内政并直接侵略中华人民共和国。美国没有任何理由可以在台湾海峡扮演国际警察的角色，这不是一个文明国家所为，并且会带来严重的危险。中华人民共和国拥有完全解放其领土的权力，并采取一切必要的措施打击"叛徒蒋介石"——这位外国侵略者的帮凶。

B. 美国的对华政策、华盛顿政府最近的军事行动、海军和空军部队在台湾地区的高度集结、美国和蒋介石宣布的联合演习，以及美国政府在9月4日和6日发表的声明③，都造成了最危险的局面。苏联政府不得不要求华盛顿政府表现出理性，不要放纵自己采取后果无法弥补的行动。

---

① 文献来源：*DDF*, 1958, Tome II, pp. 320-322。
② 9月7日（本书未收录），内容关于台湾在苏联引起的争论。——原编译者注。
③ 9月4日，美国国务卿指出美国总统准备用武力保卫沿海岛屿，但时机尚未成熟；他邀请中国共产党进行协商，不要以武力强制改变这些岛屿的现状（*Année politique 1958*, pp. 416-417）。关于6日的声明，见 *DDF*, 1958, Tome II, p. 385 注释。——原编译者注。

C. 苏联和中华人民共和国之间的团结毋庸置疑。虽然没有引用1950年2月14日的条约，但是两国间的联盟被重申："中国并不孤单。在她被孤立的情况下，她有着随时准备为她提供帮助的忠诚朋友。她的安全利益和苏联的安全利益密不可分"。他进一步写道："中华人民共和国是我们伟大的朋友和邻居，对她的攻击就是对苏联的攻击。我国忠于应该履行的义务，并将和中华人民共和国一起尽一切努力维护苏中两国人民的利益、维护远东和平利益和维护全世界的和平利益。"

D. 由于美国的不现实政策，中华人民共和国被剥夺了其在联合国的合法席位。

这个状况让很多国际问题解决起来更加困难，也让联合国在履行其维和任务中受挫。只有美国的政策在保护蒋介石这位"冒名顶替者"不被驱逐出联合国，对于联合国来说他就是一个"政治僵尸"，是联合国的绊脚石。

显然，中华人民共和国有6亿人，北京政府必须重返联合国席位。

E. 苏联政府首脑多次表示，虽然他直言不讳，但这是因为他真诚地希望可以找到和平解决的方式。他重申希望与艾森豪威尔总统、美国政府和美国人民保持友好的关系。他的目标是阻止当前危机的恶化。他希望"通过苏联、美国和中华人民共和国的共同努力，消除目前在远东的紧张局势，并为实现全世界的和平而努力"。

3. 美国在远东地区的侵略准备不会局限于台湾地区，还可能会延伸到朝鲜。在美国的支持下，李承晚将会宣布他"北上"的意图。一些美国人在考虑再次将朝鲜变成战场，这是为什么美国政府会拒绝撤出其在朝鲜半岛南部的部队。

4. 赫鲁晓夫先生再次表示大型作战舰队无用。他重申，在弹道武器和核武器时代，大型船舰仅适用于礼貌性交往和作为导弹的靶子。

他反对美国利用海军空战兵作为恐吓和讹诈手段的方法，这是一种跨界的国际政治工具。他建议在联合国提出这个问题，联合国要禁止强国诉诸于其海军航空部队力量,并要求将其将之维持在国界范围内。①

(张庆、周欣宇译,李洪峰校)

19580915, FD000130
阿尔方致德姆维尔电(第5354—5360号)②
(1958年9月15日)

近日,美国国务院在联合国的讨论中,对于中国沿海岛屿问题的立场发生了一定的变化。

美国远东事务助理国务卿杜勒斯先生在与东南亚条约组织的大使们会面时遭到了强烈反对(见我的电报,第5092—5099号③)。几天后直到9月5日,他也同样遭到了行政部门的反对(见我的电报,第5179—5180号④)。然而,数日后,饶伯森(Walter Robertson)先生不再排除这种可能性(见我的电报,第5218—5222号⑤)。两天后,艾森豪威尔总统在9月11日发表的电视讲话中公布了这一立场变化,杜勒斯先生于9月14日晚抵达纽约时

---

① 根据9月9日来自莫斯科的第3348—3351号电报(本书未收录),莫斯科外交界在赫鲁晓夫的声明中看到他想和平解决中国问题的意愿。可以预见如果中华人民共和国进入联合国,苏联将借此来实现对联合国大会的有力干预。——原编译者注。

② 文献来源:*DDF*, 1958, Tome II, pp. 352—354。

③ 9月3日(本书未收录)。这封电报载有杜勒斯先生向东南亚条约组织各国代表团团长就台湾海峡做的情况说明。他强调了这种局势的严重性:不能排除准备最后的袭击,尽管可能不会立即发生。杜勒斯先生提到,北京坚持要解放台湾,对厦门湾岛屿的行动只是第一步。他宣称,美国政府对美国应该做什么还没有得出任何结论。——原编译者注。

④ 9月5日(本书未收录)。这封电报报道了在行政高级官员发表声明说美军已经决定在必要情况下介入帮助蒋介石之后,法国大使在国务院了解了情况。大使的对话者告诉他,应该以总统和杜勒斯先生起草的官方声明为准。美国政府表示,如果共产党进攻金门,总统将可能会做出一个决定,这意味着很可能会有干预措施,但目前这个决定尚未做出。——原编译者注。

⑤ 9月9日(本书未收录)。法国大使报告了他访问美国远东事务助理国务卿饶伯森的消息。对后者而言,共产党主要以台湾为目标,而不是沿海岛屿。他没有讨论岛屿的战略利益,但更倾向于关注放弃它们的政治和道德后果。因为法国外交官在面对这种爆炸性局势时表达了法国的担忧,饶伯森先生回答说,首先是要避免在台湾海峡西部失败的问题,这将意味着有可能像解决克什米尔或柏林等问题一样通过武力来解决。——原编译者注。

也确认了这一立场。

说实话,美国目前并不打算在这方面采取任何主动行动。但是他们知道,他们会不得不随时面对辩论,也许几天之后大会将讨论印度关于新中国代替台湾当局在联合国的代表问题的决议。另一方面,中美之间的会谈今天在华沙开幕①。如果从第一阶段开始,中国共产党在所有方面都表现出不妥协并拒绝接受停火,那么在采取最终的措施之前,美国可能会将问题提交给安理会或大会。

但在这种情况下,正如帕森(Parson)在 9 月 13 日告诉我同事的那样(见我的电报,第 5346—5353 号②),美国政府在将辩论转置于道德准则方面。关于金门和马祖群岛地位的讨论不会是联合国的热门话题。美国知道这一点。但是,美国认为,如果像在以对黎巴嫩的间接侵略为名义时所试图做的那样,在道德原则上讨论问题则具有良好的基础,其盟友应该不会拒绝对他们的支持。

同样值得注意的是,在周日的报纸上,杜鲁门总统依据这个公理全力支持政府:根据联合国宪章,世界各国不能试图强行占领邻国的领土。

在昨天的《纽约先驱论坛报》上发表的一篇文章中,玛格丽特·希金斯(Margaret Higgins)小姐强调了这方面的事情,并补充说,如果美国在这场争论中被它的西方朋友,尤其是加拿大所抛弃,那么美国政府应该再次对其政策进行"撕裂性的修改"。美国要向其盟国表明,如果美国在重要的事件中被背叛,那么这些盟国很难在受到侵略的情况下再得到美国的支持。

这可能是夸大其词,但我不感到意外,希金斯小姐的这篇文章没有以官方消息为依据,至少在其主要内容中,且也不具有警告性。

---

① 在 9 月 15—30 日进行的这些谈话属于绝密状态,见 DDF, 1958, Tome II, n°17 注释和 n°196(译者按:第 17 份文件与华沙会谈无关)。——原编译者注。

② 9 月 13 日(本书未收录)。这份电报是在华沙会谈前夕,由大使馆公使衔参赞向国务院亚洲事务助理国务卿了解情况所收集的关于此形势的情报。帕森先生认为,全世界都必须同意要尽一切可能来实现以一种生活模式的必要性。美国人不打算使这些岛屿中立,但这种可能性不能未经观察分析就被拒绝。只有在停火被拒绝和共产党试图拖延谈话的情况下,美国才会考虑上诉至联合国。——原编译者注。

9月13日，和我进行会晤的英国大使也有着同样的忧虑。他知道美国现在对于西方国家对他们的对华政策提出的批评是多么敏感。美国需要得到赞同，特别是当它在良知深处找到了那层道德外衣，来掩盖它采取的行动或是可能要采取的行动。哈罗德·卡恰（Harold Caccia）爵士告诉我，英国政府意识到这种心态，认为最好是对美国给予道义上的支持，同时谴责其在远东地区使用武力的政策，然而他强调了9月11日艾森豪威尔总统讲话的第二部分，即寻求谈判（参见外交部公报，伦敦电报第3027号①）。

在我看来，根据我们最近的谈话，美国已准备好认真谈判，如果形势所需，他们将尽一切努力推迟实施准备采取的军事措施。美国并没有要求其盟国做出任何政治或军事承诺，但在外交上，他们依靠着我们的支持。这件事对华盛顿政府来说非常重要，即使没有对政策进行"撕裂性的修改"，但如果美国在联合国或其他地方有独自捍卫原则的感觉，而这些原则并不为其主要盟国所信，那么恐怕会再次出现某种孤立主义。

（张庆、周欣宇译，李洪峰校）

19580920，FD000131
德让致德姆维尔电（第3512—3530号）②
（1959年9月20日）

赫鲁晓夫先生在9月19日的一封电报中向美国代办再次提到了远东局势。在谈到美国总统9月12日的信件③时，让这位苏维埃政府首脑感到遗

---

① 9月12日（未保留）。这封电报转发了法新社的一份调查，外交部发言人当天据此发表了声明：英国政府没有做出去金门、马祖或台湾进行军事行动的任何承诺。外交部发言人说，他也欢迎总统的发言，表示希望联合国能在双边会谈没有达成协议的情况下发挥和平影响力。——原编译者注。

② 文献来源：*DDF*, 1958, Tome II, pp. 397–400。

③ 这封信回应了赫鲁晓夫先生在9月8日呼吁美国军队撤出的信件。美国总统请求赫鲁晓夫先生对北京施加适度的影响力，特别是促进美中两国大使在华沙举行会谈。另一方面，针对将此事提交给联合国的提议，艾森豪威尔先生回答说，如果确实如此，那么应该讨论的不是美军的介入，而是共产党对金门的进攻。——原编译者注。

憾的是，前者根本没有理解他在 9 月 7 日①电报的意思，这封电报强调了"美国的侵略政策"对于人类的危险，这会在四处引起冲突。

在 9 月 12 日的总统信件中，他试图规避美国在远东方面的责任，并完全歪曲事实。

目前的紧张局势正是因为美国侵占了历史上一直属于中国的领土——台湾和其他群岛——现在正用他们的炮火来庇护中国人民的叛徒，并鼓励他们分割中国和挑衅中华人民共和国。

赫鲁晓夫指出，美国总统没有建议他去劝说中国政府进行克制。赫鲁晓夫表示对此感到惊讶，并指出美国对中国政府的态度是鄙视和敌对的。

在中国历史上，从来没有一个党和政府能够像中国共产党及其领导人那样，享有全体中国人民的信任。

在这种情况下，如果赫鲁晓夫先生与美国总统而不是与中国对话，原因很简单：是美国而不是中华人民共和国干涉其他国家的内政，并且"践踏文明国家的一切行为规则"，那么将对世界和平构成威胁。美国总统暗示要苏维埃政府对中国政府施加影响，并怂恿苏联干涉他国内政，这将违背苏联的基本国策，而且会破坏苏联和中华人民共和国团结在一起的兄弟友谊。

赫鲁晓夫明显有机会就两国关心的所有问题与中国领导人交换意见。例如，最近的北京会谈②确认了全面的观点统一，首先是需要坚决继续与侵略力量做斗争，并且支持世界各地维护和平的力量。中国人民关注台湾地区的局势很正常，因为他们渴望发展经济，提高生活水平，这些只能在和平与安全中才有可能实现。

如果多年来，一个被中国人民追杀的将领、一个反对合法政府的叛乱分子一直留在台湾，并且占领了海岸旁的岛屿，这种不可容忍的局面只能归结于美国对这位将领的保护及其对中国内政的干涉。如果没有这种干涉，

---

① 事实上应为 9 月 8 日。——原编译者注。

② 7 月 31 日至 8 月 3 日赫鲁晓夫先生访问了中国首都：见 *DDF*, 1958, Tome II, n°95 和 n°104。——原编译者注。

就不会再有台湾问题，该地区也能重回和平。显然，美国保护蒋介石只是为了能够在台湾集中力量反对中华人民共和国，也只有这个国家的叛徒才能支持这种外国势力的行为。

美国试图在道义上和法律上为其在台湾和该地区的干涉辩护。这纯粹是无稽之谈。美国强行夺取距离自己领土1万公里的岛屿并驻扎在那里。我们怎么能够要求中国人民接受这种局面，让他们承认自己的部分领土仍然在其他国家手中，而且这部分领土变成侵犯自己和其他友好国家的基地？

中华人民共和国不能接受这种情况，这就是为什么苏联不能同意让中国领导人"变得温和"的原因。这样做将助长对华战争的准备，并降低中国朋友的警惕性。想等待苏联同意这件事是徒劳的。台湾是中国的一部分，罗斯福和杜鲁门也承认这一点。否认这一点，就是扮演宪兵的角色。

艾森豪威尔的这封信将构成一种企图造成"两个中国"存在的局面，基于这种幻想，蒋介石只不过是过去的令人憎恶的阴影。用美国与蒋介石签订的共同条约来论证美国军队介入，这同样是没有根据的。最后，许多国家承认所谓的台北政府的代价并不高，因为大家都知道大多数人都厌倦了这种情况。

目前，中国正面临着原子武器的威胁。但这并不管用，因为不管是北京或是莫斯科都不会受到任何影响。不要忘记不仅仅是美国拥有原子武器、热核武器以及发射手段，它的对手也有；如果中国受到侵略，侵略者也会立即遭到同样的报复。

对中国的战争不会给美国带来任何好处。这将是一个可怕的责任，并且取决于总统个人。

对中国的攻击就是对苏联的攻击。两国之间存在条约。任何人都不要怀疑：苏联将会履行它的责任。

这就是为什么赫鲁晓夫要求美国总统，在采取可能导致灾难的措施之前，不要使气氛更紧张并且要权衡一切情况。

艾森豪威尔当选后，苏联领导人对他的和平意愿寄予厚望。如今，他们不得不看到总统的政策与杜勒斯先生的政策越来越靠近。

中国政府已经坚定地提出要和平解决远东问题，并在日内瓦的中美谈判①期间表示愿意这样做。中国政府刚刚重提了这一提议，苏联对美国做出回应感到高兴。②

今天，苏联希望美国采取合理立场，也就是承认现实，停止对蒋介石集团的支持，并承认中华人民共和国政府，不要阻碍其重返联合国。美国舰队必须离开台湾海峡并撤军。如果美国不马上这样做的话，中国会不遗余力地将外国势力赶出自己的领土。苏联支持并将一直支持中国。反之，如果美国基于和平共处的原则来提出它的政策，那么不仅紧张局势将得到缓解，而且远东和全世界的和平建设都将得到加强。

（张庆、周欣宇译，李洪峰校）

19580924，FD000132
德罗齐耶致德姆维尔电（第442—443号）③
（1958年9月24日）

波兰媒体今天上午公布了新华社驻华沙分社的一则快讯。

在我看来，此文中的某些段落可能对我司有帮助，因为他们收集的信息来自于中美会谈中的中国代表团。④

我在此附上所提到的段落：

"尽管世界对中美在华沙的会谈抱有很高的期望，但大量的证据表明，美国正在利用这些谈判掩盖其对中国增加的军事准备和对中国施加的压力。为了进入所谓的停火状态，美国让中国放弃自己的领土主权。

"在会谈过程中，美国的谈判代表比姆（Beam）大使根据西方一些日报

---

① 7月初，北京不露痕迹地又挑起关于台湾的争论，并要求美国重新开始这些谈判。——原编译者注。

② 指的是周恩来先生于9月6日通过北京广播电台提出的建议以及美国政府的积极回应，见 *DDF*, 1958, Tome II, n°177 注释。——原编译者注。

③ 文献来源：*DDF*, 1958, Tome II, pp. 423-424。比兰·德罗齐耶（Burin des Roziers），法国驻波兰大使。

④ 在9月15日公开，见 *DDF*, 1958, Tome II, n°171 注释。——原编译者注。

的报道，提出立即停火是继续谈判的先决条件。

"同时，杜勒斯先生在联合国及其他地方公开了他关于停火的设想，但却故意忽略了一个基本问题，即撤离在台湾地区驻扎的所有美军。

"华沙外交观察家认为，在美军的压力和美国武装干预中国内政的情况下，很难想象一个主权国家如何接受美国的停火建议。同样的观察家指出，这种停火等同于使美国对台湾的占领合法化，并会助长美国针对中国沿海的军事演习。

新华社总结道：外交观察家们认为，促成远东局势缓解最有效的因素将是根据中国外交部长①的建议，让驻扎在台湾地区的所有美军撤出。

（张庆、周欣宇译，李洪峰校）

19581003，FD000133

阿尔方致若克斯的信②
（1958年10月3日）

亲爱的路易：

您应该已经知道福斯特·杜勒斯先生收到了戴高乐将军的信和备忘录③。在如此多的失望之后，国务卿开始理解之前经历的教训。他甚至开始用我们这两年来一直让他使用的论据跟我们论述。他的说法很美好：我们需要建立一个在地理范围上比北大西洋公约组织更加广阔的、在政治意义上比联合国更加强大的组织。

和法方的备忘录中提到的方向一样，他自己也在这个方向中寻找机会。我敢肯定他正在思考这件事，在他离开鸭岛——他曾经度假过几天的地方之后。但是我强烈怀疑，在采取的方法方面，他最后的结论是否会和我们

---

① 档案原文只列了姓Tchang。当时中国的外长为陈毅，所以此处可能指副外长章汉夫或张闻天。

② 文献来源：*DDF*, 1958, Tome II, pp. 468-469。该信来自外交部总秘书处的馆藏。路易·若克斯（Louis Joxe），法国外交部秘书长。

③ 这里提到的戴高乐将军给美国总统的信和备忘录，分别可见 *DDF*, 1958, Tome II, n°170 和 n°165。——原编译者注。

一样：他喜欢"实用主义"的解决方法。不论如何，我们看着办吧……

在等待期间，意大利方面反应强烈。他们不停地向国务院提出问题。新闻界还没收到风声，但是我很担心消息随时会泄漏。所以我才请求您下达指令，如果我们被问及，那么在华盛顿和在巴黎要统一口径。

我还想跟您说另一件事：热莱（Gelée）将军将代替皮亚特（Piatte）将军成为北约常任代表理事会的法国代表。我在报纸上看到了这一变动，显然让我感到有些惊讶。另外，还有人告诉我国防部要学习英国的模式，重新构建在华盛顿的部门，也就是说热莱将军不仅仅会成为常任代表理事会的法国代表，同时还是使馆武官们的领导。您知道这件事吗？这当然应该要按照同样的情况来处理，在涉及武官的工作方面，热莱将军应该归大使管辖，就像所有地方的规定一样。希望您能跟我确认一下这件事，我将会对此表示非常感谢，如有必要时，请联系我。

我们很高兴在今晚迎接了您的女儿和女婿，他们将在这里度过周末。另外，我听说您会来纽约转一转，我希望您也能在月末到华盛顿来，能在这里迎接您，我们将会感到非常欣喜。

相信我，我亲爱的路易，我们非常热切地期待您的到来。

（张庆、周欣宇译，李洪峰校）

19581006，FD000134

阿尔方致德姆维尔电（第5882—5887号）①

（1958年10月6日）

公使衔参赞会见了负责远东事务的助理国务卿帮办帕森斯（Parsons）先生，他们谈论了美国对北京广播电台宣布对台湾海峡休战的反应。②

快速行动的必要性是国防部焦急的原因，他们立刻发布了公报，我在下一期电报会告诉您内容。

---

① 文献来源：*DDF*, 1958, Tome II, pp. 473-474。
② 10月5日，中华人民共和国国防部表示从明天起，将会停止对台湾海峡的轰炸一周。——原编译者注。

帕森斯先生认为这个公告让美国政府从某种程度上获得了行动的可能性。共产党的声明只不过是另一种宣传的诡计，所以需要时刻保持警惕。但是同样很有必要肯定地回应已经取得的进展。美国要求停火，这个停火有限制和附加条件，但毕竟是停火。美国舆论可能会不理解为什么人们用鄙夷的态度回应他们的提议。

于是国务院首先准备让蒋介石也尊重停火。公报的最后一句话表达得很清楚。他们还试图延长停火的期限。根据帕森斯先生的解读，美国公报的意思是只要停火状态一直有效，船队就不需要护航。这种肯定比公报的用语更加深入。

帕森斯先生还说到，因为停火的原因，美国军舰护航的船队昨天得以登陆，在北京宣布休战的时刻，它们就已经上路了。因此我们可以预见，之后将要来的是纯粹的国民党舰队。它们的组成中仍然存在着一些不清楚的地方。在中文里用来表示"供给"的词汇有其重要性，因为在共产党的思想里，这个词可以定义除了军用物质供给外还包括生活物资。这也正是驻华盛顿的新"大使"叶公超所担心的。

帕森斯先生认为中国共产党应该承认封锁几乎是无效的，并且在准备工作中，他们会发现在不久的将来，封锁将会变得完全无效。他认为重新产生敌意只可能有一个严重的原因，而且这个原因会显示出共产党的失信。

中国的举措很微妙，因为它试图离间美国和国民党。所以国务院在起草公报的时候也考虑到了它可能在台湾引起的反应。当帕森斯先生被问到蒋介石是否会在停火期间减少金门的驻军时，他表示我们可以在一些"建设性措施"上达成一致，并且希望在此类性质的某个行动可以成功，这个行动可能会作为建议提给蒋介石。

帕森斯先生认为在周三之前还不能够做出重要的决定。因为国务卿明天才结束假期返工，他还不知道关于下周五华沙会议要发给比姆先生的指示的内容。在10月4日的长会中，共产党的态度一如往常的强硬，不允许10月5日有任何意料外的情况发生。美方和中国共产党显然没有就临时停火的公布进行协商。

对赫鲁晓夫的采访①似乎加强了北京停火公告的戏剧性。和我们一样，美国人认为亚非组织在共产党宣告停火前夕准备发表一般性声明，如果这个声明的目的是维护和平原则，那么可以考虑不拒绝。在让共产党直接与台北对话的建议方面，没有什么明显值得期待的东西。这是一个旧话题，国民党一直以来都拒绝关注这件事。

（张庆、周欣宇译，李洪峰校）

19581014，FD000135

阿尔方致德姆维尔电（第6026—6031号）②
（1958年10月14日）

负责亚洲事务的助理国务卿帮办在10月14号向公使衔参赞讲述了中国共产党延长对台湾海峡的停火给美国政府带来的影响。③

同时，福斯特·杜勒斯为此召开了一次新闻发布会。我从中归纳了以下几点：

1. 他认为中国共产党这一举措最根本的目的是将美国赶出西太平洋。美国想借此拿下台湾，他们对沿岸岛屿本身没有兴趣。在这种情况下，美国政府没有任何理由通过减弱在岛上的国民党势力来"为和平而讨价还价"。

他呼吁美方在金门和马祖两个小岛的这个事件中看得更远。

2. 杜勒斯先生说道，美国并没有要敦促蒋介石减少岛上的驻兵。但是他还说，如果国民党为了更好地用兵而重新进行部署，减少驻兵可能会在将来产生影响。他还强调，这只是战略性的部署（如更现代的武装），而非

---

① 在10月5日俄通社—塔斯社对赫鲁晓夫的采访中，这位苏联共产党第一书记说明了对苏联盟友帮助的范围："如果中华人民共和国遭到了来自外部的攻击，苏联会前来援助，更具体地说，如果中国受到了美国的攻击……但如果是内战，中国对抗蒋介石领导的那帮人，我们将不会参与其中，我们也没有这种想法。"——原编译者注。

② 文献来源：*DDF*, 1958, Tome II, pp. 515–517。

③ 10月13日，北京广播电台宣布中国共产党决定将在台湾海峡休战的状态延长两个星期。休战在10月5日被宣布，具体请参考 *DDF*, 1958, Tome II, n°224。——原编译者注。

政治性的部署。

在与我同事的对话中，帕森斯先生表示，关于在台湾岛和沿岸岛屿军力重新部署的问题，直到现在都没有得出一个结论。帕森斯先生与国务卿杜勒斯先生的观点一致，认为这个问题会随着情况的发展而变化，并关系到与中方意见的交换。他还提到，蒋介石不会这么轻易地接受建议，事实证明有时候他的固执反而是有益的。

3. 美方对北京宣布的延长"停火"表示极其不信任。这持续两周的"人道主义停火"没有任何意义，这肯定只是一个权宜之计，共产党完全可以突然采取进攻。目前他们对沿岸岛屿上的中国人，甚至是台湾原住民都采取了一种强烈的心理战术。因此中国国防部发布的声明非常值得研究。

4. 杜勒斯先生为其反对党民主党的支持感到高兴，并且特别感谢了杜鲁门总统近日的宣言。

5. 杜威（Dewey）先生提议将该事件提交到国际法院处理，国务卿并没有回应这个提议。依据法院法规第36号条例中的第2节，需要双方都接受国际法院的权限。

6. 杜勒斯先生在他的新闻发布会上尽力减少他近期的发言所带来的影响，在那些发言中，他表现出对蒋介石过分严厉的态度。他高调重申了美国对协助条约的忠诚，称该条约"回应了所有热爱自由的中国人的需求"。共产党想在美国和他们的中国盟友之间打开一个缺口。

7. 帕森斯先生表示华沙对话将于10月15日重新开始，美国的谈判代表已经与他们的对手一样，准备好"无限期地交谈"。如果中方不愿意讨论"停火"问题，那可以讨论别的事情。国务院收集到的不同信息让人想到10月10日那场会议之后，比姆先生的态度并没有比之前更加悲观。

（张庆、周欣宇译，李洪峰校）

19581126，FD000136

亚洲司报告：对金门三个月的轰炸①

（1958年11月26日）

Ⅰ．事件

7月末，正值中东危机白热化之际，共产党部队在杭州集结，米格-17和米格-19战斗机抵达福建机场。29日，国民党军队和中国人民解放军飞行员进行了空战。31日，赫鲁晓夫先生到达北京与毛泽东会谈。② 在他8月5日写给总统艾森豪威尔③的信中，这位苏联第一书记强调，如果没有中华人民共和国的参与，联合国安全理事会无法成为一个有效的组织。同日，在莫斯科签署了一份中苏经济科技互助协定。8月6日开始，台湾海峡的形势突然紧张起来，共产党空军大规模出动，8月9日曾试图登陆马祖岛，14日海军也开始介入。

8月21日，联合国举行的阿拉伯国家投票决议暂缓了中东危机。④ 两天之后，即23日，共产党炮兵开始向金门岛开火。尽管这些轰炸是间歇性的，但是一直持续到现在。

台湾海峡危机可以分为四个时期：

a. 周恩来先生在谈判中提出建议之前（9月6日）：

中国共产党对沿岸岛屿进行了猛烈的轰炸。28日，北京要求金门驻兵投降，并表达了要解放台湾和沿海岛屿的决心。9月4日，对于总统将要在他权力范围内采取的决定，福斯特·杜勒斯有意在总统如何根据1955年1月国会赋予其的权力做出决策这一问题上表态模糊。⑤ 显然为了确认其在金

---

① 文献来源：*DDF*, 1958, Tome Ⅱ, pp. 763-768。
② 参见 *DDF*, 1958, Tome Ⅱ, n°95 和 n°104。——原编译者注。
③ 收录于：Ministère des Affaires étrangère, *Echanges de notes entre les états occidentaux et l'U.R.S.S.* (ler juillet 1958-ler avril 1959), La documentation fran çaise, 1959, pp. 155-158。赫鲁晓夫先生认为，蒋介石是"政治尸体"，"忽略人民中国的政治家，缺少判断力"。——原编译者注。
④ 参见 *DDF*, 1958, Tome Ⅱ, n°129 注释和 n°148 注释。——原编译者注。
⑤ 关于这份联合决定，和国务卿之前采取的立场有些距离，参见 *L'Année Politique*, 1958, p. 417。

门、马祖岛的主权，禁止美国部队靠近这些岛屿，北京单方面地将领海范围设定为12英里。9月5日，《真理报》称，如果美国敢袭击中国，苏联就会对他们发起猛烈的回击。① 第二天，周恩来要求美国政府重新开始中美大使级会谈，白宫接受了这个提议。②

b. 9月6日到华沙会谈开始（9月15日）③

美国海军部队护送国民党军需舰船行驶到距金门岛3英里处，尽管北京对此表示抗议，并且之后向华盛顿发起了超过40次"严正警告"。在9月8日，赫鲁晓夫先生写给艾森豪威尔总统的一封信中，反对美国利用其海军势力在世界另一端实施威慑；北京也没有表示畏惧；苏联认为对中国大陆发起的攻击等于对苏联发起攻击。9月10日，艾森豪威尔总统表示，如果对金门的轰炸变成了全面的攻击，岛上的本地防御势力无法阻止的时候，美国就不得不执行1955年1月的决定并且进行干涉。接着他在12日回应了苏联第一书记，要求他对中国共产党实施一些缓和的影响，尤其是能让他们启动大使级对话。④ 15日，奈基—大力神航空导弹登陆台湾。中美谈判于同日在华沙展开。

c. 9月15日到10月5日的停火

因为受到共产党的轰炸，国民党军在岛上遇到了巨大的食物供给困难。在这段时间后期，部分困难才被解决。

纽约也进行着外交活动，在宣布第十三届联合国大会开幕的讲话中，福斯特·杜勒斯先生和葛罗米柯先生在中国的问题上发生对峙。在22日及23日，关于将中华人民共和国进入联合国一事纳入会议议程的程序实际上变成了一场激烈的辩论。印度提出的让共产党中国的代表来代替国民党代表的提议被否决，40票反对，29票赞成，12票弃权。美国提议联合国大会在十三届会议过程中不再考虑此事，这个提议得到了44票赞成，29票反对

---

① *L'Anneé Politique*, 1958, p. 418.——原编译者注。
② 参见 DDF, 1958, Tome II, n°171 注释。——原编译者注。
③ 参见 DDF, 1958, Tome II, n°171 注释；19580924, FD000132。
④ 关于9月8日赫鲁晓夫的信和艾森豪威尔的回复，参见 19580909, FD000129 和 19580915, FD000130。

和2票弃权。在这些会议的讨论中，有几个国家进行了调停（柬埔寨、比利时），还有一些妥协性的提议（印度）。①

9月19日，赫鲁晓夫先生向艾森豪威尔总统传达了第二条信息，②在这条信息中，他使用激烈的措辞表示中华人民共和国不会任美国用原子弹轰炸来威胁，他还表示华盛顿不应该再干涉北京进入联合国的进程。白宫进行了回击。

在9月30日举行的新闻发布会上，③福斯特·杜勒斯先生表示他认为如果在台湾海峡已经休战，那么金门和马祖岛上还有如此多的军队是不合理的。如果大陆违反了这次停火，美国和其他国家将会对它进行制裁，如经济制裁。美国的政策很灵活，但是如果北京不首先改变自己的政策，美国也不会改变立场。

10月5日，彭德怀将军向台湾及沿海岛屿的"同胞"宣布，出于人道主义的原因，中国人民解放军将会停火7天。④在运输船不受到美国部队护航的条件下，沿海岛屿可以在这段时间里补充食物供给。另外，中华人民共和国国防部呼吁国民党军队进行谈判。

d. 休战初期（10月5日）到恢复轰炸（10月25日）

台北并没有回应共产党的对话提议，但是表示会遵守休战的协定。10月12日，彭德怀元帅命令福建军队将休战状态延长到2周。这一举措令人认为中华人民共和国之后将通过政治手段来使台湾同意协商。

美国国防部长麦克尔罗伊⑤先生抵达台北与国民党商议海峡的军事部署调整问题。福斯特·杜勒斯先生也出发前往台湾，但是在他到达之前，彭德怀元帅再次对话台湾"同胞"，表示因为美军护送台湾运输船驶入中国领海海域，所以结束停火状态。双数日对沿海岛屿进行轰炸，单数日不进行

---

① *L'Anneé Politique*, 1958, p. 427. ——原编译者注。
② 参见 19580920, FD000131。
③ 关于这次新闻发布会，参见 *DDF*, 1958, Tome II, n°215 注释。——原编译者注。
④ 参见 19581006, FD000134 注释。
⑤ 尼尔·麦克尔罗伊（Neil H. McElroy），1959年12月前任美国国防部长。原档写作 MacElroy，应有误。

轰炸，但并不完全固定。如果这些岛上的居民缺少食物供给，中华人民共和国将愿意为他们提供食物。

华盛顿否认美国部队护送了台湾的供给运输船。福斯特·杜勒斯先生到达台北。① 他与蒋介石对话的联合公报发布，大致内容如下：美国承认金门和马祖岛的防御与台湾和澎湖列岛的防御紧紧相连；美国政府和台湾当局达成共识，认为中国共产党要公开攻打台湾，使自由中国消失并且将美国军队驱逐出西太平洋；台湾当局认为重获自由是他们神圣的使命，主要通过运用孙中山的三民主义（民族主义、民权主义、民生主义）而非武力来实现。

Ⅱ．原因

1957年，北京的注意力集中在发生在共产党阵营内部和中国内部的一些事件（去斯大林化，中国对于苏联对斯大林的批判的宣传和方式的反对，"百花齐放"政策及对该政策的反对，反对修正主义，南斯拉夫和波兰问题上的不妥协态度，中国的经济困难）。1958年，在实力重新有所增长的情况下，中华人民共和国再次表现出在国际舞台上扮演重要角色的意愿。这个意愿表现为与日本的突然决裂②、中东危机中的激烈参与，与在香港的英国当局之间的关系僵持，以及在所有重大问题上表达立场。

在这种背景下，海峡危机的突然爆发可以通过以下几个原因进行解释：

1. 反对蒋介石运动的开始和最初在海峡的几场小型武装冲突发生在美国和英国在黎巴嫩和约旦进行干预十几天后，与是否组织峰会的讨论巧合。

北京发动这场危机的原因是为了提醒世界尤其是亚洲两件事实：

——当美国和英国"帝国主义"占领黎巴嫩和约旦的时候，蒋介石，作为这些帝国主义者的产物，做好了进攻中华人民共和国的准备。因此，亚太地区陷入了东西两面夹击；

——如果需要一场峰会来缓和国际紧张局势，由于直接涉及到台湾海

---

① 10月21日。——原编译者注。

② 5月11日，尽管在2月与东京签署了贸易协定，北京切断了与日本的经贸关系。——原编译者注。

峡的紧张情形，中华人民共和国必须参与其中。作为东方的问题，远东的问题也应该被公开讨论。

2. 在联合国采纳了阿拉伯国家的决议48小时之后，共产党开始有条不紊地猛烈轰炸沿海岛屿的国民党军（8月23日）。北京希望远东的问题能公开讨论，但中东国家的问题其实已经告一段落。

这个决定呼应着不同的考虑：

a. 对外政策方面的原因

——第13届联合国大会召开的前三个星期，中华人民共和国想提醒一点：远东问题尚未结束，没有它的参与就没有办法得到解决；

——它试图给台湾当局致命一击，并将后者与美国的目标分离："为了金门和马祖"，将美国带到战争的边缘；在全世界传播台湾海峡的和平将因为蒋介石的顽固和挑衅受到威胁的观点；强调国民党军队出现在沿海半岛上是不正常的；突出美国在西太平洋的干涉；

——它意图使美国后退，并且让美国跳过战略链的其中一个环节，因此扰乱美国的亚洲盟友的信任，同时波及在远东地区的西方安全系统。

b. 内政方面的原因

外部的危机对北京的内政有利。外部的危机能够让群众保持对生产的必要的热情，更好地绷紧国家的力量来实现各个领域的"大跃进"。当中国人民被"持续革命"的复杂情况所迷惑，认同自己应该在人民公社中过一种完全的集体主义生活，战争的威胁此时正好唤醒了民族主义的激情，强化了集体的疯狂，将对个人问题的关注进行转移，并且把一部分的不满转移到了"帝国主义"侵略者的身上。

c. 台湾海峡危机在赫鲁晓夫和毛泽东7月31日会见的三个星期之后开始爆发，但是在这之前已经发生了很多事：反对蒋介石的宣传战，共产党部队集结杭州，米格战斗机到达福建机场以及7月29日的空战。

两位国家元首会见的深层含义还存在着非常大的不确定性。目前我们没有办法知道：赫鲁晓夫先生的旅程是很早前就已经商定，还是临时安排的；是他作为苏联总理自己的意愿还是应毛泽东要求而来的；这次旅程的主要目的是否是为了讨论峰会的组织、中东危机还有台湾问题。从马利诺夫斯基（Malinovsky）元帅和鲍里斯·波诺马廖夫（Boris Ponomarev）的出席，我们可以推断他们正在商量重要的军事问题，讨论共产党的整体战略。不同的迹象表明，毛泽东阐述了为什么他不能接受这些峰会设想的原因。他能否让对话方接受他的想法呢？

他们一定讨论了台湾问题，但是我们仅仅有一些猜测。赫鲁晓夫是否已经对中国的准备工作感到担忧？他是否建议了缓和？还是相反地，因为中东危机将会提交给联合国处理，他认为这正好是火上浇油的时候？

如果不考虑关于峰会的计划，我们的疑问是，北京在重新提出台湾问题的时候，是否想提醒其苏联盟友，没有中国的参与就不会有峰会？

Ⅲ. 第三方国家的态度

面对让人民去参与作战的中国共产党，国民党军队在抵御上也日渐强硬并且似乎没有什么弱点。苏联和美国（对双方）分别提供了支持。

说实话，苏联的参与有一种很明显的不协调。8月31日，《真理报》批判了美国在远东地区玩火，并且强调了不管是谁威胁中国，就是对苏联的威胁，两者之间有密不可分的联系。接下来，赫鲁晓夫又多次强调了这种团结，有时是非常强硬的。另外需要注意的是，在周恩来提议对话（9月6日）之前，《真理报》还发过一篇威胁性的文章（9月5日）。相同地，10月5日，塔斯社发布了对赫鲁晓夫的采访，他在采访中说道，美国对中国内政的干涉会将其引到战争的边缘；几个小时之后，彭德怀元帅就命令停火。在北京后退的同时，苏联却提高了声调，这让停火变得难以理解。

美国要求他的中国盟友（台湾当局）什么都不要做，以免恶化现状，他们对情况的严重性也没有隐瞒。因此，国民党军的飞机没有在大陆上空飞行，而美国第七舰队也没有跨过离金门3英里的界线。华盛顿要求台北遵守10月5日的停火，并且接受北京提出在华沙开展对话的要求。但是这些措施似乎并没有达到任何实质性的结果，中华人民共和国认为这些岛屿的事件是纯粹的内政，跟美国没有任何关系。9月30日杜勒斯先生主持的新闻发布会引起了台北激烈的反应。他似乎很难从蒋介石元帅口中得到放弃对大陆使用武力的表态。

金门危机在美国舆论里激起了对政府轻率政策的激烈批评。参议院外交委员会主席托马斯·格林（T. Green）（民主党）在一封写给艾森豪威尔总统的信里表示了他的担忧，担心美国会不会像中东战争问题上那样被分裂。总统非常坚定地回应表示，他会尽全力来争取停火，但是他也会时刻关注美国的安全，并且努力做到让美国信守承诺。

在美国的盟国中，舆论为可能发生的为了"金门和马祖岛"的战争而躁动。人们认为华盛顿对蒋介石无条件的支持让美国处于危险境地，并且主张放弃沿海岛屿或者是将之中立化。

有些中立国家则表达出了想要调解的意愿。挪威外交部部长兰格（Lange）先生任命哈马舍尔德先生来解决矛盾。克里什那·梅农（Krishna Menon）则提议台湾海峡休战，并且疏散金门和马祖岛上的国民党军队。北京表示拒绝在自己的权利上做出让步，台湾海峡危机是中国内部的危机，只要美国不撤离台湾和沿海岛屿，就不可能有和平。

（张庆、周欣宇译，李洪峰校）

19581215，FD000137

杜瓦尔致德姆维尔电（第259—261号）①
（1958年12月15日）

当金日成和阿尔及利亚共和国"临时政府"的"部长"访问武汉、会见毛泽东之际，② 中国媒体才间接提及中国共产党高层领导会议的消息。对于会议过程中被讨论的问题，我们无法得到任何消息，但是一切迹象表明人民公社③是他们探讨的主要话题。官方没有说要终止这场运动，但最近的报纸已经发布了太多的文章，强调优化系统（尤其是公共食堂问题）的重要性，以免在大众间引起不安。

---

① 文献来源：*DDF*, 1958, Tome II, pp. 877-878, 拉乌尔-杜瓦尔（Raoul-Duval），法国驻香港总领事。

② 关于阿尔及利亚民族解放阵线代表访问中国的消息，参见 *DDF*, 1958, Tome II, n°392。——原编译者注。

③ 关于"人民公社"的内容，参见 *DDF*, 1958, Tome II, n°430 注释和 n°44 注释。——原编译者注。

另外，武汉的会议特别强调了第二届人民代表大会将于明年1月召开。

第一届大会于1954年9月召开，根据当时的宪法第36条，主席的任期为四年，现任主席马上就期满了。

如果说毛泽东主席作为人民公社最活跃的发起人，而这一体系的败落在武汉被证实，那么根据台北传来的消息，他在共产党内的位置有可能会动摇。但是，近几个月来，媒体没有任何证实这一说法的论调。如果这不是对毛泽东个人崇拜的再次爆发，那么一般来说，有可能就是给大众灌输主席有着不可动摇的名望的概念。但是，国民党传言说毛泽东因为对金门的作战"失败"而处于困境中，我们似乎很难采信。

还有另外一种假设：毛泽东自愿放弃国家主席的地位，尤其是耗费精力的代表工作，因为他要全心全意地投入党内工作，使人民公社体系能顺利进行下去。

（张庆、周欣宇译，李洪峰校）

19581223，FD000138
吕塞致德姆维尔电（第7298—7302号）①
（1958年12月23日）

我今天和负责亚洲事务的助理国务卿帮办帕森斯先生讨论了关于毛泽东放弃选举的事。② 他认为，这件事与金门危机或是人民公社无关。既然毛泽东依然处于党内领导的位置，他的权力不会减弱，而且他新的职位表明，在中国革命的关键时期，他将全心全意地投入党内工作，而党要逐步掌控政府的正常运行。

但是美国专家们注意到，在陈毅说到主席离任的时候，他的语气有些提防。也许这是宣布，在对经济和人力有过高预期的"大跃进"之后，中

---

① 文献来源：*DDF*, 1958, Tome II, pp. 912-913。吕塞（Charles Lucet），法国驻美国大使馆参赞。

② 我们在12月16日得知，共产党中央委员会于12月10日决定通过毛泽东主席的提议，即他不再要求人民代表大会延长他的任期。但是他依然是共产党中央委员会的领导。——原编译者注

国会放缓脚步。除了某些困难导致的问题，可能还有在周恩来和刘少奇中选择的难题。现在，只有关于主席离任的事是确定的，关于谁将代替毛主席的位置，我们没有任何头绪。

尽管我的下属们要与相关部门仔细讨论您 12 月 13 日第 751/EU 号①信件的内容，我还是询问了帕森斯先生，他是否也认为公社的建立在某种程度上代表了莫斯科和北京之间的分歧。美国专家认为，自从苏联大使回到北京，中国减弱了以纯粹的共产主义为名来实施物质动员的必要性。赫鲁晓夫先生没有任何其他的选择，只能勉强地承认了这一举措，并提到了苏联共产主义的过去。因为对工业发展的需求，中国一直和苏联关系紧密。俄罗斯在莫斯科庆祝十月革命纪念日之际，中国又提出了赫鲁晓夫于 1958 年 8 月拜访毛主席时承诺的"47 项协定"。这些是一个项目三部分的其中一部分。很显然，中国不想正面公开地与莫斯科对峙。这些因素，加上中国国内的现状，可以用于解释武汉代表大会上的犹豫和困难，以及做出结论的缓慢。通过以上这些事件，我们只能推论毛泽东失策②的原因是莫斯科施压的结果。

帕森斯先生还提到了金门岛的局势。关于在厦门海湾加强兵力和空军数量的更新，国务院没有做出任何确认。国民党军的生活供给让岛上能有比轰炸开始前更多的存粮。帕森斯先生特别强调了是"存粮"，而不是"兵力"。

华沙的对话有可能像日内瓦对话那样，保持每月一次的节奏。我们准备重新讨论美国俘虏的问题。沃尔什（Walsh）主教在上海被捕一事，将成为英国人新调停的目标。

（张庆、周欣宇译，李洪峰校）

---

① 这封公函（本书未收录），表达了人民公社的贯彻实施给社会主义阵营内部带来的骚乱，并且希望了解法国驻俄罗斯大使关于这件事的意见。他将会在 1959 年 1 月 23 日的第 106/EU 号公函中回答这个问题。——原编译者注。

② "失策"（défaut）很可能是误读了"离任"（départ）。——原编译者注。

19581226, FD000139

鲍礼裕致德姆维尔电（第 505 号）①

（1958 年 12 月 26 日）

半个月中对沿海岛屿的单数日轰炸持续进行。轰炸的频率从 12 月 9 日、11 日、23 日最多超过 4000 发到 12 月 19 日最少的 7 发。三个大型补给船队在 12 月 12 日、14 日、20 日驶进金门。国民党指挥部下令在圣诞节那天休战：除非有解放军的明显袭击，岛上的所有炮台于该日停火。

美国几位重要的军事人物抵达台湾：第七舰队指挥官基维特（Kivette）上将，美国空军总参谋部怀特（T. D. White）将军和副手迪埃希尔曼（M. K. Diechelman）将军，空防指挥部副指挥官林恩（R. H. Lynn）将军，第七舰队第五航空母舰分部指挥官克拉克（R. S. Clarke）准将。除了海军上将基维特，其他人都是有着不同头衔的台湾中美航空基地的飞行员。怀特将军的到来似乎有着非常重要的意义，蒋介石亲自接见了他。我们认为他此行的目的是为了与国民党军队指挥层讨论共同防御的问题。

基维特海军上将在 12 月 15 日宣布，第七舰队的一些部队"因为自由中国武装部队的加强"而离开了台湾海域，前往远东其他地区。他强调，这些举动不代表舰队力量的减弱，舰队仍然有能力应对任何情况；第七舰队的重新部署是因为台湾海峡的军事紧张局势得到了缓和。

海军上将没有说的是，一些部队从战斗区撤退并不会影响第七舰队的打击能力，因为这些部队可以很快重新集结，这一举动看起来是美国对于北京和莫斯科的缓和姿态。延续这一想法，他还强调称，美国政府不认可共产党要将中国领海边界扩大 12 英里的意图，而他的军舰则从来就没有越过传统的 3 英里界线。

另外，12 月 11 日美联社发布自在弗吉尼亚州兰利空军基地的一则快讯称，美国从去年 8 月开始，为了处理台湾危机，撤退了之前派至远东地区的

---

① 文献来源：DDF, 1958, Tome II, pp. 923-925. 鲍礼裕（Amédée Beaulieux, 又译"鲍里育""宝礼悦"），法国驻台北"临时代办"。译名参考黄庆华：《中法建交始末——20 世纪 40—60 年代中法关系》，合肥：黄山书社，2014 年，第 134 页。

空军战略指挥部打击力量。该"打击力量"包括 B-57 轰炸机、空中加油机、F-100 和 F-101 喷气式战斗机。这条新闻翌日被一位驻台湾美国指挥部发言人证实。他表示，军事力量的撤退一方面是因为台湾海峡危机得到缓和，另一方面是国民党"国防实力"的加强。驻台湾美国军事顾问团团长多恩（L. L. Doan）将军 12 月 22 日表示，尽管北京已经承认共产党的终极目的是让台湾回归中国——这迟早会引起军事行动，但是他预言接下来的几个月出于"各种原因"不会有什么"大的进展"，例如冬天在海峡肆虐的坏天气。他还说，对金门的轮番轰炸表示共产党已经放弃了通过炮击这一唯一途径来获得实际利益的想法；从军事的角度来看，当你想要攻下一个阵地的时候，允许它有供给是没有意义的。他还否认了国民党武装力量将会以"五群制原子师"方式组构的传言。另外，他承认因为台湾海峡危机，国民党武装力量军备长期计划加快了速度。

两个月以来，金门岛装上了口径不同的炮管，有些 10 英寸，有些 12 英寸。值得注意的是，随着岛上防御势力的增加，岛上的驻兵从之前的 9 万人减少到 5 万人。在这种情况下，1100 名金门士兵于 12 月 17 日到达台湾的南部港口高雄，在那里还为他们举行了迎接仪式。这些从金门撤出的士兵，将会被重新分配到不同的战地。

"副总统"陈诚可能反对美国和台湾减弱军力的行为，他在 12 月 23 日揭露了一份国民党情报局的报告，根据这份报告，共产党将会对沿海岛屿发起第二次更猛烈的进攻。为了支持这种观点，他引用了以下事实：

1. 北京的外交部部长陈毅最近的言论确认中华人民共和国保留在海峡采取行动的可能性，这可以理解为共产党准备在他们选择的时间发起新的攻击；

2. 中国共产党在福建建立了新的指挥部，由著名的将军林彪领导，粟裕将军协助；

3. 福建沿岸人民被组织成"运输分队"，以加快该地区的军事运输。他们动员了 6000 名游泳健将以对抗今后在岛上可能发生的行动。

这些声明在第二天得到了外交部长的确认。

根据以上信息总结如下：

美国方面，他们期望台湾海峡的军事局势进一步缓和。第七舰队一部分军力和一些空军部队的撤退表明美国对北京和莫斯科的良好意愿。他们还考虑减少沿海岛屿驻军数量，代之以更精良的部队。

国民党方面对美国军力的减少感到担忧，对美国坚定的和平态度感到遗憾。国民党领导人想努力地证实共产党为了满足自己私欲将会发起新攻击的理论。但是完全排除这种可能性也是不谨慎的。

（张庆、周欣宇译，李洪峰校）

19581228，FD000140

布鲁斯特拉致德姆维尔电（第1052—1056号）①

（1958年12月28日）

印度大使来拜访过我，跟我讨论了他关于最近中国事件的想法。

在他看来，有一件事是显而易见的：中国政府和共产党领导人正面临着危机，这些危机是他们实施之前做出的决定时遇到的，现在的状况引起了严重的纠纷。

现在总结毛泽东在最近的党中央委员会开会中的作用还为时过早，同样，撇开那些更快地将中国人引向严峻而全面的共产主义的那些措施，确认他的责任和角色也过早。不要忘了毛泽东是主张自由的，是他提出了"百花齐放"的概念。而且，他不是斯大林主义者，他一直不喜欢斯大林，因为斯大林没有及时地支持他。

但是，他一直都在支持赫鲁晓夫，并在1957年11月《莫斯科宣言》里表示认可杰出的苏联共产党。②

所以，似乎很有可能毛泽东和刘少奇之间存在矛盾，刘少奇是党中央副主席，最早的斯大林主义者和最近几场革命的主要发起人。

---

① 文献来源：*DDF*, 1958, Tome II, pp. 926-927. 布鲁斯特拉（Broustra），法国驻南斯拉夫大使。

② 执政共产党共同宣言，11月22日。关于这个文件详见 *DDF*, 1957, Tome II, n°372, n°392 注释。——原编译者注。

如果毛泽东在中央委员会只获得少数人支持，他将会面临被撤掉所有职务的风险。但是为了避免群众过于激烈的反应，他还是保留了在党内的领导位置，就像赫鲁晓夫一样，这实际上保证了他的所有权力。如果情势良好，他有可能继续担任国家主席。

　　但奇怪的是，苏联共产党中央委员会在莫斯科召开会议没多久之后，北京就举行了一次会议。令所有人意外的是，我们看到在过去被否定的布尔加宁用很严厉的语言做出了自我批评，并且批判了反对党的同僚。① 在这种情况下，我们不得不去猜想，这是不是毛泽东与赫鲁晓夫一起精心导演的一幕，来威慑那些在中国和苏联的斯大林主义者，告诉他们如今大势已去。

　　这就是我的同事和我说的主要内容。在离开之前，他在一封私人信件里还提到了聘用了一位"亚洲问题的重要专家"——潘尼卡尔（Panikar）先生，要让部里知道他是研究中国问题的专家。

（张庆、周欣宇译，李洪峰校）

---

① 参见 DDF, 1958, Tome II, n°431。——原编译者注。

学术动态

德国当代史研究的重镇：
慕尼黑—柏林当代史研究所[*]

陈 弢[**]

在德国，"当代史"（Zeitgeschichte）研究被看作是研究"同时代人"（Die Epoche der Mitlebenden）的历史。[①]这一研究时段，主要囊括了从一战结束后到21世纪初的历史。在当代史研究主题下，众多大学院校和科研机构都设立了有关研究团体。而在所有这些机构中，位于慕尼黑和柏林的德国当代史研究所（Institut für Zeitgeschichte，IfZ），连同它所办的著名学术杂志《当代史季刊》一起，是当今德国最具代表性的当代史和当今国际问题研究机构之一。

---

[*] 本文是国家社科基金青年项目"冷战时期联邦德国对华经济外交研究（1949—1990）"（17CSS030）的阶段性成果。

[**] 陈弢，历史学博士，同济大学德国问题研究所助理教授。研究方向：冷战国际史，中德关系史，德国当代史。

[①] Hans Rothfels, "Zeitgeschichte als Aufgabe," *Vierteljahrshefte für Zeitgeschichte*, 1. Jahrg., 1. H. (Jan., 1953), S. 1-8.

一、研究所的缘起

作为一个发源于前西德地区的当代史研究机构,当代史研究所几乎见证了冷战的整个过程。早在1947年,德国的美占区内就出现了建立国家社会主义研究机构的呼声。它于1949年以"德国国家社会主义历史研究所"的名字成立于慕尼黑,最初是由西德黑森州、巴伐利亚州及巴登符腾堡州提议而建立,是第一家用历史科学的方法来研究纳粹党国家社会主义专制的科研机构。1950年,联邦德国政府开始全面负责对当代史研究所的财政资助。[①] 当代历史研究所因此成为了联邦政府的所属机构。同时也是莱布尼茨基金会的成员单位。1952年,研究所改名为"当代史研究所"。成立初期的当代史研究所主要研究主题是自一战结束后,纳粹德国的前(即魏玛德国)后(即四国占领时期)期的历史,而且相对于其他研究机构,更加强调从国际史角度对上述历史进行研究。此外,还对20世纪的欧洲各国历史进行比较研究。因此,当代史研究所可以称得上是全德国"最注意从国际史角度,全面研究自一战以来的德国当代史"的历史研究机构。[②] 尽管研究人员的具体研究内容各有不同,但都围绕着"20世纪的民主和专制"这一在德国学界存在着巨大争论的话题展开。[③]

1989年11月9日,经历了长达28年的隔离后,柏林墙不再成为阻碍东西德人民交流的障碍。柏林墙开放后不久,总部位于慕尼黑的当代史研究所就意识到了这一事件对当代史研究的重要性,计划在波茨坦地区建立分支机构,"档案材料没有限制的开放,使我们必须投入大量劳动对这些材料进行分析和利用,也带来了先前完全意想不到的研究机会","对民主德国中央党政机构的档案材料进行研究,将会改变当前已有的解释框架,并提出新问题"。为此,经过时任当代史研究所所长的默勒(Horst Möller)博

---

① 参见当代史研究所主页上的自我介绍:http://www.ifz-muenchen.de/das-institut/ueber-das-institut/geschichte/,访问时间:2017年12月29日。
② 同上。
③ 同上。

士和诸多联邦机构的谈判，柏林当代史研究所从1993年开始筹建，并与在1994年年初正式开始了工作。而之所以选择在当时还位于波茨坦的联邦档案馆旁边建立柏林分所，主要基于三点考虑：1. 大柏林地区汇聚了各类档案馆，这给研究工作提供了基础。2. 在联邦档案馆旁建立分所，可以大幅度地节省包括交通花费等在内的各种开支。3. 这也更加有利于东西部地区的历史学家之间的交流合作（为此柏林分所也聘用了一批前东德地区的历史学家）。① 柏林分所建成以后，慕尼黑当代史研究所也正式改名为慕尼黑—柏林当代史研究所。

二、当前主要研究方向及主题

目前慕尼黑—柏林当代史研究所（以下简称IfZ）的研究时段主要集中在一战后的历史到当代为止。研究主题主要分为三大类。首先是研究20世纪的独裁问题。IfZ认为，从1917年到1990年，欧洲出现了不同的专制政权。而在这期间，"存在着民主制度和专制制度之间针锋相对的对抗"。IfZ认为，"专制政权的内在机理和演变、扩张、受到的侵蚀和最终的灭亡的整个过程，连同这些政权与外界的关系、交往及相互交织、其消亡后的影响及对这段历史的清理，以及对这些政权之间的类似和差异之处的比较，共同构成了当代史研究的中心主题"。②

值得注意的是，与德国其他的类似研究机构不同，IfZ的研究，始终重视将其研究对象放到更大的空间和范围里，进行国际史视角上的研究。例如在研究纳粹德国时，同时也对墨索里尼时期的意大利和斯大林时期的苏联进行研究，分析其相互的外交政策，并在诸多领域内（例如司法领域）对这三个政权进行比较研究。而在研究民主德国时，IfZ不仅将其置于20世纪德国历史的宏观脉络中去思考，同时也将其作为战后整个苏东阵营的一

---

① Horst Möller & Hartmut Mehringer, "Die Außenstelle Potsdam des Instituts für Zeitgeschichte," *Vierteljahrshefte für Zeitgeschichte*, 43. Jahrg., 1. H. (Jan., 1995), S. 173-186.

② http://www.ifz-muenchen.de/forschung/diktaturen-im-20-jahrhundert/，访问时间：2017年12月29日。

部分和两德关系的领域进行研究。①

其次是"（德国）民主发展历史研究"，通过对近一百年中德国民主的产生、推动力和危险因素的梳理，试图回答"我们是如何成为现在这种民主制度的"这个问题。这方面的研究又有三个重点。一是德国如何处理曾经的独裁历史问题。二是探讨20世纪70年代以来德国民主发展中的危险因素。尤其是恐怖主义威胁对德国社会和国家制度的影响。三是研究德国各阶层民众对于当代民主的自我认识。研究重点在于探讨20世纪德国人从对乌托邦的渴望，到最终失望，并接受民主制度的过程。②

第三个研究重点是"20世纪70年代以来的历史转变"问题，这也是IfZ近年来新增的研究重点。IfZ认为，1970年后，全球的变化加速了。一方面是西欧在70年代中期结束了战后持续的快速经济增长。另一方面，戈尔巴乔夫的政策和苏联的衰亡终结了东西方的对抗。而IfZ试图以"德国、欧洲和世界的视角"，从政治、社会和文化等各个方面对这个问题进行研究。③ 这方面已经进行和正在进行的研究主要有："欧安会进程：多边会议外交及其影响（1975—1990）""70代开始的欧洲转型""法国与欧洲与中东及近东国家的关系（1969—1981）" "根舍的和解外交与缓和的终结（1974—1982/83）"等。其中，国际史的视野可见于所有的研究主题。例如，在对欧安会进程的研究中，IfZ里不仅有不同的学者对民主德国和联邦德国与欧安会进程的关系进行研究，还有学者分别对奥地利、法国和苏联与欧安会进程的关系进行了研究。而且所有的研究都同时兼顾其他国家的视角和档案材料。这充分体现了IfZ学者进行国际史研究的功力。

主要由于肩负着编撰德国外交文件（AAPD）的任务，IfZ也是德国境

---

① 这方面已经完成和正在进行的研究主题主要包括："从建墙到柏林墙倒塌时期的统一社会党史""纳粹时期的个人生活""列宁、斯大林和希特勒治下的政治司法制度""十九世纪和二十世纪的种族清洗""苏联指挥官与苏占区及民主德国德国人的自我管理问题"等。

② 正在进行的研究课题主要有："七八十年代西欧的反恐政策""西占区和联邦德国司法体系的重建及对纳粹罪犯的审判（1945—1958）""六七十年代英国及联邦德国保守政党的政治话语""给敌人的公正？为德国战争罪犯辩护的英国官员（1945—1949）"等。

③ http://www.ifz-muenchen.de/forschung/transformationen-in-der-neuesten-zeitgeschichte/，访问时间：2017年12月20日。

内最为注重国际关系史研究的科研机构之一。该所的第四个研究重点就是"国际和跨国关系"。在这个领域，IfZ 的第一个研究重点就是"不断全球化的世界中的国际关系"，其中包括不断发展变化着的国家、国家间融合以及解体的过程。与此同时，IfZ 的研究也不仅仅局限于传统国际关系史的考察。它还非常关注"非国家、组织和个人在政治、经济、科学和社会中的活动及其网络"。该所认为，这些因素"已经成为了国际体系中的重要跨国行动者"。因此，其行动指导方针、战略和组织规范等都应该纳入考察对象。该所目前正在进行的研究有："戈尔巴乔夫与德国人""伊朗及伊拉克与两个德国的关系（1969—1991）""20 世纪 70 年代末以来应对中东难民的全球机制"等。此外，当代史研究所还积极开展国内外研究合作与交流。不仅与俄国同行合作启动了"1933—1941 年德苏关系档案材料收集"项目，还在 2015 年 3 月与柏林洪堡大学、汉堡社会研究所及联邦统社党独裁清理基金会等国内机构一起建立了柏林冷战研究中心。①

三、研究所编辑出版的刊物和档案文献

IfZ 所存的档案主要保存在慕尼黑。档案包括了从自一战结束到今天为止的材料。其中备受学界关注的材料有纽伦堡审判过程的文件，美国占领当局（OMGUS）的文件以及一系列重要历史人物的私人档案文件。目前 IfZ 所藏的档案文献均按照德国档案法对公众开放。②

IfZ 还有一项重要职能，那就是选编联邦德国自成立以来的外交文件集（Akten zur Auswartige Politik der Bundesrepublik Deutschland）。这项始于 1989 年的工作，最初是由 6 名历史学家组成编撰团队，在当时还位于波恩的联邦德国外交部档案馆里开始的。2000 年夏天，编辑小组也随同联邦德国外交部一起，从波恩搬到了柏林。迄今为止，IfZ 设立在德国外交部的这一编辑

---

① http：//www.ifz-muenchen.de/forschung/internationale-und-transnationale-beziehungen/，访问时间：2017 年 12 月 25 日。

② 具体的档案文献，可以在 IfZ 主页上查询到目录：http：//www.ifz-muenchen.de/das-archiv/，访问时间：2017 年 12 月 21 日。

小组总共编撰了自 1951 年以来的 54 卷联邦德国外交文件集,最新的一卷已经出到了 1983 年,且每年都会有新的一卷面世。

此外,IfZ 还与德国联邦档案馆(即著名的 Bundesarchiv)合作,编辑出版了 1945—1949 年期间的联邦德国前史文件集。这 5 卷文件集收录了联邦德国正式成立前的这 5 年期间的重要文件。①

为联邦政府机关和各种社会团体进行档案鉴定工作,也是 IfZ 自设立以来的重要工作之一。尤其是在 20 世纪 50—60 年代,联邦德国政府和司法机构对纳粹政权时期的迫害和战争罪行进行调查时,IfZ 的工作人员通过档案鉴定提供了巨大的帮助,摸清了纳粹的工作机制和组织结构。到 1958 年年底为止,IfZ 每年约会处理 150 件档案鉴定报告。1958 年,联邦政府和司法机构开始对前纳粹集中营和特别行动队的人员进行起诉时,IfZ 处理的鉴定报告最多曾达到每年 600 份。②

随着岁月的流逝,仍然在世的纳粹嫌犯数量越来越少。但 IfZ 对纳粹档案的专家鉴定工作并未就此中断。在当代德国,极右翼势力始终是威胁社会稳定的一个因素。在防止极右翼势力方面,IfZ 的历史学家们正通过将极右翼团体当前所宣传的意识形态,如歌曲和各种符号与纳粹时期的类似事物对比,以此来判断在这些东西的煽动下,德国民众中可能出现的违法行为。同时也向政府部门提供建议,阻止极右翼团体在具有历史代表意义的场所游行。③

一个成功的、在学术界内外具有重要影响的研究机构,还需要拥有自己的学术刊物。在当代德国,著名的"比勒菲尔德学派"(Bielefelder Schule)正是凭借着《历史与社会》及《史学批判研究》这两大刊物阵地,

---

① 参见 Institut für Zeitgeschichte & Bundesarchiv, (Hrsg), *Akten zur Vorgeschichte der Bundesrepublik Deutschland*, *1945-1949*, Band 1-5. 分别出版于 1976 年、1979 年、1981 年、1982 年和 1983 年。

② 在 2009 年开始的对纳粹嫌犯德米扬鲁克(John Demjanjuk)的起诉和审判过程中,IfZ 专家的档案鉴定报告起到了重要作用。参见:http://www.ifz-muenchen.de/das-institut/gutachten,访问时间:2014 年 9 月 20 日。

③ http://www.ifz-muenchen.de/das-institut/gutachten,访问时间:2014 年 9 月 20 日。

占据了科学共同体的中心位置。① 而在保存，整理和出版档案文献及回忆录，并和在德国学术界及市场中具有重要影响的奥登伯格出版社合作之外，IfZ 之所以在当代德国和世界学术界占据重要的地位，还得源于它所编辑出版的《当代史季刊》(Vierteljahrshefte für Zeitgeschichte)。《当代史季刊》于 1953 年 1 月在慕尼黑发行了其创刊号。由战后结束在美国流亡生活，回到蒂宾根大学任教的著名历史学家罗特菲尔斯（Hans Rothfels）和 IfZ 历史上著名的所长克劳斯尼克（Helmut Krausnick）负责编辑工作。在创刊号头篇文章中，罗特菲尔斯写作了《当代史研究的任务》一文，指出"当代史就是我们时代人的历史"(Die Epoche der Mitlebenden)，而去理解和研究这段历史的过程，也就是去研究"一个对我们这代人来说充满危机感的时代以及这个时代的整体状况"。他在文中还指出，当代史研究需要基于国际视野来进行。② 这篇文章为此后联邦德国的当代史研究指引了前进的方向。

20 世纪 50 年代中期以来，IfZ 逐渐成为德国和德语世界最负盛名的纳粹历史研究机构，《当代史季刊》也成为了研究纳粹史最重要的刊物。希尔格鲁伯（Andres Hillgruber）、蒙森（Hans Mommen）、布罗萨特（Martin Broszat）、松特海默（Kurt Sontheimer）、科卡（Jürgen Kocka）等著名历史及政治学家相继大量地给该杂志投稿，而且相当多的文章引起具有国际影响的争论。而迈尔（Charles Maier）、伊格尔斯（Georg Iggers）和雅劳什（konrad Jarausch）等著名国际学者的文章也增添了该刊的国际影响。基于罗特菲尔斯"当代史就是我们时代人的历史"这一创刊宗旨，进入 20 世纪 70 年代之后，随着各方面时机的成熟，《当代史季刊》的文章主题也不再仅局限于纳粹史的主题，有关联邦德国史和全球视野下的欧洲史的文章逐渐多了起来。而 1990 年柏林墙倒塌，包括民主德国在内的苏东国家档案解密开放之后，民主德国史以及冷战国际史也成为了杂志的关注重点。目前《当代史季刊》的主编是 IfZ 的现任所长维尔申（Andreas Wirsching）教授。

---

① 范丁梁、吕一民：《历史社会科学：联邦德国史学领军流派崛起之路》，《浙江大学学报（人文社会科学版）》，2014 年第 4 期。

② Hans Rothfels, "Zeitgeschichte als Aufgabe," S. 1-8.

访德国当代史研究所柏林分所所长赫尔曼·温特克教授[*]

陈弢[**]

德国当代史研究所柏林分所所长赫尔曼·温特克教授

在当今德国的冷战国际史和民主德国外交史研究领域，当代史研究所（IfZ）柏林分所现任所长赫尔曼·温特克教授（Hermann Wentker）算得上

---

[*] 本文是国家社科基金青年项目"冷战时期联邦德国对华经济外交研究（1949—1990）"（17CSS030）的阶段性成果。

[**] 陈弢，历史学博士，同济大学德国问题研究所助理教授。主要研究方向：德国当代史，中德关系史，冷战国际史。

是对民主德国外交的各个时段、各个地区都有所涉猎的极少数学者之一。温特克1959年出生在西德首都波恩，1990年在以《英国在克里米亚战争中的目标》一文在波恩大学获得博士学位。1994年进入柏林当代史研究所工作，1998年被任命为所长。温特克教授2007年出版的《受限的外交：国际体系中的民主德国（1949—1989）》[①] 一书，不仅研究的时段长，还分别论述了民主德国对各大洲的外交对象国的政策，并在此基础上提出了影响民主德国外交的三大坐标。该书出版后，为其在国际学界赢得了巨大的声望，成为了研究战后德国外交的必读之著，目前在东亚地区也已经出版了日文版。[②] 笔者有幸在柏林初秋的一个早上，在柏林温特克教授的办公室内对其进行了半个多小时的面对面采访。谈话既提到了IfZ现有研究风格的形成，德国社会和学界对民主德国统治的争议、档案利用和柏林墙修建、民主德国消亡等重大问题，也涉及到了冷战时期的中德关系问题。现将采访内容发表如下：

问：早上好，温特克教授！IfZ是德国境内最具代表性的国际史研究机构之一。仅柏林分所就拥有着包括您及福伊奇克（Jan Foitzik）、霍夫曼（Dierk Hofmann）等著名学者。这样的研究风格是如何形成的呢？

答：1990年以前IfZ就已经开始从事民主德国史研究了。其中一个重要组成部分就是同当时（联邦德国）民主德国研究的中心曼海姆大学合作出版的SBZ手册[③]。即使以现在的视角来看，该手册也仍然具有很重要的学术意义。1990年10月德国统一后，IfZ很快就在波茨坦建立了分支机构，随后这一机构搬到了柏林。IfZ柏林分所的主要任务就是从东欧和国际的视角

---

① Hermann Wentker, *Außenpolitik in engen Grenzen. Die DDR im internationalen System 1949-1989*, München: De Gruyter Oldenbourg, 2007.

② ヘルマン・ヴェントカー：《東ドイツ外交史：1949—1989》，岡田浩平译，东京：三元社，2013年。

③ SBZ手册（SBZ Handbuch），SBZ指苏占区，该手册在1990年出版。参见：Martin Broszat & Hermann Weber, （Hrsg.）, *SBZ-Handbuch: Staatliche Verwaltungen, Parteien, gesellschaftliche Organisationen und ihre Führungskräfte in der Sowjetischen Besatzungszone Deutschlands (1945-1949)*, München, 1990.

来研究民主德国的历史。自 1994 年以来，我们在这个领域的研究非常活跃，做了很多基本的工作。

问：IfZ 近期的研究重点是什么呢？

答：我们一直以来都有两个研究领域。一个是将继续研究的民主德国国内事务领域。这方面的研究目前非常重要。我们近来刚完成了一项有关统社党党史的研究。这项研究贯穿 1961 年至 1989 年，是统社党党史的研究者以前很少研究的时段。我们的目标就是弥补这个遗憾。我们正在开展的另一项研究是自 70 年代至 2000 年的转型问题。在这项研究中，我们将把联邦德国和民主德国都纳入到考察视野，不仅考察联邦德国和民主德国的自身发展，还会去思考德国统一到底改变了什么东西。

问：也是在国际史的视野内进行研究吗？

答：是的。这项研究也是基于国际史的研究。其中，目前我自己就在从事一项名为"戈尔巴乔夫与德国人"的研究，研究民主德国和联邦德国是如何观察和应对戈尔巴乔夫的政策的。在研究中，我还跨越了传统以 1989 年分期的研究界限，因为戈尔巴乔夫在 1991 年才结束了统治。我想看一下，戈尔巴乔夫辞职以后，德国人是如何看待他的。

问：在研究生涯的开始，您研究的主题是 19 世纪的外交。但两德统一后，您转到了民主德国史研究。目前您的《受限的外交：国际体系中的民主德国（1949—1989）》[1] 一书已经被当作了这个领域的必读之著。

答：很简单，当我完成自己的博士论文后（1990 年，波恩大学），就刚好碰到了 1989 年这一重要的年份。而且在那之后，民主德国的档案都开放了。所以，我也随即加入当时兴起的研究大潮之中，由之开始了对民主德国历史的研究。不过当时我研究的并不是外交史，而是国家和教会的关系。[2]

---

[1] Hermann Wentker, *Außenpolitik in engen Grenzen, Die DDR im internationalen System 1949-1989*.

[2] 相应的论文有：Hermann Wentker, "Kirchenkampf in der DDR. Der Konflickt um die Junge Gemeinde（1950-1953），" *Vierteljahrshefte für Zeitgeschichte* 42, 1994, S. 95-127; Hermann Wentker, "Ost-CDU und Protestantismus. Zwschien Transmissionsaufgabe und Repräsentationsanspruch," *Kirchliche Zeitgeschichte*, 6, 1993, S. 349-378; Hermann Wentker, "Die kirchenpolitische Abteilung der Ost-CDU：Organisation, personelle Besetzung und Wirkungsweise," in *Die Kirchenpolitik von SED und Staatssicherheit, Eine Zwischenbilanz*, (hrsg.), von Clemens Vollnhals, Berlin, 1996, S. 159-189.

问：然后您就写作了那本研究战后德国东部地区和民主德国建国初期的司法制度的著作。①

答：是的。在那本著作中，我研究了民主德国的司法体系。之后转而研究民主德国的外交政策。

问：我发现德国社会和学界曾经存在着一个巨大的争论，那就是对民主德国和纳粹德国进行比较的争论。您是怎么看待这个争论的呢？

答：这样的争论的确存在过。主要是在20世纪90年代和21世纪初。但目前已经不算大事了。当时这样的争论非常激烈，尤其是那些对民主德国并不持消极态度的人认为将民主德国同纳粹德国进行比较是完全不能接受的。他们的理由是民主德国并未修建集中营，未发动侵略战争等。

对于这些人的观点，我有两点不同的意见。第一，比较并不等于同等视之。也就是说，我们可以对民主德国和纳粹德国进行比较，从中也可以发现两者的不同。我在自己那本有关民主德国司法体系的著作中已经提到了这个问题，从中我也发现了两者很多的不同。第二，民主德国和纳粹德国都是专制政权。我们可以对其进行比较，但却不能把两者同等视之。

问：目前这方面的争论还存在么？

答：这样的争论已经没有了，所有的争吵都微观具体化了。例如，在纪念馆问题上就还存在着争论，尤其是在那些既经历过纳粹阶段，也经历了民主德国历史的纪念馆。在这里，存在着很大的争论，样的争论通常发生在那些遭到过民主德国政府暴行的人和遭受过纳粹暴政的人之间。但在我看来，这样的争论范围非常小，不再构成社会舆论的主题。

问：同样有关资本主义和社会主义的比较在冷战后的德国和国际学界中也是非常热的话题。例如，有一本非常有名的书，叫《共产主义黑皮

---

① Hermann Wentker, *Justiz in der SBZ/DDR 1945/1953, Transformation und Rolle ihrer zentralen Institutionen*, München, 2011.

书》①。在这本书出版之后,反对方又写作了《资本主义黑皮书》②。

答:我当然读过《共产主义黑皮书》这本书。这本书在某些领域做出了贡献。但我们必须当心,不要从一开始就试着去表达宏观的意见。不能通过读了《黑皮书》这样一本收纳了一些重要的专题文章的著作,就形成了对共产主义比较笼统的看法。

问:是的。在阅读这样的著作时,将其视作参考材料而非既成论点加以接受很重要。说到档案和材料问题,我想问一下1989年之前民主德国研究中的档案使用问题。1989年之前,联邦德国曾经出现过像卢茨③(Peter Ludz)这样非常有名的民主德国研究者,但后来也有人对他的研究产生了疑问。

答:关于档案,我想说实际上存在很多种类型的档案。不仅包括档案馆的材料,也包括由民主德国政府出版的文件、报刊、文献、统计数据等。学者们可以利用这些材料进行研究,但是我们需要时刻对这些材料的来源和产生过程保持警惕,并且批判性地利用这些材料。如果学者们这样做的话,就可以在没有档案馆材料的情况下进行研究了。

联邦德国的民主德国研究在1990年以前就开始了。这方面当时有很多可以利用的材料。比如说很多人从苏占区和此后的民主德国来到了联邦德国,其中包括一些著名人士。例如凯泽④(Jakob Kaiser),他把自己的手稿

---

① 德文版1998年1月出版,德国现任总统、前民主德国公民运动领袖之一的高克(Joachim Gauck)也参与了编撰工作:Stephane Courtois et. al., (Hrsg.), *Das Schwarzbuch des Kommunismus, Unterdrückung, Verbrechen und Terror*, München, 1998.

② Robert Kurz, *Schwarzbuch Kapitalismus, Ein Abgesang auf die Marktwirtschaft*, Frankfurt am Main, 1999.

③ 卢茨(Peter Ludz),冷战期间联邦德国最著名的民主德国研究学者,一生有两百多本论著出版(报刊文章除外),提倡在对民主德国进行研究时用材料说话,保持学术中立,反对加入作者的主观评判意见。卢茨曾在柏林自由大学、比勒菲尔德大学和慕尼黑大学等多所联邦德国顶尖高校任教,并在哈佛、耶鲁、哥伦比亚等美国多所著名大学长期担任客座教授,1979年自杀(48岁)。

④ 二战结束后,凯泽等人在德国东部地区建立了基民盟,并且反对东部地区的基民盟成为受统社党(SED)控制的、没有实际权力的参政党。1947年10月,苏联军事当局强行解除了凯泽在基民盟中的职位。次年1月,凯泽逃亡到西柏林。此后,他还担任过联邦德国全德事务部的部长。1961年在西柏林去世。

都捐给了联邦档案馆,以供其他学者查阅研究,这批材料当时是研究民主德国历史的重要资源。是的,当时的确有一些材料可以通过秘密渠道到达联邦德国境内,其中甚至包含一些东部地区档案馆的材料。但在对待其他的材料时,学者们必须采取非常谨慎的学术批判态度,一条一条地对材料予以鉴别。

问:好的。现在我们来谈一下有关民主德国史研究的一些具体问题。首先有关柏林墙修建问题上的争论。以哈里森(Hope Harisson)为代表的一些学者认为,民主德国凭借其自身的虚弱对苏联施加了影响,从而使得原本不愿意修建柏林墙的苏联人赞成修墙。而韦蒂希等学者却认为,赫鲁晓夫才是的主导者。[①] 您怎么看待这一争论呢?

答:可以说,两者的看法我都支持。正如你刚才所说,1958—1961年期间,民主德国一直试图向苏联表达自身的诉求,并使其付诸实施。在柏林问题上,赫鲁晓夫所希望实现的目标也的确发生了变化。他最想要的是和美国人在柏林问题上达成协议。但是,民主德国却阻碍这一想法的实现。而为了消除民主德国的不满,赫鲁晓夫一再迁就乌布利希的意见。不仅同意民主德国修建柏林墙,还接受了德方提出的要苏联提供财政和生活物资援助的种种物质要求。以上这些事实表明,民主德国的极端虚弱为乌布利希提供了谈判桌上的筹码。在这一点上,我赞同哈里森教授的观点。

不过,当修建柏林墙这一决定在1961年7月初做出后,情况就发生了变化。因为除了建墙外,乌布利希当时其实还想要更多的东西,那就是单独同苏联签署和平协议。这却是苏联不愿给予的。当建墙的决定做出后,乌布利希就只有跟随苏联的政策,苏联重新成为了行动的主宰。在这里,我支持韦蒂希,以及我的同事,莫斯科德国历史研究所(DHI Moskau)的

---

① 参见:Gerhard Wettig, *Chruschtschows Berlin-Krise, 1958–1963*(《赫鲁晓夫的柏林危机,1958—1963,威胁政策与柏林墙的修建》), *Drohpolitik und Mauerbau*, München:Oldenbourg Wissenschaftsverlag, 2006;以及哈里森2003年先以英文出版,经过八年的修改后再在2011年以德文在德国出版的名著:*Ulbrichts Mauer, Wie die SED Moskaus Widerstand gegen den Mauerbau brach*(《乌布利希的柏林墙:统社党如何破除莫斯科对建墙的反对》),Berlin:Propyläen Verlag, 2011。颇为有趣的是,两位学者不同观点的较量这次直接体现在了两本书的书名上。

乌尔（Mathtias Uhl）等人的看法。

问：1961年乌布利希还曾经往中国派出过一个代表团，由政治局委员马特恩（Hermann Matern）率领，以获得中国在德国问题上对民主德国的支持。这就是乌布利希的中国牌。

答：是的。乌布利希想以此向赫鲁晓夫表示，在德国问题上他还可以寻求中国的帮助。因为乌布利希知道，当时中苏之间的矛盾已经在社会主义阵营中全面爆发出来了。而他自己则可以利用这个矛盾。

问：另外一个问题是20世纪80年代末期民主德国在内政外交上的一系列困境问题。80年代以来，民主德国甚至在苏东阵营中也逐渐走向孤立。它曾经有过任何机会从困境中脱离出来吗？

答：没有，民主德国根本没有这样的机会。因为它是一个民众不承认的专制政权。当然，这么说比较笼统。当时民主德国国内的确也有民众支持其政府，但大多数民众却不这么看。民主德国的主要问题在于缺乏内部合法性，尤其是它直接面对着联邦德国这个国家。而联邦德国是一个有着繁荣和自由的国度，因此民主德国作为其对立面想要获得内部稳定是不可能的。虽然统社党一直想获得内部稳定，但却一直得不到。统社党也试图需求与联邦德国划分界限（Abgrenzung），并强化对边境的管控。最后就出现了柏林墙以及两德边境上的管控措施。

但随着时间的推移，柏林墙似乎越来越透明化了。民主德国政府在其民众中把联邦德国宣传得完全像是另外一个国家，那里的人们过着完全不同的生活。但在西方的广播和电视面前，柏林墙和这样的宣传却毫无抵挡之力。人们越发认识到，联邦德国的居民也是德国人。

问：嗯，所以当匈牙利和其他国家在80年代末开放边境之时，民主德国政府对汹涌的出境运动（Ausreisebewegung）显得毫无阻止的能力。

答：正是这样！我还想再补充另外一件事情。那就是联邦德国政府一直宣称是代表所有德意志人的政府，这在《基本法》里得到了体现。所以，联邦德国政府一直没有承认民主德国的公民身份。这就意味着，每个逃到联邦德国或者在进入联邦德国驻外使馆里的东德人都可以获得一张德意志签证。根据《基本法》，东德人自然就成为了联邦德国公民。我认为这一点非常关键，正如1989年所发生的那样。

至于1989年统社党统治崩溃的问题，你可以参照我曾经在书中指出过的民主德国外交政策的三大坐标来对此进行考察。一方面是苏联的支持，另一方面则是同联邦德国划分界限和民主德国国内的稳定。而1989年，这三点都不复存在。尽管苏联当时仍然存在，但却不愿意再为民主德国提供援助，例如财政援助和重要物资援助。更糟糕的是，苏联和民主德国还在意识形态上分道扬镳。当戈尔巴乔夫在国内开始搞"公开性"和改革的时候，民主德国领导人却拒绝也这么做，这是一个方面。另一方面，我已经提到了，民主德国同联邦德国划分界限的政策当时事实上也失败了。尽管柏林墙仍然存在，但1989年年初，统社党政治局内已经有过减轻对两德经济人员文化等交流限制的建议。当时民主德国的经济状况非常糟糕，昂纳克也不得不下台。

问：不过这样的建议当时并未实施。

答：是的。政策建议的确已经提出，但并未付诸实施。

问：还有一个有关80年代末期中国和民主德国关系的问题。当时两国两党的关系非常紧密，互相派出了很多代表团，但对统社党继续执政帮助不大。对民主德国来说，中国太远了。

答：的确是这样。民主德国和中国在1989年的关系非常密切。但我想指出的是，在整个80年代，中国同联邦德国的关系也大大改善了，这方面主要是出于经济利益考虑。对联邦德国来首，中国是一个巨大的消费市场。民主德国当时也想阻止双方的继续接近，在这方面也取得了一些成功，例如昂纳克1986年对中国的访问。但这都是政治上的成就，而在经济上，中国更倾向于联邦德国。

此外，我们也必须要看到，尽管民主德国从中国处获得了巨大的支持，但对其来说，莫斯科却一直具有更重要的意义。并不存在民主德国可以在北京或莫斯科之间进行选择的情况。

访历史学家梅德维杰夫

肖 瑜 魏 磊 江艺鹏[*]

2017年11月5日，笔者受沈志华先生委托，采访了俄罗斯著名历史学家罗伊·亚历山德罗维奇·梅德韦杰夫。罗伊·梅德韦杰夫生于1925年，今年93岁。他称得上是苏联时代和后苏联时代的见证者。他的名著《让历史来审判：斯大林主义的起源及其后果》《苏联的最后一年》等在中国脍炙人口。以下为采访记录。

肖瑜（以下简称"肖"）：尊敬的罗伊·亚历山德罗维奇先生，我谨代表中国华东师范大学中国与周边国家发展研究院院长沈志华先生向您致以崇高的敬意。

梅德韦杰夫（以下简称"梅"）：我对中国抱有浓厚的兴趣，还写了很多关于中国的书，这已经是四十年前的事了。我的书被译成英文并且出版了，我把这些书捐赠给了大学和图书馆。有很多个中国学者团体来过我这里，但最近的也是十年前的事了。在中国我有一个值得信赖的伙伴，我可以叫出她的名字，我的办公室还留有她的联系方式。她可以说就是我在中国的出版代表，我是很信赖她的，我们用电子邮箱互相联系。她也亲自来过我这里，也是很久之前的事了。

肖：五年前，有一位名为李冠群的中国学者曾到访过您这里，我就是

---

[*] 肖瑜，俄罗斯莫斯科国立罗蒙诺索夫大学历史学系访问学者，中山大学副教授；魏磊，俄罗斯莫斯科国立罗蒙诺索夫大学历史学系博士生；江艺鹏，俄罗斯莫斯科国立罗蒙诺索夫大学历史学系访问学者，华东师范大学历史学系博士生。

从李那里获知了您的住址。可能您还有印象。

梅：这样啊，我记得不是很清楚，毕竟来我这里的人太多了。那么您今天来所为何事呢？

肖：我是受沈志华教授所托来拜访您的，沈教授现任职于华东师范大学，他现在正在参与编写一套《苏联史》丛书，参与编写的学者很多，这就需要很多的苏联历史文件和档案。

梅：我写过很多关于苏联的书，而且都以作品集的形式出版了，这些书在商店里就能买到。

肖：我知道，在我读研究生的时候就已经认真拜读过您的大作《让历史来审判：斯大林主义的起源及其后果》，这本书讲的就是苏联最后的那段岁月。

梅：在中国出版了我写的关于赫鲁晓夫的书，但涉及叶利钦时代的作品没能出版。不过我写的关于普京的书就被翻译成了中文出版了，还有关于哈萨克斯坦纳扎尔巴耶夫的作品也在中国出版了。总的来说，我知道我的很多书在中国都已经翻译成中文出版了。到现在我也还在坚持工作，我正在写一本名为《新俄罗斯》的书，讲的是今天的俄罗斯是怎样的情况，怎样的国际地位，书里有专门讲述中俄关系的内容。我在有生之年还会继续努力写作。您的问题是什么？我能在哪些方面帮助您？

肖：我关注的领域在于当年的中国东北抗日联军。1942年前后，中国东北抗日联军因战争环境恶化而被迫退往苏联。后来这支部队被编入了苏联红军战斗序列，它的番号为"苏联远东红旗军第八十八独立步兵旅"，我需要在俄罗斯找到关于这支部队以及这支部队的领导人周保中和金日成的档案。我知道相关资料都保存在俄罗斯武装力量总参谋部档案馆里，可我是外国公民，很难进入这个档案馆查阅资料，您能给我提出些建议吗？

梅：这个恕我爱莫能助，我自己也已经不在档案馆工作了，而且我工作的地点是莫斯科市档案馆。在我撰写自己的书时，苏联的档案就已经封禁了。那个时候就已经不容易找到档案了，我还和相关人员谈过查阅档案的事，特别是关于赫鲁晓夫、戈尔巴乔夫和叶利钦的档案，但没有什么效果。最近俄国档案又解禁了，应该是可以从档案馆里查到这些历史资料的。

我是自由学者，没有学术职称，这给了我很大的自由度去写作，却也限制了我去接触那些官方人员。你的课题很有意思，你还对金日成的档案很感兴趣。

肖：我知道，无论是在中国还是俄罗斯，关于这个课题还没有人利用第一手的档案进行研究。

梅：是啊，我也没读过关于金日成的书，报纸上有关于金日成和斯大林会面的文章。

肖：没错，但没有相关学术书籍出版。

梅：专门的著作我是没读过的，大概30年前我去图书市场的时候，只看到了叶利钦和金日成会见的文集，但那个文集主要讲的是叶利钦。倒是有些关于金日成的照片和描写，关于其子金正日更是只字未提。有一些报纸登过关于20世纪50年代的朝鲜战争，报纸很多，书籍未见。

肖：正因如此，我想写关于这方面的专著，所以我需要大量的新档案。

梅：档案是有很多，但怎么进档案馆却着实是个问题。除了军事档案馆外，还可以尝试下俄罗斯总统档案馆，查阅关于朝鲜战争决策层面的资料。

肖：我的博士生导师沈志华教授写过关于朝鲜战争中斯大林、毛泽东和金日成相互关系的书，书中大量使用了来自朝方和俄方的档案资料。

梅：他来过俄罗斯吗？

肖：他在二十年前来过俄罗斯，那时候他买过大量的历史档案，还写过一本书叫《苏联专家在中国》，除此之外还有《毛泽东、金日成与中朝关系》等作品。

梅：这很有趣。

肖：沈志华教授在中国很有名，现在他想重新编写苏联史，因此需要大量新的解密档案。他希望能得到您的帮助，有朝一日，他还想亲自来拜访您。

梅：如果他能到访我会很高兴。

肖：众所周知，您是一位非常出名的历史学家和作家，您有很多重要的历史文献。

梅：没错，但这些资料我都捐给莫斯科档案馆了，莫斯科有专门的莫斯科城市档案馆，那里有专门的工作人员收集保管名人档案。我现在手里已经没有私人档案了。

肖：我还有几个问题要问您，第一个问题，您一直被认为是一个持不同政见者，但当苏联解体时，在人民代表大会，您是唯一站起来为苏联说话的人，您当时是什么想法呢？

梅：我当时不能说是持不同政见者，我是莫斯科苏维埃的代表，在戈尔巴乔夫时代我曾经支持过他，我对苏联解体这件事是持反对态度的。直到现在，我仍然认为苏联解体这件事是可以避免的，但戈氏却主导了一场不正确的改革，我曾在《苏联的最后一年》这本书里表达过这些观点。自赫鲁晓夫起，这个国家的内政外交就错误不断。苏联没能坚持下来我真的感到很遗憾，现在俄罗斯的经济模式和中国的模式非常接近，私人企业比重很大。我们的总统既不是历史学家也不是理想主义者，所以很多改革进程都是本能而又自发的。我们没有如同中国一样的强力的中央政府，没有办法，十年来我们还没取得很大的成就，而中国的发展就非常迅速了。

肖：第二个问题，俄罗斯现在究竟走的是一条什么样的道路，斯拉夫式的还是西方式的？

梅：不不不，现在的俄罗斯没有走西方道路，她正在走一条属于自己的道路，这是一条自发的道路。我个人认为俄罗斯正在走向社会民主主义模式，更像是瑞典等国走的那样。我们还没有明确的意识形态，社会上追求和谐；在经济上还有些问题，应当掌握新的先进技术，但时间不允许。俄罗斯经济目前受西方打击很大，美国和西欧正对俄罗斯发起新的冷战，所以俄罗斯得找新的突破。目前俄中关系、俄印关系、俄越关系，总之俄罗斯和东方国家的关系发展得很好，这就是给西方国家的有力回击。两年前，即2015年，除了摩尔多瓦总统、哈萨克斯坦总统来俄罗斯之外，甚至中国的领导人都来了俄罗斯。我们和中国保持了非常友好的关系。我们对中国是非常欢迎的，但我不是政治家。总的来说俄罗斯正在走一条社会民主主义道路，目前我们实际上没有执政党，而是有一位强总统，俄罗斯共产党对国家也没什么影响。

肖：您是怎么看待中国特色社会主义的？

梅：我认为中国无论在内政还是外交上都走了一条正确的道路，正在从底层一步步走向民主。当然，这不是一日之功，中国还有几十年的漫长道路要走。现在的中国还没有做好多党制民主的准备，自然地，中国目前坚持一个连贯的政治决策体系。这样的情况在俄罗斯是没有过的，在俄罗斯，新领导人上台一定会改变前任的政策。所以我们无从知晓十年后的前景，但中国就不同了。

因此，我个人非常看好目前在中国发生的一切。我曾希望同样的事情也发生在俄罗斯，但遗憾的是俄罗斯还是有过太多的错误。俄罗斯建立起了寡头体制，富人操纵国家。俄罗斯没有面向东方而是面向了西方，富人们发展了资本主义。中国也发展了自己的资本主义，但所不同的是中国发展的是民族资本，而民族资本是倾向于保护自己国家利益的。但在俄罗斯，富有的寡头阶层却没有支撑起俄罗斯的民族利益。这种情况主导了俄罗斯人民的生活方式，在俄罗斯生活着大量贫苦的民众，很多人的贫困程度甚于苏联时期。我们有很多人只能以最低的生活水平去挣扎，领着微薄的工资，很明显，俄罗斯民众现在的生活状况很糟糕。但大众目前还是支持普京的，毕竟在叶利钦时代情况更糟。民众尤其支持普京的对外政策，但对普京的国内政策，特别是经济领域的支持力度就不是很大了。

肖：您如何看待现如今俄罗斯和中国关于苏联研究的学术论著？

梅：有大量的文章、报纸、书籍出版，而且各有不同的政治上、民族上的倾向，左的或者右的。在中国，斯大林受到极大尊重，苏联时代对斯大林的评价也是褒贬不一。你们中国人去分辨这些资料是有难度的，甚至对我来说去校验文献的好坏也有同样的困扰。很多同名书籍相继出版，但严肃的学术型专著却看不到。我们现在没有统一的历史学管理机构，也就没法给苏联一个统一的评价。书籍出版量的确不少，但水平普遍不高。俄罗斯档案馆倒是能进，持续坚持利用档案馆的学者却不多，我个人认为，现在的研究事实上正处在一个不良的状态下，我们的研究人员的物质保障很低，就是（俄罗斯）科学院的工资也一样不高。所以我们在社会科学领域的研究不是很繁荣，水平也不是太高，历史教学工作也不算太好。我不知道中国现在的情况如何，但我认为中国同行的物质保障应该会更好。

肖：您认为现在的中俄关系如何？

梅：中俄关系目前发展良好，就像伙伴一样。尽管有些困难，但这种困难源于我们自己内政上的因素。但总的来说，两国关系不错，我们有资源，你们来采购。

肖：您认为目前的中俄关系在未来还能持续下去吗？

梅：当然会持续下去，我没有专门去写这样的文章，但还是做了相关笔记的。我写过我的私人分析，哪都没有出版。中俄关系肯定会持续下去，但是我们得尽快赶上来，俄罗斯对中国的需求甚于中国对于俄罗斯的需求，中国现在发展太快，经济上、科技上都要比俄罗斯好得多。我们应该更多地去学习中国，有很多中国人在莫斯科学习，这很好。

魏磊：我们提出这个问题其实是因为中俄关系有过曲折，中苏之间的冲突就是个例子，关于这个您有什么看法？毕竟我们都想避免悲剧重演。

梅：俄罗斯现在有些人惧怕中国，但冲突之路肯定是不对的。

肖：您能对研究苏联史的青年学生说几句话吗？

梅：一定要把俄语学好，除此之外还要学好英文和中文，得常来俄罗斯。现在每年上百万的中国游客来俄罗斯，而去中国的俄罗斯游客就很少。应该在学术层面上更多地交流，现在做得还不够。中国有很多人来俄学习，这很好。

肖：谢谢。

美国和平队志愿者研究综述

李培培[*]

摘　要　美国和平队因作为肯尼迪政府外交政策的标志而受到学术界广泛关注,其中对志愿者群体的研究尤其丰富。近十几年来,国内外学者从与受援国的关系互动、作用与贡献、精神面貌、问题反思等各方面对和平队志愿者群体展开广泛研究,随着口述史料的不断丰富和国际学术交流的增强,有关研究逐渐微观化、辩证化,一些第三世界国家学者的研究也大大丰富了现有成果。但对和平队志愿者的研究目前仍存在一些不足,对受援国考察的缺乏和口述史料在运用方面所具有的弱点不仅为学者从事有关研究带来了反思,也提供了新的机遇与挑战。

关键词　美国　和平队志愿者　受援国　冷战　研究综述

作为肯尼迪政府首创的将志愿精神融入到外交政策的对外援助机构,[①]和平队一直受到学术界的重视。国外对和平队的研究自20世纪60年代便已着手,但在我国,相关研究起步较晚。自2001年起,刘国柱教授开始了对和平队的系统研究,从而揭开了国内研究历程的序幕。刘教授曾对20世纪下半期美国对该问题的研究成果进行总体梳理,将其分为起步、初步发展

---

[*]　李培培,女,山东菏泽人,曲阜师范大学历史文化学院世界史专业2015级研究生。

①　关于和平队的定位问题国内外学术界尚无严格的要求与界定,因此在相关研究中会出现"机构""组织"两个不同的定位描述。笔者参考国内外绝大多数学者的研究,并以肯尼迪电子图书馆档案等官方介绍为基础(参见 https：//www.jfklibrary.org/JFK/JFK-in-History/Peace-Corps.aspx),在此将其称为机构。其后出现的"组织"称谓则为直接翻译、引用各学者的研究内容。

及走向深化三个时期,并将各时期的代表作品娓娓道来。① 虽然他在梳理时并未对志愿者群体做单独探讨,但从其综述中可对20世纪美国和平队志愿者研究情况做大概了解。概括来说,20世纪的美国学者已经意识到了志愿者群体的独立性和重要性,除了对志愿者援助经历进行详细考察外,也注意到对其精神文化层面的深度分析。此外,一些和平队归国志愿者的著述和观点大大丰富了学术界的研究成果,对口述史料的逐渐重视也使相关研究得到迅速提升。这些均为之后有关研究的拓展打下了坚实的基础。

进入21世纪以来,随着相关资料的不断完善,不仅国外研究取得了新进展,我国学者也纷纷围绕着和平队各抒己见。从国内外现有成果中可以看出,国外学术界明显呈现出以志愿者群体为主要研究对象的特点,国内对志愿者群体的研究则有待拓展。对和平队志愿者的研究可谓不可或缺:虽然和平队援助政策是美国针对第三世界国家实行的,但志愿者群体在援助中受益最大,他们不仅在生活与观念上经历了巨大转变,而且对受援国和美国社会产生了重要影响;另外作为具有独立思想的个体,志愿者们的直观感受及其言行真实而又具体地反映着美国和平队政策的利弊并影响着这一政策的进一步推行。自1982年美国学者斯蒂芬·科恩和罗伯特·伍德在《和平队志愿者与东道国国民:社会互动变更的决定性因素》② 中将志愿者作为研究对象引入学术研究以来,相关研究目前已得到了全面发展。在过去的十多年中,纪念书籍的相继出版、大量口述史料的不断扩充丰富了和平队志愿者研究的资料基础,信息技术的发展则使我国学者有机会查阅大量电子档案并能获取与志愿者本人交流的机会,从而为促进研究进程提供莫大帮助。在此,笔者按照主要研究内容对国际学术界近十几年来关于和平队志愿者的研究成果进行归类分析,并对其中的不足和未来的发展提出自己的拙见,以与读者共享。

---

① 刘国柱:《美国学术界对和平队的研究概况》,《史学理论研究》2002年第3期,第146—155页。

② Steven Cohn, Robert E. Wood, "Peace Corps Volunteers and Host Country Nationals: Determinants of Variations in Social Interaction," *The Journal of Developing Areas*, Vol. 16, No. 4 (Jul., 1982), pp. 543-560.

一、和平队志愿者与受援国民众关系及互动研究

和平队志愿者与受援国民众的关系走向关乎和平队政策推行的成败，二者是否具有良好的长期互动直接影响着美国和平队政策在当地的下一步开展，因此此类研究格外受到美国和受援国一些学者的重视。

国外学界对此类问题的研究经历了由片面化到辩证化与客观化的转变。和平队虽在创建之初便收到了十几个国家的邀请，但在受援国底层，民众的冷淡态度和抵触情绪并不少见。在美国国内，大量的和平队早期官方报道与评论"报喜不报忧"，对和平队在部分国家受到抵制的事实采取了极力隐瞒的做法，这种现象使美国民众对和平队志愿者与受援国民众的关系普遍持过度乐观态度，同时也制约了美国学术界初期的研究视野。直至80年代，美国学者斯蒂芬·科恩和罗伯特·伍德才通过调查问卷的方法对志愿者群体的真实经历与感受一探究竟。二人在《和平队志愿者与东道国国民：社会互动变更的决定性因素》① 中指出，和平队志愿者与受援国民众基本上保持友好的关系，但并不如所描述的那般亲密，双方在服务结束后能保持频繁联系的更是居极少数。斯蒂芬·科恩和罗伯特·伍德的研究不仅纠正了社会上的错误舆论，而且成为和平队志愿者研究史上的一个转折，此后将志愿者本人直接作为研究对象纳入学术研究成为学者开展研究的主要方式。

近几年来，一些受援国的学者围绕美国和平队志愿者与本国民众的互动情况做进一步调查，从第三世界国家的角度对美国政策做出评价。智利天主教大学教授费尔南多·珀赛尔于2014年在《史学评论》(*Historia Critica*) 上发表文章《连接现实：南美洲和平队志愿者及20世纪60年代的全球反贫困战争》②，通过研究美国民众与智利等南美洲国家民众的互动情

---

① Steven Cohn, Robert E. Wood, "Peace Corps Volunteers and Host Country Nationals: Determinants of Variations in Social Interaction".

② Fernando Purcell, "Connecting Realities: Peace Corps Volunteers in South America and the Global War on Poverty during the 1960s," *Historial Critica*, No. 53, 2014, pp. 129–154.

况来分析和平队志愿者在受援国遭遇的挫折。珀赛尔对这些挫折产生的原因逐一揭示,归纳来说主要有以下几点:第一,拉美国家自身的援助组织已经具备一定的历史且规模庞大,并且有了既定的自我发展目标,这使志愿者们意识到自己的地位并非独一无二,内心的英雄主义感也一落千丈;第二,当地组织和民众向和平队表示欢迎并乐于合作,但并非旨在全盘接受他们所传授的美国式社会发展路径,而是欲在学习中巩固自身发展道路,这便在一定程度上否定了志愿者们的援助动机;第三,和平队为受援国所设计的发展目标有些的确难以实现,正如在智利的一位评估员所言:"建议和平队设立一些更加现实的目标,因为一些目标过于天真,它们在美国社会可以实现,在发展中社会却很难达成";[①] 第四,和平队志愿者所接受的培训与受援国当地社会存在很大的偏差,他们在抵达当地后发现现实情况不仅不如他们所想那般,反而更复杂并颇具政治色彩,这便为志愿者们带来了强烈的挫折感并引发频频抱怨。与科恩、伍德的观点明显不同的是,珀赛尔并未将双方合作的窘境归因于志愿者本人对当地语言文化了解的匮乏以及自身信心的不足,而认为和平队为受援国制定的发展目标不切实际,对志愿者们的技能培训也十分欠缺。准确来说,科恩、伍德和珀赛尔从事研究的立场截然不同,因此双方看待问题各有侧重。科恩、伍德二人的前期研究主要站在主观角度对本国与他国民众的交往情况进行分析进而试图找出自身不足(这种研究方式目前在美国学术界较为普遍),并将双方民众能否达成友好作为衡量和平队政策成功与否的主要标尺,这便在一定程度上忽略了援助工作绩效的重要性。而珀赛尔等其他国外学者则以受援国民众的身份对美国志愿者与本国民众进行工作上的对比分析,这种研究从第三世界国家的实际需求出发,更能发现美国和平队等各项对外援助政策的缺陷。相比之下,珀赛尔的研究对前期成果进行了补充并实现了理性化,由于目前此类研究比较缺乏,因此有很大的拓展空间。

[①] Fernando Purcell, "Connecting Realities: Peace Corps Volunteers in South America and the Global War on Poverty during the 1960s," p. 146.

二、和平队志愿者的作用与贡献研究

关于和平队志愿者所发挥的作用与贡献，国内与国外学术界的关注重点略有不同。

我国研究大多从国际政治与外交方面展开，但在这一方面国内尚未出现对志愿者群体的单独分析，学者们一般将和平队机构与志愿者群体视为一个整体进行综合研究。概括而言，国内学者普遍将和平队视为美国实施公共外交或文化外交的工具，和平队志愿者则在其中扮演了政策执行者的角色，起到对外灌输美国文化、推广美式社会发展道路的作用。关于志愿者在美国和平队政策推行中的具体定位，目前尚未达成一致：以刘国柱教授为代表的部分学者从宏观角度出发，认为和平队及以志愿者为身份特征的和平队员们"服务于美国的国家利益，在向海外特别是发展中国家输出美国文化及价值观念方面发挥了很大的作用。"[①] 中国传媒大学何兰教授也提出，和平队是20世纪60年代国际形势下美国为赢得冷战而采取的一项措施，非洲国家所形成的对美国的正面评价正是基于大多数民众对志愿者的观察。[②] 此类研究大多站在冷战的角度，重点分析和平队在美国对外政策中所发挥的作用，因此未对志愿者的个人动机做进一步探讨。随着研究不断深化，有其他研究者试图摆脱冷战视域的束缚，单独探讨志愿者群体在和平队政策中的地位与作用，提出和平队志愿者虽然实际上为美国冷战政策服务，但并非主观意愿而是被动地成为了冷战工具。如北京大学研究生赵红权认为，和平队志愿者反对官僚主义、追求个人主义与独立性，并用自己的努力粉碎着美国政府将其作为冷战外交工具的行为。[③] 其相关论文所运

---

① 刘国柱：《和平队与美国对第三世界外交的软实力》，《浙江大学学报（人文社会科学版）》2008年第1期，第35页。

② 何兰：《公共外交视角下的美国"和平队"作用评析》，《北方论丛》2013年第6期，第91页。

③ 赵红权：《超越冷战：神话还是现实？——非冷战视角下的美国和平队（1961—1974）》，硕士学位论文，北京大学国际关系学院，2005年。

用的研究资料部分来源于对前期和平队志愿者的访问交流,因此研究结果颇具说服力。近年来国内学者在重申和平队的冷战色彩和"公共外交"性质时,开始对和平队志愿者在推动美国与受援国关系以及国际事务参与方面所发挥的积极作用给予肯定。① 可见与前期研究成果相比,目前国内研究已逐渐实现客观化与全面化。

与国内研究明显不同的是,国外学术界更注重研究和平队及志愿者群体对社会发展(美国及受援国社会)产生的影响。对美国人来说,他们"更乐于把和平队当作美国精神和理想的代表而不是对外政策的工具",② 这种观念深刻影响着美国学术界的研究目光;而对于其他国家如智利、马里等受援国学者而言,一般从事美国和平队研究的学者均为前期和平队志愿者或和平队项目参与者,他们对和平队在受援国的具体情况可谓一清二楚。因此,比起和平队在政治外交方面所扮演的角色,国外学者更偏向于研究和平队在美国社会以及受援国社会的发展中所发挥的作用。

概括而言,国外有关研究主要聚焦于黑人民权运动和全球反贫困战争,研究的地域范围以非洲、拉丁美洲国家为主。学术界对于和平队志愿者在黑人民权运动中所起的作用普遍持积极肯定态度。服务于非洲国家的和平队志愿者因与黑人产生过直接的接触,对他们的贫苦遭遇有更直观深刻的了解,因此更愿投身于黑人民权运动。据马里研究者莫莎·西索科之前的调查,多达80%的马里和平队归国志愿者对黑人产生了理解之情,并在他们的作品中表现出了一种对黑人所遭受的种族歧视的同情乃至愧疚感,他们归国后也更乐于促进黑人民权运动的发展。③ 究其原因,从时代形势来看和平队正创建于黑人民权运动如火如荼时期;从援助对象来看,非洲诸国在受援对象中占据了极为重要的分量;从创建理念来看,以"民主、自由、

---

① 梁昌明、黄泽云:《美国和平队历史及影响探析》,《人民论坛》2016年第5期,第247—249页。

② 卢友芬:《和平队与20世纪60年代美国黑人民权运动——和平队服务非洲的案例研究》,硕士学位论文,厦门大学人文学院,2009年,第48页。

③ Moussa Sissolco, *The Impact of The Peace Corps Experience on Returned Volunteers: A Case Study of Peace Corps Mali Returned Volunteers*, the Degree of Doctor of Philosophy, University of Kansas, 1990.

和平"为号召的和平队不仅致力于树立美国人的友善形象,更致力于在全球推广美式民主和平精神,种种背景无疑影响并促进了和平队志愿者们对于种族问题的深刻理解。在国内,厦门大学硕士研究生卢友芬以服务于非洲的和平队为案例阐述了和平队志愿者在黑人民权运动中的作用,① 其相关论文认为大多数志愿者(包括黑人志愿者)在参与援助之前便对黑人民权运动持支持态度,在非洲的服务经历不仅使他们与当地黑人结下了友谊,更促进了他们对黑人民权运动的进一步认识,因此在归国后志愿者们更愿意帮助黑人摆脱种族歧视、争取更多民主权利。

据和平队官方网站②介绍,目前和平队在全球反贫困战争和食品安全方面已经取得蔚为可观的成就。这些方面也成为学术界研究的一个领域。费尔南多·珀赛尔对服务于南美洲的和平队志愿者在全球反贫困战中的参与问题进行了调查,但他并非对志愿者歌功颂德,而是通过考察其在全球反贫困战工作中的弱点与不足,呼吁将美国一方置于全球反贫困战争大环境中,与受援国当地实现切实合作。珀赛尔提出,和平队并非一个独立的对受援国实行单向干涉的组织,只有双方多种机构和个体交往互动,志愿者们在20世纪60年代投身于全球反贫困战争的意义才得以彰显。这一研究主要基于一种全球视野,即在和平队社区发展研究中,不仅要关注美国这一核心,更要关注第三世界国家这些边缘地区,因为"在反抗贫困的战争中,边缘地区有更多的发言权和自己的打算"。③ 因此,对于传统的冷战史研究范式他也提出疑问,呼吁学者对研究中的边缘国家给予足够重视。珀赛尔主要借助全球反贫困战强调平等合作的重要性,其颇有深度的研究为后人提供了参考和启发。

近年来,美国学术界也逐渐关注到志愿者群体在政治领域产生的影响。在冷战期间,和平队志愿者在第三世界国家的所见所闻(如被怀疑为美国间谍而受到抵制)以及越南战争对他们的思想所带来的巨大震撼无一不改

---

① 卢友芬:《和平队与20世纪60年代美国黑人民权运动——和平队服务非洲的案例研究》。
② https://www.peacecorps.gov/.
③ Fernando Purcell, "Connecting Realities: Peace Corps Volunteers in South America and the Global War on Poverty during the 1960s," *Historial Critica*, No. 53, 2014, pp. 129-154, 133.

变并深刻影响着他们的政治观念进而影响着美国社会。虽然对和平队志愿者的政治观考察具有重要的意义,但在实施上却有很大难度。长期以来,出于政治敏感等原因,一些志愿者在向学者口述自己的经历和感受时大都对政治问题采取回避态度或有所隐瞒,这使学者对和平队志愿者的政治观研究只能做到浅尝辄止,如在20世纪仅有美国学者赞恩·里夫斯对和平队的政治进行了初步探讨。目前随着时间的推移,相关研究取得了一些突破。安娜·简·阿蒙特拉(美国)完成于2012年的博士学位论文《基于经历的政治:和平队志愿者、越战退伍军人和美国国际主义(1961—1985)》[①] 对和平队志愿者与政府决策之间的互动进行了分析。她提出,在和平队产生之前,美国对第三世界国家的情况缺乏真实而充分的了解,其政策的制定主要参考历史编纂学家所撰写的历史并依赖于社会学家的建言献策,这种政策制定方式并不合理;相比之下,和平队志愿者及越战退伍军人在第三世界国家有着长时间的居住经历,这些真实的经历更能在外交中发挥有效的作用。志愿者和退伍军人一直致力于参与外交事务及相关政策的制定,他们试图以自己的真实经历为依据使政府改正并不合理的对外政策,从而在政府政策制定过程中发挥了一定的积极影响。

美国新冷战史学家迈克尔·雷迅马曾将和平队视为美国在第三世界国家推行"现代化"意识形态的一项案例,借此对社会学家在参与美国对外政策制定时的弊端进行深度剖析,[②] 但他未对和平队及志愿者的作用进行深入探讨。安娜的研究可谓在雷迅马研究的基础上进行了拓展延伸,她在研究中重点考察了非官方决策者——即归国志愿者等民众在政治决策中发挥的作用。在对和平队志愿者们的行为给予肯定的基础上,她也指出归国志愿者带有盲目的自信:他们虽在政治中发挥了作用,但只凭自己的经历和一腔热情为发声武器很难得到政府各党派的承认。这项研究辩证地考

---

① Anna Jane Armentrout, *The Politics of Experience: Peace Corps Volunteers, Vietnam Veterans, and American Internationalism 1961 - 1985*, the Degree of Doctor of Philosophy in History, University of California, Berkeley, 2012.

② [美]迈克尔·E·雷迅马:《作为意识形态的现代化——社会科学与美国对第三世界政策》,牛军译,北京:中央编译出版社,2003年。

察了和平队志愿者群体的政治观念与参政议政情况，为学术界下一步研究的推行做了良好铺垫。

三、和平队志愿者精神面貌与问题反思

和平队志愿者们的精神面貌影响着他们对和平队工作和第三世界国家民众的态度，进而影响着美国和平队政策的利弊以及美国在第三世界国家中的形象问题。同时，志愿者们的精神面貌反映出美国人的精神文化特点，通过研究其精神面貌也可对美国各时期的文化乃至社会状况获取一定的了解。学者们在对志愿者进行研究时均会对其精神特征进行描述或分析，在研究中也更容易发现一些新问题并提出反思。

目前国内外学术界一致认为，志愿者们在思想上带有强烈的理想主义色彩；关于志愿者参与和平队的动机，学者们大多也将其归因于"利他主义"精神的驱使。但在这之外也有一些另类见解，如赞恩·里夫斯便将和平队志愿者描述为一群具有激进主义色彩和独立文化核心的群体。[1] 近年来，有国外学者试图打破传统看法——在《行动中的个人主义——对和平队志愿者实际经历的考察》[2] 中，雷斯·伦巴斯在承认"利他主义"的基础上，将志愿者参与和平队的动因归结为"一种至少是暂时的、对中产阶级所寄予的关于婚姻、子女以及获得更多符合传统中产阶级价值观工作的期望的排斥与拒绝"。[3] 这一研究结果便将和平队官方宣传的美国人所具有的"友爱、仁慈"和"利他主义"精神大打折扣。作为20世纪60年代的美国新青年，同时作为中产阶级子女，和平队志愿者们难以承载传统社会对他们所寄予的期望，欲借助和平队两年的国外生活逃避传统观念对他们施加的压力。将"美国传统中产阶级生活引发的不安定感"和"把和平队'作

---

[1] Zane Reeves, *The Politics of the Peace Corps & VISTAT*, Alabama: The University of Alabama Press, 1988.

[2] Leith L. Lombas, *Individualism in Action: An Investigation into the Lived Experiences of Peace Corps Volunteer*, the Degree of Doctor of Philosophy, University of Colorado, 2011.

[3] Ibid., p. 35.

为人生中的暂停缓冲阶段'"以及"旅行"与"促进个人成长"等因素视为参与和平队的动机为志愿者们所普遍承认。这一观点的提出不仅使学界对和平队志愿者们的精神世界有了真实的了解，同时也从侧面反映了20世纪60年代美国的社会精神文化。

另外，这项研究的另一个贡献便是对和平队志愿者个人主义精神的辩证解读。雷斯·伦巴斯通过分析志愿者加入和平队的原因指出，美国人在致力于解决人类疾苦的日常实践中，并没有将美国的个人主义精神、民主精神和良好的社会发展模式表现出来；通过参与和平队进行国际社会发展建设，志愿者们在强烈的信心与决心中将个人主义发挥到淋漓尽致。因此，他呼吁大家能够认识到个人主义对于和平队志愿者成功地掌控跨文化经历以完成使命——即提高他们所服务的社区的生活水平——的重要性。① 但雷斯在文章中也提到，比起受援国能否得到发展，志愿者们更关心自己的人生是否实现了奉献，即志愿者们在深入异域文化中实施援助时所关注的不单单是自己工作的实际成果，他们更关注自己证明自我、奉献自我的内心渴求是否得到满足；另外当地民众的工作热情等良好精神状态使志愿者们倍受感染，由此引起的对与受援国民众情谊的珍视也远远超过了他们对工作成绩的关注。这便造成志愿者们的工作于受援国发展而言往往并不能发挥足够的作用，美国对第三世界所承诺的消除贫困的保证便难以实现。雷斯·伦巴斯的研究基本上摆脱了旧调重弹，注重以现实社会为基础深入发掘志愿者们内心的真实世界，他不仅对和平队志愿者与美国个人主义精神进行了正面评价，也对他们的工作成绩提出一些质疑，揭示了强烈的个人主义为志愿者们所带来的一些消极影响。

遗憾的是到目前为止，对和平队志愿者的问题解读与反思还未得到学术界足够的关注。在20世纪60年代，大量的和平队官方报道、外界评论以及志愿者本人著述主导了民众对和平队及志愿者们的总体看法。这些作品或对和平队功绩加以颂扬、掩盖和平队的弱点，或掺杂了叙述者本人的情

---

① Leith L. Lombas, "Individualism in Action: An Investigation into the Lived Experiences of Peace Corps Volunteer," p. iii.

感色彩，故事描述中总是传达出积极乐观的精神，从而使相关研究一度缺乏足够的客观性。国内刘国柱教授在前期研究中指出，在和平队研究历程中，国外学者一直对和平队遭受驱逐的失败之处采取逃避态度；① 由此他以和平队在尼日利亚被驱逐为例，通过查阅资料发现了志愿者们曾干涉尼日利亚内政的行为不当之处；② 美国戴顿大学教授朱利叶斯·阿明在从事非洲和平队志愿者研究时也提到，"约 20 年前玛丽·梅里菲尔德便提出，'抱着严格的目光研究和平队、审视其不足，学术正在其间。'"③ 阿明教授借助自己出生并成长于喀麦隆的经历优势，对服务于喀麦隆的和平队进行了总体历程分析。他也指出了和平队志愿者的诸多弊端：和平队在招募、培训、工作安排等各个方面均存在各种问题；志愿者们缺乏足够的工作、技术经验以及对当地语言与文化的基本了解；他们在抵达受援国后，难以得到及时有效的安置，从而造成闲置现象；志愿者们的到来更是引起了当地失业人民的批评与反对……因此，关于和平队志愿者能否作为"接受过良好培训的人力资源"来帮助喀麦隆和其他非洲国家在 21 世纪实现进一步发展，阿明教授保持留态度。④

四、和平队志愿者各类群体研究新发展

和平队志愿者各类群体的细化研究目前在美国学术界已形成一定规模，成果也较为丰富，主要因为美国学者在从事相关研究时占据极大优势。首先，对于第一手资料的获取在研究中十分重要，美国学者获取资料的来源主要为向归国志愿者发放调查问卷或亲自采访调查，这便保证了资料的丰富性与可靠性；其次，参与和平队的人大多为高校毕业的青年大学

---

① 刘国柱：《美国学术界对和平队的研究概况》，第 155 页。
② 刘国柱：《20 世纪六七十年代和平队被逐原因探析》，《历史教学》2004 年第 1 期，第 38 页。
③ Julius A. Amin, "Making Sense of Fifty Years of U. S. Peace Corps Service in Cameroon," *International Journal of African Historical Studies*, Vol. 47, No. 2 (2014), pp. 319-338.
④ Julius A. Amin, "Making Sense of Fifty Years of U. S. Peace Corps Service in Cameroon," p. 338.

生，他们中的部分人在结束国外援助经历后选择回国继续深造、从事学术研究，和平队便成为研究对象的首选，亲身经历为他们的研究提供了得天独厚的优势。目前国外学术界对和平队志愿者的研究类别主要包括以下几点：第一，根据工作内容进行研究，如对教师志愿者的研究等；第二，根据所服务的国家和地区从事研究，如对非洲志愿者的研究等；第三，按照性别分类重点研究女性志愿者的贡献及对第三世界国家女性的影响；第四，对其他群体如志愿者中非异性恋群体的研究等。美国学术界在各个类别的研究方面均取得了一定成果，随着历史学科与其他学科的不断发展融合，此类研究也日益呈现出跨学科交叉研究的特点，不仅是长期以来研究的重点、热点，也具有更加广阔的研究空间。

和平队教师志愿者作为志愿者群体中最为庞大的分支一直是国外学术界研究的热点，随着研究内容的不断细化，此类研究日益呈现出与教育学结合的特色。如乔恩·史密瑟的论文《文化冲击：和平队归国教师志愿者的跨文化经历及其深刻见解》[1] 以和平队归国教师的口述史料为资料来源，不仅考察了国外的文化冲击经历对他们自身产生的影响，也考察了这种冲击对他们教育理念的影响。不仅历史研究逐渐向其他学科靠拢，其他领域的学者也纷纷以归国志愿者的经历为依据拓展本门学科的研究范围，如近年来有社会学家以和平队志愿者为研究案例，从社会学和人类学的角度对非异性恋志愿者群体展开心理研究。[2] 以各类归国志愿者群体的国际化视野和跨文化经历为基础、以口述资料为依据的学科综合研究逐渐兴起，大大丰富了和平队志愿者的史学研究内容。此类变化可谓为和平队志愿者研究带来了新机遇，但通过国外近十几年的有关成果可以看出，相关研究发展趋势也给史学家们带来了一些挑战。历史研究与其他学科的交相融合不可避免地弱化了自身研究的史学色彩，这不仅令有关学者在研究时尽力避免顾此失彼，更向学者们的其他学科的知识储备提出挑战，同时也为接下来

---

[1] Jon L. Smythe, *Culture Shocked: The Intercultural Experiences And Insights of Returned Peace Corps Volunteers Educators*, Degree of Doctor of Philosophy, the Oklahoma State University, December, 2012.

[2] Kate E. Slisz, *Life Is Calling…How Far Will You Go…Back In The Closet? Identity Negotiation And Manatgemen Among Queer*, *Peace Corps Volunteers*, the Degree of Master of Science, Illinois State University.

从事和平队志愿者研究的学者们带来一些启示：如何做到不断丰富和提升研究，通过借鉴其他学科的发展来为自身研究寻求新的突破，是一件值得长期思考的事情。

通过对过去十几年来和平队志愿者研究结果的考察可以看出，随着研究的不断深入，国外学者更加注重对问题的反思与深度剖析；国内学者则逐渐认识到了和平队志愿者的独立性，研究成果也更具深度。同时，国外学术界出现了一些来自其他第三世界国家的学者，他们站在受援国的立场对和平队志愿者进行研究，不仅开拓了研究新领域而且揭露出更多问题、引发更多反思。在这些新成果的诞生中，资料的完善无疑起到了巨大的作用。对我国学者而言，信息技术的发展以及口述史料的共享于研究而言无疑雪中送炭，从而在过去十几年中使我国的和平队志愿者研究实现了突飞猛进。

但就目前来说，对和平队志愿者的研究仍然存在一些缺陷。首先，各国学者在研究过程中大多难以摆脱以美国为研究核心的束缚。虽然近年来有一些第三世界国家学者站在受援国的角度对和平队志愿者进行研究，但这些成果尚处于少数，因此相关研究的角度转化仍需引起重视。从费尔南多·珀赛尔等人的研究中可以发现，第三世界国家的学者所得出的研究结果与美国学者存在一定差别，因此在对和平队志愿者进行研究时需要注意的是，受援国作为政策接纳方，它们对和平队志愿者们的态度与认知是最能反映出和平队政策效果的。其次，对于口述史料的运用也存在着一些不足之处。一是只重视运用和平队志愿者本人的口述史料，而忽视了其他方面诸如受援国民众及和平队官员等人的感知。志愿者本人在口述时难免掺杂大量的个人感情或者迫于外界压力而选择避重就轻，同时，他们也难以代表受援国人民真正的心声，仅仅以志愿者单方面的口述资料作为研究基础难以使研究做到全面透彻。另外，从成千上万的志愿者中选取数百位或数十位代表很难管中窥豹，这便影响了研究结果的普遍性及准确性。可见，在充分利用志愿者口述史料的基础上，给予其他资料以足够的重视于相关研究而言很有必要。

目前和平队的历史资料正在源源不断地得到补充，各国学者也通过考察相继提出自己的真知灼见，国际间、学科间的交流与合作也为相关研究的发展壮大提供了诸多便利。相信在如此有利的研究环境下辅之以前人努力作为基奠，获取和平队志愿者研究新突破指日可待。

书评

评林孝庭《意外的国度：蒋介石、美国、与近代台湾的形塑》[*]

刘彦伊[**]

长期以来，美国、中国大陆和中国台湾方面三边关系一直是国内外学界研究的一大热点，相关方面的研究著作汗牛充栋，而林孝庭于2016年出版了英文版、次年出版了中译本的《意外的国度：蒋介石、美国、与近代台湾的形塑》（以下简称《意外的国度》）可谓是又一力作。《意外的国度》在时间上横跨1943—1954年，着重从国民党政权与美国两个视角阐释"中华民国"如何在台湾形成与巩固，即台湾如何成为国民党反共中枢的历史过程。不同于以往学界主流看法所认为的蒋介石在眼见国民党在国共内战中注定失败之际，便已认定并筹划将前往台湾将其打造成最后的反共堡垒，林孝庭认为，"中华民国在台湾"的形塑具有着极大的偶然性与复杂性。所谓复杂性，即在作者看来，"中华民国在台湾"是二战后中国国内情势与东亚国际政治格局的剧烈变化所导致的结果；所谓偶然性，即在具体的政策规划与制定以及涉事人员上具有"即兴式的、未预先设定的"（第22

---

[*] 林孝庭：《意外的国度：蒋介石、美国、与近代台湾的形塑》，黄中宪译，新北：远足文化，2017年，366页。

[**] 刘彦伊，首都师范大学历史学院本科生。

页）色彩。

《意外的国度》一书除导论与结语共分为十章。大体而言可以划分为四个部分，第一章主要叙述的是1943年开罗会议至1945年日本战败这一段时期内中美双方对台湾回归中国所做的考量与决策；第二章至第五章主要叙述1949年底蒋介石最终撤往台湾前中美双方围绕台湾所展开的博弈以及国民党当局最终选择前往台湾的决策过程；第六章与第七章论述的是1949年底至1950年朝鲜战争爆发前蒋介石在台湾的艰难处境以及美台关系的私人化；第八章至第十章讨论的是"中华民国在台湾"走向"永久化"的过程。

在第一章中，作者指出，围绕台湾的归还与治理上，从一开始即具有一定的不确定性。首先，围绕台湾的归还问题，国民政府在如何看待台湾这块"失土"上，经历了一个长期的演变过程。而最终决定在开罗会议上将其列入收复清单，则主要是基于两方面的考量：一是可以无偿获得台湾的各类物资，二是从地缘政治考虑，台湾在日后有望成为中美两国海军合作的战略基地，借此可弥补中国海军的薄弱。其次，围绕台湾的治理问题，由在大陆的台籍人士（"半山"）与外省人士在1944年共同组成的"台湾调查委员会"中，存在着一定的分歧。而直到1945年，半山们与外省人士才逐渐达成一致，同意在强调台湾曾长时期作为日本殖民地故而存在一定特殊性的同时，力求避免将台湾当作如新疆等地区一样的边疆来看待，以避免台湾在中华民国新政治秩序中边缘化。如果说上述考量与决策主要来自中国方面，那么在作者看来，此期间美国针对台湾问题也有自己的盘算，可以说，台湾的命运绝非中国单方面所决定的。大致而论，二战期间美国官民两界曾有人提出台湾"国际化"的论调，但《开罗宣言》发表，确定台湾将归还中国之后，美从对日作战的角度评估台湾的军事价值，认为在接收台湾的过渡时期，应由美国等国家组成军政府来进行治理，而国民党的中华民国则被边缘化；然而当1945年美国攻下冲绳，台湾的军事价值大幅下降后，美国一改此前的论调，转而提出一旦接收事务处理妥当，即立即将台湾交由国民政府进行治理，而这样的一种决策的最终执行，为台湾日后的命运走向埋下了重要的伏笔。

第二章至第五章围绕国民党政权与美国在台湾展开的博弈以及蒋介石

最终被迫选择退往台湾的决策过程这两条主线展开论述。单就对台政策而言，作者指出，在有关台湾的法律地位问题上，从陈仪就任台湾首任行政长官未受各国官方质疑可以看出。在台湾初归中国时，有关台湾的法律地位并未在国际上产生疑惑，而正是由于1947年的"二二八事件"，才使得国民政府与美国转变了对台政策。"二二八事件"后，美国官方一方面敦促国民政府撤换陈仪，改革省政；另一方面在魏德迈访华后，尽管美国官方仍然声称无意染指台湾，但"台湾地位未定论"开始重新获得华府重视，将台湾托管联合国的方案构想开始暗中酝酿。而随着1947年底国共内战形势对国民党一方进一步恶化，经过对种种迹象的考察，美国情报部门开始认为中国将重新走向民国初年的军阀割据状态（第110页）。而在这样一个背景下，美国开始在各地方积极寻找与扶植代理人，具体到台湾，孙立人、吴国桢与陈诚对美国而言都是值得考虑的人选；与此同时，美国也从未放弃与第三方的联络以谋划"台湾独立"。总的来说，在1949年底蒋介石败退台湾之前，美国对台湾的态度与政策经历了从不干涉到联合国托管、扶植代理人、谋求台湾独立三案并行、偶有侧重的这样一个重大转变。而为美国可能的干涉提供法理依据的，就是此时尚未完全浮出水面的"台湾地位未定论"。在有关国民政府对台政策的论述上，林孝庭更多地将其置于整个中国的局势发展中来进行考察，但不可否认的是，在这一过程中，美国也发挥着一定的影响。最突出的即为"二二八事件"后，蒋介石不得不听从美国大使馆的"建议"，在改革省政的同时，在新任省主席魏道明的带领下，变统制经济为自由经济体制，台湾的发展由此转变了轨道，国民党在台湾的统治也得到了稳固。

对于蒋介石选择台湾作为其最后的反共堡垒这一问题，林孝庭通过分析台湾对蒋介石存在的弊端以及勾勒蒋介石的败退路线指出，这样一个选择是具有极大的偶然性与不确定性的。尽管蒋介石确实属意台湾，但是由于省主席陈诚对蒋介石的半心半意，美国官方似已达成共识要让吴国桢与孙立人日后分别掌管台湾的政治与军事改革（第166页），以及台湾的法律地位未定，这三点加在一起使得对蒋介石而言，台湾似乎并非最佳选择。然由于此时美国较为支持地方势力，这就使得蒋介石必须获得一块领土以争取美援。然而随着云南省主席卢汉的起义，蒋介石在大陆所寻求的最后据点也不复存在，无奈之下，蒋介石只得选择前往台湾。

第六章与第七章一方面展现了蒋介石在台湾初期的艰难处境，另一方面也指出，在这一时期，美台关系走入了非官方化与私人化（第205页）。关于蒋介石本人的处境，作者的论述显示，此一时期的蒋介石前途未卜。一方面，撤往台湾的国民党军政两界内讧不断，岛内财政日益恶化，且占据海南岛的粤系更是成为和蒋介石争夺美援的对手；另一方面，美国国家安全委员会第48号文件的出台标志着美国的对台政策从官方上确定为不介入，对蒋介石不再提供军事援助，但与此同时，美官方继续与廖文毅等台独势力保持联络且仍然看好孙立人与吴国桢。可以说，对蒋介石而言，这一时期他本人与台湾岛的命运都极为渺茫。尽管美国官方不再为蒋介石提供军援，但林孝庭指出，此一时期美国的友蒋人士仍然通过私人方式为他提供帮助，而其中最代表性的，即美国退伍海军上将柯克在台湾的经营。作者指出，由于国民党内部的权势斗争以及美国官方策划的密谋倒蒋活动使得蒋介石更加依赖柯克，而柯克与他的"特种技术合作案"顾问团，则在1950年上半年对台湾的军事安全领域产生了重要影响，此外，柯克本人还成为了蒋介石与麦克阿瑟的中间人。随着朝鲜战争爆发与美国派驻第七舰队进入台湾海峡，柯克的行动愈发大胆，但这引起了国民党内部官员更大的不满。最终，随着毛邦初在美国状告柯克以及美国官方正式派遣军事顾问团来台，柯克的行动走向了终结，从而结束了"走到台面下的美台军事安全关系"（第205页）。

第八章至第十章，作者着重展现了"中华民国在台湾"如何走向"永久化"的具体过程。作者指出，朝鲜战争的爆发极大地改变了东亚的国际政治格局，从而提升了台湾的战略地位价值，并因此使得美国官方在公开宣称"台湾地位未定论"的前提下，以在台湾海峡派驻第七舰队为标志，再度公然介入台湾事务。这一做法虽然极大地促进了蒋介石在台统治的存续，但与此同时，随着美国涉入台湾事务日深（如主导台湾的军事体制改革），蒋介石在军事权力上的独立自主逐渐丧失，台湾的军事投射大大受限于美国。而美国所主张的是防御而非进攻，这就使得"中华民国"逐渐被限制在以台湾为主体的领土范围之内,加速了"中华民国在台湾"走向"永久化";此外,"日台条约"的签订中对"中华民国"领土范围的表述以及国民党残部最终从亚洲大陆上的撤离,也对这样一个"永久化"过程产生了促进作用。1953年中旬,随着朝鲜战争进入尾声,蒋介石为了拉住美国,先后提出了争取额外军事援助用于反攻大陆的"开计划"以及签订"共同防御条约",而随着第一次台海危机的爆发,原本对两个方案都态度冷淡的美国最终于1954年12月2日与台湾签订了"美台共同防御条约"。随着该条约的签署,作者指出,台湾当局的安全尽管从法理上获得了保障,但台湾更大范围地受到了美方的限制,台湾在军事上进一步走向守势,而借此,"中华民国在台湾"最终得到了"永久化"(第341—342页)。

在对这一过程展开叙述的同时,作者也指出,朝鲜战争期间,美国为了牵制中国的注意力以及防止中共渗入东南亚,曾多次帮助台湾当局拟定反攻大陆的作战计划,并敦促蒋介石采取行动;然而相比与美方的热忱,蒋介石的反应颇为冷淡。作者指出,对蒋介石而言,他在台湾尚未站稳脚跟,在这时贸然大规模反攻大陆对他自身并无好处,且他也没有把握可以成功。所以,与其说反攻大陆是一场切实的军事行动,毋宁说是一个有效的政治宣传口号,用以鼓舞岛内民心士气的同时,亦可提升台湾当局在国际上的威信与可视度。

《意外的国度》是林孝庭继2015年出版《台海·冷战·蒋介石:解密档案中消失的台湾史1948—1988》(以下简称《台海》)后的又一研究近代台湾形塑历史的著作。不同于《台海》一书从十个议题切入探讨近代台湾的形塑与发展,《意外的国度》一书以1943—1954年为时间轴,以国民党与美国各界人士为叙述主角,以台湾为中心地,用线性叙述与小专题相结合的方式在梳理近代台湾如何形塑的过程同时又可以突出重点与创新点,使得该书更具系统性与可读性。林孝庭作为美国斯坦福大学胡佛档案馆亚洲馆藏部主任,在对一手史料的运用上占据得天独厚的优势(如对《蒋介石日记》、宋子文档案等的运用),这使得他所写作的书得以言人所不能言。如在以往的学术著作中,在探讨1947—1948年的美国对台政策时,往往会联系美国的"抢救沉船"政策,即认为此时美国仍未对蒋介石政权放弃希望。但林孝庭通过广泛查阅档案后指出,在这一时期,美国情报部门一度普遍认为中国地方主义将会兴盛起来,故而美国应该与各地方愿意与美国配合的权势人物联系并对他们进行扶持,在这样一个背景下考察美国对孙立人的青睐似更加贴近于史实;又如以往学界通常认为,在反攻大陆这一问题上,美国是被蒋介石胁迫参与的,但林孝庭通过《蒋介石日记》等相关史料,提出了新的观点,认为如前文所述,在朝鲜战争期间,美国远比蒋介石执着于大规模反攻大陆,而对蒋介石而言,反攻大陆则更多的是一个政治宣传口号,这对于重新认识美台关系具有一定的意义。

尽管林孝庭的《意外的国度》一书对许多传统观点提出了令人信服的挑战,但是正如作者自己所言,该书缺少对中共方面的相关叙述,这使得整个叙述缺乏完整性。而书中仅有的数处有关中共的论述,其论调又显得过于老套,从而使得在此基础上进一步展开的有关美台关系的讨论显得根基过虚。如在讨论新中国成立初期美国对台政策时,林孝庭认为,在这一时期美国官方不再为台湾提供军援,是因为对新中国贯彻了"等待尘埃落定"的政策,以希望中国出现"铁托主义"从而与苏联分道扬镳。而随着《中苏友好同盟互助条约》的签订,美国对新中国出现"铁托主义"的理想破灭,这一条约的签订成为推动美国重拟对台政策的一个因素。关于美国承认新中国的相关问题,学界多有研究,可以指出的是,在声称"等待尘埃落定"的同时,美国对新中国的态度并非全然的中立。时殷弘在《敌对与冲突的由来——美国对新中国的政策与中美关系(1949—1950)》一书中即认为,美国在此期间对新中国持有蔑视、排斥的态度,而美国的所作所为(如拒绝司徒雷登来京会晤中共领导人)也在一定程度上将中国推向了苏联。故而笔者认为,林孝庭基于此一时期美国对华政策所延伸开的美国对台政策的探讨显得有失偏颇。此外,在部分史料的运用上,笔者认为林孝庭的处理不甚妥当,一为对台独势力的论述上,林孝庭多采用美方档案,而较少其他史料进以佐证。笔者认为,这对评估台独势力在台湾的生存状态与具体实力造成了一定的困难;二为在对蒋介石的论述上,林孝庭多采《蒋介石日记》之说,尽管《蒋介石日记》具有极高的史料价值,但是在日记中难免有蒋介石为自己的所作所为辩护或略而不提的地方。而过多依赖《蒋介石日记》使得林孝庭在整体行文中对蒋介石抱有极强的同情，这对于客观地评价蒋介石的行动与决策并无助益。

  整体而言，《意外的国度》一书通过对中英文各类史料的大量运用，较为清晰地展示了美国与国民党政权围绕台湾所展开的各类博弈以及双方各界人士在其中的具体作为，并进而指出"中华民国在台湾"的形塑具有复杂性与偶然性。在该书的这一中心观点对以往学界的主流论调提出了挑战的同时，在一些具体事件上，林孝庭也提出了自己独特的观点。遗憾的是，该书未能充分研究中共在"中华民国在台湾"的"永久化"过程中所起的作用，若日后的相关研究可以将中共纳入考察范畴，则可更加深入地解读冷战初年的东亚国际格局以及美国、中国大陆和中国台湾方面三角关系的形成与发展。

稿　约

《近现代国际关系史研究》是由首都师范大学历史学院国际关系史研究中心出版的学术辑刊，每年2—3辑。本辑刊旨在为从事国际关系史研究的学者提供一个相互交流的平台，设有专题研究、二战史研究、中外关系研究、美国外交研究、宣传与公共外交史、法国与冷战、研究生论坛、档案文献、学术动态、书评等栏目，欢迎学界同行赐稿。相关信息如下：

1. 研究性论文要以一手档案为基础，具有原创性且未曾发表，欢迎选题新颖、运用多边档案的长篇研究。其中，研究生论坛中刊发博硕士及本科生的优秀论文。本辑刊尤其愿意刊发能反映学界动态的研究综述、书评书讯、专题书目等内容的稿件，也欢迎以某个专题内容为核心整理的档案资料汇编。

2. 注释体例，请以《历史研究》格式为准。详情可见中国社会科学杂志社相关页面：http://qk.cass.cn/lsyj/tgxt/ywzs/。来稿并请附上论文英文标题、中文摘要和关键词。

3. 编辑部将组织同行专家对来稿进行评审，并将评审结果尽快通知作者。

4. 来稿一经录用，请勿再投他处。

5. 录用并出版的作品，将略致薄酬，并赠样书2册。刊发后稿件版权归《近现代国际关系史研究》辑刊所有。

6. 纸本请寄：北京市海淀区西三环北路83号首都师范大学历史学院，姚百慧收，邮编100089；电子稿请发：baihuiyao@163.com。

首都师范大学历史学院
国际关系史研究中心
2018年3月1日